普通高等教育经管类专业系列教材

经济法概论
(第二版)

梁静　主　编

张丹　李杰　副主编

清华大学出版社

北　京

内 容 简 介

本书是参考教育部"普通高等教育法学教材编写规划"的要求,针对大学非法学专业的教学特点和应用型人才培养目标,依据我国最新经济法律及相关制度编写的经济法教材。全书分为六个模块,共二十一章,在内容上优化了传统经济法教材的编写体系,兼顾了非法学专业,尤其是经济管理类专业学生的知识背景和特点。为适应时代发展对国际经济与贸易专业、市场营销专业、工商企业管理专业、人力资源管理专业及会计类专业学生的新要求,为了配合普通高等院校应用型人才培养目标,我们在内容上尽可能吸收渗透最新的立法内容,注重时效性、实用性的同时,还在结构安排、案例及例题选择、编写体例等方面进行了较大幅度的调整和创新。本书内容较全面,在具体教学中,教师可根据授课对象的具体专业、学时数量对内容自行加以取舍。

本书可作为应用型高等院校经济管理类专业学生的教材,也可供国家经济管理机关、企事业单位工作人员参考使用。

本书对应的电子课件、导入案例及例题答案可以到 http://www.tupwk.com.cn/downpage 网站下载,也可以扫描前言中的二维码下载。本书对应的教学视频可以直接扫描封底上的二维码观看。

图书在版编目(CIP)数据

经济法概论 / 梁静主编. —2 版. —北京:清华大学出版社,2022.4

普通高等教育经管类专业系列教材

ISBN 978-7-302-60527-0

Ⅰ. ①经… Ⅱ. ①梁… Ⅲ. ①经济法—中国—高等职业教育—教材 Ⅳ. ①D922.29

中国版本图书馆 CIP 数据核字(2022)第 056450 号

责任编辑:胡辰浩
封面设计:周晓亮
版式设计:孔祥峰
责任校对:成凤进
责任印制:刘海龙

出版发行:清华大学出版社
      网　　址:http://www.tup.com.cn,http://www.wqbook.com
      地　　址:北京清华大学学研大厦 A 座　　　　邮　　编:100084
      社 总 机:010-83470000　　　　　　　　　邮　　购:010-62786544
      投稿与读者服务:010-62776969,c-service@tup.tsinghua.edu.cn
      质 量 反 馈:010-62772015,zhiliang@tup.tsinghua.edu.cn
印 装 者:小森印刷霸州有限公司
经　　销:全国新华书店
开　　本:185mm×260mm　　　印　　张:21.25　　　字　　数:530 千字
版　　次:2017 年 11 月第 1 版　　2022 年 5 月第 2 版　　印　　次:2022 年 5 月第 1 次印刷
定　　价:79.00 元

产品编号:088345-01

前　言

在当前法治经济的背景下，知法懂法具有重要的现实意义，经济法在企业决策中发挥着越来越重要的作用。经济法是经济管理类专业必修的核心课程之一，教学目标在于培养学生运用经济法理论知识及相关法律、法规分析和解决实际问题的能力。

本书是从事经济法教学和研究工作的老师们在总结多年教学经验的基础上编写的。为了适应新形势下对复合型经济管理人才的需求，融入素质教育和创新人才培养的理念，我们以实用为原则，根据经管类专业人才培养目标，结合非法学专业的基本要求，从培养学生综合能力、掌握所需专业知识和必要操作技能出发，将经济法理论知识与案例相结合，注重提高学生的法律意识、经济法理论水平与应用能力，特编写此书，以期更好地为应用型本科院校的经济法教学服务。

本书主要特点体现在如下几个方面：

第一，注意吸纳经济法发展最新成果，兼顾现实性和前瞻性。

第二，突出应用能力培养，力求体现实用性和可操作性，实现理论联系实际。

第三，案例及例题丰富，通俗易懂。重要知识点配有练习题，便于开展启发式、讨论式教学。

本书自出版以来，受到各地高校师生的欢迎，销量较好，加之近年来我国经济法律条文不断重新修订，根据上述情况和实际教学需要，我们决定对本书进行再版。

本书第二版的修订工作由梁静担任主编，张丹、李杰担任副主编，具体分工如下：梁静负责统筹策划、组织编写、统稿定稿；全书内容由梁静、张丹、李杰共同编写完成，其中，梁静负责编写第一章、第二章、第五章及第十章至第十四章，张丹负责编写第三章、第四章及第六章至第八章，李杰负责编写第九章及第十五章至第二十一章。

本书在编写过程中参考了大量的相关图书，限于篇幅，恕不一一列出，在此对编著者表示谢意。由于受资料、编者水平及其他条件所限，书中难免有不足之处，敬请专家、同行、广大读者提出宝贵意见。我们的邮箱：992116@qq.com，电话：010-62796045。

本书对应的电子课件、案例及例题答案可以到 http://www.tupwk.com.cn/downpage 网站下载，也可以扫描下方的二维码下载。本书对应的教学视频可以直接扫描下方的二维码观看。

配套资源

教学视频

目　录

第一模块

经济法律基础知识

第一章

经济法概述

学习目标

学习目标

通过本章的学习，学生可以了解经济法的产生与发展；理解经济法的概念并掌握经济法的特征；认知经济法的调整对象等基础理论。

案例导入

某县以盛产苹果闻名。为发展本地经济，县里鼓励农民大种苹果，经过县里的大力扶持，苹果长势喜人，外地的水果公司、水果批发部门闻讯赶来要求与当地农民签订合同。苹果的市场价格猛涨，当地政府下发决定，要求各村果农将苹果销售给县水果公司，不许擅自卖给外地客户，并强行以低于市场的价格与果农签订收购合同。果农不满，纷纷找政府说理。政府认为，这么做是为了本地的经济建设。果农要求政府撤销决定，政府坚决不肯。双方争执不下，诉讼到法院。

请问：该纠纷是否属于经济法的调整范围？

第一节　经济法的概念及调整对象

一、经济法的概念

经济法一词在 20 世纪 30 年代从西方传入中国，由于受到多种因素的制约和影响，加之没有实践经济法的条件和契机，因而始终未能把经济法作为一门独立的法学学科来看待并加以研究。直到我国开始进行改革开放和加强经济法制建设时，对经济法的研究才逐步兴起，并随着社会主义市场经济体制建设步伐的推进而不断丰富和完善。

由于世界各国经济法律制度的差异，各国对经济法的理论研究相去甚远，至今没有一个统一的经济法概念。我国法学界将经济法作为一门学科进行研究起步较晚，虽然经济法作为一门社会科学得到了不断的发展和完善，但法学界对经济法的概念和调整对象众说纷纭，始终没有一个统一的说法。我们认为，经济法是调整一定经济关系的各项经济法律规范的总称。这是对古今中外经济法律的高度概括，是经济法学发展中的必然。各种对经济法概念的争议，大多源于一定的经济关系究竟包括哪些内容。由此，为了方便学习和把握经济法律在实践中的规律和特点，我们对经济法概念的定义是：经济法是调整国家在管理与协调经济运行过程中发生的经济关系的法律规范的总称。根据这一定义，经济法是国家干预的特定经济关系的法律。这里所说的"干预"，是指国家作为一种外在力量，主要采取间接的法律手段，对社会经济生活所进行的计划、组织、管理、调节和监督。这个定义具体有三方面含义：第一，经济法属于法的范畴，经济法与其他法的部门一样，都由法律规范组成，都有各自的调整对象，本质上都是统治阶级意志的集中反映；第二，经济法属于国内法体系，是国家利用国家权力，运用法律手段协调本国经济关系的国内法；第三，经济法是独立的法律部门，以特定的经济关系作为调整对象。因此，经济法在我国作为一个独立的法律部门，具有重要的地位，发挥着不可替代的作用，不同于民法、行政法等其他法律部门。这里所称的法律部门，也称部门法，一般是指根据一定标准和原则划定的调整同一类社会关系的法律规范的总称。划分法律部门的主要标准是法律所调整的不同社会关系，即法律的调整对象，其次是法律的调整方法。

二、经济法的调整对象

任何法都是以一定的社会关系作为调整对象的。经济法作为我国法律体系中一个独立的法律部门，以特定的经济关系作为调整对象。这里所说的"调整"就是法律作为行为规范，规定法律关系主体在经济活动中应当做什么、不应当做什么，违反了规范该怎么处罚等。在市场经济条件下，社会经济关系日益复杂，各种经济关系相互渗透，因此，经济法调整的经济关系也很难划分清楚，与经济法概念相联系的调整对象问题在学术上也存在极大分歧。基于前述对经济法概念的基本认识，本书认为，经济法的调整对象是指国家在经济管理和协调发展经济活动过程中所发生的经济关系。以下从三个方面加以说明。

(一) 经济管理关系

经济管理关系是指国家组织领导与管理国民经济所形成的经济关系，包括宏观管理与微观管理两方面的内容。宏观管理经济关系一般包括国家在计划与产业政策的制订和实施，经济预算及其投资引导、税收、金融、物价调节、土地利用规划、标准化管理等活动中所产生的经济关系；微观管理经济关系一般包括国家在税收征管、金融证券监管、贸易管制、物价监督、企业登记管理、交易秩序管理等活动中产生的经济关系。在实践中，这两方面的内容往往是交织在一起的。

(二) 维护公平竞争关系

维护公平竞争关系是国家协调发展经济活动的重要方面。这一关系是指国家为了维持市场经济的正常运行和保持其活力，采取相应的措施，维护、促进或限制竞争过程中形成的社会经济关系。我国经济是社会主义市场经济，为了保证市场经济健康有序地发展，必须建立统一、开放的市场体系，以促进各种生产要素的自由流动，充分发挥市场竞争机制的作用。但是，市场竞争往往也具有限制竞争和妨碍竞争的问题，出现垄断和不正当竞争的倾向。垄断和不正当竞争是妨碍市场经济发展的天敌，这就必须通过经济法规对市场经济关系加以协调，以完善市场规则，有效地反对垄断，制止不正当竞争，维护市场公平、自由竞争的经济秩序。

(三) 经济组织内部经济关系

这里的经济组织是指以企业为主体的各类经济组织，其内部经济关系是指其自身在组织经济活动中发生的各种内部经济管理关系，包括企业领导机构与其下属生产组织之间、各生产组织之间以及企业与职工之间在生产经营管理活动中所发生的经济关系。健全和完善的经济组织内部关系是保证社会经济关系健康有序发展的前提。为了保证经济组织行为的规范性和有效性，国家有必要通过法律手段对经济组织的内部经济关系进行协调，达到维护经济秩序和交易安全的目的。这一内容包括经济组织的主体资格类型以及各类型的内部组织管理、财务会计、投资立项、劳动用工、工资制度、奖惩措施和安全管理等。

第二节 经济法的渊源与体系

一、经济法的渊源

经济法的渊源是指经济法律规范借以存在和表现的形式，它主要表现在各国家机关根据其权限范围所制定的各种规范性文件之中。经济法的渊源包括以下方面。

(一) 宪法

宪法是国家的根本大法，由全国人民代表大会制定，具有最高的法律效力，是经济法的基本渊源，是经济立法的基础。经济法以宪法为渊源，主要是从中汲取有关国家经济制度的精神和基本规范，例如，"中华人民共和国的社会主义经济制度的基础是生产资料的社会主义公有制，即全民所有制和劳动群众集体所有制""国家实行社会主义市场经济""国家加强经济立法，完善宏观调控""国有企业在法律规定的范围内有权自主经营""中华人民共和国公民有依照法律纳税的义务"等。

(二) 法律

法律是由全国人民代表大会及其常务委员会制定的规范性文件，其地位和效力仅次于宪法，是经济法的主要渊源，它规定的多是基本经济关系。以法律形式表现的经济法律规范是经济法的主体和核心组成部分，是经济法最主要的渊源。为了保护民事主体的合法权益，调整民事关系，维护社会和经济秩序，适应中国特色社会主义发展要求，2020 年 5 月 28 日，第十三届全国人民代表大会第三次会议表决通过了《民法典》。

(三) 法规

法规包括行政法规和地方性法规，其效力次于宪法和法律。行政法规是国务院为执行法律规定及履行宪法规定的行政管理职权的需要而制定的规范性文件。地方性法规是省、自治区、直辖市以及较大的市的人民代表大会及其常务委员会根据本行政区域的具体情况和实际需要，在不同宪法、法律、行政法规相抵触的前提下制定的规范性文件。其中，较大的市的人民代表大会及其常务委员会制定的地方性法规需报省、自治区的人民代表大会常务委员会批准后施行。经济特区所在地的市人民代表大会及其常务委员会也可以根据全国人民代表大会的授权决定制定法规，并在经济特区范围内实施。经济法大量以法规的形式存在，法规是经济法的重要渊源。经济行政法规有：增值税、消费税、资源税、企业所得税等税收暂行条例，以及《企业财务会计报告条例》《公司登记管理条例》《反倾销条例》《反补贴条例》《外汇管理条例》等。地方性法规的种类和数量很多，在此不予列举。

(四) 规章

规章包括国务院部门规章和地方政府规章。部门规章是指国务院各部、委员会、中国人民银行、审计署和具有行政管理职能的直属机构，根据法律和国务院的行政法规、决定、命令，在本部门的权限范围内制定的规章。地方政府规章是指省、自治区、直辖市和较大的市的人民政府根据法律、行政法规和本省、自治区、直辖市的地方性法规制定的规章。规章是法律、行政法规的补充，对正确适用和执行法律、行政法规具有重要意义。部门规章有财政部颁布的《会计从业资格管理办法》《代理记账管理办法》《行政单位国有资产管理暂行办法》，中国人民银行颁布的《贷款通则》《人民币银行结算账户管理办法》，证监会颁布的《证券公司管理办法》等。地方政府规章的种类和数量繁多，在此不予列举。

(五) 民族自治地方的自治条例和单行条例，以及特别行政区的法律

民族自治地方的自治条例和单行条例是指民族自治地方的人民代表大会依照当地民族的政治、经济和文化的特点，依法制定的自治条例和单行条例。民族自治地方的自治条例和单行条例可以依照当地民族的特点，对法律和行政法规的某些规定做出变通规定，但不得违背法律或者行政法规的基本原则，不得对宪法和民族区域自治法的规定以及其他有关法律、行政法规专门就民族自治地方所做的规定做出变通规定。特别行政区的法律是指特别行政区基本法、依法予以保留的特别行政区原有法律和特别行政区立法机关依法制定的法律，例如，《香港特别行政区基本法》《澳门特别行政区基本法》等。民族自治地方的自治条例和单行条例及特别行政区的法律也是经济法的渊源之一，主要适用于本民族自治地方或特别行政区。

(六) 司法解释

司法解释是指最高人民法院在总结审判实践经验的基础上发布的指导性文件和法律解释。司法解释也是经济法的渊源之一，例如，最高人民法院颁发的《关于审理票据纠纷案件若干问题的规定》等。

(七) 国际条约、协定

国际条约、协定是指我国作为国际法主体缔结或参加的国际条约、双边或多边协定及其他具有条约、协定性质的文件。国际条约、协定在我国生效后，对我国国家机关、公民、法人或者其他组织具有法律上的约束力，因此，其也是经济法的渊源之一。

二、经济法的体系

法的体系是由多层次、门类齐全的法的部门组成的有机联系的统一整体。法的部门是由一个国家的全部现行法律规范根据调整对象的不同，进行分类组合而成的。

经济法是一个法的部门，经济法体系是由各个经济法子部门组成的有机联系的统一整体。虽然不同的经济法子部门是由各有特定调整对象的不同类的经济法律规范组成的，它们各有自己的特点，但又相互联系、彼此依赖，形成一个统一的整体，即经济法体系。

(一) 经济法体系构成的观点

关于经济法体系的构成，有多种观点，下面选几种进行简要说明。

(1) 经济协调关系说。该观点认为经济法的体系由经济法总论、经济法主体、市场管理法、宏观调控法和社会保障法组成。

(2) 需要干预经济关系说。该观点认为经济法体系应包括：经济法的基本理论、经济组织法、市场调控法、宏观调控法和社会分配调控法。

(3) 经济管理与市场运行关系说。该观点认为经济法体系包括经济法总论、经济法主体、市场规制法和宏观调控法。

(4) 国家调节经济关系说。该观点认为经济法体系是由总论、市场障碍排除法、国家投资经营法、国家宏观调控法和涉外经济法构成的。

(二) 经济法体系

我们认为，在社会主义市场经济条件下，国家经济协调关系的结构决定了经济法的体系应该包括以下几点。

(1) 企业组织管理法。即市场主体法，主要包括公司法、中小企业法、破产法和外商投资法等。

(2) 市场交易法。这部分内容包括《民法典》合同编、知识产权法、票据法和证券法等。

(3) 市场秩序法。这里的市场秩序法包含了广泛的内容，如产品质量法、反不正当竞争法和消费者权益保护法等，一起合称为市场规制法。

(4) 宏观调控法。税收法、金融法等构成了宏观调控法。

三、经济法的特征

经济法具有一般法律的基本特征，即国家意志性、特殊的规范性和应有的强制性。经济法又有自己的特点：综合性，表明其内容不限于单一的范围；经济性，表明其与经济关系极为密切；强制性，以强制性规定为主，同时辅之以指导性规定加以体现；全面性，经济法所调整的法律关系主体范围很广。

(一) 综合性

经济法在组成和内容上具有综合性。经济法是由许多经济法律规范组成的。如果从经济立法的角度看，它是由许多经济法群组成的，每个经济法群又是由若干经济法规组成的，每个法群又有相应的该法群的基本法起带头作用。例如，市场主体法就是由若干经济法群组成的，其中《中华人民共和国公司法》就是它们的基本法。经济法的综合性还体现在它与科学技术的密切联系方面，如《大气环境质量标准》《环境噪声标准》等。经济法把一些技术性很强的社会关系上升为法律规定，对维护正常的经济秩序有着重要的意义。

(二) 经济性

1. 经济法具有调整经济关系的统一性

我国的经济法是建立在社会主义公有制和市场经济的基础之上，并为之服务的。我国正在建立和完善适应社会主义市场经济的经济体制和运行机制，这正是经济法的重要特征。经济法调整的经济关系是统一的。

2. 经济法在作用上的效益性

经济法的效益性，从整体上看是明显的。改革开放 20 多年来，各种单行的经济法规互相配合，取得了广泛的经济效益。从整体上考察，这种经济法规确实发挥了效益，人民取得了实惠，国家综合实力得到了明显的提高。

3. 经济法是奖励和惩罚相结合的法律

关于经济法具有奖励和惩罚相结合的特征，是从经济法总体上说的。具体说来，有的侧重惩罚，有的侧重奖励，有的兼而有之。在惩罚方面，有的经济法规规定了专章或专门条款，如设"法律责任""监督与处罚"专章，设专门条款规定了罚则。在某些经济方面，有时还以单行法规的形式做专门规定，如国务院公布的《关于违反财政法规处罚的暂行规定》。在奖励方面，专门的规定有《中华人民共和国发明奖励条例》等。这些规定的出现，说明那种认为法律不应该规定奖励的看法是片面的。

(三) 强制性

经济法在功能上具有限制和促进、指导的一致性。就经济法的功能来说，不外乎限制或促进两个方面。颁布经济法规，总是要限制禁止一些经济关系的发生，或者促进一些经济关系的巩固和发展。具体来说，有的法规侧重于限制，有的法规侧重于促进，有的法规同时兼备这两种功能。例如，《环境保护法》中有"防治污染和其他公害"和"保护自然环境"的规定，同时兼备这两种功能。

(四) 全面性

从经济法调整的主体方面来看，经济法主体既是经济管理关系的参加者，又是经济协作关系的参加者，即经济法在主体上具有全面性。经济法律关系中的主体既有国家机关、社会经济组织、个人以及其他经济实体，还包括一些组织内部的机构和人员，这是其他法律部门所不能涵盖的。

第三节　经济法律责任

一、经济法律责任的概念

经济法对经济法律关系的保护，从消极意义上讲，最终将表现为对违法行为人依法追究法律责任。法律责任是指违法行为人因其行为违法承担的由法律规定的、具有强制性的义务，是对违法行为人的法律制裁。

二、经济法律责任的种类

通常情况下，经济法中的法律责任一般分为民事责任、行政责任、刑事责任三种。

(一) 民事责任

在经济法律、法规中规定民事责任，这是我国立法体系的一大特色。经济法中的民事责任是指经济法主体因违反经济法律、法规，不履行、不适当履行经济义务，或者基于法律上的其他原因所应承担的责任。

在经济法中经济权利和经济义务是经济法律关系的重要内容，从根本上讲，经济权利和经济义务分别具有民事权利和民事义务的性质，与此相适应，其责任制度也适用民事责任制度。《民法典》规定了民事责任制度。其主要责任形式包括：停止侵害，排除妨碍，消除危险，返还财产，恢复原状，修理、重作、更换，赔偿损失，支付违约金，消除影响，恢复名誉，赔礼道歉等。

(二) 行政责任

在经济法中，行政责任是国家行政机关对违反经济法律、法规的单位和个人依法给予的行政制裁，包括行政处罚和行政处分。行政处罚是行政机关依法对违法单位和个人给予的行政制裁，主要方式有警告、加收滞纳金、罚款、没收非法所得、限期整顿、吊销营业执照等。行政处分是行政机关对违法个人所给予的一种纪律处分，主要方式有警告、记过、记大过、降级、降职、撤职、留用察看、开除等。

(三) 刑事责任

刑事责任是指人民法院对违反经济法律、法规造成严重后果，已触犯刑律的单位和个人依法给予的刑事制裁。刑事责任是法律责任中最严厉的责任形式。经济法主体应当承担的刑事责任主要在《中华人民共和国刑法》(以下简称《刑法》)中做出了明确的规定。刑事责任分为主刑和附加刑两类。主刑有管制、拘役、有期徒刑、无期徒刑、死刑等，附加刑包括罚金、没收财产、剥夺政治权利、驱逐出境等。

【复习思考题】

1. 试述经济法产生的基础。
2. 如何理解经济法的概念？
3. 简述经济法的调整对象。
4. 违反经济法的法律责任包括哪些方面？

第二章

经济法律关系

学习目标

通过本章的学习，学生可以了解经济法法律关系及其构成；理解法人、自然人、非法人组织的概念，并掌握自然人的行为能力。

案例导入

李某与某著名影星是好友，后来两人因发生纠纷而反目，李某遂向某娱乐杂志的记者张某表示，如果张某能支付 10 万元人民币，自己就透露该影星的隐私给张某，考虑到杂志的销量，张某同意了。

问题：李某与张某之间是否存在经济法律关系？

第一节　经济法律关系的概述

一、经济法律关系的概念

法律关系是一种社会关系，它是社会关系被法律规范确认和调整之后所形成的权利和义务关系。经济法律关系是指经济关系被经济法律规范确认和调整之后所形成的权利和义务关系，即经济法主体根据经济法律规范产生的、经济法主体之间在国家管理与协调经济过程中形成的权利与义务关系。

二、经济法律关系的特征

经济法律关系具有以下特征：第一，经济法律关系是人们有意识、有目的形成的特定的思想社会关系。经济法律关系是需要由国家干预的物质社会关系被经济法律规范确认和调整后形成的、具有法律关系性质的思想社会关系，属于上层建筑范畴。它的特定性表现在，大多数情况下既体现国家意志，又体现当事人的意志。第二，经济法律关系是由经济法律规范确认和调整所形成的法律关系。没有经济法律规范的具体规定，经济法律关系不能产生，其内容也无法实现。在经济法律关系中，任何主体不享有经济法律规定以外的权利，不承担经济法律规定以外的义务。第三，经济法律关系是主体之间法律上的具有经济内容的权利义务关系。权利义务关系是法律关系的核心，法律确认某一法律关系的目的也是依靠确认权利义务来实现的。经济法律关系的核心同其他法律关系一样，也是权利义务关系，所不同的是，它是一种经济权利和经济义务关系。第四，经济法律关系是由国家强制力保障实施的社会关系。由国家强制力作为保障，实质上就是对经济法主体经济权利的保护，以使其能够切实地付诸实现。

三、经济法律关系的要素

经济法律关系的要素是指构成经济法律关系的必要条件，由主体、内容、客体三个要素构成，三者缺一不可。

【例2-1】下列各项中不属于经济法律关系的有(　　)。
A. 消费者因向商场购买商品而形成的买卖关系
B. 税务局局长与税务局干部形成的领导与被领导关系
C. 消费者因商品质量而与商场形成的赔偿与被赔偿关系
D. 税务机关与纳税人形成的税收征纳关系

第二节　经济法律关系的主体

经济法律关系的主体简称经济法主体，是指在经济法律关系中享有一定权利、承担一定义务的当事人或参加者。享受经济权利的一方称为权利主体，承担经济义务的一方称为义务主体。但双方当事人在许多情况下既享受经济权利又承担经济义务。

经济法主体必须具备一定的主体资格，即参加经济法律关系，享受一定权利和承担一定义务的资格或能力。根据主体在经济运行中的客观形态划分，经济法主体可分为以下几类。

一、自然人

自然人是基于自然规律出生的生物人个体。

(一) 自然人的民事权利能力

自然人有民事权利能力的条件是自然人必须为"活"的个体，具有自然属性的生命。只有"活"个体的自然人才能被认可为具有"法律生命"的人，也才有能够参加民事法律关系、享有民事权利、承担民事义务的资格。一般而言，自然人具有民事权利能力、属于合格的经济法律关系主体的时间是从出生(脱离母体且能够独立地呼吸)开始直到死亡的整个期间。

(二) 自然人的民事行为能力

如果一个自然人有相应的民事行为能力，则该自然人可以独立地从事相应的民事活动。如果该自然人不具有相应的民事行为能力，则该自然人不得独自行事，必须由其他法定代理人辅助其从事民事活动。

根据《民法典》的规定,按照不同年龄阶段和精神状态是否正常,自然人的民事行为能力表现为三种类型:完全民事行为能力、限制民事行为能力、无民事行为能力。

1. 完全民事行为能力

自然人完全具有通过自己独立的行为行使民事权利、履行民事义务的能力。在一定的范围内,国家也可以成为民事法律关系的主体,成为民事法律关系的当事人,但此种情况范围有限,故本教材不予讨论。

完全民事行为能力人包括十八周岁以上、精神状态正常的自然人,以及十六周岁以上不满十八周岁、以自己的劳动收入为主要生活来源的自然人。完全民事行为能力人可以独立从事民法所允许的任何民事活动,并且原则上应当独立承担由于自身不法行为所引起的民事责任。

2. 限制民事行为能力

自然人在一定范围内具有民事行为能力,超出一定范围便不具有相应的民事行为能力。限制民事行为能力人包括八周岁以上不满十八周岁的未成年人,以及不能完全辨认自己行为的精神病人。限制民事行为能力人可以进行纯获利益的民事法律行为,以及与其年龄、智力、精神健康状况相适应的民事法律行为,其他比较复杂和重大的民事法律行为应由其法定代理人代理或征求其法定代理人的同意后进行。

3. 无民事行为能力

自然人不具有以自己的行为取得民事权利和承担民事义务的能力。无民事行为能力人包括不满八周岁的未成年人,以及完全不能辨认和控制自己行为的精神病人。无民事行为能力人由其法定代理人代理民事活动。

二、法人

《民法典》规定,法人是具有民事权利能力和民事行为能力,依法独立享有民事权利和承担民事义务的组织。

随着经济、社会的发展,为弥补单个自然人能力的不足,若干自然人组成集合性的社会组织从事各类民事、经济活动。民法对于其中符合法定条件的社会组织,赋予其"独立"的民事权利能力与民事行为能力,允许其以社会组织"自己"的名义开展民事活动,并规定直接由该社会组织以自己独立的财产为限承担民事责任,这种社会组织即是"法人"。

一个社会组织若要取得法人资格,成为法人型的经济法律关系主体,需要具备以下基本条件。

第一,依法成立。首先,法人组织的设立合法,其设立的目的、宗旨要符合国家和社会公共利益的要求,其组织机构、设立方式、经营范围、经营方式等要符合国家法律的要求;其次,法人的成立程序要符合法律、法规的规定。

第二,有必要的财产或经费。法人作为独立的经济法律关系主体,要独立进行各种民事活动,独立承担民事活动的后果。因此法人应有与法人的性质、规模等相适应的、完全属于法人自身的财产或经费,否则法人无法进行各种民事活动。

第三,有自己的名称、组织机构和场所。首先,法人应该有自己的名称,通过名称的确定使自己与其他法人相区别;其次,法人还应该有自己的组织机构,如公司法人的组织机构依法应由三部分组成:权力机构——股东会、执行机构——董事会、监督机构——监事会,这些机构相互配合、相互制约共同组成了有机的整体，代表公司进行相应的活动，从而保证公司作为市场主体参与市场交易和竞争；再次，法人应该有自己的场所，作为法人的场所，可以是自己所有的，也可以是租赁的，但法人必须有活动场所。

第四，能够独立承担民事责任。法人独立承担民事责任的前提就是其具有必要的财产或经费，法人能够独立承担民事责任是法人成立需要具备的条件之一，同时也是法人成立的结果。

符合上述条件的社会组织，依法履行法定程序后，从登记之日(企业法人、社会团体法人)或者批准之日(机关法人、事业单位法人)起，即具有民事权利能力并同时具有民事行为能力，成为合法的独立经济法律关系主体。

三、非法人组织

非法人组织是指不具有法人资格但可以自己的名义进行民事活动的组织，亦称非法人团体。

前文已述，社会组织从事民事、经济活动，成为适应经济、社会发展的一种需要。民法除了对一部分符合法定条件的社会组织赋予其法人资格外，还允许其他符合一定条件的社会组织以自己的名义，在法定的条件和范围内从事民事活动，这就是我们所说的"非法人组织"。

同为社会组织型的经济法律关系主体，非法人组织与法人最大的区别在于非法人组织不能像法人一样"独立"承担民事责任。法人在民事活动中所产生的民事责任，仅以法人自己独立拥有的财产承担，与法人的出资人、法人的成员通常没有关系。而非法人组织的民事权利能力和民事行为能力是受限制的，当非法人组织不能清偿到期债务时，应由该非法人团体的出资人或开办单位承担连带责任。

在实际生活当中，非法人组织也是一种重要的经济法律关系主体。常见的非法人组织型的经济法律关系主体有合伙企业、个人独资企业、个体工商户、农村承包经营户等。

设立非法人组织同样需要具备一些基本的条件，具体如下。

第一，依法成立。同法人一样，非法人组织设立的目的、宗旨要符合国家和社会公共利益的要求，其设立方式、经营范围、经营方式等要符合国家法律的要求，其成立程序要符合法律、法规的规定。

第二，必须有自己的名称。非法人组织必须有自己的名称并以组织的名义对外进行民事活动。如不以组织的名义对外进行活动，而以个人的名义对外进行活动，其行为则不为非法人组织的行为。

第三，必须有自己能支配的财产或经费。拥有属于自己能支配的财产或经费是非法人组织进行民事活动的物质基础。与法人组织不同，非法人组织并不要求该财产或经费属于自己独立所有，也不要求必须与其成员的财产截然分开，只要求独立支配即可。

第四，设有代表人或管理人。非法人组织为实现自己的目的，应设立代表人或管理人，对外代表非法人组织，进行民事法律行为。

通常，符合上述条件的社会组织，依法履行法定程序后即具有相应的民事权利能力与民事行为能力，成为非法人组织型经济法律关系主体。

第三节 经济法律关系的内容

经济法律关系的内容是指经济法主体享有的经济权利和承担的经济义务。

一、经济权利

经济权利是指经济法主体在国家管理与协调社会主义市场经济运行过程中，依法具有的自己为或不为一定行为和要求他人为或不为一定行为的资格。经济权利具有以下特征：经济权利源于经济法律规范的规定，并得到国家强制力保障；经济权利是保障经济法主体实现其利益的法律手段；经济权利与经济义务密切相关、相辅相成，以相应的义务为保证；经济权利在内容上可依据其权利做出或不做出一定行为，或要求义务人做出或不做出一定行为。

在不同的经济法律关系中，经济法主体享有不同的经济权利。主要有以下几点。

(一) 所有权

所有权是指所有人依法对自己所有的财产享有的占有、使用、收益和处分的权利。所有权具有排他性、绝对性，一物只能附一所有权。所有权具有四项权能：一是占有权，指对财产的实际控制权利；二是使用权，指按照财产的性能与用途加以利用的权利；三是收益权，指获取财产所产生的利益的权利；四是处分权，指决定财产在事实上和法律上的命运的权利。所有权的占有、使用、收益、处分四项权能可以在一定条件下与所有人分离，这种分离是所有人行使所有权的一种方式。

(二) 法人财产权

法人财产权是指企业法人对企业所有者投资所设企业的全部财产在经营中所享有的占有、使用、收益与处分的权利。《中华人民共和国公司法》规定，公司享有由股东投资形成的全部法人财产权。《国有企业财产监督管理条例》规定，企业享有法人财产权，依法独立支配国家授予其经营管理的财产。

(三) 经营管理权

经营管理权是指企业对所有人授予其经营管理的财产所享有的占有、使用和依法处分的权利，以及由此产生的对企业机构设置、人事、劳动等方面的管理权利。经营管理权是企业进行生产经营活动时所产生的权利，通常是由非财产所有者所享有和行使的权利，它主要是从企业内部关系角度设置的权利。

(四) 经济职权

经济职权是指国家机关及其工作人员在行使经济管理职能时依法享有的权利。经济职权是具有隶属性质的权利，具有一定的行政权力性质。在国家机关及其工作人员依法行使经济职权时，其他经济法主体均应服从。经济职权对国家机关及其工作人员既是权利又是义务，不得随意放弃或转让，否则便是违法。

(五) 债权

债权是指按照合同约定或法律规定，在当事人之间产生的特定权利。债权是一种请求权，其义务主体是特定的。

(六) 知识产权

知识产权包括专利权、商标权、著作权等，是智力成果的创造人依法所享有的权利和生产经营活动中标记所有人依法所享有的权利的总称。

二、经济义务

经济义务是指法定义务人应当依照经济权利人要求为一定行为或不为一定行为，以满足权利人利益的责任。经济义务具有以下两个特征：一是经济义务以法律规定为界定范围，不履行义务者要承担相应法律责任，受到国家的制裁；二是义务人履行义务的方式包括做出一定行为和不做出一定行为两种方式。

三、经济权利与经济义务的关系

经济权利与经济义务相互依存。没有经济权利，就不会有经济义务。经济法主体不能只享有经济权利而不承担经济义务，也不能只承担经济义务而不享有经济权利。

> 【例 2-2】甲公司为开发新项目，急需资金。2011 年 3 月 12 日，向乙公司借款 15 万元。双方谈妥，乙公司借给甲公司 15 万元，为期 6 个月，月息为银行贷款利息的 1.3 倍，至同年 9 月 12 日本息一起付清，甲公司为乙公司出具了借据。甲公司因新项目开发不顺利，未盈利，到了 9 月 12 日无法偿还欠乙公司的借款，至当年 10 月末，乙公司向甲公司催促还款无果，于是，乙公司向法院起诉，要求甲公司偿还本息。
>
> 问题：1. 本案中的经济法律关系主体应如何认定？
>   2. 各方当事人的主要权利与义务是什么？

第四节　经济法律关系的客体

一、经济法律关系客体的概念

经济法律关系的客体是指经济法律关系主体权利和义务所指向的对象。客体是确立权利、义务关系性质和具体内容的依据，也是确定权利行使和义务履行的客观标准。如果没有客体，经济权利和经济义务就失去了依附的目标和载体，也就不可能发生经济权利和经济义务。因此，客体是经济法律关系不可缺少的要素之一。

二、经济法律关系客体的种类

(一) 物

物是指能够被人控制和支配，具有一定经济价值，可通过具体物质形态表现存在的物品。

物包括自然存在的物品和人类劳动生产的产品，以及固定充当一般等价物的货币和有价证券等。物是经济法律关系中最广泛的客体。

(二) 经济行为

经济行为是指经济法主体为达到一定经济目的，实现其权利和义务所进行的经济活动。它包括经济管理行为、提供劳务行为和完成工作行为等。作为经济法律关系客体的经济行为，仅指具有法律意义即为实现权利和义务的行为。

(三) 智力成果

智力成果又称精神财富，是指经济法主体从事智力劳动创造取得的成果，如科学发明、技术成果、艺术创作成果、学术论著等。智力成果本身不直接表现为物质财富，但可以转化为物质财富。智力成果作为经济法律关系的客体，其法律表现形式主要为商标权、专利权、专有技术、著作权等。

第五节　经济法律事实

一、经济法律事实的概念

经济法律事实是指引起经济法律关系的发生、变更或消灭的客观事实。

经济法律关系是由经济法律规范调整而形成的，但是经济法律规范的颁布、实施，以及它对经济法律关系主体、客体、内容所做的具体要求并不能"直接"引起经济法律关系的发生、变更与消灭。一个具体的经济法律关系的发生、变更与消灭，都是由实践当中符合法律规定的客观事实直接引起的，这种客观事实就是我们所说的经济法律事实。例如，我国现行民法对于买卖合同法律关系的主体、客体、内容已经做出了具体的规定，但并没有因此而直接使广大读者之间建立起具体的买卖合同关系。如果读者当中的两个人就某个物品的买卖事宜通过协商达成一致，这个"协商达成一致"的行为就会使这两个人之间建立起一个具体的买卖合同关系，该行为就是我们说的经济法律事实。

当然，并不是任何事实都能成为经济法律事实，只有根据经济法律规定，能引起经济法律关系产生、变更或者消灭的事实才是经济法律事实。例如，订立建设工程合同，当事人之间因此发生的财产关系是平等主体之间的财产关系，则订立建设工程合同的事实是经济法律事实；当事人约定到某年某月某日义务人不履行合同，合同即解除，到期义务人没有履行义务就会使原来的经济法律关系消灭，或产生其他法律后果，则时间的经过就成了经济法律事实；税务机关向纳税人征税，属于税法关系，不引起经济法律关系的发生、变更或消灭，则征税不是经济法律事实；对友谊关系、非常远的血亲关系或姻亲关系，法律不调整，基于这类关系发生的事实不是经济法律事实；有些客观现象，如潮起潮落、寒来暑往，不会引起经济法律关系的发生、变更或消灭，故不是经济法律事实。

二、经济法律事实的分类

经济法律事实是引起经济法律关系的发生、变更或消灭的客观事实，那么究竟哪些种类的事实可以作为经济法律事实引起经济法律关系发生、变更、消灭呢？按照理论界的普遍说法与现行经济法律的基本规定，我们把经济法律事实分为经济行为和事件两类。

(一) 经济行为

经济行为是经济法律事实最重要的组成部分，它是指经济法律关系主体为了实现一定的经济目的而进行的活动。经济行为按其性质可以划分为经济合法行为和经济违法行为，这两种行为都可以引起经济法律关系的发生、变更或终止。

1. 经济合法行为

经济合法行为是指经济法律关系主体实施的符合法律规定的经济行为。这种行为又可以分为以下几类。

(1) 经济管理行为，即具有经济职权的经济法律关系主体干预经济的行为，具体而言是指国家在调控经济和规制市场时发生的行为，如国有资产管理行为、征税行为等。

(2) 经营管理行为，即企业或其他经济组织和个人为实现一定的经济目的而依法实施的一切行为，如企业发包、承包行为，农户经营承包行为等。

(3) 行政执法、经济仲裁、经济审判行为，即行政机关、仲裁机构、各级人民法院在处理经济纠纷案件或经济违法行为中的查处、裁决等行为。

2. 经济违法行为

经济违法行为是指经济法律关系主体违反经济法律和法规规定所实施的行为，如国家机关的不当罚款行为、市场主体的不正当竞争行为、侵犯消费者合法权益的行为等。

(二) 事件

事件是不以当事人的意志为转移但能引起经济法律关系产生、变更或终止的客观情况。事件可以是自然现象，也可以是社会现象。前者如严重的自然灾害，后者如军事行动或政府禁令。

第六节　代理行为

一、代理的概念

代理是指代理人依照本人的授权，代表本人同第三人订立合同或实施其他法律行为，由此而产生的权利义务直接对本人发生效力的法律制度。

二、代理的法律特征

(1) 代理人必须在本人的授权范围内实施代理行为。

(2) 代理人必须以本人名义或为本人利益以自己的名义同第三人签订合同。

(3) 代理人须自己独立为意思表示。

(4) 代理行为的法律后果由本人承担。

三、代理的种类

代理包括委托代理、法定代理和指定代理。委托代理人按照被代理人的委托行使代理权，法定代理人依照法律的规定行使代理权,指定代理人按照人民法院或者指定单位的指定行使代理权。

四、无权代理

无权代理是指代理人在不享有代理权的情况下进行的代理行为,其产生主要有以下几种情形:未得到本人的授权,超出授权范围行事的代理,代理权消灭后的代理,代理权消灭后继续代理和授权行为无效的代理。

没有代理权、超越代理权或者代理权终止后的行为,只有经过被代理人的追认,被代理人才承担民事责任。未经追认的行为,由行为人承担民事责任。本人知道他人以本人名义实施民事行为而不做否认表示的,视为同意。

代理人不履行职责而给被代理人造成损害的,应当承担民事责任。代理人和第三人串通、损害被代理人利益的,由代理人和第三人负连带责任。第三人知道行为人没有代理权、超越代理权或者代理权已终止还与行为人实施民事行为给他人造成损害的,由第三人和行为人负连带责任。

五、表见代理

表见代理制度是基于被代理人的过失或被代理人与无权代理人之间存在特殊关系,使相对人有理由相信无权代理人享有代理权而与之发生民事法律行为,代理行为的后果由被代理人承担的一种特殊的无权代理。

表见代理中行为人虽无代理权,但由于本人的行为造成了足以使善意第三人相信其有代理权的表象,而与善意第三人进行的、由本人承担法律后果的代理行为。表见代理实质上是无权代理,是广义无权代理的一种。若无权代理行为均由被代理人追认决定其效力的话,会给善意第三人造成损害,因此,在表见的情形之下,规定由被代理人承担表见代理行为的法律后果,更有利于保护善意第三人的利益,维护交易安全,并以此加强代理制度的可信度。

六、代理权的终止

有下列情形之一的,委托代理终止:
(1) 代理期间届满或者代理事务完成;
(2) 被代理人取消委托或者代理人辞去委托;
(3) 代理人死亡;
(4) 代理人丧失民事行为能力;
(5) 作为被代理人或者代理人的法人终止。

【复习思考题】

1. 试述经济法律关系的主体。
2. 如何理解经济法律关系的内容?
3. 简述无权代理的法律后果。

第二模块
市场主体法律制度

第三章

个人独资企业法

学习目标

本章主要介绍了企业的概念特征，个人独资企业法的相关规定。通过学习，学生可以了解企业的概念和特征；熟悉个人独资企业的概念和特征、设立条件和设立程序；明确个人独资企业投资人的权利、义务。

案例导入

李某出资设立的个人独资企业 A 因管理不善，无法继续经营，决定解散，李某将财产和债权债务清算如下：①A 企业有银行存款 20 000 元，实物折价 55 000 元；②李某个人其他可执行财产共计 30 000 元；③A 企业欠职工工资 5000 元，欠社会保险费用 3000 元，欠缴税款 2000元，欠债权人丁 100 000 元。

请问：

(1) 个人独资企业解散时，李某能否自己担任清算人？

(2) A 企业的财产应按什么顺序清偿？

(3) A 企业解散后，未清偿的债务是否还应继续清偿？为什么？

第一节　企业概述

一、企业的概念

从经济的角度讲，企业是以营利为目的的经济组织。从法律的角度讲，企业是依法成立，具有一定的组织形式，独立从事商品生产经营、服务活动的经济组织。企业法是指调整企业在设立、组织形式、管理和运行过程中发生的经济关系的法律规范的总称。

二、企业的特点

1. 企业必须依法设立

企业必须具备法定条件，依法定程序设立，才能取得相应的权利能力和行为能力，具有一定的法律地位。企业一旦成立就独立于其设立人而成为一个独立的市场竞争主体，在经营活动中以企业名义形成各种法律关系，承担相应的法律责任。

2. 企业是以营利为目的从事生产经营活动的经济组织

企业必须是从事生产经营活动的经济组织，从事的是创造社会财富的活动，同时也为了赚取利润。企业必须有一定的组织形式，这体现了它与非组织的公民个人、个体工商户的不同。企业的行为具有持续性，这体现了它与流动摊贩一次性交易的不同。

3. 实行独立的经济核算，具有独立的法律人格

不实行独立核算的社会经济组织不能称之为企业。企业拥有独立的财产，并且以其独立财产对企业债务承担责任。公司企业属于法人性质的企业，具有完全独立的法律人格。个人独资企业和合伙企业属于自然人企业，企业财产与企业主或合伙人的个人财产不完全分离，企业财产不足以清偿债务时，企业主或合伙人承担无限或有限的责任，因此企业不具有法人资格。然而，即使是非法人企业，法律仍赋予其在一定范围内行事的主体资格，具有相对的独立性。

三、企业的分类

依据不同的标准可以将企业划分为不同的种类。

1. 个人独资企业、合伙企业、公司企业

依企业出资人的出资方式和责任形式对企业分类是最基本的分类。现代企业包括公司、合伙和独资企业等，以公司为基本形态，公司是大中型企业的法律形态，合伙企业和独资企业是中小型企业的法律形态。

2. 内资企业、外资企业、独资企业、合资企业

分类依据是出资者的不同。这种划分的目的是国家统计和宏观决策的需要。

3. 法人企业、非法人企业

分类依据是企业的法律地位。这种划分能明确反映企业的法律地位和责任能力，明确企业和投资人的财产关系和责任关系。公司是典型的法人企业，个人独资企业与合伙企业是非法人企业。

【例 3-1】下列具有独立的法人资格的是(　　　)。
A. 公司　　　　　B. 个人企业　　　　C. 家庭　　　D. 独资经营企业

4. 国有企业、集体企业、私营企业、混合所有制企业

分类依据是生产资料来源不同。这种划分明确企业财产权的归属，方便国家对不同经济性质企业采取不同经济政策和监管办法。

第二节 个人独资企业法概述

一、个人独资企业与个人独资企业法

(一) 个人独资企业的概念和特点

个人独资企业是指依照《中华人民共和国个人独资企业法》(以下简称《个人独资企业法》)在中国境内设立,由一个自然人投资,财产为投资人个人所有,投资人以其个人财产对企业债务承担无限责任的经营实体。个人独资企业具有以下特征。

1. 个人独资企业是由一个自然人投资的企业

根据《个人独资企业法》的规定,设立个人独资企业只能是一个自然人,国家机关、国家授权投资的机构或者国家授权的部门、企业、事业单位等都不能作为个人独资企业的设立人。自然人本无国籍的含义,既包括中国公民,也应包括外国公民,但是外商独资企业不适用本法,所以这里的自然人只指中国公民。

2. 个人独资企业的投资人对企业的债务承担无限责任

从权利和义务上看,出资人与企业是不可分割的。投资人对企业的债务承担无限责任,即当企业的资产不足以清偿到期债务时,投资人应以个人的全部财产用于清偿企业债务。个人独资企业投资人在申请企业设立登记时明确以其家庭共有财产作为个人出资的,应当依法以家庭共有财产对企业债务承担无限责任。

3. 个人独资企业的内部机构设置简单,经营管理方式灵活

个人独资企业的投资人既可以是企业的所有者,又可以是企业的经营者,因此,其内部机构的设置较为简单,决策程序也较为灵活。

4. 个人独资企业是非法人企业

个人独资企业由一个自然人出资,投资人对企业的债务承担无限责任,企业的责任即是投资人个人的责任,企业的财产即是投资人的财产。因此,个人独资企业不具有法人资格,也无独立承担民事责任的能力。但个人独资企业是独立的民事主体,可以自己的名义从事民事活动。

(二) 个人独资企业法的概念和基本原则

1. 个人独资企业法的概念

个人独资企业法有广义和狭义之分,广义的个人独资企业法是指国家关于个人独资企业的各种法律规范的总称;狭义的个人独资企业法是指1999年8月30日第九届全国人民代表大会常务委员会第十一次会议通过的《个人独资企业法》,该法于2000年1月1日起实施,共六章四十八条。

2. 个人独资企业法的基本原则

(1) 依法保护个人独资企业的财产和其他合法权益

个人独资企业的财产是指个人独资企业的财产所有权,包括对财产的占有、使用、处分和收益的权利;其他合法权益是指财产所有权以外的有关权益,如名称权、自主经营权、平等竞

争权、拒绝摊派权等。

(2) 遵守法规，诚实信用原则

个人独资企业从事经营活动必须遵守法律、行政法规，遵守诚实信用原则，不得损害社会公共利益。遵守法律、法规是每个企业应尽的义务，企业只有遵守法律、法规，才能保证生产经营活动的有序进行。个人独资企业遵守的诚实信用原则是我国民事活动的基本原则，个人独资企业不得损害社会公共利益也是必须遵循的基本原则。个人独资企业在经营活动中，还必须遵守社会公德，不得滥用权利。

(3) 个人独资企业应当依法履行纳税义务

依法纳税是每个公民和企业应尽的义务。个人独资企业在经营活动中应当依法缴纳国家税收法律、法规及规章规定的各项税款。

(4) 个人独资企业应当依法招用职工

个人独资企业应严格依照劳动法及有关规定招用职工。企业招用职工应当与职工签订劳动合同，劳动合同必须遵循平等自愿、协商一致的原则，并不得违反国家法律、法规和有关政策规定。企业应当遵守劳动保护制度，要依法制定劳动安全技术规程和劳动卫生规程，对女工和未成年工要给予特殊的劳动保护。企业应当遵守国家规定的社会保险与福利制度，如养老保险、医疗保险、失业保险、工伤保险和生育保险等。

(5) 个人独资企业职工的合法权益受法律保护

个人独资企业职工的自主签订合同权、合理的休息权、获取劳动报酬权、接受职业技能培训权、享受保险福利权等劳动法和其他有关法律规定的权利不受侵犯。个人独资企业职工依法建立工会，工会依法开展活动。

二、个人独资企业的设立

(一) 设立条件

设立个人独资企业应当具备下列条件。

1. 投资人为一个自然人

个人独资企业的投资人要为自然人，且只能是中国公民。法律、行政法规禁止从事营利性活动的人，不得作为投资人申请设立个人独资企业。根据我国有关法律、行政法规的规定，国家公务员、党政机关领导干部、警官、法官、检察官、商业银行工作人员等人员，不得作为投资人申请设立个人独资企业。

【例3-2】依照我国《个人独资企业法》，(   )不能成为个人独资企业的投资人。

A. 退休职工甲　　　　　　　　　B. 工商银行理财顾问乙

C. 警察丙　　　　　　　　　　　D. 某市市场监督管理局科员丁

2. 有合法的企业名称

个人独资企业的名称应当与其责任形式及从事的营业相符合。企业必须有相应的名称，并应符合法律、法规的要求。个人独资企业的名称应当符合国家关于企业名称登记管理的有关规定，个人独资企业的名称中不得使用"有限""有限责任"或者"公司"字样，个人独资企业的名称可以叫厂、店、部、中心、工作室等。

3. 有投资人申报的出资

个人独资企业投资人对本企业的财产依法享有所有权，其有关权利可以依法进行转让或继承。《个人独资企业法》对设立个人独资企业的出资数额未作限制。设立个人独资企业可以用货币出资，也可以用实物、土地使用权、知识产权或者其他财产权利出资，采取实物、土地使用权、知识产权或者其他财产权利出资的，应将其折算成货币数额。投资人申报的出资额应当与企业的生产经营规模相适应。投资人可以个人财产出资，也可以家庭共有财产作为个人出资。以家庭共有财产作为个人出资的，投资人应当在设立(变更)登记申请书上予以注明。

4. 有固定的生产经营场所和必要的生产经营条件

生产经营场所包括企业的住所和与生产经营相适应的处所。住所是企业的主要办事机构所在地，是企业的法定地址。

5. 有必要的从业人员

个人独资企业要有与其生产经营范围、规模相适应的从业人员。个人独资企业应当依法招用职工，职工的合法权益受法律保护。

(二) 设立程序

1. 提出申请

申请设立个人独资企业，应当由投资人或者其委托的代理人向个人独资企业所在地的登记机关提出设立申请。提交设立申请书、投资人身份证明、生产经营场所使用证明等文件。

投资人申请设立登记，应当向登记机关提交下列文件：①投资人签署的个人独资企业设立申请书。设立申请书应当载明的事项包括企业的名称和住所、投资人的姓名和居所、投资人的出资额和出资方式、经营范围及方式。个人独资企业投资人以个人财产出资或者以其家庭共有财产作为个人出资的，应当在设立申请书中予以明确。②投资人身份证明，主要是身份证和其他有关证明材料。③企业住所证明和生产经营场所使用证明等文件，如土地使用证明、房屋产权证或租赁合同等。④委托代理人申请设立登记的，应当提交投资人的委托书和代理人的身份证明或者资格证明。⑤国家市场监督管理总局规定提交的其他文件。个人独资企业不得从事法律、行政法规禁止经营的业务；从事法律、行政法规规定须报经有关部门审批的业务，应当在申请设立登记时提交有关部门的批准文件。

2. 工商登记

登记机关应当在收到设立申请文件之日起 15 日内，对符合《个人独资企业法》规定条件的予以登记，发给营业执照；对不符合《个人独资企业法》规定条件的，不予登记，并发给企业登记驳回通知书。

个人独资企业的营业执照的签发日期，为个人独资企业成立日期，在领取个人独资企业营业执照前，投资人不得以个人独资企业名义从事经营活动。

3. 分支机构登记

个人独资企业设立分支机构，应当由投资人或者其委托的代理人向分支机构所在地的登记机关申请登记，领取营业执照。分支机构经核准登记后，应将登记情况报该分支机构隶属的个人独资企业的登记机关备案。分支机构的民事责任由设立该分支机构的个人独资企业承担。

个人独资企业存续期间登记事项发生变更的，应当在做出变更决定之日起的 15 日内依法向登记机关申请办理变更登记。个人独资企业分支机构申请变更登记、注销登记，比照本办法关于个人独资企业申请变更登记、注销登记的有关规定办理。个人独资企业应当在其分支机构经核准设立、变更或者注销登记后 15 日内，将登记情况报该分支机构隶属的个人独资企业的登记机关备案。

个人独资企业应当在其分支机构经核准设立、变更或者注销登记后 15 日内，将登记情况报该分支机构隶属的个人独资企业的登记机关备案。个人独资企业向登记机关备案分支机构经核准登记后，应将登记情况报该分支机构隶属的个人独资企业的登记机关备案。分支机构的民事责任由设立该分支机构的个人独资企业承担。

三、个人独资企业事务管理

(一) 事务管理方式

个人独资企业投资人可以自行管理企业事务，也可以委托或者聘用其他具有民事行为能力的人负责企业的事务管理。投资人委托或者聘用他人管理个人独资企业事务，应当与受托人或者被聘用的人签订书面合同，明确委托的具体内容和授予的权利范围、受托人或者被聘用的人应履行的义务、报酬和责任等。

1. 受托人的义务

受托人或者被聘用的人员应当履行诚信、勤勉义务，按照与投资人签订的合同负责个人独资企业的事务管理。

【例3-3】受托人或者被聘用的人管理个人独资企业的依据是( )。
A. 个人独资企业投资人的授权任命书
B. 个人独资企业法规定的受托人或者被聘用人的职权
C. 投资人与受托人或者被聘用人签订的书面合同
D. 个人独资企业与受托人、被聘用人签订的委托或聘用合同

2. 受托人处理事务的对外效力

受托人在授权范围内处理事务，与第三人签订合同或为其他法律行为，合同都是有效的。其法律后果由个人独资企业承担。但投资人对受托人或者被聘用的人员职权的限制，不得对抗善意第三人。

所谓善意第三人是指第三人在就有关经济业务事项交往中，没有与受托人或者被聘用的人员串通，故意损害投资人利益的人。个人独资企业的投资人与受托人或者被聘用的人员之间有关权利义务的限制只对受托人或者被聘用的人员有效，对第三人并无约束力，受托人或者被聘用的人员超出投资人的限制与善意第三人的有关业务交往应当有效。

【例3-4】甲投资设立 A 个人独资企业，甲委托乙为企业进货，并约定 1 万元以上的合同必须经过甲的特批。乙在一次参加商品展销会时，发现丙出售的某市场紧俏商品价格合理，乙觉得应抓住时机多进一些货。因未及时联系上甲，又怕贻误商机，乙便私自与丙签订了 3 万元的买卖合同，但未向丙说明自己只能签 1 万元以下合同的事实。此合同是否对甲发生效力？

3. 受托人禁止的行为

受托人或者被聘用的人员应当以诚实信用的态度对待投资人、对待企业，尽其所能依法保障企业利益。投资人委托或者聘用的管理个人独资企业事务的人员不得有下列行为：①利用职务上的便利，索取或者收受贿赂；②利用职务或者工作上的便利侵占企业财产；③挪用企业的资金归个人使用或者借贷给他人；④擅自将企业资金以个人名义或者以他人名义开立账户储存；⑤擅自以企业财产提供担保；⑥未经投资人同意，从事与本企业相竞争的业务；⑦未经投资人同意，同本企业订立合同或者进行交易；⑧未经投资人同意，擅自将企业商标或者其他知识产权转让给他人使用；⑨泄露本企业的商业秘密；⑩法律、行政法规禁止的其他行为。

(二) 具体事务管理

个人独资企业应当依法设置会计账簿，进行会计核算。个人独资企业招用职工的，应当依法与职工签订劳动合同，保障职工的劳动安全，按时、足额发放职工工资。个人独资企业应当按照国家规定参加社会保险，为职工缴纳社会保险费。个人独资企业可以依法申请贷款，取得土地使用权、拒绝摊派权，并享有法律、行政法规规定的其他权利。例如，可以依法取得外贸经营权，或根据业务需要委托具有外贸经营权的单位代为办理进出口业务；可以取得专利保护；可以取得商标保护等。

四、个人独资企业的解散和清算

(一) 个人独资企业的解散

个人独资企业的解散是指个人独资企业终止活动使其民事主体资格消灭的行为。

个人独资企业有下列情形之一时，应当解散：①投资人决定解散；②投资人死亡或者被宣告死亡，无继承人或者继承人决定放弃继承；③被依法吊销营业执照；④法律、行政法规规定的其他情形。

(二) 个人独资企业的清算

个人独资企业解散时，应当进行清算。

1. 通知和公告债权人

个人独资企业解散，由投资人自行清算或者由债权人申请人民法院指定清算人进行清算。投资人自行清算的，应当在清算前 15 日内书面通知债权人，无法通知的，应当予以公告。债权人应当在接到通知之日起 30 日内，未接到通知的应当在公告之日起 60 日内，向投资人申报其债权。

【例 3-5】甲于 2020 年 1 月 1 日设立个人独资企业 A，经营一年后 A 企业亏损严重。2021 年 2 月 20 日，甲决定解散该企业，自行清算，并且在规定时间内向债权人发出了通知。债权人 2021 年 3 月 1 日收到了通知，债权人向个人独资企业申报债权的期限截止到什么时候？

2. 投资人的持续偿债责任

个人独资企业解散后，原投资人对个人独资企业存续期间的债务仍应承担偿还责任，但债权人在 5 年内未向债务人提出偿债请求的，该责任消灭。

3. 财产清偿顺序

个人独资企业解散的，财产应当按照下列顺序清偿：①所欠职工工资和社会保险费用；②所欠税款；③其他债务。个人独资企业财产不足以清偿债务的，投资人应当以其个人的其他财产予以清偿。

4. 清算期间对投资人的要求

清算期间，个人独资企业不得开展与清算目的无关的经营活动。在按前述财产清偿顺序清偿债务前，投资人不得转移、隐匿财产。

5. 注销登记

个人独资企业清算结束后，投资人或者人民法院指定的清算人应当编制清算报告，并于清算结束之日起 15 日内向原登记机关申请注销登记。个人独资企业申请注销登记，应当向登记机关提交下列文件：①投资人或者清算人签署的注销登记申请书；②投资人或者清算人签署的清算报告；③国家市场监督管理总局规定提交的其他文件。登记机关应当在收到按规定提交的全部文件之日起 15 日内，做出核准登记或者不予登记的决定。予以核准的，发给核准通知书；不予核准的，发给企业登记驳回通知书。经登记机关注销登记，个人独资企业终止。个人独资企业办理注销登记时，应当交回营业执照。

【复习思考题】

1. 按不同的标准，企业可以分为哪些类型？
2. 个人独资企业的特点有哪些？
3. 接受委托或者被聘用管理个人独资企业的人员不得有哪些行为？
4. 个人独资企业在什么情况下解散？

第四章

合伙企业法

学习目标

本章主要介绍《中华人民共和国合伙企业法》(以下简称《合伙企业法》)的相关规定。通过学习，学生可以理解合伙企业的概念和特征；掌握合伙企业的设立条件和程序、合伙企业的财产和事务执行；明确对合伙企业的入伙、退伙、解散与清算的有关规定。

案例导入

张甲、王乙、李丙、赵丁四人开办了一家普通合伙企业。在合伙协议中，四人已约定合伙期限，关于入伙、退伙等约定按《合伙企业法》办理。后来，赵丁把自己的一部分财产份额转让给钱戊，张甲、王乙同意，但李丙不同意。李丙提出，如果赵丁愿意转让部分财产份额，他愿意受让。结果钱戊因多数合伙人同意成为新合伙人。在这种情况下李丙提出退伙，张甲、王乙、赵丁同意，但言明李丙只能将自己入伙时的投资带走，合伙企业的盈利不予分配。钱戊以合伙企业的名义做了一笔亏本生意，要李丙也承担亏损责任。李丙不同意上述要求，遂向法院起诉。

请问：

(1) 赵丁转让财产份额的行为是否有效？

(2) 李丙是否可以退伙？假如李丙可以退伙，合伙企业的盈利是否应分配给李丙？

(3) 李丙是否应对钱戊以合伙企业名义做生意造成的亏损承担责任？为什么？

第一节　合伙企业法概述

一、合伙的概念

合伙是指两个以上的人为共同目的，相互约定共同出资、共同经营、共享收益、共担风险的自愿联合。从合伙企业法中所指合伙的概念来看，不能仅仅将合伙看成一种合同关系，也不能单纯将合伙归结为一种企业形式，合伙应是一种以合同关系为基础的企业组织形式。

二、合伙企业的概念和特征

1. 概念

《合伙企业法》规定，合伙企业是指自然人、法人和其他组织依照本法在中国境内设立的普通合伙企业和有限合伙企业。

2. 分类

合伙企业分为普通合伙企业和有限合伙企业。普通合伙企业由普通合伙人组成，合伙人对合伙企业债务承担无限连带责任。有限合伙企业由普通合伙人和有限合伙人组成，普通合伙人对合伙企业债务承担无限连带责任，有限合伙人以其认缴的出资额为限对合伙企业债务承担责任。

3. 特征

(1) 合伙企业是契约式组织——不具有法人资格。

(2) 普通合伙人对合伙企业债务承担无限连带责任，有限合伙人对合伙企业的债务以其认缴的出资额为限承担有限责任——对比公司有限责任。

(3) 合伙企业人员结构相对稳定，普通合伙人变动不自由——人合性质。

三、合伙企业法的概念及基本原则

(一) 合伙企业法的概念

合伙企业法有广义和狭义之分。

广义的合伙企业法，是指国家立法机关或者其他有权机关依法制定的、调整合伙企业合伙关系的各种法律规范的总称。因此，除了《合伙企业法》外，国家有关法律、行政法规和规章中关于合伙企业的法律规范，都属于合伙企业法的范畴。

狭义的合伙企业法，是指由国家最高立法机关依法制定的、规范合伙企业合伙关系的专门法律，即《中华人民共和国合伙企业法》。该法于 1997 年 2 月 23 日由第八届全国人民代表大会常务委员会第二十四次会议通过，2006 年 8 月 27 日由第十届全国人民代表大会常务委员会第二十三次会议修订，自 2007 年 6 月 1 日起施行。

(二) 合伙企业法的基本原则

1. 协商原则

合伙协议是合伙人建立合伙关系，确定合伙人各自的权利义务，使合伙企业得以设立的前提，也是合伙企业的基础。合伙协议依法由全体合伙人协商一致订立。设立合伙企业、处理合伙事务都应该以协商为基本原则。

2. 自愿、平等、公平、诚实信用原则

订立合伙协议、设立合伙企业，应当遵循自愿、平等、公平、诚实信用原则。合伙人可以充分表达自己的真实意志，根据自己的真实意愿进行意思表示。合伙人具有平等法律地位，享受平等的法律待遇，享有平等的法律保护。全体合伙人应当本着公平的观念实施自己的行为，同时，司法机关也应当本着公平的观念处理有关纠纷。合伙人应当讲诚实、守信用，以善意的方式处理有关问题。

3. 守法原则

合伙企业及其合伙人必须遵守法律、行政法规，遵守社会公德、商业道德，承担社会责任。合伙企业应当依照法律、行政法规的规定建立企业财务、会计制度。

4. 合法权益受法律保护原则

合伙企业及其合伙人的合法财产和权益受法律保护。这主要包括两方面的内容：一是受法律保护的对象是合法的财产和权益，非法占有的财产、非法所得利益，不仅不受法律的保护，责任人还应依法承担相应的法律责任；二是严禁任何单位和个人侵犯合伙企业及其合伙人合法占有的财产和依法应享有的权益。

5. 依法纳税原则

依法纳税是每个公民和企业应尽的义务。合伙企业的生产经营所得和其他所得，应按照国家有关税收规定，由合伙人分别缴纳所得税。合伙企业的生产经营所得和其他所得，是指合伙企业从事生产经营以及与生产经营有关的活动所取得的各项收入。合伙企业不缴纳企业所得税。

第二节　普通合伙企业

普通合伙企业是指由普通合伙人组成，合伙人对合伙企业债务承担无限连带责任的一种合伙企业。普通合伙企业具有以下特点。

1. 由普通合伙人组成

所谓普通合伙人，是指在合伙企业中对合伙企业的债务依法承担无限连带责任的自然人、法人和其他组织。国有独资公司、国有企业、上市公司以及公益性事业单位、社会团体不得成为普通合伙人。

2. 合伙人对合伙企业债务依法承担无限连带责任(法律另有规定的除外)

所谓无限连带责任，包括两个方面：一是无限责任，即所有的合伙人不仅以自己投入合伙企业的资金和合伙企业的其他资金对债权人承担清偿责任，而且在不够清偿时还要以合伙人自己所有的财产对债权人承担清偿责任；二是连带责任，即所有的合伙人对合伙企业的债务都有责任向债权人偿还，不管自己在合伙协议中所承担的比例如何。一个合伙人不能清偿对外债务的，其他合伙人都有清偿的责任。但是，当某一合伙人偿还合伙企业的债务超过自己所应承担的数额时，有权向其他合伙人追偿。

所谓法律另有规定的除外，是指《合伙企业法》有特殊规定的，合伙人可以不承担无限连带责任。按照《合伙企业法》中"特殊的普通合伙企业"的规定，在这种特殊的普通合伙企业中，合伙人在执业活动中因故意或者重大过失造成合伙企业债务的，应当承担无限责任或者无限连带责任，其他合伙人以其在合伙企业中的财产份额为限承担责任。

一、合伙企业的设立

(一) 设立条件

设立合伙企业，应当具备下列条件。

1. 有两个以上普通合伙人

普通合伙人可以是自然人、法人和其他组织。普通合伙人为自然人的，应当具有完全民事行为能力，无民事行为能力人和限制民事行为能力人不得成为普通合伙企业的合伙人。国有独资公司、国有企业、上市公司以及公益性事业单位、社会团体不得成为普通合伙人。《合伙企业法》规定，外国企业或者个人在中国境内设立合伙企业的管理办法由国务院规定。

2. 有书面合伙协议

合伙协议是指由各合伙人通过协商，共同决定相互间的权利义务达成的具有法律约束力的协议。合伙协议应当由全体合伙人协商一致，以书面形式订立。订立合伙协议、设立合伙企业，应当遵循自愿、平等、公平、诚实信用原则。

合伙协议应当载明下列事项：合伙企业的名称和主要经营场所的地点；合伙目的和合伙经营范围；合伙人的姓名或者名称、住所；合伙人的出资方式、数额和缴付期限；利润分配、亏损分担方式；合伙事务的执行；入伙与退伙；争议解决办法；合伙企业的解散与清算；违约责任等。

合伙协议经全体合伙人签名、盖章后生效。合伙人按照合伙协议享有权利，履行义务。修改或者补充合伙协议，应当经全体合伙人一致同意；但是，合伙协议另有约定的除外。合伙协议未约定或者约定不明确的事项，由合伙人协商决定；协商不成的，依照《合伙企业法》和其他有关法律、行政法规的规定处理。

3. 有合伙人认缴或者实际缴付的出资

合伙协议生效后，合伙人应当按照合伙协议约定的出资方式、数额和缴付期限，履行出资义务。普通合伙人可以用货币、实物、知识产权、土地使用权或者其他财产权利出资，也可用劳务出资。只有普通合伙人(不论是普通合伙企业中的普通合伙人，还是有限合伙企业中的普通合伙人)可以以劳务出资。

合伙人以实物、知识产权、土地使用权或者其他财产权利出资，需要评估作价的，可以由全体合伙人协商确定，也可以由全体合伙人委托法定评估机构评估。合伙人以劳务出资的，其评估办法由全体合伙人协商确定，并在合伙协议中载明。以非货币财产出资的，依照法律、行政法规的规定，需要办理财产权转移手续的，应当依法办理。

合伙人按照合伙协议的约定或者经全体合伙人决定，可以增加或者减少对合伙企业的出资。

4. 有合伙企业的名称和生产经营场所

合伙企业名称中应当标明"普通合伙"字样。特殊的普通合伙企业，应当在其名称中标明"特殊普通合伙"字样。合伙企业的名称必须和"合伙"联系起来，名称中必须有"合伙"二字。经企业登记机关登记的合伙企业主要经营场所只能有一个，并且应当在其企业登记机关登记管辖区域内。

5. 法律、行政法规规定的其他条件

(二) 设立程序

1. 申请

申请设立合伙企业，应当向企业登记机关提交登记申请书、合伙协议书、合伙人身份证明

等文件。合伙企业的经营范围中有属于法律、行政法规规定在登记前须经批准的项目的，该项经营业务应当依法经过批准，并在登记时提交批准文件。

申请设立合伙企业，应当由全体合伙人指定的代表或者共同委托的代理人向企业登记机关提交下列文件：①全体合伙人签署的设立登记申请书；②全体合伙人的身份证明；③全体合伙人指定的代表或者共同委托代理人的委托书；④合伙协议；⑤出资权属证明；⑥经营场所证明；⑦国务院工商行政管理部门规定提交的其他文件。

法律、行政法规或者国务院规定设立合伙企业必须批准的，还应当提交有关批准文件。合伙企业的经营范围中有属于法律、行政法规或者国务院规定在登记前须经批准的项目，应当向企业登记机关提交批准文件。

2. 登记签发执照

申请人提交的登记申请材料齐全、符合法定形式，企业登记机关能够当场登记的，应予当场登记，发给合伙企业营业执照。除此之外，企业登记机关应当自受理申请之日起 20 日内，做出是否登记的决定。对于符合《合伙企业法》规定条件的，予以登记，发给合伙企业营业执照；对于不符合规定条件的，不予登记，并应当给予书面答复，说明理由。

合伙企业的营业执照签发日期，为合伙企业成立日期。合伙企业领取营业执照前，合伙人不得以合伙企业名义从事合伙业务。

合伙企业设立分支机构，应当向分支机构所在地的企业登记机关申请登记，领取营业执照。分支机构的经营范围不得超出合伙企业的经营范围。分支机构的经营期限不得超过合伙企业的合伙期限。

合伙企业登记事项发生变更的，执行合伙事务的合伙人应当自做出变更决定或者发生变更事由之日起 15 日内，向企业登记机关申请办理变更登记。

二、合伙企业财产

(一) 合伙企业财产的构成

根据《合伙企业法》的规定，合伙人的出资、以合伙企业名义取得的收益和依法取得的其他财产，均为合伙企业的财产。从这一规定可以看出，合伙企业财产由以下三部分构成。

1. 合伙人的出资

合伙人可以用货币、实物、知识产权、土地使用权或者其他财产权利出资，也可以用劳务出资。这些出资形成合伙企业的原始财产。

2. 以合伙企业名义取得的收益

以合伙企业名义取得的收益作为合伙企业获得的财产，归属于合伙企业，成为合伙财产的一部分。以合伙企业名义取得的收益，主要包括合伙企业的公共积累资金、未分配的盈余、合伙企业债权、合伙企业取得的工业产权和非专利技术等财产权利。

3. 依法取得的其他财产

根据法律、行政法规的规定合法取得的其他财产，如合法接受赠与的财产等。

(二) 合伙企业财产的性质

合伙企业的财产具有独立性和完整性两方面的特征。所谓独立性，是指合伙企业的财产独立于合伙人。合伙企业的财产权主体是合伙企业，而不是单独的每一个合伙人。所谓完整性，是指合伙企业的财产作为一个完整的统一体而存在。

根据《合伙企业法》的规定，合伙人在合伙企业清算前，不得请求分割合伙企业的财产，但法律另有规定的除外。合伙人在合伙企业清算前私自转移或者处分合伙企业财产的，合伙企业不得以此对抗善意第三人。

在确认善意取得的情况下，合伙企业的损失只能向合伙人进行追索，而不能向善意第三人追索。合伙企业也不能以合伙人无权处分其财产而对善意第三人的权利要求进行对抗，即不能以合伙人无权处分其财产而主张其与善意第三人订立的合同无效。当然，如果第三人明知合伙人无权处分而与之进行交易，或者与合伙人通谋共同侵犯合伙企业权益，则合伙企业可以据此对抗第三人。

(三) 合伙人财产份额的转让

合伙人财产份额的转让，是指合伙企业的合伙人向他人转让其在合伙企业中的全部或者部分财产份额的行为。由于合伙人财产份额的转让将会影响到合伙企业以及各合伙人的切身利益，因此，《合伙企业法》对合伙人财产份额的转让做了以下限制性规定。

(1) 除合伙协议另有约定外，合伙人向合伙人以外的人转让其在合伙企业中的全部或者部分财产份额时，须经其他合伙人一致同意。这一规定适用于合伙人财产份额的外部转让。

当然，法定的原则只有在合伙协议中没有明确约定的情况下才有法律效力。如果合伙协议有另外的约定，则应执行合伙协议的规定。

(2) 合伙人之间转让其在合伙企业中的全部或者部分财产份额时，应当通知其他合伙人。这一规定适用于合伙人财产份额的内部转让。

(3) 合伙人向合伙人以外的人转让其在合伙企业中的财产份额的，在同等条件下，其他合伙人有优先购买权；但是，合伙协议另有约定的除外。

所谓优先购买权，是指在合伙人转让其财产份额时，在多数人接受转让的情况下，其他合伙人基于同等条件可先于其他非合伙人购买的权利。优先购买权的发生存在两个前提：一是合伙人财产份额的转让没有约定的转让条件、转让范围的限制；二是优先购买的前提是同等条件。

【例4-1】甲、乙两人共同购买了一间街面房，经营餐饮。甲欲转让其份额。丙知道此事后支付甲5000元，欲购买。甲父知道此事后，也欲购买。乙也欲以5000元购买。依照法律，甲的份额应转让给谁？

合伙人以外的人依法受让合伙人在合伙企业中的财产份额的，经修改合伙协议即成为合伙企业的合伙人，依照《合伙企业法》和修改后的合伙协议享有权利，履行义务。合伙人以外的人成为合伙人需修改合伙协议，但未修改合伙协议的，不应算作法律所称的"合伙企业的合伙人"。

因为合伙人以财产份额出质可能导致该财产份额依法发生权利转移，所以合伙人以其在合伙企业中的财产份额出质的，须经其他合伙人一致同意；未经其他合伙人一致同意，其行为无效，由此给善意第三人造成损失的，由行为人依法承担赔偿责任。

【例4-2】下列关于普通合伙企业的说法中，正确的是(　　)。

A. 合伙人之间可以自由转让各自的财产份额，无须经其他合伙人同意，也不需要通知其他合伙人

B. 合伙人不得将其财产份额转让给合伙企业以外的人

C. 在任何情况下，合伙人均不得以其财产份额出质

D. 合伙人在合伙企业清算前私自转移或者处分合伙企业财产的，合伙企业不得以此对抗善意第三人

E. 合伙协议不得约定将全部利润分配给部分合伙人或者由部分合伙人承担全部亏损

三、合伙事务执行

(一) 合伙事务执行权

合伙人对执行合伙事务享有同等的权利。按照合伙协议的约定或者经全体合伙人决定，可以委托一个或者数个合伙人对外代表合伙企业，执行合伙事务。作为合伙人的法人、其他组织执行合伙事务的，由其委派的代表执行。

合伙人执行合伙企业事务，可以有两种形式。

1. 全体合伙人共同执行合伙事务

这是合伙事务执行的基本形式，也是在合伙企业中经常使用的一种形式，尤其是在合伙人较少的情况下更为适宜。合伙协议未约定或者全体合伙人未决定委托执行事务合伙人的，全体合伙人均为执行事务合伙人。在采取这种形式的合伙企业中，按照合伙协议的约定，各个合伙人都直接参与经营，处理合伙企业的事务，对外代表合伙企业。

2. 委托一个或数个合伙人执行合伙事务

在合伙企业中，有权执行合伙事务的合伙人并不都愿意行使这种权利，而是愿意委托其中的一个或者数个合伙人执行合伙事务。按照合伙协议的约定或者经全体合伙人决定，可以委托一个或者数个合伙人对外代表合伙企业，执行合伙事务。

《合伙企业法》明确规定，委托一个或数个合伙人执行合伙事务的，其他合伙人不再执行合伙事务。当然，对合伙协议或者全体合伙人做出的决定以外的某些事项，如果没有委托一个或数个合伙人执行时，可以由全体合伙人共同执行或者由全体合伙人决定委托给某一个特定的合伙人办理。

(二) 合伙人在执行合伙事务中的权利和义务

1. 合伙人在执行合伙事务中的权利

根据《合伙企业法》的规定，合伙人在执行合伙事务中的权利主要包括以下内容。

(1) 合伙人对执行合伙事务享有同等的权利。合伙企业的特点之一就是合伙经营，各合伙人无论其出资多少，都有权平等享有执行合伙企业事务的权利。

(2) 执行合伙事务的合伙人对外代表合伙企业。合伙人在代表合伙企业执行事务时，以合伙企业事务执行人的身份组织实施企业的生产经营活动。合伙企业事务执行人以企业名义活动，其权利来自法律的直接规定。

(3) 不执行合伙事务的合伙人的监督权利。不执行合伙事务的合伙人有权监督执行事务合

伙人执行合伙事务的情况。这一规定有利于维护全体合伙人的共同利益，同时也可以促进合伙事务执行人更加认真谨慎地处理合伙企业事务。

(4) 合伙人查阅合伙企业会计账簿等财务资料的权利。合伙经营是一种以营利为目的的经济活动，合伙人之间的财产共有关系、共同经营关系、连带责任关系决定全体合伙人形成了以实现合伙目的为目标的利益共同体。合伙人为了解合伙企业的经营状况和财务状况，有权查阅合伙企业会计账簿等财务资料。

(5) 合伙人有提出异议的权利和撤销委托的权利。在合伙人分别执行合伙事务的情况下，由于执行合伙事务的合伙人的行为所产生的亏损和责任要由全体合伙人承担，因此，《合伙企业法》规定，合伙人分别执行合伙事务的，执行事务合伙人可以对其他合伙人执行的事务提出异议。受委托执行合伙事务的合伙人不按照合伙协议或者全体合伙人的决定执行事务的，其他合伙人可以决定撤销该委托。

2. 普通合伙人在执行合伙事务中的义务

根据《合伙企业法》的规定，合伙人在执行合伙事务中的义务主要包括以下内容。

(1) 合伙事务执行人向不参加执行事务的合伙人报告企业经营状况和财务状况。由一个或者数个合伙人执行合伙事务的，执行事务合伙人应当定期向其他合伙人报告事务执行情况以及合伙企业的经营和财务状况，其执行合伙事务所产生的收益归合伙企业，所产生的费用和亏损由合伙企业承担。

(2) 合伙人不得自营或者同他人合作经营与本合伙企业相竞争的业务。各合伙人组建合伙企业是为了合伙经营、共享收益，如果某一合伙人自己又从事或者与他人合作从事与合伙企业相竞争的业务，势必影响合伙企业的利益，背离合伙的初衷；同时还可能形成不正当竞争，使合伙企业处于不利地位，损害其他合伙人的利益。因此，合伙人负有竞业禁止义务。

(3) 合伙人不得同本合伙企业进行交易。除合伙协议另有约定或者经全体合伙人一致同意外，合伙人不得同本合伙企业进行交易。合伙企业中每一合伙人都是合伙企业的投资者，这种交易极易造成损害他人利益。因此，法律规定，除合伙协议另有约定或者经全体合伙人一致同意外，合伙人负有交易禁止义务。

(4) 合伙人不得从事损害本合伙企业利益的活动。合伙人在执行合伙事务的过程中，不得为了自己的私利坑害其他合伙人的利益，也不得与其他人恶意串通，损害合伙企业的利益。

【例4-3】甲、乙、丙3人各出资5万元组成合伙企业吉祥汽车配件厂。合伙协议中规定了利润分配和亏损分担办法，争议由合伙人通过协商或调解解决。合伙企业经营汽车配件的生产和销售，经营期限为2年。

请问：甲在担当合伙企业负责人期间，能否与王某再合作建立一个经营汽车配件的门市部，将门市部的货卖给吉祥汽车配件厂？为什么？

(三) 合伙事务表决权

合伙人对合伙企业有关事项做出决议，按照合伙协议约定的表决办法办理。合伙协议未约定或者约定不明确的，实行合伙人一人一票并经全体合伙人过半数通过的表决办法。对合伙企业的表决办法另有规定的，从其规定。这确定了合伙事务执行决议的三种办法。

1. 由合伙协议对决议办法做出约定

这种约定有两个前提：一是不与法律相抵触，即法律有规定的按照法律的规定执行，法律未作规定的可在合伙协议中约定；二是在合伙协议中做出的约定，应当由全体合伙人协商一致共同做出。至于在合伙协议中所约定的决议办法，是采取全体合伙人一致通过，还是采取 2/3 以上多数通过，或者采取其他办法，由全体合伙人视所决议的事项而做出约定。

2. 实行合伙人一人一票并经全体合伙人过半数通过的表决办法

这种办法也有一个前提，即合伙协议未约定或者约定不明确的，才实行合伙人一人一票并经全体合伙人过半数通过的表决办法。需要注意的是，对各合伙人，无论出资多少和以何物出资，表决权数应以合伙人的人数为准，亦即每一个合伙人对合伙企业有关事项均有同等的表决权，使用经全体合伙人过半数通过的表决办法。

3. 依照《合伙企业法》的规定做出决议

合伙人按照合伙协议的约定或者经全体合伙人决定，可以增加或者减少对合伙企业的出资；有关合伙企业的重大事项，除合伙协议另有约定外，应当经全体合伙人一致同意。

除合伙协议另有约定外，合伙企业的下列事项应当经全体合伙人一致同意：

(1) 改变合伙企业的名称；

(2) 改变合伙企业的经营范围、主要经营场所的地点；

(3) 处分合伙企业的不动产；

(4) 转让或者处分合伙企业的知识产权和其他财产权利；

(5) 以合伙企业名义为他人提供担保；

(6) 聘任合伙人以外的人担任合伙企业的经营管理人员。

(四) 非合伙人参与经营管理

在合伙企业中，往往由于合伙人经营管理能力不足，需要在合伙人之外聘任非合伙人担任合伙企业的经营管理人员，参与合伙企业的经营管理工作。《合伙企业法》规定，除合伙协议另有约定外，经全体合伙人一致同意，可以聘任合伙人以外的人担任合伙企业的经营管理人员。

关于被聘任的经营管理人员的职责，《合伙企业法》做了明确规定，主要有：①被聘任的合伙企业的经营管理人员应当在合伙企业授权范围内履行职务；②被聘任的合伙企业的经营管理人员，超越合伙企业授权范围履行职务，或者在履行职务过程中因故意或者重大过失给合伙企业造成损失的，依法承担赔偿责任。

(五) 合伙企业利润分配

1. 合伙损益

合伙损益包括两方面的内容：一是合伙利润，指以合伙企业的名义所取得的经济利益，它反映了合伙企业在一定期间的经营成果；二是合伙亏损，指以合伙企业的名义从事经营活动所形成的亏损。合伙亏损是全体合伙人共同面临的风险，或者共同承担的经济责任。

2. 合伙损益分配原则

合伙损益分配包含合伙企业的利润分配与亏损分担两个方面，对合伙损益分配原则，《合伙企业法》做了原则规定，主要内容如下。

(1) 合伙企业的利润分配、亏损分担，按照合伙协议的约定办理；合伙协议未约定或者约定不明确的，由合伙人协商决定；协商不成的，由合伙人按照实缴出资比例分配、分担；无法确定出资比例的，由合伙人平均分配、分担。

(2) 合伙协议不得约定将全部利润分配给部分合伙人或者由部分合伙人承担全部亏损。

【例 4-4】甲、乙、丙、丁共同投资设立合伙企业，约定利润分配比例为 4∶2∶2∶2。现甲、乙已退伙，丙、丁未就现有合伙企业的利润分配约定新的比例，经过协商后也无法确定。依照法律规定，现该合伙企业的利润在丙、丁之间应如何分配？

两人找人咨询，A 说全部利润还按 2∶2 的比例分配，剩余的部分作为企业的基金，B 说全部利润的 40% 按 2∶2 的比例分配，其余部分平均分配，C 说全部利润按二人的实际出资比例分配，D 说全部利润平均分配，谁的意见是正确的？

四、合伙企业与第三人关系

合伙企业与第三人关系，实际是指有关合伙企业的对外关系，涉及合伙企业对外代表权的效力、合伙企业和合伙人的债务清偿等问题。

(一) 合伙企业对外代表权的效力

1. 合伙企业与第三人关系概述

所谓合伙企业与第三人关系，是指合伙企业的外部关系，即合伙企业与合伙企业的合伙人以外的第三人的关系。合伙企业设立以后，必然要以合伙企业的名义从事生产经营活动，进行商品的交换、服务的供需和财产的流转，从而与其他市场主体发生联系，形成其外部关系。因此，合伙企业与第三人关系也就是合伙企业与外部的关系。由于合伙企业在债务承担上是一种连带责任关系，这种关系在一定程度上就会与合伙人自身发生一定的牵连，例如，当合伙企业对外发生了债务并且合伙企业的财产不能清偿其债务时，这一关系即可转化为合伙人与债权人(第三人)之间的关系。

2. 合伙事务执行中的对外代表权

可以取得合伙企业对外代表权的合伙人，主要有三种情况：一是由全体合伙人共同执行合伙企业事务的，全体合伙人都取得了合伙企业的对外代表权；二是由部分合伙人执行合伙企业事务的，只有受委托执行合伙企业事务的那一部分合伙人有权对外代表合伙企业，而不参加执行合伙企业事务的合伙人则不具有对外代表合伙企业的权利；三是由授权在合伙事务上有执行权的合伙人，依照授权范围可以对外代表合伙企业。执行合伙企业事务的合伙人在取得对外代表权后，即可以合伙企业的名义进行经营活动，在其授权的范围内做出法律行为。合伙人的这种代表行为，对全体合伙人发生法律效力，即其执行合伙事务所产生的收益归合伙企业，所产生的费用和亏损由合伙企业承担。

3. 合伙企业对外代表权的限制

合伙人执行合伙事务的权利和对外代表合伙企业的权利，会受到一定的内部限制。如果这种内部限制对第三人发生效力，必须以第三人知道这一情况为条件，否则，该内部限制不对该第三人发生抗辩力。《合伙企业法》规定，合伙企业对合伙人执行合伙事务以及对外代表合伙企业权利的限制，不得对抗善意第三人。不得对抗善意第三人，主要针对给第三人造成的损失而言,即当执行合伙事务的合伙人给善意第三人造成损失时,合伙企业不能因为有对合伙人执行合伙事务以及对外代表合伙企业权利的限制,就对善意第三人不承担责任。

【例4-5】甲、乙、丙3人各出资10万元组成生产性质的合伙企业。合伙协议约定该合伙企业的负责人是甲,对外代表该合伙企业。假如合伙协议中明确规定,甲不得代表合伙企业签订标的额10万元以上的合同,后来,甲与某销售公司签订了12万元的合同,此合同是否有效?为什么?

(二) 合伙企业和合伙人的债务清偿

1. 合伙企业的债务清偿与合伙人的关系

合伙企业对其债务,应先以其全部财产进行清偿。合伙企业不能清偿到期债务的,合伙人承担无限连带责任。合伙人由于承担无限连带责任,清偿数额超过其亏损分担比例的,有权向其他合伙人追偿。

合伙人之间的分担比例对债权人没有约束力。债权人可以根据自己的清偿利益,请求全体合伙人中的一人或数人承担全部清偿责任,也可以按照自己确定的比例向各合伙人分别追索。如果某一合伙人实际支付的清偿数额超过其依照既定比例所应承担的数额,该合伙人有权就超过部分向其他未支付或者未足额支付应承担数额的合伙人追偿。但是,合伙人的这种追偿权,应当具备以下三项条件:一是追偿人已经实际承担连带责任,并且其清偿数额超过了他应当承担的数额;二是被追偿人未实际承担或者未足额承担其应当承担的数额;三是追偿的数额不得超过追偿人超额清偿部分的数额或被追偿人未足额清偿部分的数额。

2. 合伙人的债务清偿与合伙企业的关系

在合伙企业存续期间,可能发生个别合伙人因不能偿还其私人债务而被追索的情况。由于合伙人在合伙企业中拥有财产利益,合伙人的债权人可能向合伙企业提出各种清偿请求。为了保护合伙企业和其他合伙人的合法权益,同时也保护债权人的合法权益,《合伙企业法》做了如下规定。

(1) 合伙人发生与合伙企业无关的债务,相关债权人不得以其债权抵销其对合伙企业的债务,也不得代位行使合伙人在合伙企业中的权利。

首先,合伙人发生与合伙企业无关的债务,相关债权人不得以其债权抵销其对合伙企业的债务。这是因为该债权人对合伙企业的负债实际上是对全体合伙人的负债,而合伙企业某一合伙人对该债权人的负债,只限于该合伙人个人,如果允许两者抵销,就等于强迫合伙企业其他合伙人对个别合伙人的个人债务承担责任,这违反了合伙企业的本意,加大了合伙人的风险,也不利于合伙企业这种经济组织形式的发展。

其次,合伙人发生与合伙企业无关的债务,相关债权人不得代位行使该合伙人在合伙企业中的权利。这是因为合伙人之间相互了解和信任是合伙关系稳定的基础,如果允许个别合伙人的债权人代位行使该合伙人在合伙企业中的权利,如参与管理权、事务执行权等,则不利于合伙关系的稳定和合伙企业的正常运营。况且,该债权人因无合伙人身份,其行使合伙人的权利而不承担无限连带责任,这无异于允许他将自己行为的责任风险转嫁于合伙企业的全体合伙人,这显然是不公平的。

(2) 合伙人的自有财产不足以清偿其与合伙企业无关的债务的,该合伙人可以以其从合伙企业中分取的收益用于清偿；债权人也可以依法请求人民法院强制执行该合伙人在合伙企业中的财产份额用于清偿。这既保护了债权人的清偿利益，也无损于全体合伙人的合法权益。

因为在债权人取得其债务人从合伙企业中分取的收益用来清偿的情况下，该债权人并不参与合伙企业内部事务，也不妨碍其债务人作为合伙人正常行使其正当的权利。而在债权人依法请求人民法院强制执行债务人在合伙企业中的财产份额作为清偿的情况下，如果该债权人因取得该财产份额而成为合伙企业合伙人，则无异于合伙份额的转让，因此，债权人取得合伙人地位后，就要承担与其他合伙人同样的责任，因而不存在转嫁责任风险的问题。

人民法院强制执行合伙人的财产份额时，应当通知全体合伙人，其他合伙人有优先购买权；其他合伙人未购买，又不同意将该财产份额转让给他人的，依照《合伙企业法》的规定为该合伙人办理退伙结算，或者办理削减该合伙人相应财产份额的结算。这里需要注意三点：一是这种清偿必须通过民事诉讼法规定的强制执行程序进行，债权人不得自行接管债务人在合伙企业中的财产份额；二是人民法院强制执行合伙人的财产份额时，应当通知全体合伙人；三是在强制执行个别合伙人在合伙企业中的财产份额时，其他合伙人有优先购买权。也就是说，如果其他合伙人不愿意接受该债权人成为其合伙企业新的合伙人，可以由他们中的一人或者数人行使优先购买权，取得该债务人的财产份额。受让人支付的价金，用于向该债权人清偿债务。

五、入伙、退伙

(一) 入伙

入伙是指在合伙企业存续期间，合伙人以外的第三人加入合伙，从而取得合伙人资格。

1. 入伙的条件和程序

新合伙人入伙，除合伙协议另有约定外，应当经全体合伙人一致同意，并依法订立书面入伙协议。订立入伙协议时，原合伙人应当向新合伙人如实告知原合伙企业的经营状况和财务状况。

这一规定包括四层含义：一是新合伙人入伙，应当经全体合伙人一致同意，未获得一致同意的，不得入伙；二是合伙协议无另外约定，如果合伙协议对新合伙人入伙约定了相应的条件，则必须按照约定执行；三是新合伙人入伙，应当依法订立书面入伙协议，入伙协议应当以原合伙协议为基础，并对原合伙协议事项做相应变更，订立入伙协议不得违反公平原则、诚实信用原则；四是订立入伙协议时，原合伙人应当向新合伙人如实告知原合伙企业的经营状况和财务状况。

2. 新合伙人的权利和责任

一般来讲，入伙的新合伙人与原合伙人享有同等权利，承担同等责任。但是，如果原合伙人愿意以更优越的条件吸引新合伙人入伙，或者新合伙人愿意以较为不利的条件入伙，也可以在入伙协议中另行约定。

关于新入伙人对入伙前合伙企业的债务承担问题，《合伙企业法》规定，新合伙人对入伙前合伙企业的债务承担无限连带责任。

(二) 退伙

退伙是指合伙人退出合伙企业，从而丧失合伙人资格。

1. 退伙的原因

合伙人退伙一般有两种原因:一是自愿退伙;二是法定退伙。

(1) 自愿退伙是指合伙人基于自愿的意思表示而退伙。自愿退伙可以分为协议退伙和通知退伙两种。

协议退伙是指合伙协议约定合伙期限的,在合伙企业存续期间,有下列情形之一时,合伙人可以退伙:①合伙协议约定的退伙事由出现;②经全体合伙人一致同意;③发生合伙人难以继续参加合伙企业的事由;④其他合伙人严重违反合伙协议约定的义务。合伙人违反上述规定退伙的,应当赔偿由此给合伙企业造成的损失。

通知退伙是指合伙协议未约定合伙期限的,合伙人在不给合伙企业事务执行造成不利影响的情况下,可以退伙,但应当提前 30 日通知其他合伙人。由此可见,法律对通知退伙有一定的限制,即附有以下三项条件:①必须是合伙协议未约定合伙企业的经营期限;②必须是合伙人的退伙不给合伙企业事务执行造成不利影响;③必须提前 30 日通知其他合伙人。这三项条件必须同时具备,缺一不可。合伙人违反上述规定退伙的,应当赔偿由此给合伙企业造成的损失。

(2) 法定退伙,是指合伙人因出现法律规定的事由而退伙。法定退伙分为当然退伙和除名退伙两种。

当然退伙是指根据《合伙企业法》规定,合伙人有下列情形之一的,可以当然退伙:①作为合伙人的自然人死亡或者被依法宣告死亡;②个人丧失偿债能力;③作为合伙人的法人或者其他组织依法被吊销营业执照、责令关闭、撤销或者被宣告破产;④法律规定或者合伙协议约定合伙人必须具有相关资格而丧失该资格;⑤合伙人在合伙企业中的全部财产份额被人民法院强制执行。当然退伙以退伙事由实际发生之日为退伙生效日。

除名退伙是指根据《合伙企业法》规定,合伙人有下列情形之一的,经其他合伙人一致同意,可以决议将其除名:①未履行出资义务;②因故意或者重大过失给合伙企业造成损失;③执行合伙事务时有不正当行为;④发生合伙协议约定的事由。对合伙人的除名决议应当书面通知被除名人。被除名人接到除名通知之日,除名生效,被除名人退伙。被除名人对除名决议有异议的,可以自接到除名通知之日起 30 日内,向人民法院起诉。

2. 退伙的效果

退伙的效果是指退伙时退伙人在合伙企业中的财产份额和民事责任的归属变动。分为两类情况:一是财产继承;二是退伙结算。

财产继承是指根据《合伙企业法》规定,合伙人死亡或者被依法宣告死亡的,对该合伙人在合伙企业中的财产份额享有合法继承权的继承人,按照合伙协议的约定或者经全体合伙人一致同意,从继承开始之日起,取得该合伙企业的合伙人资格。有下列情形之一的,合伙企业应当向合伙人的继承人退还被继承合伙人的财产份额:①继承人不愿意成为合伙人;②法律规定或者合伙协议约定合伙人必须具有相关资格,而该继承人未取得该资格;③合伙协议约定不能成为合伙人的其他情形。合伙人的继承人为无民事行为能力人或者限制民事行为能力人的,经全体合伙人一致同意,可以依法成为有限合伙人,普通合伙企业依法转为有限合伙企业。全体合伙人未能一致同意的,合伙企业应当将被继承合伙人的财产份额退还该继承人。根据这一法律规定,合伙人死亡时其继承人可依法定条件取得该合伙企业的合伙人资格:一是有合法继承权;二是有合伙协议的约定或者全体合伙人的一致同意;三是继承人愿意。

《合伙企业法》对退伙结算做了以下规定：①合伙人退伙，其他合伙人应当与该退伙人按照退伙时的合伙企业财产状况进行结算，退还退伙人的财产份额。退伙人对给合伙企业造成的损失负有赔偿责任的，相应扣减其应当赔偿的数额。退伙时有未了结的合伙企业事务的，待该事务了结后进行结算；②退伙人在合伙企业中财产份额的退还办法，由合伙协议约定或者由全体合伙人决定，可以退还货币，也可以退还实物；③合伙人退伙时，合伙企业财产少于合伙企业债务的，退伙人应当依照法律规定分担亏损。

合伙人退伙以后，并不能解除对于合伙企业既往债务的连带责任。根据《合伙企业法》的规定，退伙人对基于其退伙前的原因发生的合伙企业债务，承担无限连带责任。

六、特殊的普通合伙企业

(一) 特殊的普通合伙企业的概念

特殊的普通合伙企业是指以专业知识和专门技能为客户提供有偿服务的专业服务机构。特殊的普通合伙企业名称中应当标明"特殊普通合伙"字样。

非企业专业服务机构依据有关法律采取合伙制的，其合伙人承担责任的形式可以适用《合伙企业法》关于特殊的普通合伙企业合伙人承担责任的规定。非企业专业服务机构是指不采取企业(如公司制)形式成立的、不以营利为目的的、以自己专业知识提供特定咨询等方面服务的组织，如律师事务所、会计师事务所等专业服务机构。

(二) 特殊的普通合伙企业的责任形式

1. 责任承担

一个合伙人或者数个合伙人在执业活动中因故意或者重大过失造成合伙企业债务的，应当承担无限责任或者无限连带责任，其他合伙人以其在合伙企业中的财产份额为限承担责任。合伙人在执业活动中非因故意或者重大过失造成的合伙企业债务以及合伙企业的其他债务，由全体合伙人承担无限连带责任。所谓重大过失，是指明知可能造成损失而轻率地作为或者不作为。

2. 责任追偿

合伙人执业活动中因故意或者重大过失造成的合伙企业债务，以合伙企业财产对外承担责任后，该合伙人应当按照合伙协议的约定对给合伙企业造成的损失承担赔偿责任。

(三) 特殊的普通合伙企业的执业风险防范

特殊的普通合伙企业应当建立执业风险基金、办理职业保险。

执业风险基金，主要是指为了化解经营风险，特殊的普通合伙企业从其经营收益中提取相应比例的资金留存或者根据相关规定上缴至指定机构所形成的资金。执业风险基金用于偿付合伙人执业活动造成的债务。执业风险基金应当单独立户管理，具体管理办法由国务院规定。

职业保险又称职业责任保险，是指承保各种专业技术人员因工作上的过失或者疏忽大意所造成的合同一方或者他人的人身伤害或者财产损失的经济赔偿责任的保险。

第三节　有限合伙企业

一、有限合伙企业的概念及法律适用

1. 有限合伙企业的概念

有限合伙企业是指由有限合伙人和普通合伙人共同组成，普通合伙人对合伙企业债务承担无限连带责任，有限合伙人以其认缴的出资额为限对合伙企业债务承担责任的合伙组织。有限合伙企业引入有限责任制度，有利于调动各方的投资热情，实现投资者与创业者的最佳结合。

有限合伙企业与普通合伙企业和有限责任公司相比较，具有以下显著特征。

(1) 在经营管理上，普通合伙企业的合伙人，一般均可参与合伙企业的经营管理。有限责任公司的股东有权参与公司的经营管理。而在有限合伙企业中，有限合伙人不执行合伙事务，而由普通合伙人从事具体的经营管理。

(2) 在风险承担上，普通合伙企业的合伙人之间对合伙债务承担无限连带责任。有限责任公司的股东对公司债务以其各自的出资额为限承担有限责任。而在有限合伙企业中，不同类型的合伙人所承担的责任则存在差异，其中有限合伙人以其各自的出资额为限承担有限责任，普通合伙人之间承担无限连带责任。

2. 有限合伙企业的法律适用

《合伙企业法》规定了两种类型的企业，即普通合伙企业和有限合伙企业。普通合伙企业的成员均为普通合伙人(特殊的普通合伙企业除外)，而有限合伙企业的成员则被划分为两部分，即有限合伙人和普通合伙人。这两部分合伙人在主体资格、权利享有、义务承受与责任承担等方面存在着明显的差异。在法律适用中，凡是《合伙企业法》中对有限合伙企业有特殊规定的，应当适用有关《合伙企业法》中对有限合伙企业的特殊规定。无特殊规定的，适用有关普通合伙企业及其合伙人的一般规定。

本部分主要介绍有限合伙企业的有关特殊规定。

二、有限合伙企业设立的特殊规定

1. 有限合伙企业人数

《合伙企业法》规定，有限合伙企业由 2 个以上 50 个以下合伙人设立，但法律另有规定的除外。有限合伙企业至少应当有 1 个普通合伙人。按照规定，自然人、法人和其他组织可以依照法律规定设立有限合伙企业，但国有独资公司、国有企业、上市公司以及公益性的事业单位、社会团体不得成为有限合伙企业的普通合伙人。

在有限合伙企业存续期间，有限合伙人的人数可能发生变化。然而，无论如何变化，有限合伙企业中必须包括有限合伙人与普通合伙人两部分，否则有限合伙企业应当进行组织形式变化。

2. 有限合伙企业名称

《合伙企业法》规定，有限合伙企业名称中应当标明"有限合伙"字样。为便于社会公众以及交易相对人对有限合伙企业的了解，有限合伙企业名称中应当标明"有限合伙"的字样，而不能标明"普通合伙""特殊普通合伙""有限公司""有限责任公司"等字样。

3. 有限合伙企业协议

有限合伙企业协议是有限合伙企业生产经营的重要法律文件。有限合伙企业协议除符合普通合伙企业合伙协议的规定外，还应当载明下列事项：①普通合伙人和有限合伙人的姓名或者名称、住所；②执行事务合伙人应具备的条件和选择程序；③执行事务合伙人权限与违约处理办法；④执行事务合伙人的除名条件和更换程序；⑤有限合伙人入伙、退伙的条件、程序以及相关责任；⑥有限合伙人和普通合伙人相互转变程序。

4. 有限合伙人出资

《合伙企业法》规定，有限合伙人可以用货币、实物、知识产权、土地使用权或者其他财产权利作价出资，但不得以劳务出资。有限合伙人的出资很可能成为有限合伙企业的最低财产。

《合伙企业法》规定，有限合伙人应当按照合伙协议的约定按期足额缴纳出资；未按期足额缴纳的，应当承担补缴义务，并对其他合伙人承担违约责任。

《合伙企业法》规定，有限合伙企业登记事项中应当载明有限合伙人的姓名或者名称及认缴的出资数额。

三、有限合伙企业事务执行的特殊规定

1. 有限合伙企业事务执行人

《合伙企业法》规定，有限合伙企业由普通合伙人执行合伙事务。执行事务合伙人可以要求在合伙协议中确定执行事务的报酬及报酬提取方式。由于执行事务合伙人对有限合伙企业要多付出劳动，执行事务合伙人可以就执行事务的劳动付出，要求企业支付报酬。对于报酬的支付方式及其数额，应由合伙协议规定或全体合伙人讨论决定。

2. 禁止有限合伙人执行合伙事务

《合伙企业法》规定，有限合伙人不执行合伙事务，不得对外代表有限合伙企业。有限合伙人的下列行为，不视为执行合伙事务：①参与决定普通合伙人入伙、退伙；②对企业的经营管理提出建议；③参与选择承办有限合伙企业审计业务的会计师事务所；④获取经审计的有限合伙企业财务会计报告；⑤对涉及自身利益的情况，查阅有限合伙企业财务会计账簿等财务资料；⑥在有限合伙企业中的利益受到侵害时，向有责任的合伙人主张权利或者提起诉讼；⑦执行事务合伙人怠于行使权利时，督促其行使权利或者为了本企业的利益以自己的名义提起诉讼；⑧依法为本企业提供担保。

《合伙企业法》规定，第三人有理由相信有限合伙人为普通合伙人并与其交易的，该有限合伙人对该笔交易承担与普通合伙人同样的责任。有限合伙人未经授权以有限合伙企业名义与他人进行交易，给有限合伙企业或者其他合伙人造成损失的，该有限合伙人应当承担赔偿责任。

3. 有限合伙企业利润分配

有限合伙企业不得将全部利润分配给部分合伙人，但合伙协议另有约定的除外。

4. 有限合伙人权利

(1) 有限合伙人可以同本企业进行交易

有限合伙人可以同本有限合伙企业进行交易，但合伙协议另有约定的除外。普通合伙人如果禁止有限合伙人同本有限合伙企业进行交易，应当在合伙协议中做出约定。

(2) 有限合伙人可以经营与本企业相竞争的业务

有限合伙人可以自营或者同他人合作经营与本有限合伙企业相竞争的业务，但合伙协议另有约定的除外。与普通合伙人不同，有限合伙人一般不承担竞业禁止义务。普通合伙人如果禁止有限合伙人自营或者同他人合作经营与本有限合伙企业相竞争的业务，应当在合伙协议中做出约定。

四、有限合伙企业财产出质与转让的特殊规定

1. 有限合伙人财产份额出质

有限合伙人可以将其在有限合伙企业中的财产份额出质，但是合伙协议另有约定的除外。所谓有限合伙人将在有限合伙企业中的财产份额出质，是指有限合伙人以其在合伙企业中的财产份额对外进行权利质押。有限合伙人在有限合伙企业中的财产份额，是有限合伙人的财产权益，在有限合伙企业存续期间，有限合伙人可以对该财产权利进行一定的处分。但是，有限合伙企业合伙协议可以对有限合伙人的财产份额出质做出约定，如有特殊约定，应按特殊约定进行。

2. 有限合伙人财产份额转让

有限合伙人可以按照合伙协议的约定向合伙人以外的人转让其在有限合伙企业中的财产份额，但应当提前 30 日通知其他合伙人。因为有限合伙人向合伙人以外的其他人转让其在有限合伙企业中的财产份额，并不影响有限合伙企业债权人的利益。但是，有限合伙人对外转让其在有限合伙企业中的财产份额应当依法进行，一是要按照合伙协议的约定进行转让；二是应当提前 30 日通知其他合伙人。有限合伙人对外转让其在有限合伙企业的财产份额时，有限合伙企业的其他合伙人有优先购买权。

五、有限合伙人债务清偿的特殊规定

有限合伙人的自有财产不足以清偿其与合伙企业无关的债务的，该合伙人可以以其从有限合伙企业中分取的收益用于清偿；债权人也可以依法请求人民法院强制执行该合伙人在有限合伙企业中的财产份额用于清偿。人民法院强制执行有限合伙人的财产份额时，应当通知全体合伙人。在同等条件下，其他合伙人有优先购买权。

有限合伙人清偿其债务时，首先应当以自有财产进行清偿，只有自有财产不足以清偿时，有限合伙人才可以使用其在有限合伙企业中分取的收益进行清偿，也只有在有限合伙人的自有财产不足以清偿其与合伙企业无关的债务时，人民法院才可以应债权人请求强制执行该合伙人在有限合伙企业中的财产份额用于清偿。人民法院强制执行有限合伙人的财产份额，应当通知全体合伙人，且在同等条件下，其他合伙人有优先购买权。

六、有限合伙企业入伙与退伙的特殊规定

1. 入伙

新入伙的有限合伙人对入伙前有限合伙企业的债务，以其认缴的出资额为限承担责任。这里需要注意的是，在普通合伙企业中，新入伙的合伙人对入伙前合伙企业的债务承担无限连带责任，而在有限合伙企业中，新入伙的有限合伙人对入伙前有限合伙的债务只承担有限责任。

2. 退伙

(1) 退伙的情形

有限合伙人有下列情形的，当然退伙：①作为合伙人的自然人死亡或者被依法宣告死亡；②作为合伙人的法人或者其他组织依法被吊销营业执照、责令关闭、撤销，或者被宣告破产；③法律规定或者合伙协议约定合伙人必须具有相关资格而丧失该资格；④合伙人在合伙企业中的全部财产份额被人民法院强制执行。

(2) 不得退伙的情形

作为有限合伙人的自然人在有限合伙企业存续期间丧失民事行为能力的，其他合伙人不得因此要求其退伙。

(3) 退伙后的当然继承

作为有限合伙人的自然人死亡、被依法宣告死亡或者作为有限合伙人的法人及其他组织终止时，其继承人或者权利承受人可以依法取得该有限合伙人在有限合伙企业中的资格。

(4) 退伙后的责任

有限合伙人退伙后，对基于其退伙前的原因发生的有限合伙企业债务，以其退伙时从有限合伙企业中取回的财产承担责任。有限合伙人退伙时从有限合伙企业中取回的财产，不包括以前经营中分得的财产。

七、有限合伙人与普通合伙人的相互转变

除合伙协议另有约定外，普通合伙人转变为有限合伙人，或者有限合伙人转变为普通合伙人，应当经全体合伙人一致同意。

有限合伙人转变为普通合伙人的，对其作为有限合伙人期间有限合伙企业发生的债务承担无限连带责任。普通合伙人转变为有限合伙人的，对其作为普通合伙人期间合伙企业发生的债务承担无限连带责任。有限合伙企业仅剩有限合伙人的，应当解散；有限合伙企业仅剩普通合伙人的，转为普通合伙企业。

第四节　合伙企业的解散和清算

一、解散的情形

合伙企业有下列情形之一的，应当解散：合伙期限届满，合伙人决定不再经营；合伙协议约定的解散事由出现；全体合伙人决定解散；合伙人已不具备法定人数满 30 天；合伙协议约定的合伙目的已经实现或者无法实现；依法被吊销营业执照、责令关闭或者被撤销；法律、行政法规规定的其他原因。

二、解散清算

合伙企业解散，应当由清算人进行清算。

清算人由全体合伙人担任；经全体合伙人过半数同意，可以自合伙企业解散事由出现后 15 日内指定一个或者数个合伙人，或者委托第三人，担任清算人。自合伙企业解散事由出现之日

起 15 日内未确定清算人的，合伙人或者其他利害关系人可以申请人民法院指定清算人。

清算人在清算期间执行下列事务：清理合伙企业财产，分别编制资产负债表和财产清单；处理与清算有关的合伙企业未了结事务；清缴所欠税款；清理债权、债务；处理合伙企业清偿债务后的剩余财产；代表合伙企业参加诉讼或者仲裁活动。

清算人自被确定之日起 10 日内将合伙企业解散事项通知债权人，并于 60 日内在报纸上公告。债权人应当自接到通知书之日起 30 日内，未接到通知书的自公告之日起 45 日内，向清算人申报债权。

债权人申报债权，应当说明债权的有关事项，并提供证明材料。清算人应当对债权进行登记。

清算期间，合伙企业存续，但不得开展与清算无关的经营活动。

合伙企业财产在支付清算费用和职工工资、社会保险费用、法定补偿金以及缴纳所欠税款、清偿债务后的剩余财产，依照规定进行分配。

清算结束，清算人应当编制清算报告，经全体合伙人签名、盖章后，在 15 日内向企业登记机关报送清算报告，申请办理合伙企业注销登记。

合伙企业注销后，原普通合伙人对合伙企业存续期间的债务仍应承担无限连带责任。

合伙企业不能清偿到期债务的，债权人可以依法向人民法院提出破产清算申请，也可以要求普通合伙人清偿。

合伙企业依法被宣告破产的，普通合伙人对合伙企业债务仍应承担无限连带责任。

【复习思考题】

1. 合伙企业与第三人的关系是什么？
2. 论述普通合伙企业和有限合伙企业的区别。
3. 普通合伙企业设立的条件有哪些？
4. 法律对合伙企业财产有哪些具体规定？

第五章

公 司 法

学习目标

本章主要阐述了《中华人民共和国公司法》(以下简称《公司法》)的基础理论。对学生的要求包括: 了解公司的概念、特征及分类; 重点掌握有限责任公司与股份有限公司的基本制度; 了解和掌握公司组织机构及其权利义务的主要内容; 掌握股份有限公司股份发行和转让的规则; 了解公司变更、解散与清算法律规定, 以及了解公司的财务、会计制度。

案例导入

江北市有 4 家生产经营冶金产品的企业, 拟采取募集方式设立一股份公司。注册资本为 600 万元, 4 个发起人各认购 50 万元, 其余 400 万元向社会募集, 并规定, 只要支付购买股票的资金, 就即时交付股票, 无论公司是否成立。且为了吸引企业购买, 可将每股 1 元优惠到每股 0.9 元。一个月后, 股款全部募足, 发起人召开创立大会, 但参加人所代表的股份总数只有四成。主要是因为有两个发起人改变主意, 抽回了股本。创立大会决定仍要成立公司, 就向公司登记机关提交了申请书, 但登记机关认为根本达不到设立股份公司的条件, 且违法之处甚多, 不予登记。

问题: 本案的股份公司成立过程中有哪些违法之处? 说明理由。

第一节　公司法概述

一、公司的概念和特征

(一) 公司的概念

公司是企业的一种组织形式, 是依照《公司法》的规定设立的, 以营利为目的, 由股东投资设立的企业法人。《公司法》所称公司是指依照本法在中国境内设立的有限责任公司和股份有限公司。

(二) 公司的基本特征

一般而言，公司具有四个基本的法律特征。

1. 公司要依法设立

由于公司在经济生活中的重要地位，各国法律对公司的成立和运作都有严格的形式要件和实质要件的规定。公司只有依照法律的规定，通过登记注册后才能取得法人资格。公司必须依照公司法规定的条件和程序设立，这是它与其他企业的不同之处。

2. 公司是社团组织

依法人内部组织基础的不同，可将法人分为社团法人和财团法人，公司属于社团法人。

3. 公司以营利为目的

公司以营利为目的，是指设立公司的目的及公司的运作都是为投资人谋求经济利益。为此，公司必须连续不断地从事某种经济活动，如商品生产或交换，或提供某种服务。公司的营利性特征已为世界上许多国家和地区的公司立法所确认，从而成为公司的基本特征。

4. 公司具有企业法人资格

公司是企业法人，依法设立，有独立的法人财产，能独立承担民事责任。公司是企业的一种组织形式，它具有各种企业所共有的特性。但是公司与其他商事组织如独资企业、合伙企业的主要区别在于公司具有法人的属性。公司的法人属性使公司财产与公司成员的个人财产完全区别开来，公司能够以自己的名义独立地从事民事活动、享受民事权利和承担民事义务。

二、公司的分类

(一) 以股东对公司所负责任为标准划分

1. 有限责任公司

有限责任公司是股东以其认缴的出资额为限对公司承担责任，公司以其全部财产对公司的债务承担责任的公司。

2. 股份有限公司

股份有限公司是将其全部资本分为等额股份，股东以其持有的股份为限对公司承担责任，公司以其全部财产对公司的债务承担责任的公司。

3. 无限公司

无限公司是股东对公司债务承担无限连带责任的公司。

4. 两合公司

两合公司是由承担无限责任的股东和承担有限责任的股东组成的公司。一般情况下，无限责任股东是公司的经营管理者，有限责任股东则不参与公司的经营管理。

(二) 以公司的信用基础为标准划分

1. 资合公司

资合公司是指以资本的结合作为信用基础的公司。此类公司仅以资本的实力取信于人，股东个人是否有财产、能力或信誉与公司无关。资合公司以股份有限公司为典型。

2. 人合公司

人合公司是指以股东个人的财力、能力和信誉作为信用基础的公司,其典型形式是无限公司。

3. 资合兼人合公司

资合兼人合公司是指同时以公司资本和股东个人信用作为公司信用基础的公司,其典型形式为两合公司。

(三) 以公司的管辖为标准划分

1. 母公司与子公司

母公司与子公司是按公司外部组织关系所做的分类。在不同公司之间存在控制与依附关系时,处于控制地位的是母公司,处于依附地位的是子公司。虽然它们存在控制与被控制的组织关系,但它们都具有法人资格,在法律上和财务上是彼此独立的企业。

2. 总公司与分公司

总公司与分公司是从公司内部组织关系上进行的分类,分公司其实只是总公司的分支机构,并非真正意义上的公司,分公司没有独立的公司名称、章程,没有独立的财产,不具有法人资格,但可以领取营业执照,进行经营活动,但其民事责任由总公司承担。

(四) 以公司国籍为标准划分

以国籍为标准划分,可以将公司分为本国公司、外国公司和跨国公司。各国确定公司国籍的标准不尽相同,我国采用以公司注册登记地和设立依据法律地相结合的标准确定公司的国籍:本国公司是指依本国法律在本国境内设立的公司;外国公司是指依照外国法律在中国境外设立的公司;跨国公司是指以本国为基地,在其他国家或地区设立的分公司、子公司或其他参股性投资企业,从事国际性生产和经营及服务活动的大型经济组织。

三、公司法的概念、性质及基本原则

(一) 公司法概念

公司法是规定公司法律地位,调整公司组织关系,规范公司的设立、变更与终止过程中的组织行为的法律规范的总称。公司法的概念有广义与狭义之分。狭义的公司法仅指专门调整公司问题的法典,如《公司法》。广义的公司法除包括专门的公司法外,还包括其他有关公司的法律、法规、行政规章、司法解释以及其他各法之中的调整公司组织关系、规范公司组织行为的法律规范,如《公司登记管理条例》《民法典》等。

我国的《公司法》由第八届全国人民代表大会常务委员会第五次会议于 1993 年 12 月 29 日通过,自 1994 年 7 月 1 日起施行。此后,《公司法》于 1999 年、2004 年、2013 年、2018 年进行了四次修订。2005 年 10 月 27 日,《公司法》在进行了大规模的修订后,由第十届全国人民代表大会常务委员会第十八次会议重新颁布。新法于 2006 年 1 月 1 日起施行。根据 2013 年 12 月 28 日第十二届全国人民代表大会常务委员会第六次会议《关于修改〈中华人民共和国海洋环境保护法〉等七部法律的决定》第三次修正,根据 2018 年 10 月 26 日第十三届全国人民代表大会常务委员会第六次会议《关于修改〈中华人民共和国公司法〉的决定》第四次修正。

(二) 公司法的性质

公司法是组织法与行为法的结合，作为组织法，公司法规定了公司的法律地位，规范了公司股东之间、股东与公司之间的关系，对公司的设立、变更与终止，公司内部组织机构的设置与运作等做出了规定。在调整公司组织关系的同时，也对与公司组织活动有关的行为加以调整。

《公司法》的立法宗旨是为了规范公司的组织和行为，保护公司、股东和债权人的合法权益，维护社会经济秩序，促进社会主义市场经济的发展。

(三) 公司法的基本原则

1. 出资者所有权与企业法人财产权相分离

公司股东作为出资者按投入公司的资本额享有所有者的资产受益，重大决策和选择管理者等权利。公司享有由股东投资形成的全部法人财产权。

2. 有限责任原则

《公司法》第三条规定，有限责任公司的股东以其认缴的出资额为限对公司承担责任，法律上承认投资者(即股东)仅就其股份出资负担有限责任。

3. 公司自主经营，自负盈亏

公司以其全部法人财产，依法自主经营，自负盈亏。公司在国家宏观调控下，按照市场需求自主组织生产经营。

4. 社会责任原则

公司从事经营活动，必须遵守法律，遵守职业道德，加强社会主义精神文明建设，接受政府和社会公众的监督。公司的合法权益受法律保护，不受侵犯。

5. 保障公司职工的合法权益原则

公司必须依法组织工会，开展工会活动，加强劳动保护，实现安全生产，维护职工的合法权益。

第二节　有限责任公司

一、有限责任公司的概念和特征

有限责任公司又称有限公司，是指股东以其认缴的出资额为限对公司承担责任，公司以其全部财产对公司的债务承担责任的企业法人。

有限责任公司有如下主要特征。

(1) 人数有一定的限制。《公司法》规定，有限责任公司由 50 个以下股东出资设立。

(2) 有限责任公司的股东均负有限责任。股东仅以其出资额为限对公司承担责任，而不再涉及其他个人财产。

(3) 有限责任公司不能发行股票，资本不分成等额股份，以出资证明书证明股东出资份额。

(4) 股份转让的有限性，有限责任公司股份的转让受到较严格的限制。

二、有限责任公司的设立

(一) 有限责任公司的设立条件

根据《公司法》的规定，设立有限责任公司，应当具备下列条件。

(1) 股东符合法定人数。《公司法》规定有限责任公司由 50 个以下股东出资设立。国家授权投资的机构或者国家授权的部门可以单独投资设立国有独资的有限责任公司。

(2) 有符合公司章程规定的全体股东认缴的出资额。

(3) 股东共同制定公司章程。公司章程是关于公司组织及其活动的基本规章，是记载公司组织、活动基本准则的公开性法律文件。设立有限责任公司必须由股东共同依法制定公司章程。股东应当在公司章程上签名、盖章。公司章程对公司、股东、董事、监事、高级管理人员具有约束力。

根据《公司法》规定，有限责任公司章程应当载明下列事项：①公司名称和住所；②公司经营范围；③公司注册资本；④股东的姓名或者名称；⑤股东的出资方式、出资额和出资时间；⑥公司的机构及其产生办法、职权、议事规则；⑦公司法定代表人；⑧股东会会议认为需要规定的其他事项。

(4) 有公司名称，建立符合有限责任公司要求的组织机构。公司名称必须标明有限责任公司的字样，必须符合有关法律、行政法规的规定。公司须建立与法律规定相一致的组织机构。公司名称的第一个意义是实现公司法人的人格特定化。为此，公司必须含有足以与其他民事主体相区别的标记。根据我国的现行规定，在同一登记机关的辖区内，同行业的企业不允许有相同或类似的名字。因此，一般要求公司名称中必须冠以公司登记地的地名。而冠有"中国""中华""全国""国际"字样的公司，则必须经国家市场监督管理总局核准。同时，公司名称还必须表明公司的法律性质。例如，按照我国《公司法》的规定，凡为有限责任公司者，必须在公司名称中标明"有限责任公司"字样。

(5) 有确定的公司住所，公司的住所是公司经济活动的中心，公司以其主要办事机构所在地为住所。《公司法》规定，公司以其主要办事机构所在地为住所。当公司只有一个办事机构时，即以该机构所在地为住所。若公司有位于不同地方的两个以上的办事机构，则应确定其中之一为主要办事机构。习惯上，公司在不同地方设有分支机构的，以公司总部为主要办事机构。但在法律上，应以公司的登记为准。根据现行《公司登记管理条例》规定，申请设立公司，应当提交住所证明，即能够证明公司对其住所享有使用权的文件，如房屋产权证、房屋租赁合同等。

【例 5-1】 依照我国《公司法》的规定，股东的出资方式不包括(　　)。

A. 劳务　　　　B. 工业产权　　　C. 土地使用权　　D. 非专利技术

(二) 设立程序

有限责任公司只要具备了法定设立条件，不用报经审批就可办理设立登记。但如果法律、行政法规规定必须报经审批时，则只有履行了审批手续后，才能办理设立登记。

股东的全部出资经法定的验资机构验资后，由全体股东指定的代表或者共同委托的代理人向公司登记机关申请设立登记，提交公司登记申请书、公司章程、验资证明等文件。法律、行政法规规定需要经有关部门审批的,应当在申请设立登记时提交批准文件。公司登记机关对符合规定条件的予以登记,发给公司营业执照;对不符合规定条件的,不予登记。公司营业执照签发日期为有限责任公司成立日期。

(三) 股东的权利和义务

1. 股东的权利

有限责任公司成立后,应当向股东签发出资证明书。出资证明书是确认股东出资的凭证,应当载明下列事项:①公司名称;②公司成立日期;③公司注册资本;④股东的姓名或者名称、缴纳的出资额和出资日期;⑤出资证明书的编号和核发日期。出资证明书由公司盖章。

公司应当将股东的姓名或者名称及其出资额向公司登记机关登记;登记事项发生变更的,应当办理变更登记。股东未经登记或者变更登记的,不得对抗第三人。

股东有权查阅、复制公司章程、股东会议记录、董事会会议决议、监事会会议决议和财务会计报告。

2. 股东的义务

股东应当按期足额缴纳公司章程中规定的各自所认缴的出资额。股东出资缴纳方式随出资形式而定,以货币出资的,应当将货币出资足额存入有限责任公司在银行开设的账户;以非货币财产出资的,应当依法办理其财产权的转移手续。股东不按照规定缴纳出资的,除应当向公司足额缴纳外,还应当向已按期足额缴纳出资的股东承担违约责任。股东缴纳出资后,必须经依法设立的验资机构验资并出具证明。公司成立后,股东不得抽逃出资。

有限责任公司成立后,发现作为设立公司出资的非货币财产的实际价款显著低于公司章程所定价额的,应当由缴付该出资的股东补足其差额,公司设立时的其他股东承担连带责任。

三、有限责任公司的组织机构

一般情况下,有限责任公司的组织机构由股东会、董事会、经理和监事会以及公司民主管理机构构成。

(一) 股东会

1. 有限责任公司的股东

有限责任公司的股东会由股东组成,股东是公司的出资人。除法律法规有禁止或限制的特别规定外,有权代表国家投资的政府部门或机构、企业法人、具有法人资格的事业单位和社会团体、自然人均可按照规定成为有限责任公司股东。

股东的权利主要包括:

(1) 参加股东会并根据出资比例享有表决权(公司章程另有规定的除外);

(2) 有权查阅以及复制公司章程、股东会会议记录、董事会会议决议、监事会会议决议和财务会议报告;

(3) 可以要求查阅公司会议账簿,公司拒绝提供查阅的,股东可以请求人民法院要求公司提供查阅;

(4) 选举和被选举为董事会成员、监事成员;

(5) 按照实缴的出资比例分取红利；

(6) 公司新增资本时，有权优先按照实缴的出资比例认缴出资，但是全体股东约定不按照出资比例分取红利或者不按照出资比例优先认缴出资的除外；

(7) 依法转让股权和监督公司行为；

(8) 当公司或股东权益受到损害时，依据《公司法》行使诉讼权；

(9) 公司终止后，依法分得公司的剩余财产；

(10) 公司章程规定的其他权利。

股东的义务包括：

(1) 足额缴纳出资；

(2) 在公司登记后，不得抽回出资；

(3) 遵守公司章程；

(4) 依法定程序行使权力等。

2. 股东会的职权

有限责任公司的股东会由全体股东组成，是公司的最高权力机构。它行使下列职权：

(1) 决定公司的经营方针和投资计划；

(2) 选举和更换非职工代表担任的董事、监事，决定有关董事、监事的报酬事项；

(3) 审议批准董事会的报告；

(4) 审议批准监事会或者监事的报告；

(5) 审议批准公司的年度财务预算方案、决算方案；

(6) 审议批准公司的利润分配方案和弥补亏损方案；

(7) 对公司增加或者减少注册资本做出决议；

(8) 对发行公司债券做出决议；

(9) 对公司合并、分立、解散、清算或者变更公司形式做出决议；

(10) 修改公司章程；

(11) 公司章程规定的其他职权。

对上述事项，股东以书面形式一致表示同意的，可以不召开股东会会议，直接做出决定，并由全体股东在决定文件上签名、盖章。

3. 股东会会议

股东会会议分为定期会议和临时会议。定期会议应当按照公司章程的规定按时召开。代表 1/10 以上表决权的股东、1/3 以上的董事，监事会或者不设监事会的公司的监事提议召开临时会议的，应该召开临时会议。

首次股东会会议由出资最多的股东召集和主持，依法行使职权。以后的股东会会议，公司设立董事会的，由董事会召集，董事长主持；董事长不能或者不履行职务的，由副董事长主持；副董事长不能或者不履行职务的，由半数以上董事共同推举 1 名董事主持。公司不设董事会的，股东会会议由执行董事召集和主持。执行董事不能或者不履行职责的，由监事会或者不设监事会的公司的监事召集和主持；监事会或者监事不召集和主持的，代表 1/10 以上表决权的股东可以自行召集和主持。

召开股东会会议，应当于会议召开 15 日以前通知全体股东，但公司章程另有规定或者全体股东另有约定的除外。股东会应当对所议事项的决定做成会议记录，出席会议的股东应当在会议记录上签名。

4. 股东会的决议制度

股东会会议由股东按照出资比例行使表决权，但公司章程另有规定的除外。股东会的议事方式和表决程序，除《公司法》有规定以外，由公司章程规定。

股东会会议做出修改公司章程、增加或者减少注册资本的决议，以及公司合并、分立、解散或者变更公司形式的决议，必须经代表 2/3 以上表决权的股东通过。

（二）董事会

1. 董事会的组成

有限责任公司设董事会(依法不设董事会的除外)，董事会是指由公司依法产生的负责公司日常管理和经营决策的机构，是公司的常设机构，其成员为3～13人。两个以上的国有企业或者其他两个以上的国有投资主体投资设立的有限责任公司，其董事会成员中应当有公司职工代表；其他有限责任公司董事会成员中也可以有公司职工代表。董事会中的职工代表由公司职工通过职工代表大会、职工大会或者其他形式民主选举产生。董事会设董事长1人，可以设副董事长。董事长、副董事长的产生办法由公司章程规定。

董事的任期由公司章程规定，但每届任期不得超过3年。董事的任期届满，可以连选连任。

2. 董事会的职权

根据《公司法》的规定，董事会对股东会负责，行使下列职权：

(1) 召集股东会议，并向股东会报告工作；

(2) 执行股东会的决议；

(3) 决定公司的经营计划和投资方案；

(4) 制定公司的年度财务预算方案、决算方案；

(5) 制定公司的利润分配方案；

(6) 制定公司增加或者减少注册资本以及发行公司债券的方案；

(7) 制定公司合并、分立、变更公司形式、解散的方案；

(8) 决定公司内部管理机构的设置；

(9) 决定聘任或者解聘公司经理及其报酬事项，并根据经理的提名决定聘任或者解聘公司的副经理、财务负责人及其报酬事项；

(10) 制定公司的基本管理制度；

(11) 公司章程规定的其他职权。

3. 董事会会议

董事会会议由董事长召集和主持；董事长不能履行职务或者不履行职务的，由副董事长召集和主持；副董事长不能履行职务或者不履行职务的，由半数以上董事共同推举一名董事召集和主持。董事会的议事方式和表决程序，除《公司法》规定的以外，由公司章程规定。董事会应当将所议事项的决定做成会议记录，出席会议的董事应当在会议记录上签名。董事会决议的表决实行一人一票。

股东人数较少或者规模较小的有限责任公司，可以设1名执行董事，不设立董事会。执行董事可以兼任公司经理。执行董事的职权由公司章程规定。

(三) 经理

有限责任公司可以设经理，由董事会决定聘任或者解聘。董事会成员可以兼任经理。有限责任公司不设董事会而设一名执行董事的，执行董事可以兼任经理。经理对董事会负责，行使下列职权：

(1) 主持公司的生产经营管理工作，组织实施董事会决议；

(2) 组织实施公司年度经营计划和投资方案；

(3) 拟订公司内部管理机构设置方案；

(4) 拟订公司的基本管理制度；

(5) 制定公司的具体规章；

(6) 提请聘任或者解聘公司副经理、财务负责人；

(7) 决定聘任或者解聘除应由董事会决定聘任或者解聘以外的负责管理人员；

(8) 董事会授予的其他职权。

公司章程对经理职权另有规定的，从其规定。经理列席董事会会议。

(四) 监事会

有限责任公司的监督机构是监事会或监事。它是对公司执行机构的业务活动进行专门监督的机构。有限责任公司设立监事会，其成员不得少于 3 人。股东人数较少或者规模较小的有限责任公司，可以设 1～2 名监事或不设立监事会。监事在执行职务时，有时可以对外代表公司。

监事会应当包括股东代表和适当比例的公司职工代表，其中职工代表的比例不得低于 1/3，具体比例由公司章程规定。监事会中的职工代表由公司职工通过职工代表大会、职工大会或者其他形式民主选举产生。监事会设主席 1 人，由全体监事过半数选举产生。监事会主席召集和主持监事会会议；监事会主席不能或者不履行职务的，由半数以上监事共同推举 1 名监事召集和主持监事会会议。

监事的任期每届为 3 年。监事任期届满，连选可以连任。董事、高级管理人员不得兼任监事。

【例5-2】甲、乙、丙、丁四个自然人签订协议，投资建立以生产性为主的有限责任公司，注册资本为 45 万元人民币。甲、乙、丙三个人均以货币出资，投资额分别为 10 万元、10 万元、5 万元，丁以专利技术投资，该专利评估作价 20 万元。同时，协议还规定：①公司章程由丁独立起草，无须公司董事会审议通过；②公司不设董事会，只设执行董事，甲为执行董事，并担任法定代表人及公司总经理；③由甲提议，乙担任公司财务负责人，并兼任公司监事。根据以上资料，结合公司法规定，分析说明以上不妥之处。

监事会、不设监事会的公司的监事行使下列职权：

(1) 检查公司财务；

(2) 对董事、高级管理人员执行公司职务的行为进行监督，对违反法律、行政法规、公司章程或者股东会决议的董事、高级管理人员提出罢免的建议；

(3) 当董事、高级管理人员的行为损害公司的利益时，要求董事、高级管理人员予以纠正；

(4) 提议召开临时股东会会议，在董事会不履行《公司法》规定的召集和主持股东会会议职责时召集和主持股东会会议；

(5) 向股东会会议提出提案；

(6) 依照《公司法》第 152 条的规定，对董事、高级管理人员提起诉讼；

(7) 公司章程规定的其他职权。

监事可以列席董事会会议，并对董事会决议事项提出质询或者建议。

监事会每年度至少召开一次会议，监事可以提议召开临时监事会会议。监事会的议事方式和表决程序，除《公司法》有规定的以外，由公司章程规定。监事会决议应当经半数以上监事通过。监事会应当对所议事项做成会议记录，出席会议的监事应当在会议记录上签名。

(五) 董事、监事、高级管理人员的任职资格及其义务

1. 董事、监事、高级管理人员的任职资格的禁止性规定

《公司法》规定，有下列情形之一的，不得担任公司的董事、监事、高级管理人员：

(1) 无民事行为能力或者限制民事行为能力；

(2) 因犯有贪污、贿赂、侵占财产、挪用财产罪或者破坏社会经济秩序罪，被判处刑罚，执行期满未逾 5 年，或者因犯罪被剥夺政治权利，执行期满未逾 5 年；

(3) 担任因经营不善破产清算的公司、企业的董事或者厂长、经理，并对该公司、企业的破产负有个人责任的，自该公司、企业破产清算完结之日起未逾 3 年；

(4) 担任因违法被吊销营业执照、责令关闭的公司、企业的法定代表人，并负有个人责任的，自该公司、企业被吊销营业执照之日起未逾 3 年；

(5) 个人所负数额较大的债务到期未清偿。

2. 董事、监事、高级管理人员的义务和责任

公司的董事、监事和高级管理人员在依法行使职权时，应承担如下义务：

(1) 遵守公司章程，忠实履行职务，维护公司利益，不得利用在公司的地位和职权为自己谋取私利；

(2) 不得收受贿赂或者其他非法收入，侵占公司的财产；

(3) 不得任意动用公司的资产。董事、经理不得挪用公司资金或者将公司资金借贷给他人，不得将公司资产以其个人名义或者其他个人名义开立账户存储，不得以公司资产为本公司的股东或者其他个人债务提供担保；

(4) 不得自营或者为他人经营与其所任职公司同类的营业或者从事损害本公司利益的活动；从事上述营业或者活动的，所得收入归公司所有。除公司章程规定或者股东会同意外，不得同本公司订立合同或者进行交易；

(5) 除依照法律规定或者经股东会同意外，不得泄露公司秘密。

凡是董事、监事和高级管理人员执行公司职务时违反法律、行政法规或者公司章程的规定，给公司造成损害的，应当承担赔偿责任。

四、一人有限责任公司的法律规定

一人有限责任公司是指只有一个自然人股东或者一个法人股东的有限责任公司。《公司法》对一人有限责任公司的设立和组织机构做了如下特殊规定。

(1) 一人有限责任公司只有一个自然人股东或者法人股东。一个自然人只能投资设立一个一人有限责任公司，禁止其设立多个一人有限责任公司，而且该一人有限责任公司不能投资设立新的一人有限责任公司。

(2) 在公司登记和公司营业执照中载明自然人独资或者法人独资。一人有限责任公司章程由股东制定。

(3) 一人有限责任公司不设股东会。法律规定的股东会职权由股东行使，当股东行使相应职权做出决定时，应当采用书面形式，并由股东签字后置备于公司。

(4) 一人有限责任公司应当在每一会计年度终了时编制财务会计报告，并经会计师事务所审计。

(5) 当一人有限责任公司的股东不能证明公司财产独立于股东自己的财产时，股东对公司债务承担连带责任。

五、国有独资公司的法律规定

(一) 国有独资公司的概念和特点

国有独资公司是指国家授权投资的机构或者国家授权的部门单独投资设立的有限责任公司。

国有独资公司具有以下特点：国有独资公司为国家授权投资的机构或国家授权的部门所开办；国有独资公司只有一个股东即国家授权投资的机构或者国家授权的部门；国务院确定的生产特殊产品的公司或者属于特定行业的公司，应当采取国有独资公司的形式。

(二) 国有独资公司的组织机构

《公司法》对国有独资公司的设立和组织机构也以专门的一节做了特殊规定。

国有独资公司不设股东会，由国家授权投资的机构或者国家授权的部门，授权公司董事会行使股东会的部分职权，决定公司的重大事项，但公司的合并、分立、解散、增加或者减少注册资本和发行公司债券，必须由国有资产监督管理机构决定。其中，重要的国有独资公司合并、分立、解散、申请破产的，应当由国有资产监督管理机构审核后，报本级人民政府批准。

国有独资公司的董事会、董事每届任期不得超过3年。董事会成员中应当有公司职工代表。董事会成员由国有资产监督管理机构委派，并且董事会成员中的职工代表由公司职工代表大会选举产生。董事会设董事长1人，可以设副董事长。董事长、副董事长由国有资产监督管理机构从董事会成员中指定。

国有独资公司设经理，由董事会聘任或者解聘。经国有资产监督管理机构同意，董事会成员可以兼任经理。

国有独资公司监事会成员不得少于5人，其中职工代表的比例不得低于1/3，具体比例由公司章程规定。监事会成员由国有资产监督管理机构委派，并且监事会成员中的职工代表由公司职工代表大会选举产生。监事会主席由国有资产监督管理机构从监事会成员中指定。

国有独资公司的董事长、副董事长、董事、高级管理人员，未经国有资产监督管理机构同意，不得在其他有限责任公司、股份有限公司或者其他经济组织兼职。

六、有限责任公司的股权转让和继承

(一) 有限责任公司的股权转让及其办法

《公司法》规定，有限责任公司的股东之间可以相互转让其全部或者部分股权。

股东向股东以外的人转让股权，应当经其他股东过半数同意。股东应就其股权转让事项书面征求其他股东同意，其他股东自接到书面通知之日起满 30 日未答复的，视为同意转让。其他股东半数以上不同意转让的，不同意的股东应当购买该转让的股权；不购买的，视为同意转让。经股东同意转让的股权，在同等条件下，其他股东有优先购买权。两个以上股东主张行使优先购买权的，协商确定各自的购买比例；协商不成的，按照转让时各自的出资比例行使优先购买权。公司章程对股权转让另有规定的，从其规定。

人民法院依照法律规定的强制执行程序转让股东的股权时，应当通知公司及全体股东，其他股东在同等条件下有优先购买权。其他股东自人民法院通知之日起满 20 日不行使优先购买权的，视为放弃优先购买权。

转让股权后，公司应当注销原股东的出资证明书，向新股东签发出资证明书，并相应修改公司章程和股东名册中有关股东及其出资额的记载。对公司章程的该项修改不需再由股东会表决。

有下列情形之一的，对股东会该项决议投反对票的股东可以请求公司按照合理的价格收购其股权：

(1) 公司连续五年不向股东分配利润，而公司该五年连续盈利，并且符合《公司法》规定的分配利润条件的；

(2) 公司合并、分立、转让主要财产的；

(3) 公司章程规定的营业期限届满或者章程规定的其他解散事由出现，股东会会议通过决议修改章程使公司存续的，自股东会会议决议通过之日起 60 日内，股东与公司不能达成股权收购协议的，股东可以自股东会会议决议通过之日起 90 日内向人民法院提起诉讼。

(二) 有限责任公司的股权继承

《公司法》规定，自然人股东死亡后，其合法继承人可以继承股东资格；但是，公司章程另有规定的除外。

第三节 股份有限公司

一、股份有限公司的概念和特征

股份有限公司指其全部资本分为等额股份，股东以其所持股份为限对公司承担责任，公司以其全部资产对公司的债务承担责任的企业法人。

股份有限公司作为典型的资合公司，具有以下特征。

1. 责任有限性

股份有限公司的股东以其认购的股份对公司承担有限责任，公司以其全部资产对公司债务

承担责任。

2. 公开性

《公司法》对股份有限公司的股东人数只有最低数量的要求而无最高数量的限制，同时，由于公司可以公开募集股份和股东可以自由转让股份，股东是具有广泛性和不确定性的，较大程度涉及社会公众利益。因此，公司的经营状况和财务状况必须向社会公开。

3. 资合性

股份有限公司的组成是由于资本的结合而不是基于股东间的信任。股东的股东权利体现在股票上，并随着股票的转移而转移。股份可以依法自由转让，而不受其他股东的制约。

4. 股份具有等额性

股份有限公司的全部资本分为等额股份，股份采用股票的形式。

二、股份有限公司的设立

(一) 股份有限公司设立的条件

(1) 发起人符合法定人数。设立股份有限公司，应当有 2 人以上 200 人以下为发起人，其中须有半数以上的发起人在中国境内有住所。

(2) 有符合公司章程规定的全体发起人认购的股本总额或者募集的实收股本总额。股份有限公司采取发起设立方式设立的，注册资本为在公司登记机关登记的全体发起人认购的股本总额。在发起人认购的股份缴足前，不得向他人募集股份。股份有限公司采取募集方式设立的，注册资本为在公司登记机关登记的实收股本总额。法律、行政法规以及国务院决定对股份有限公司注册资本实缴、注册资本最低限额另有规定的，从其规定。

(3) 股份发行、筹办事项符合法律规定。

(4) 发起人制订公司章程，采用募集方式设立的经创立大会通过。

(5) 有公司名称，建立符合股份有限公司要求的组织机构。

(6) 有公司住所。

(二) 股份有限公司设立的方式

股份有限公司的设立，包括发起设立和募集设立两种方式。

1. 发起设立

发起设立是由发起人认购公司应发行的全部股份而成立的公司。以发起设立方式设立股份有限公司的，发起人应当书面认足公司章程规定其认购的股份：一次缴纳的，应即缴纳全部出资；分期缴纳的，应即缴纳首期出资。以非货币财产出资的，应当依法办理其财产权的转移手续。

2. 募集设立

募集设立是由发起人认购公司应发行股份的一部分，其余部分向社会公开募集或者向特定对象募集而设立公司。以募集方式设立公司的，发起人认购的股份数不得少于公司股份总数的35%，其余部分应向社会公开募集。但是，法律、行政法规另有规定的，从其规定。

【例5-3】某股份有限责任公司,于2019年3月10日成立,股本总额为人民币3000万元。其中2200万元是向社会公开募集的。2020年1月8日,该公司为进行技术改造项目又增发了股份1000万元。

问题:该公司上述活动中有无与《公司法》规定不相符的?

(三) 股份有限公司设立的程序

1. 确定公司发起人

发起人应当签订发起人协议,明确各自在公司设立过程中的权利和义务。股份有限公司发起人承担公司筹办事务。

2. 制定公司章程

公司章程的内容包括:公司名称和住所;公司经营范围;公司设立方式;公司股份总数,每股金额和注册资本;发起人的姓名或者名称、认购的股份数、出资方式和出资时间;股东的权利和义务;董事会的组成、职权、任期和议事规则;公司的法定代表人;监事会的组成、职权、任期和议事规则;公司利润的分配办法;公司的解散事由与清算办法;公司的通知和公告办法以及股东大会认为需要规定的其他事项。

3. 以发起设立或者募集设立的方式设立股份有限公司

《公司法》对发起设立和募集设立这两种设立方式分别规定了不同的程序。

(1) 以发起设立方式设立股份有限公司的程序较为简便。发起人应当书面认足公司章程规定其认购的股份:一次缴纳的,应即缴纳全部出资;分期缴纳的,应即缴纳首期出资。以非货币财产出资的,应当依法办理其财产权的转移手续。发起人首次缴纳出资后,选举董事会和监事会,由董事会向公司登记机关报送公司章程,由依法设定的验资机构出具的验资证明以及法律、行政法规规定的其他文件,申请设立登记。

(2) 以募集设立方式设立股份有限公司的程序则较为复杂,包括以下步骤:

① 发起人认购法定数额的股份。所有发起人承诺购买的股份数额必须至少达到公司股份总数的35%,否则将导致公司不能成立;

② 经过批准。必须向国务院证券管理部门递交募股申请,经国务院证券管理部门批准的,才能公开募集股份;

③ 公告招股说明书,缴纳股款。由认股人填写认股书,认购股数、金额、住所,并签名、盖章。认股人按照所认购股数缴纳股款。发起人向社会公开募集股份,应当由依法设立的证券公司承销,签订承销协议,并同银行签订代收股款协议。发行股份的股款缴足后,必须经依法设立的验资机构验资并出具证明。创立大会对前款所列事项做出决议,必须经出席会议的认股人所持表决权过半数通过;

④ 申请设立登记并公告。董事会应于创立大会结束后30日内,向公司登记机关报送下列文件,申请设立登记:公司登记申请书;创立大会的会议记录;公司章程;验资证明;法定代表人、董事、监事的任职文件及其身份证明;发起人的法人资格证明或者自然人身份证明;公司住所证明。以募集方式设立股份有限公司公开发行股票的,还应当向公司登记机关报送国务院证券监督管理机构的核准文件。经工商行政管理机关核准登记注册,并颁发《企业法人营业执照》后,公司即告成立,取得法人资格。在公司成立之后,公司应当公告,以保护广大社会

公众的利益。

【例5-4】股东不按照《公司法》规定缴纳所认缴的出资，应当( )。

A. 向公司承担违约责任

B. 向已足额缴纳出资的股东承担违约责任

C. 向公司承担赔偿责任

D. 向其他股东承担赔偿责任

(四) 股份有限公司设立不成时发起人的责任

《公司法》第94条规定，股份有限公司的发起人应当承担下列责任：

(1) 公司不能成立时，对设立行为所产生的债务和费用负连带责任；

(2) 公司不能成立时，对认股人已缴纳的股款，负返还股款并加算银行同期存款利息的连带责任；

(3) 在公司设立过程中，由于发起人的过失致使公司利益受到损害的，应当对公司承担赔偿责任。

【例5-5】根据《公司法》的规定，有限责任公司的股东在下列何种情况下不得再抽逃其出资( )。

A. 缴纳出资后 B. 经法定验资机构验资后

C. 提出公司设立登记申请后 D. 公司成立后

三、股份有限公司股东的权利、义务

股份有限公司的股份持有人为公司股东。股东按其持有股份额享有权利、承担义务。

(一) 股东的权利

股东的权利包括：①出席或者委托代理人出席股东大会，并依公司章程的规定行使表决权；②依法转让股份；③查阅公司文件、监督公司经营；④按其股份取得股利；⑤公司终止时取得公司的剩余财产；⑥对公司侵犯其合法利益的决议向法院提起诉讼。

(二) 股东的义务

股东的义务包括：①遵守公司章程；②依其所认购股份和入股方式缴纳股金；③以其所持股份，为公司的债务承担责任；④在公司办理工商登记手续后，股东不得退股；⑤公司章程规定的其他义务。

四、股份有限公司的组织机构

(一) 股东大会

1. 股东大会的性质

股东大会是公司的权力机构，决定公司的重大事项。股东大会由全体股东组成。

2. 股东大会的职权

《公司法》关于有限责任公司股东会职权的规定，适用于股份有限公司股东大会。

3. 股东大会的召开

股东大会分为股东年会和股东临时会。股东年会每年召开 1 次，并应在每年的一定时期内召开。股东临时会是指非定期的、必要时临时召开的股东大会。在下列 5 种情况下，应当在两个月内召开股东大会：董事人数不足《公司法》规定的人数或者公司章程所定人数的 2/3 时；公司未弥补的亏损达实收股本总额 1/3 时；单独或者合计持有公司 10%以上股份的股东请求时；董事会认为必要时；监事会提议召开时；公司章程规定的其他情形。

4. 股东大会的决议

股东大会做出决议时，每一股有一票表决权。股东大会做出决议，必须经出席会议的股东所持有表决权的半数以上通过；股东大会对公司合并、分立、解散或章程的修改增加或者减少注册资本的决议，必须经出席会议的股东所持表决权的 2/3 以上通过。《公司法》和公司章程规定公司转让、受让重大资产或者对外提供担保等事项必须经股东大会做出决议的，董事会应当及时召集股东大会会议，由股东大会就上述事项进行表决。股东大会应当对所议事项做成会议记录，由出席会议的董事签字并存档。

(二) 董事会

1. 董事会的设立

董事会是公司的常设机构，对股东大会负责，其成员为 5～19 人。董事的选举和罢免的权力属于股东大会。因此，董事由股东大会按照法律规定的决议程序选举产生。股份有限公司董事资格的限制条件以及董事的责任与义务，适用有限责任公司的董事的有关规定。

2. 董事会的职权

公司法关于有限责任公司董事会职权的规定，适用于股份有限公司董事会。

3. 董事会会议的召开

董事会每年至少召开两次。董事会会议由董事长召集。董事会会议应由 1/2 以上的董事出席方可举行。代表 1/10 以上表决权的股东、1/3 以上董事或者监事会，可以提议召开董事会临时会议。董事长应当自接到提议后 10 日内，召集和主持董事会会议。

4. 董事会决议

董事会做出决议，须由半数以上的董事表决同意。董事会决议的表决，实行一人一票。决议应做出记录，由出席董事会的董事和记录员签字。董事应当对董事会的决议承担责任。董事会的决议违反法律、行政法规或者公司章程、股东大会决议，致使公司遭受严重损失的，参与决议的董事对公司负赔偿责任。但经证明在表决时曾表明异议并记载于会议记录的，该董事可以免除责任。

5. 董事长

董事长召集和主持董事会会议，检查董事会决议的实施情况。副董事长协助董事长工作，董事长不能履行职务或者不履行职务的，由副董事长履行职务；副董事长不能履行职务或者不履行职务的，由半数以上董事共同推举一名董事履行职务。

(三) 经理

股份有限公司设经理，由董事会决定聘任或者解聘。《公司法》关于有限责任公司经理职权的规定，适用于股份有限公司经理。

(四) 监事会、监事

1. 监事会的性质

我国《公司法》将监事会作为公司的法定必设机关加以规定。《公司法》规定，股份有限公司设监事会。按照这一规定，在我国注册登记的股份有限公司均应设立监事会。监事会是公司的监督机构。监事会成员不得少于 3 人。监事会由股东代表和适当比例的公司职工代表组成，其中职工代表的比例不得低于 1/3，具体比例由公司章程规定。监事会中的职工代表由公司职工民主选举产生。董事、高级管理人员不得兼任监事。监事会成员的任期每届为 3 年。监事任期届满，连选可以连任。

2. 监事会的职权

公司法关于有限责任公司监事会职权的规定，适用于股份有限公司监事会。监事会每 6 个月至少召开一次会议。监事可以提议召开临时监事会会议。监事会决议应当经半数以上监事通过。

五、上市公司组织机构的特别规定

上市公司是指其股票在证券交易所上市交易的股份有限公司。《公司法》对上市公司组织机构的特别规定主要有以下几点。

(1) 上市公司在一年内购买、出售重大资产或者担保金额超过公司资产总额 30%的，应当由股东大会做出决议，并经出席会议的股东所持表决权的 2/3 以上通过。

(2) 上市公司设立独立董事，具体办法由国务院规定。

(3) 上市公司设董事会秘书，负责公司股东大会和董事会会议的筹备、文件保管以及公司股东资料的管理，办理信息披露事务等事宜。

(4) 上市公司董事与董事会会议决议事项所涉及的企业有关联关系的，不得对该项决议行使表决权，也不得代理其他董事行使表决权。该董事会会议由过半数的无关联关系董事出席即可举行，董事会会议所作决议须经无关联关系董事过半数通过。出席董事会的无关联关系董事人数不足 3 人的，应将该事项提交上市公司股东大会审议。

六、股份有限公司的股份与股票

(一) 股份和股票的概念、形式和分类

股份有限公司的股份是指按相等金额或相同比例，平均划分公司资本的基本计量单位，它代表了股东在公司中的权利和义务。股票是公司签发的证明股东所持股份的凭证，公司的股份采取股票的形式。

1. 股票的形式

股票采用纸面形式或者国务院证券监督管理机构规定的其他形式。股票应当载明下列主要

事项：公司名称；公司成立日期；股票种类、票面金额及代表的股份数；股票的编号。股票由法定代表人签名，公司盖章。发起人的股票，应当标明发起人股票字样。

2. 股份的分类

股份有限公司的股份，根据不同的划分标准，可以分为以下种类。

(1) 根据股份所代表的股东权利和义务的不同，可分为普通股和特别股。普通股是股东所拥有的权利和义务完全相等，没有差别待遇的股份。普通股是股份有限公司通常发行的最重要的一种股份，是构成公司资本的基础。特别股是指在公司盈余分配或公司剩余财产分配等有关财产方面以及股东的表决权方面享有特殊权利的股份。特别股的特殊权利必须在公司章程中加以规定。特别股又可以分为优先股和后配股(又称劣后股)，优先股是比普通股享有优先权的股份，如优先分配红利、分配剩余财产等。后配股与优先股相反，红利分配和剩余财产分割位居普通股之后。

(2) 根据股票是否记载股东姓名，可分为记名股和无记名股。记名股是将股东姓名记载于股东名册并公示在股票上的股份。股份有限公司向发起人、国家授权投资的机构、法人发行的股票，必须记名。无记名股是指在股票上不记载股东姓名的股份，凡是持有股票的人即取得股东资格。我国《公司法》规定，股份有限公司向社会公众发行股票时，可以为记名股票，也可以为无记名股票。

(3) 根据股票票面是否记载金额，可分为有面值股与无面值股。有面值股是指股票票面上标明一定金额的股份；无面值股是指在股票票面上不标明金额，只标明每股占公司资本总额的比例的股份。我国《公司法》明确将票面金额作为股票上应当记载的主要事项，表明在我国只能发行有面值股，不得发行无面值股。

(4) 根据股票投资主体的不同，可分为国家股、法人股、个人股和外资股。国家股指由国家授权投资的机构或国家授权的部门，以国有资产向公司投资形成的股份；法人股指由具有法人资格的组织以其可支配的财产向公司投资形成的股份；个人股指以个人合法取得的财产向公司投资形成的股份；外资股指由外国和中国的港、澳、台地区的投资者，以购买人民币特种股票的方式，向公司投资形成的股份。

(二) 股份有限公司的股份发行

1. 股份的发行种类

股份的发行是指股份有限公司为设立公司或筹集公司资本，出售和分配股份的法律行为。股票发行可分为设立发行和新股发行两类。

(1) 设立新的股份公司而发行股票，包括由全体发起人认购首期发行全部股份总额的发起设立发行，以及由发起人认购首期发行全部股份的一部分，其余向社会公众公开发行的募集设立发行。

(2) 新股发行又称增资发行，是在公司存续过程中为增加公司资本而发行股份的行为。包括吸收新股东的增资发行和向老股东优先配售或分派(赠送)新股。

2. 股份发行的原则

股份的发行，实行公平、公正的原则，同种类的每一股份应当具有同等权利。

3. 股票发行的价格

股票发行价格可以按票面金额，也可以超过票面金额，但不得低于票面金额。

4. 新股发行的申请和批准

公司发行新股，必须具备法定条件。股东大会应当对发行新股的规定事项做出决议，确定发行新股的种类、数额、价格、发行日期以及公司向原股东发行新股的种类、数额等。股东大会做出发行新股的决议后，董事会必须向国务院证券监督管理机构申请核准。公司经核准公开发行新股时，必须公告新股招股说明书、公司财务会计报告，并制作认股书。公司公开发行新股，必须由依法设立的证券经营机构承销，签订承销协议。公司发行新股募足股款后，必须向公司登记机关办理公司资本变更登记，并予以公告。

5. 股票的交付

《公司法》第 132 条规定，股份有限公司成立后，即向股东正式交付股票。公司成立前不得向股东交付股票。

(三) 股份有限公司的股份转让

股份有限公司的股份转让，指股份有限公司的股份所有人把自己的股份转让给他人，从而使他人成为公司股东的行为。

1. 股份转让的法律规定

股份转让实行依法转让的原则。每个股东都有权依公司法的规定，转让自己所持有的公司股份。但为了保护公司、股东及债权人的利益，《公司法》对股份转让做了必要的限制，主要有以下几个方面。

(1) 对股份转让场所的限制。股份的转让，应当在依法设立的证券交易场所进行，或者按照国务院规定的其他方式进行。

(2) 对股份转让方式的限制。记名股票，由股东以背书方式或者法律、行政法规规定的其他方式转让；转让后由公司将受让人的姓名或者名称及住所记载于股东名册。无记名股票的转让，由股东将该股票交付给受让人后即发生转让的效力。上市公司的股票，依照有关法律、行政法规及证券交易所交易规则上市交易。

(3) 对发起人转让本公司股份的限制。股份有限公司发起人持有的本公司股份，自公司成立之日起一年内不得转让；公司公开发行股份前已发行的股份，自公司股票在证券交易所上市交易之日起一年内不得转让。

(4) 对董事、监事和经理转让本公司股份的限制。股份有限公司的董事、监事和经理等高级管理人员应当向公司申报所持有的股份及其变动情况，在任职期间每年转让的股份不得超过其所持有本公司股份总数的 25%；所持本公司股份自公司股票上市交易之日起一年内不得转让。上述人员离职后半年内，不得转让其所持有的本公司股份。

2. 股份回购的法律规定

股份回购是指公司按照法律或者公司章程的规定，从公司股东手中买回自己公司股份的行为。根据我国《公司法》的规定，公司不得收购本公司股份。但是，有下列情形之一的除外：①减少公司注册资本；②与持有本公司股份的其他公司合并；③将股份奖励给本公司职工；

④股东因对股东大会做出的公司合并、分立决议持异议，要求公司收购其股份的。

公司因上述第一项至第三项的原因收购本公司股份的，应当经股东大会决议。公司依照前款规定收购本公司股份后，属于第一项情形的，应当自收购之日起 10 日内注销；属于第二项、第四项情形的，应当在 6 个月内转让或者注销。公司依照上述第三项规定收购的本公司股份，不得超过本公司已发行股份总额的 5%，用于收购的资金应当从公司的税后利润中支出，所收购的股份应当在一年内转让给职工。公司不得接受本公司的股票作为质押权的标的。

第四节　公司合并、分立、增资、减资

一、公司合并

(一) 公司合并的概念

公司合并是指两个或两个以上公司依照规定的条件和程序，通过订立合并合同转变为一个公司的行为。其具有以下特点。

(1) 公司合并是公司之间的合并行为。公司合并是两个或两个以上公司借助合同形式完成转变为一个公司的行为。合同的当事人是双方公司。

(2) 公司合并是公司之间的法定合并。合并双方只需按照法定的条件和程序签署合并合同，并办理法定登记手续，即可完成公司合并。

(3) 公司合并导致参加合并的一方或各方公司的法人资格消灭。公司合并分为两种形式，即吸收合并和新设合并。

吸收合并是指一个公司接纳其他公司后存续，被接纳公司解散，其法人资格归于消灭。

新设合并是指两个或两个以上的公司合并设立一个新公司，参加合并的各方公司法人资格归于消灭。

(二) 公司合并的程序

由于公司合并无须履行清算程序，因此合并程序比较简便。根据《公司法》第 174 条及其他相关各条的规定，公司合并程序包括以下几点。

(1) 股东大会做出合并决议。合并各方的董事会首先拟定公司合并方案，包括合并的目的、现有公司债务的清偿、合并后公司的股份结构，以及向各方合并公司发行股份的价格。然后将合并议案报股东大会通过。按照《公司法》的规定，须有代表三分之二以上股权的股东通过，股东大会才可能做出合并决议。国有独资公司的合并，必须由国有资产监督管理机构决定。

(2) 签署合并协议，编制公司财务及财产文件。公司合并应由合并各方签订合并协议，并编制资产负债表及财产清单。此项活动经股东会授权后，应当由董事会负责实施。

(3) 履行债权人保护程序。根据《公司法》第 173 条的规定，第一，公司应自做出合并决议之日起 10 日内，将合并协议通知债权人；第二，债权人自接到通知书之日起 30 日内，未接到通知书的自第一次公告之日起 45 日内，有权要求公司清偿债务或者提供相应的担保。债务既包括到期债务，也包括尚未到期的债务。公司不清偿债务或者不提供相应担保者，公司不得合并。

(4) 履行公司登记程序。公司合并后，必然发生与公司登记事项不相符的情况，因此公司合并后，须履行公司登记程序。

二、公司分立

(一) 公司分立的概念

公司分立是指一个公司依法分立成两个或两个以上的公司的法律行为。

公司分立可以采取新设分立和派生分立两种形式。新设分立是指公司将全部财产分割，设立成两个或两个以上的公司，原公司解散。派生分立是指公司以其部分财产另设一个或一个以上的公司。公司分立引起原公司注册资本的减少，原公司并未解散。

(二) 公司分立的程序

(1) 公司股东会做出公司分立方案决议。先由董事会拟定公司分立方案，基本与公司合并方案相同，另外方案需包括妥善处理财产及财产分割问题。然后由股东会通过该方案，并授权董事会具体实施。

(2) 董事会编制公司财务及财产文件。

(3) 履行债权人保护程序。在公司分立决议做出后的 10 日内，公司应将分立决议通知债权人，并于 30 日内在报纸上公告。

(4) 履行公司登记程序。

以上几项规则与公司合并的规则相同。

三、公司增资

公司增资即公司增加注册资本，公司为了筹集资金，扩大经营规模，可以使用增资的办法来达到目的。

公司增资首先由董事会提出增资方案，股东会或股东大会做出是否增资、如何增资的决议。须有代表三分之二以上股权的股东通过，该决议才有效，公司才能增资。国有独资公司的增资，要由国有资产监督管理机构做出决定。有限责任公司增加注册资本时，股东认缴新增资本而出资的办法，按照设立有限责任公司缴纳出资的有关规定执行；股份有限公司为增加注册资本发行新股时，股东认购新股，依照《公司法》设立股份有限公司缴纳股款的有关规定执行。

最后，公司在增加注册资本后，应当到公司登记机构办理变更登记手续，否则增资行为无效。

四、公司减资

(一) 公司减资的概念

公司减资，即减少注册资本，也即减少公司资本总额，通常在缩小公司经营规模或遭受重大经济损失，不能分配盈利时发生。公司减资的主要目的有：一是在公司相当一段时期内没有合适的投资项目时，为减少资本的积压和浪费，将多余的资金撤出；二是在公司盈利数额较少时，减少多余资本，保持相对稳定的股利分配水平。

公司减资对公司、股东及公司债权人利益会产生不利影响，属于公司的重大变更，因此，

《公司法》对其有严格的规定。我国《公司法》规定，公司减资后的注册资本额不得低于法定的最低限额。

(二) 公司减资的程序

公司减资的法定程序如下。

(1) 股东大会会议通过减资决议。由董事会提出减少注册资本的具体方案，有限责任公司股东会按特别决议程序通过决议，股份有限公司股东大会以一般决议程序通过决议，修改公司章程。

(2) 编制资产负债表及财产清单。

(3) 通知、公告债权人。公司应当自做出减少注册资本决议之日起 10 日内通知债权人，并于 30 日内在报纸上公告，向债权人通知公司减资事项，以便其提出异议。债权人自接到通知书之日起 20 日内，未接到通知书的自第一次公告之日起 45 日内，有权要求公司清偿债务或提供相应担保。

(4) 变更登记。债权人在法定期限内对公司减资无异议或异议不成立的，由公司向原公司登记机关办理注册资本的变更登记，并提交修改后的公司章程。股份有限公司还要进行公告。

第五节　公司解散和清算

一、公司解散

(一) 公司解散的概念

公司解散是指公司的法人资格消灭，丧失其民事行为能力。

(二) 公司解散的法定事由

依照我国《公司法》第 180 条的规定，公司因下列原因解散：

(1) 公司章程规定的营业期限届满或者公司章程规定的其他解散事由出现；

(2) 股东会或者股东大会决议解散；

(3) 因公司合并或者分立需要解散；

(4) 依法被吊销营业执照、责令关闭或者被撤销；

(5) 人民法院依照本法第 182 条的规定予以解散。

公司出现第一种情形的，可以通过修改公司章程而存续。但修改公司章程，有限责任公司须经持有三分之二以上表决权的股东通过，股份有限公司须经出席股东大会会议的股东所持表决权的三分之二以上通过。

另外，《公司法》第 182 条还规定，公司经营管理发生严重困难，继续存续会使股东利益受到重大损失，通过其他途径不能解决的，持有公司全部股东表决权百分之十以上的股东，可以请求人民法院解散公司。

二、公司清算

(一) 公司清算的概念

公司清算是指由依法设立的专门机构在公司解散过程中所从事的清理公司财务,了结债权债务,处理财产,并最终结束公司各种法律关系的一系列活动。

(二) 清算程序

除因公司合并或分立引起原公司终止不需要清算外,其他原因引起的公司解散都必须进行清算。公司破产清算,由人民法院依照有关破产法律的规定进行,其他清算则必须按下列程序进行。

1. 成立清算组

清算组是依法成立负责执行清算事务的专门机构。公司出现法定解散事由后需要清算的,应在解散事由出现之日起 15 日内成立清算组。有限责任公司的清算组由股东组成,股份有限公司的清算组由董事或者股东大会确定的人员组成。逾期不成立清算组进行清算的,债权人可以申请人民法院指定有关人员组成清算组进行清算。人民法院应当受理该申请,并及时组织清算组进行清算。清算组在清算期间依法行使下列职权:

(1) 清理公司财产,分别编制资产负债表和财产清单;

(2) 通知、公告债权人;

(3) 处理与清算有关公司未了结的业务;

(4) 清缴所欠税款以及清算过程中产生的税款;

(5) 清理债权、债务;

(6) 处理公司清偿债务后的剩余财产;

(7) 代表公司参与民事诉讼活动。

清算组成员应当忠于职守,依法履行清算义务。不得利用职权收受贿赂或者其他非法收入,不得侵占公司财产。清算组成员因故意或者重大过失给公司或者债权人造成损失的,应当承担赔偿责任。

2. 通知和公告债权人

清算组应当自成立之日起 10 日内通知债权人,并于 60 日内在报纸上公告。债权人应当自接到通知书之日起 30 日内,未接到通知书的自公告之日起 45 日内,向清算组申报其债权。债权人申报债权,应当说明债权的有关事项,并提供证明材料。清算组应当对债权进行登记。在申报债权期间,清算组不得对债权人进行清偿。

3. 清理和处理公司财产

清算组应全面处理公司财产,编制资产负债表和财产清单。清算组在清理公司财产、编制资产负债表和财产清单后,发现公司财产不足以清偿债务的,应当依法向人民法院申请宣告破产。公司经人民法院裁定宣告破产后,清算组应当将清算事务移交给人民法院。

公司财产能清偿公司债务的,清算组应制定清算方案,并报股东会、股东大会或者人民法院确认。清算组分配财产应按下列顺序进行:

(1) 支付清算费用;

(2) 职工的工资、社会保险费用和法定补偿金；

(3) 缴纳所欠税款；

(4) 清偿公司债务；

(5) 向股东分配剩余财产。有限责任公司按照股东的出资比例分配，股份有限公司按照股东持有的股份比例分配。

4. 清算终结

清算组依法分配完公司财产，完成清算事务后，应当制作清算报告，报股东会、股东大会或者人民法院确认，并报送公司登记机关，申请注销公司登记，公告公司终止。

第六节 公司财务、会计制度

一、公司财务会计报表

《公司法》第164条、第165条规定，公司应当在每一会计年度终了时编制财务会计报告，并依法经会计师事务所审计。财务会计报告应当依照法律、行政法规和国务院财政部门的规定制作。有限责任公司应当按照公司章程规定的期限将财务会计报告送交各股东。股份有限公司的财务会计报告应当在召开股东大会年会的20日前置备于本公司，供股东查阅；公开发行股票的股份有限公司必须公告其财务会计报告。

二、公司的利润分配

(一) 公积金

公积金是公司为弥补亏损，扩大生产规模和巩固财务基础，依照法律或公司章程、股东大会决议，从公司营业利润或其他收入中提取的储备金。我国《公司法》第168条规定，公积金的用途是弥补亏损，扩大生产经营规模或转化为增加公司资本，但是资本公积金不得用于弥补公司的亏损。依照公积金提取的依据分为法定公积金和任意公积金两种。

(1) 法定公积金是指依法强制提取的公积金。其来源是公司当年的税后利润。法定公积金除用于弥补亏损外，还可转化为资本，但转化为资本时，所存留的该项公积金不得少于转增前公司注册资本的25%。

(2) 任意公积金是指根据公司章程或股东大会决议所提取的公积金。其来源为公司提取了法定盈余公积金后，从税后利润中提取的金额。任意公积金属于专用公积金，可用于折旧、还债等，公司不得挪作他用。

(二) 公司利润分配程序

公司税后利润的分配程序如下。

(1) 弥补亏损，用于弥补上一年度的亏损。

(2) 提取公积金。法定公积金为利润的10%。公司从税后利润中提取法定公积金后，经股东会或者股东大会决议，还可以从税后利润中提取任意公积金。

(3) 向股东分配股利。向公司的股东分配股利应在弥补亏损和提取法定公积金后。若在之前分配股利，股东必须将所获得的分配退还公司。

(4) 向股东分配股利时应按股东的出资比例或股东持有的股份比例分配。

【复习思考题】

1. 有限责任公司的特征和设立条件是什么？
2. 简述股份有限公司的组织机构及其各自职权。
3. 股份转让的限制是什么？
4. 简述公司法中清算组的职权。
5. 简述公司税后利润分配的原则和顺序。

第六章

外商投资法

学习目标

本章主要介绍了外商投资的相关法律制度，包括投资促进、投资保护、投资管理和法律责任。通过本章的学习，学生可以熟悉《中华人民共和国外商投资法》(以下简称《外商投资法》)的基本内容，理解《外商投资法》与之前实施的《外商投资企业法》的区别与联系，掌握准入前国民待遇加负面清单管理制度。

案例导入

2019 年 3 月 15 日，一西方公司与中国上海某公司合资经营设立的合营企业正式成立，根据 2020 年 1 月 1 日起实施的新的《外商投资法》，之前设立的合营企业应如何处理？说明理由。

第一节　外商投资法概述

一、外商投资的概念

外商投资是指外国的自然人、企业或者其他组织(以下称外国投资者)直接或者间接在中国境内进行的投资活动。包括下列情形：

(1) 外国投资者单独或者与其他投资者共同在中国境内设立外商投资企业；

(2) 外国投资者取得中国境内企业的股份、股权、财产份额或者其他类似权益；

(3) 外国投资者单独或者与其他投资者共同在中国境内投资新建项目；

(4) 法律、行政法规或者国务院规定的其他方式的投资。

二、外商投资法立法宗旨

为了进一步扩大对外开放，积极促进外商投资，保护外商投资合法权益，规范外商投资管理，推动形成全面开放新格局，促进社会主义市场经济健康发展，根据宪法，制定本法。

三、外商投资法与外商投资企业法

于 2019 年 3 月 15 日第十三届全国人民代表大会第二次会议通过，自 2020 年 1 月 1 日起施行的《中华人民共和国外商投资法》分为六个部分，分别为：总则、投资促进、投资保护、投资管理、法律责任和附则。

之前实施的《中华人民共和国中外合资经营企业法》《中华人民共和国外资企业法》《中华人民共和国中外合作经营企业法》同时废止。新法施行前依照《中华人民共和国中外合资经营企业法》《中华人民共和国外资企业法》《中华人民共和国中外合作经营企业法》设立的外商投资企业，在本法施行后五年内可以继续保留原企业组织形式等。具体实施办法由国务院规定。

新法所称的外商投资企业是指全部或者部分由外国投资者投资，依照中国法律在中国境内经登记注册设立的企业。

之前的《外商投资企业法》所指的外商投资企业包括中外合资经营企业、中外合作经营企业、外资企业，也就是所谓的"三资企业"在新法实施后彻底退出历史舞台。

四、外商投资法的基本规定

国家坚持对外开放的基本国策，鼓励外国投资者依法在中国境内投资。国家实行高水平投资自由化、便利化政策，建立和完善外商投资促进机制，营造稳定、透明、可预期和公平竞争的市场环境。

国家对外商投资实行准入前国民待遇加负面清单管理制度。准入前国民待遇是指在投资准入阶段给予外国投资者及其投资不低于本国投资者及其投资的待遇；负面清单是指国家规定在特定领域对外商投资实施的准入特别管理措施。国家对负面清单之外的外商投资，给予国民待遇。负面清单由国务院发布或者批准发布。中华人民共和国缔结或者参加的国际条约、协定对外国投资者准入待遇有更优惠规定的，可以按照相关规定执行。

国家依法保护外国投资者在中国境内的投资、收益和其他合法权益。在中国境内进行投资活动的外国投资者、外商投资企业，应当遵守中国法律法规，不得危害中国国家安全、损害社会公共利益。

国务院商务主管部门、投资主管部门按照职责分工，开展外商投资促进、保护和管理工作；国务院其他有关部门在各自职责范围内，负责外商投资促进、保护和管理的相关工作。县级以上地方人民政府有关部门依照法律法规和本级人民政府确定的职责分工，开展外商投资促进、保护和管理工作。

外商投资企业职工依法建立工会组织，开展工会活动，维护职工的合法权益。外商投资企业应当为本企业工会提供必要的活动条件。

第二节　投资促进

外商投资企业依法平等适用国家支持企业发展的各项政策。制定与外商投资有关的法律、法规、规章，应当采取适当方式征求外商投资企业的意见和建议。与外商投资有关的规范性文件、裁判文书等，应当依法及时公布。

国家建立健全外商投资服务体系，为外国投资者和外商投资企业提供法律法规、政策措施、投资项目信息等方面的咨询和服务。国家与其他国家和地区、国际组织建立多边、双边投资促进合作机制，加强投资领域的国际交流与合作。国家根据需要设立特殊经济区域，或者在部分地区实行外商投资试验性政策措施，促进外商投资，扩大对外开放。国家根据国民经济和社会发展需要，鼓励和引导外国投资者在特定行业、领域、地区投资。外国投资者、外商投资企业可以依照法律、行政法规或者国务院的规定享受优惠待遇。

国家保障外商投资企业依法平等参与标准制定工作，强化标准制定的信息公开和社会监督。国家制定的强制性标准平等适用于外商投资企业。国家保障外商投资企业依法通过公平竞争参与政府采购活动，政府采购依法对外商投资企业在中国境内生产的产品、提供的服务平等对待。

外商投资企业可以依法通过公开发行股票、公司债券等证券和其他方式进行融资。

县级以上地方人民政府可以根据法律、行政法规、地方性法规的规定，在法定权限内制定外商投资促进和便利化政策措施。各级人民政府及其有关部门应当按照便利、高效、透明的原则，简化办事程序，提高办事效率，优化政务服务，进一步提高外商投资服务水平。有关主管部门应当编制和公布外商投资指引，为外国投资者和外商投资企业提供服务和便利。

第三节　投资保护

国家对外国投资者的投资不实行征收。在特殊情况下，国家为了公共利益的需要，可以依照法律规定对外国投资者的投资实行征收或者征用。征收、征用应当依照法定程序进行，并及时给予公平、合理的补偿。

外国投资者在中国境内的出资、利润、资本收益、资产处置所得、知识产权许可使用费、依法获得的补偿或者赔偿、清算所得等，可以依法以人民币或者外汇自由汇入、汇出。

国家保护外国投资者和外商投资企业的知识产权，保护知识产权权利人和相关权利人的合法权益；对知识产权侵权行为，严格依法追究法律责任。国家鼓励在外商投资过程中基于自愿原则和商业规则开展技术合作，技术合作的条件由投资各方遵循公平原则平等协商确定。行政机关及其工作人员不得利用行政手段强制转让技术。行政机关及其工作人员对于履行职责过程中知悉的外国投资者、外商投资企业的商业秘密，应当依法予以保密，不得泄露或者非法向他人提供。

各级人民政府及其有关部门制定涉及外商投资的规范性文件，应当符合法律法规的规定；没有法律、行政法规依据的，不得减损外商投资企业的合法权益或者增加其义务，不得设置市场准入和退出条件，不得干预外商投资企业的正常生产经营活动。地方各级人民政府及其有关部门应当履行向外国投资者、外商投资企业依法做出的政策承诺以及依法订立的各类合同。因国家利益、社会公共利益需要改变政策承诺、合同约定的，应当依照法定权限和程序进行，并依法对外国投资者、外商投资企业因此受到的损失予以补偿。

国家建立外商投资企业投诉工作机制，及时处理外商投资企业或者其投资者反映的问题，协调完善相关政策措施。外商投资企业或者其投资者认为行政机关及其工作人员的行政行为侵犯其合法权益的，可以通过外商投资企业投诉工作机制申请协调解决。外商投资企业或者其投资者认为行政机关及其工作人员的行政行为侵犯其合法权益的，除依照前款规定通过外商投资企业投诉工作机制申请协调解决外，还可以依法申请行政复议、提起行政诉讼。

外商投资企业可以依法成立和自愿参加商会、协会。商会、协会依照法律法规和章程的规定开展相关活动，维护会员的合法权益。

第四节　投资管理

外商投资准入负面清单规定禁止投资的领域，外国投资者不得投资。外商投资准入负面清单规定限制投资的领域，外国投资者进行投资应当符合负面清单规定的条件。外商投资准入负面清单以外的领域，按照内外资一致的原则实施管理。

外商投资需要办理投资项目核准、备案的，按照国家有关规定执行。外国投资者在依法需要取得许可的行业、领域进行投资的，应当依法办理相关许可手续。有关主管部门应当按照与内资一致的条件和程序，审核外国投资者的许可申请，法律、行政法规另有规定的除外。

外商投资企业的组织形式、组织机构及其活动准则，适用《中华人民共和国公司法》《中华人民共和国合伙企业法》等法律的规定。

外商投资企业开展生产经营活动，应当遵守法律、行政法规有关劳动保护、社会保险的规定，依照法律、行政法规和国家有关规定办理税收、会计、外汇等事宜，并接受相关主管部门依法实施的监督检查。外国投资者并购中国境内企业或者以其他方式参与经营者集中的，应当依照《中华人民共和国反垄断法》的规定接受经营者集中审查。

国家建立外商投资信息报告制度。外国投资者或者外商投资企业应当通过企业登记系统以及企业信用信息公示系统向商务主管部门报送投资信息。外商投资信息报告的内容和范围按照确有必要的原则确定；通过部门信息共享能够获得的投资信息，不得再行要求报送。

国家建立外商投资安全审查制度，对影响或者可能影响国家安全的外商投资进行安全审查。依法做出的安全审查决定为最终决定。

第五节　法律责任及附则

一、法律责任

外国投资者投资外商投资准入负面清单规定禁止投资的领域的，由有关主管部门责令停止投资活动，限期处分股份、资产或者采取其他必要措施，恢复到实施投资前的状态；有违法所得的，没收违法所得。外国投资者的投资活动违反外商投资准入负面清单规定的限制性准入特别管理措施的，由有关主管部门责令限期改正，采取必要措施满足准入特别管理措施的要求；逾期不改正的，依照前款规定处理。外国投资者的投资活动违反外商投资准入负面清单规定的，除依照前两款规定处理外，还应当依法承担相应的法律责任。

外国投资者、外商投资企业违反《外商投资法》的规定，未按照外商投资信息报告制度的要求报送投资信息的，由商务主管部门责令限期改正；逾期不改正的，处10万元以上50万元以下的罚款。

对外国投资者、外商投资企业违反法律、法规的行为，由有关部门依法查处，并按照国家有关规定纳入信用信息系统。

行政机关工作人员在外商投资促进、保护和管理工作中滥用职权、玩忽职守、徇私舞弊的，或者泄露、非法向他人提供履行职责过程中知悉的商业秘密的，依法给予处分；构成犯罪的，依法追究刑事责任。

二、附则

任何国家或者地区在投资方面对中华人民共和国采取歧视性的禁止、限制或者其他类似措施的，中华人民共和国可以根据实际情况对该国家或者该地区采取相应的措施。

对外国投资者在中国境内投资银行业、证券业、保险业等金融行业，或者在证券市场、外汇市场等金融市场进行投资的管理，国家另有规定的，依照其规定。

【复习思考题】

1. 简述外商投资的种类。
2. 简述准入前国民待遇加负面清单管理制度。

第七章

破 产 法

学习目标

本章主要介绍了《中华人民共和国企业破产法》(以下简称《企业破产法》)的相关法律制度，包括破产法概述、破产案件的申请和受理、管理人与债务人财产、债权申报和债权人会议、重整与和解、破产宣告与清算。通过本章的学习，学生可以理解破产的概念和特征，破产界限的概念，破产申请的申请人，破产受理的法律后果；了解管理人的概念、组成和职权；明确债务人财产的概念、范围及确定，破产费用和共益债务的概念及范围；了解债权申报的相关规定；理解债权人会议的组成、职权及召集和表决规则；了解和解与整顿的进行和终结；理解破产宣告的概念，掌握破产清算的财产分配顺序。

案例导入

红霞水泥厂自 2016 年开始出现亏损，经营每况愈下，欠胜利煤炭公司的煤炭款 380 万元，逾期后拖欠不还。煤炭厂于 2017 年 7 月 8 日向法院申请破产。法院经审查，7 月 12 日受理此案。随后制定管理人，对该厂财产进行清理，形成资产整理报告，其要点如下：

(1) 水泥厂总资产为 2400 万元，总负债为 3600 万元。(2) 在水泥厂的固定资产中，有 5 处房产，其中 1、2、3 号房产在向工商银行借款 180 万元时用于抵押，该三处房产变现价值为 200 万元，4、5 号房产在向建设银行借款 100 万元时用于抵押，该两处房产变现价值为 150 万元。(3) 拖欠荣生公司货款 700 万元。(4) 水泥厂在破产还债程序支付的破产费用为 150 万元。(5) 职工工资和保险费用 350 万元。(6) 欠缴税款 320 万元。

问题：依照清偿顺序，煤炭公司分配的资产具体数额应为多少？

第一节 破产法概述

一、破产的概念和特征

(一) 破产的概念

破产是指对丧失清偿能力的债务人，在法院的审理与监督之下，强制清算其全部财产，公平清偿全体债权人的法律制度。破产一般是指破产清算程序，但在谈及破产法律制度时，通常是从广义上理解，不仅包括破产清算制度，还包括以挽救债务人、避免破产为目的的重整、和解等法律制度。

(二) 破产的特征

1. 破产是一种特殊的偿债程序

债务人在破产偿债程序中，以丧失企业法人主体资格为最终结局，不论能否清偿都是一次性的，不能清偿的债权归于消灭。

2. 破产是一种以公平偿债为目的的偿债程序

在破产财产分配时，同一顺序的债权人按同一比例受偿。

3. 破产是一种由人民法院主持的偿债程序

为保障全体债权人的合法权益，人民法院介入、主持这种特殊的偿债程序，自破产受理至破产程序终结，人民法院多以裁定的形式对破产事务做出判断和认定。

二、破产法的立法宗旨、作用和适用范围

破产法是规定在债务人丧失清偿能力时，法院强制对其全部财产进行清算分配，公平清偿给债权人，或通过债务人与债权人会议达成的和解协议清偿债务，或进行企业重整，避免债务人破产的法律规范的总称。

破产法有广义和狭义之分。狭义的破产法特指破产法典，如我国于 2006 年 8 月 27 日通过，2007 年 6 月 1 日起实施的《企业破产法》；广义的破产法则还包括其他有关破产的法律、法规、行政规章、司法解释，及散见于其他立法中的调整破产关系的法律规范，如《商业银行法》《保险法》《公司法》《合伙企业法》等立法中有关破产的规定。

(一) 破产法的立法宗旨

为规范企业破产程序，公平清理债权债务，保护债权人和债务人的合法权益，维护社会主义市场经济秩序，制定本法。

(二) 破产法的社会调整作用

企业法人不能清偿到期债务，并且资产不足以清偿全部债务或者明显缺乏清偿能力的，依照破产法规定清理债务。企业可以向人民法院提出重整、和解或者破产清算申请，有明显丧失清偿能力可能的企业，可以依照破产法规定进行重整。

破产法的直接调整作用，是通过其特有的调整手段保障债务关系在债务人丧失清偿能力时的最终公平实现，从而维护全体债权人和债务人的合法权益，维护社会利益与正常经济秩序。

(三) 破产法的适用范围

1. 破产法的主体适用范围

《企业破产法》主体适用范围是所有的企业法人，其他法律规定企业法人以外的组织的清算，属于破产清算的，参照适用破产法规定的程序。

2. 破产法的地域适用范围

破产法主要适用于在中华人民共和国境内的企业的破产。依照破产法开始的破产程序，对债务人在中华人民共和国领域外的财产发生效力。对外国法院做出的发生法律效力的破产案件的判决、裁定，涉及债务人在中华人民共和国领域内的财产，申请或者请求人民法院承认和执行的，人民法院依照中华人民共和国缔结或者参加的国际条约，或者按照互惠原则进行审查，认为不违反中华人民共和国法律的基本原则，不损害国家主权、安全和社会公共利益，不损害中华人民共和国领域内债权人的合法权益的，裁定承认和执行。

3. 破产法的适用时间

《企业破产法》第136条规定，本法自2007年6月1日起施行。

第二节　破产案件的申请和受理

一、破产申请

(一) 破产原因

破产原因也称破产界限，是指认定债务人丧失清偿能力，当事人得以提出破产申请，法院据以启动破产程序的法律事实。

根据《企业破产法》的规定，破产原因分为两种情况：第一，债务人不能清偿到期债务，并且资产不足以清偿全部债务，主要适用于债务人提出破产申请且其资不抵债易于判断的案件；第二，债务人不能清偿到期债务，并且明显缺乏清偿能力，主要适用于债权人提出破产申请和债务人提出破产申请但其资不抵债状况不易判断的案件。

破产界限的实质标准就是企业法人不能清偿到期债务。达到破产界限的企业法人，不一定马上被宣告破产，可以依照《破产法》规定的程序进行重整或和解。

一般过程为：破产申请→法院→指定管理人→成立债权人委员会→重整或和解(重整或和解成功，破产程序终结)重整或和解失败→法院宣布破产→进入破产清算程序→破产程序终结。

(二) 申请的提出

根据法律规定，债务人资不抵债时，可以向人民法院提出重整、和解或者破产清算申请。债务人不能清偿到期债务时，债权人可以向人民法院提出对债务人进行重整或者破产清算的申请。

(三) 提出破产申请的当事人

(1) 债务人提出申请。债务人达到破产界限时，债务人可以向人民法院提出重整、和解或者破产清算申请。

(2) 债权人提出申请。当债务人不能清偿到期债务时，债权人可以向人民法院提出对债务人进行重整或者破产清算的申请。

(3) 清算人提出申请。企业法人已解散但未清算或者未清算完毕，资产不足以清偿债务的，依法负有清算责任的人应当向人民法院申请破产清算。

(4) 国务院金融监督管理机构可以向人民法院提出对金融机构进行"重整或者破产清算"的申请。金融机构主要指商业银行、证券公司、保险公司等。

(5) 企业的职工也可以申请债务人破产。职工提出破产申请应经职工代表大会或者全体职工 2/3 以上多数同意。

二、破产案件的管辖和受理

(一) 破产案件的管辖

当事人的申请应向对破产案件有管辖权的人民法院提出。

1. 破产案件由债务人住所地人民法院管辖

《企业破产法》规定,破产案件的地域管辖由债务人住所地人民法院管辖。债务人住所地是指企业主要办事机构所在地。破产案件的级别管辖依破产企业的工商登记情况确定。基层人民法院一般管辖县、县级市或者区的工商行政管理机关核准登记企业的破产案件;中级人民法院一般管辖地区、地级市(含本级)以上的工商行政管理机关核准登记企业的破产案件;纳入国家计划调整的国有企业破产案件即政策性破产,由中级人民法院管辖。金融机构、上市公司破产案件或者具有重大影响、法律关系复查的破产案件,应由中级人民法院管辖。

2. 破产申请应以书面的形式提出

向人民法院提出破产申请,应当提交破产申请书和有关证据。债务人提出申请的,还应当向人民法院提交财产状况说明、债务清册、债权清册、有关财务会计报告、职工安置预案及职工工资的支付和社会保险费用的缴纳情况等。

人民法院受理破产申请前,申请人可以请求撤回申请。

(二) 破产申请的受理

1. 受理的程序

债权人提出破产申请的,人民法院应当自收到申请之日起 5 日内通知债务人。债务人对申请有异议的,应当自收到人民法院的通知之日起 7 日内向人民法院提出。人民法院应当自异议期满之日起 10 日内裁定是否受理。其他情形下,人民法院应当自收到破产申请之日起 15 日内裁定是否受理。

人民法院受理破产申请的,应当自裁定做出之日起 5 日内送达申请人。债权人提出申请的,人民法院应当自裁定做出之日起 5 日内送达债务人。债务人应当自裁定送达之日起 15 日内,向人民法院提交财产状况说明、债务清册、债权清册、有关财务会计报告以及职工工资的支付和社会保险费用的缴纳情况。人民法院裁定受理破产申请的,应当同时指定管理人。

人民法院裁定不受理破产申请的,应当自裁定做出之日起 5 日内送达申请人并说明理由。申请人对裁定不服的,可以自裁定送达之日起 10 日内向上一级人民法院提起上诉。人民法院受理破产申请后至破产宣告前,经审查发现债务人不符合破产条件的,可以裁定驳回申请。申请人对裁定不服的,可以自裁定送达之日起 10 日内向上一级人民法院提起上诉。在破产程序中,当事人只能对"不受理申请和驳回申请"的程序方面的裁定有权提起上诉。

人民法院应当自裁定受理破产申请之日起 25 日内通知已知债权人，并予以公告。

2. 受理的效力

(1) 自人民法院受理破产申请的裁定送达债务人之日至破产程序终结之日，债务人的有关人员承担法定的 5 项义务：保管账册，如实回答询问，列席债权人会议，不擅自离开住所地，不任命新的管理层。

(2) 人民法院受理破产申请后，债务人对个别债权人的债务清偿无效。如果债务人在人民法院受理破产申请后，对个别债权人清偿，人民法院有权宣告该清偿行为无效，依法予以追回。债务人以其自有财产向债权人提供物权担保的，其在担保物价值内向债权人所做的债务清偿，不受上述规定限制。

(3) 人民法院受理破产申请后，债务人的债务人或者财产持有人应当向管理人清偿债务或者交付财产。债务人的债务人或者财产持有人故意违反规定向债务人清偿债务或者交付财产，使债权人受到损失的，不免除其清偿债务或者交付财产的义务。

(4) 人民法院受理破产申请后，有关债务人财产的保全措施应当解除，执行程序应当中止。人民法院受理破产申请后，已经开始而尚未终结的有关债务人的民事诉讼或者仲裁应当中止；在管理人接管债务人的财产后，该诉讼或者仲裁继续进行。人民法院受理破产申请后，有关债务人的民事诉讼，只能向受理破产申请的人民法院提起。

【例 7-1】A 企业与 B 企业于 2017 年 4 月 1 日签订买卖合同，B 企业根据合同约定按期发货后，债务人 A 企业拒绝支付货款 100 万元。为此，B 企业作为原告于 2017 年 5 月 1 日对 A 企业提起诉讼，甲人民法院审理后于 6 月 20 日终审判决(二审判决)A 企业向 B 企业支付货款及违约金合计 110 万元。根据 B 企业的申请，甲人民法院将 A 企业的办公楼查封，拟用于清偿对 B 企业的债务。至此，该民事纠纷案件已经审结但尚未执行。2017 年 7 月 1 日，乙人民法院受理了 A 企业的破产申请。

问题：B 企业的债权能否得到实现？

3. 双方均未履行完毕的合同

人民法院受理破产申请后，管理人对破产申请受理前成立而债务人和对方当事人均未履行完毕的合同有权决定解除或者继续履行，并通知对方当事人。

(1) 继续履行

① 因管理人请求对方当事人履行双方均未履行完毕的合同产生的债务，属于共益债务；

② 在第一次债权人会议召开之前，管理人决定继续履行合同，应当经人民法院许可。

(2) 解除合同

① 管理人自破产申请受理之日起 2 个月内未通知对方当事人，视为解除合同；

② 自收到对方当事人催告之日起 30 日内未答复的，视为解除合同；

③ 管理人决定继续履行合同的，对方当事人应当履行；但是，对方当事人有权要求管理人提供担保。管理人不提供担保的，视为解除合同。

管理人依照《企业破产法》规定解除合同的，对方当事人以因合同解除产生的损害赔偿请求权申报债权，对方当事人只能以实际损失申报债权，不包括合同约定的违约金。

【例7-2】甲公司被乙公司申请破产，人民法院受理了甲公司的破产案件。以下相应的机关和当事人实施的行为中，不符合法律规定的是(　　)。

A. 法院批准甲公司为维持经营向乙公司支付货款 10 万元

B. 开户银行直接从甲公司账户上扣划 5 万元抵还所欠本银行的贷款

C. 乙公司以欠甲公司的 8 万元债务抵销了甲公司欠乙公司的 8 万元债务

D. 清算组决定由甲公司继续履行与丙公司的合同

第三节　管理人与债务人财产

一、管理人

管理人由人民法院指定，指定管理人和确定管理人报酬的办法由最高人民法院规定。债权人会议认为管理人不能依法、公正执行职务或者有其他不能胜任职务情形的，可以申请人民法院予以更换。

(一) 管理人的资格

(1) 管理人可以由有关部门、机构的人员组成的清算组或者依法设立的律师事务所、会计师事务所、破产清算事务所等社会中介机构担任。

(2) 但有下列情形之一的，不得担任管理人：①因故意犯罪受过刑事处罚；②曾被吊销相关专业执业证书；③与本案有利害关系；④人民法院认为不宜担任管理人的其他情形。

(二) 管理人职责

管理人依照本法规定执行职务，向人民法院报告工作，并接受债权人会议和债权人委员会的监督。管理人应当列席债权人会议，向债权人会议报告职务执行情况，并回答询问。

管理人履行下列职责：

(1) 接管债务人的财产、印章和账簿、文书等资料；

(2) 调查债务人财产状况，制作财产状况报告；

(3) 决定债务人的内部管理事务；

(4) 决定债务人的日常开支和其他必要开支；

(5) 在第一次债权人会议召开之前，决定继续或者停止债务人的营业；

(6) 管理和处分债务人的财产；

(7) 代表债务人参加诉讼、仲裁或者其他法律程序；

(8) 提议召开债权人会议；

(9) 人民法院认为管理人应当履行的其他职责。

在第一次债权人会议召开之前，管理人决定继续或者停止债务人的营业或者对债权人利益有重大影响的其他财产处分行为的，应当经人民法院许可。

管理人应当勤勉尽责，忠实执行职务。管理人经人民法院许可，可以聘用必要的工作人员。管理人的报酬由人民法院确定。债权人会议对管理人的报酬有异议的，有权向人民法院提出。管理人没有正当理由不得辞去职务，管理人辞去职务应当经人民法院许可。

二、债务人财产

(一) 债务人财产的范围

债务人财产包括破产申请受理时属于债务人的全部财产，以及破产申请受理后至破产程序终结前债务人取得的财产。

(二) 撤销权

(1) 人民法院受理破产申请前 6 个月内，债务人仍对个别债权人进行清偿的，管理人有权请求人民法院予以撤销。但是，个别清偿使债务人财产受益的除外。

(2) 人民法院受理破产申请前一年内，涉及债务人财产的下列行为，管理人有权请求人民法院予以撤销：①无偿转让财产的；②以明显不合理的价格进行交易的；③对没有财产担保的债务提供财产担保的；④对未到期的债务提前清偿的；⑤放弃债权的。

【例7-3】人民法院于 2016 年 9 月 10 日受理债务人甲企业的破产申请，甲企业的下列行为中，管理人有权请求人民法院予以撤销的有(　　)。
A. 甲企业于 2016 年 3 月 1 日就应于 2009 年 10 月 1 日到期的债务予以清偿
B. 甲企业于 2016 年 2 月 1 日向乙企业无偿转让 10 万元的机器设备
C. 甲企业于 2015 年 9 月 1 日与其债务人丙企业签订协议，放弃其 15 万元的债权
D. 甲企业于 2016 年 2 月 10 日将价值 25 万元的车辆作价 8 万元转让给丁企业

(三) 无效行为

涉及债务人财产的下列行为无效：为逃避债务而隐匿、转移财产的；虚构债务或者承认不真实的债务的。

【例7-4】根据《企业破产法》的规定，人民法院受理破产申请前 1 年内，下列涉及债务人财产的行为中，属于破产管理人有权请示人民法院予以撤销的有(　　)。
A. 债务人无偿转让财产的行为
B. 债务人以明显不合理的价格进行交易的行为
C. 债务人对未到期的债务提前清偿的行为
D. 债务人为逃避债务隐匿财产的行为

(四) 债务人财产的收回

(1) 人民法院受理破产申请后，债务人的出资人尚未完全履行出资义务的，管理人应当要求该出资人缴纳所认缴的出资，而不受出资期限的限制。

(2) 债务人的董事、监事和高级管理人员利用职权从企业获取的非正常收入和侵占的企业财产，管理人应当追回。

(3) 人民法院受理破产申请后，管理人可以通过清偿债务或者提供为债权人接受的担保，取回质物、留置物。这里规定的债务清偿或者替代担保，在质物或者留置物的价值低于被担保的债权额时，以该质物或者留置物当时的市场价值为限。

人民法院受理破产申请后，债务人占有的不属于债务人的财产，该财产的权利人可以通过

管理人取回。人民法院受理破产申请时，出卖人已将买卖标的物向作为买受人的债务人发运，债务人尚未收到且未付清全部价款的，出卖人可以取回在运途中的标的物。但是，管理人可以支付全部价款，请求出卖人交付标的物。

(五) 抵销权

债权人在破产申请受理前对债务人负有债务的，可以向管理人主张抵销。抵销权的行使可以使债权人的债权在破产财产范围内得到全额、优先清偿。但是，有下列情形之一的，不得抵销。

(1) 债务人的债务人在破产申请受理后取得他人对债务人的债权的。

例如，甲企业欠乙企业 20 万元，10 月 1 日人民法院受理了甲企业的破产案件；丙企业与债务人甲企业之间也有合同的交易，丙企业欠甲企业 20 万元的货款，在破产受理后，丙不可以通过取得乙的 20 万元的债权，与甲进行债权债务的抵销的。

(2) 债权人已知债务人有不能清偿到期债务或者破产申请的事实，对债务人负担债务的；但是，债权人因为法律规定或者有破产申请一年前所发生的原因而负担债务的除外。

(3) 债务人的债务人已知债务人有不能清偿到期债务或者破产申请的事实，对债务人取得债权；但是，债务人的债务人因为法律规定或者有破产申请一年前所发生的原因而取得债权的除外。

【例7-5】绿杨公司因严重资不抵债向法院申请破产，法院已经受理其申请。在法院已经受理破产申请、尚未宣告绿杨公司破产之时，根据《企业破产法》的规定，下列各项中，不构成债务人财产的是(   )。
A. 绿杨公司享有的未到期债权
B. 管理人撤销绿杨公司 6 个月前以明显不合理价格进行交易涉及的财产
C. 绿杨公司所有但已设定抵押的财产
D. 绿杨公司购买的正在运输途中的但尚未付清货款的货物

三、破产费用和共益债务

(一) 破产费用

1. 破产费用的概念
破产费用是在破产程序中为全体债权人的共同利益而支付的各项费用的总称。

2. 破产费用的范围
人民法院受理破产申请后发生的下列费用，为破产费用：
(1) 破产案件的诉讼费用；
(2) 管理、变价和分配债务人财产的费用；
(3) 管理人执行职务的费用、报酬和聘用工作人员的费用。

(二) 共益债务

1. 共益债务的概念
共益债务是在破产程序中为全体债权人利益而由债务人财产负担的债务的总称。

2. 共益债务的范围

人民法院受理破产申请后发生的下列债务，为共益债务：

(1) 因管理人或者债务人请求对方当事人履行双方均未履行完毕的合同所产生的债务；

(2) 债务人财产受无因管理所产生的债务；

(3) 因债务人不当得利所产生的债务；

(4) 为债务人继续营业而应支付的劳动报酬和社会保险费用以及由此产生的其他债务；

(5) 管理人或者相关人员执行职务致人损害所产生的债务；

(6) 债务人财产致人损害所产生的债务。

(三) 共益债务与破产费用的关系

破产费用与共益债务均是以债务人财产为清偿对象的，并享有优先于其他债权的受偿权。但是，它们优先受偿的范围仅限于债务人的无担保财产。对债务人的特定财产享有担保权的权利人，仍对该特定财产享有优先于破产费用与共益债务受偿的权利。不过专为设有担保权的特定财产而支出的费用，如担保财产的拍卖费用、维护费用等，可以从担保财产的变价款中支付。

(1) 破产费用和共益债务由债务人财产随时清偿。

(2) 债务人财产不足以清偿所有破产费用"和"共益债务的，先行清偿破产费用。

(3) 债务人财产不足以清偿所有破产费用"或者"共益债务的，按照比例清偿。

债务人财产不足以清偿破产费用的，管理人应当提请人民法院终结破产程序。人民法院应当自收到请求之日起 15 日内裁定终结破产程序，并予以公告。

例如，破产企业的财产是 100 万元，破产费用是 80 万元，共益债务为 40 万元，此时先清偿 80 万元的破产费用，然后再按照 1/2 的比例清偿共益债务。破产企业的财产是 100 万元，破产费用是 200 万元，共益债务为 80 万元，此时按照 1/2 的比例清偿破产费用。

第四节　债权申报和债权人会议

一、债权申报

人民法院受理破产申请时对债务人享有债权的债权人，应当在人民法院确定的债权申报期限内向管理人申报债权。债权人申报债权时，应当书面说明债权的数额和有无财产担保，并提交有关证据。申报的债权是连带债权的，应当说明。

(一) 破产债权申报的一般规则

(1) 债权申报期限自人民法院发布受理破产申请公告之日起计算，最短"不得少于 30 日"，最长"不得超过 3 个月"。

在人民法院确定的债权申报期限内，债权人未申报债权的，可以在破产财产最后分配前补充申报；但是，此前已进行的分配，不再对其补充分配。为审查和确认补充申报债权的费用，由补充申报人承担。

(2) 债务人所欠职工的工资和医疗、伤残补助、抚恤费用，所欠的应当划入职工个人账户的基本养老保险、基本医疗保险费用，以及法律、行政法规规定应当支付给职工的补偿金，不必申报，由管理人调查后列出清单并予以公示。职工对清单记载有异议的，可以要求管理人更正；管理人不予更正的，职工可以向人民法院提起诉讼。

(3) 税收债权、社会保障债权、对债务人特定财产享有担保权的债权均需依法申报。

(4) 未到期的债权，在破产申请受理时视为到期。附利息的债权自破产申请受理时起停止计息。

(5) 附条件、附期限的债权和诉讼、仲裁未决的债权，债权人可以申报。

(6) 连带债权人可以由其中一人代表全体连带债权人申报债权，也可以共同申报债权。

(二) 破产债权申报的特别规定

1. 债务人破产涉及保证人的债务清偿

(1) 债务人的保证人或者其他连带债务人已经代替债务人清偿债务的，以其对债务人的求偿权申报债权(求偿申报权)。

例如，甲企业向银行借款 100 万元，由乙企业为其提供连带责任保证，当甲企业不能清偿到期的银行贷款时，银行有权要求乙企业代为清偿。乙企业按照与银行签订的保证合同约定，向银行偿付了本息共 110 万元，偿付债务后，一般情况下，乙企业有权向甲企业追偿 110 万元。但如果甲企业被人民法院宣告破产，此时，乙企业享有的追偿权，也就是代甲企业清偿的 110 万元债权可以作为破产债权向管理人进行申报。

(2) 债务人的保证人或者其他连带债务人尚未代替债务人清偿债务的，以其对债务人的将来求偿权申报债权(预先申报权)。但是，债权人已经向管理人申报全部债权的除外。

(3) 人民法院受理债务人破产案件后，对于负连带责任的保证人，债权人有权直接要求其承担保证债务，也可以先向进入破产程序的债务人追偿，然后再以未受偿的余额向保证人追偿。

(4) 连带债务人数人的破产案件均被受理的，其债权人有权就全部债权分别在各破产案件中申报债权。

(5) 债权人先向债务人申报债权追偿的，对于其在破产程序中未受清偿的部分，债权人要求保证人承担保证责任的，最迟应当在破产程序终结后 6 个月内提出。

2. 保证人破产涉及的债务清偿

(1) 人民法院受理保证人破产案件的，保证人的保证责任不得因其破产而免除；债权人可依保证合同的约定向保证人申报债权追偿。

(2) 保证债务到期的问题。

① 保证债务已到期时，债权人可依保证合同的约定向保证人申报债权追偿。

② 保证债务尚未到期的，将其未到期的保证责任视为已到期，在减去未到期的利息后予以提前清偿。

(3) 管理人依照规定解除合同的，对方当事人以因合同解除所产生的损害赔偿请求权申报债权。可申报的债权以实际损失为限，违约金不属于破产债权。

(4) 债务人是委托合同的委托人，被裁定适用破产法规定的程序，受托人不知该事实继续处理委托事务的，受托人以由此产生的请求权申报债权。

(5) 债务人是票据的出票人，被裁定适用破产法规定的程序，该票据的付款人继续付款或者承兑的，付款人以由此产生的请求权申报债权。

(三) 破产债权确认

管理人收到债权申报材料后，应当登记造册，对申报的债权进行审查，并编制债权表。债权表和债权申报材料由管理人保存，供利害关系人查阅。

管理人编制的债权表，应当提交第一次债权人会议核查。债务人、债权人对债权表记载的债权无异议的，由人民法院裁定确认(其确认具有与生效判决同等的法律效力)。债务人、债权人对债权表记载的债权有异议的，可以向受理破产申请的人民法院提起诉讼。

二、债权人会议

(一) 债权人会议的组成

债权人会议是由所有依法申报债权的债权人组成，以保障债权人共同利益为目的，为实现债权人的破产程序参与权，讨论决定有关破产事宜，表达债权人意志，协调债权人行为的破产议事机构。债权人会议是具有自治性质的机构，是临时机构。债权人会议仅为决议机构，无执行功能。

(1) 依法申报债权的债权人为债权人会议的成员，有权参加债权人会议，享有表决权。债权尚未确定的债权人，除人民法院能够为其行使表决权而临时确定债权额的以外，不得行使表决权。债权人可以委托代理人出席债权人会议，行使表决权。代理人出席债权人会议，应当向人民法院或者债权人会议主席提交债权人的授权委托书。

(2) 对债务人的特定财产享有担保权的债权人，未放弃优先受偿权利的，对于通过"和解协议"和通过"破产财产的分配方案"的事项不享有表决权。

(3) 债权人会议应当有债务人的职工和工会的代表参加，对有关事项发表意见，但他们没有表决权。

(4) 债权人会议设主席 1 人，由人民法院从有表决权的债权人中指定。债权人会议主席主持债权人会议。

债权人会议应当将所议事项的决议做成会议记录。

(二) 债权人会议的召集与职权

1. 债权人会议的召集

第一次债权人会议由人民法院召集，自债权申报期限届满之日起 15 日内召开。以后的债权人会议，在人民法院认为必要时，或者管理人、债权人委员会、占债权总额 1/4 以上的债权人向债权人会议主席提议时召开。

召开债权人会议，管理人应当提前 15 日通知已知的债权人。

2. 债权人会议的职权

① 核查债权；②申请人民法院更换管理人，审查管理人的费用和报酬；③监督管理人；④选任和更换债权人委员会成员；⑤决定继续或者停止债务人的营业；⑥通过重整计划；⑦通过和解协议；⑧通过债务人财产的管理方案；⑨通过破产财产的变价方案；⑩通过破产财产的分配方案；⑪人民法院认为应当由债权人会议行使的其他职权。

(三) 债权人会议决议的效力

债权人会议的决议，由出席会议的有表决权的债权人过半数通过，并且其所代表的债权额占无财产担保债权总额的 1/2 以上，但法律另有规定的除外。债权人会议的决议对全体债权人均有法律约束力。债权人认为债权人会议的决议违反法律规定，损害其利益的，可以自债权人会议做出决议之日起 15 日内请求人民法院裁定撤销该决议，责令债权人会议依法重新做出决议。

债权人会议通过债务人财产的管理方案以及破产财产的变价方案等事项时，经债权人会议表决未通过的，由人民法院裁定。债权人对人民法院做出的裁定不服的，可以自裁定宣布之日或者收到通知之日起 15 日内向该人民法院申请复议。

债权人会议通过破产财产的分配方案事项时，经债权人会议二次表决仍未通过的，由人民法院裁定。债权额占无财产担保债权总额 1/2 以上的债权人对人民法院做出的裁定不服的，可以自裁定宣布之日或者收到通知之日起 15 日内向该人民法院申请复议。

三、债权人委员会

债权人会议可以决定设立债权人委员会。债权人委员会由债权人会议选任的债权人代表和一名债务人的职工代表或者工会代表组成，债权人委员会成员不得超过 9 人，债权人委员会成员应当经人民法院书面决定认可。

债权人委员会行使下列职权：①监督债务人财产的管理和处分；②监督破产财产分配；③提议召开债权人会议；④债权人会议委托的其他职权。

债权人会议及委员会成立的目的是监督管理人，所以管理人对于接管破产企业运行重大事项需实行报告制度。债权人委员会执行职务时，有权要求管理人、债务人的有关人员对其职权范围内的事务做出说明或者提供有关文件。管理人、债务人的有关人员违反本法规定拒绝接受监督的，债权人委员会有权就监督事项请求人民法院做出决定；人民法院应当在 5 日内做出决定。

管理人实施的下列行为，应当及时向债权人委员会报告：①涉及土地、房屋等不动产权益的转让；②探矿权、采矿权、知识产权等财产权的转让；③全部库存或者营业的转让；④借款；⑤设定财产担保；⑥债权和有价证券的转让；⑦履行债务人和对方当事人均未履行完毕的合同；⑧放弃权利；⑨担保物的取回；⑩对债权人利益有重大影响的其他财产处分行为。

未设立债权人委员会的，管理人实施前款规定的行为应当及时报告人民法院。

第五节　重整与和解

一、重整申请

债务人和债权人都可以直接向人民法院申请对债务人进行重整。

债权人申请对债务人进行破产清算的，在人民法院受理破产申请后、宣告债务人破产前，债务人或者出资额占债务人注册资本 1/10 以上的出资人，可以向人民法院申请重整。

人民法院经审查认为重整申请符合本法规定的，应当裁定债务人重整，并予以公告。

二、重整期间

(一) 重整期间的概念

自人民法院裁定债务人重整之日起至重整程序终止，为重整期间。

(二) 重整期间的法律要求

(1) 在重整期间，经债务人申请，人民法院批准，债务人可以在管理人的监督下自行管理财产和营业事务。管理人负责管理财产和营业事务的，可以聘任债务人的经营管理人员负责营业事务。

(2) 在重整期间，对债务人的特定财产享有的担保权暂停行使。但是，担保物有损坏或者价值明显减少的可能，足以危害担保权人权利的，担保权人可以向人民法院请求恢复行使担保权。

(3) 在重整期间，债务人或者管理人为继续营业而借款的，可以为该借款设定担保。

(4) 债务人合法占有的他人财产，该财产的权利人在重整期间要求取回的，应当符合事先约定的条件。

(5) 在重整期间，债务人的出资人不得请求投资收益分配。在重整期间，债务人的董事、监事、高级管理人员不得向第三人转让其持有的债务人的股权。但是，经人民法院同意的除外。

(三) 重整期间宣告破产的情形

在重整期间，有下列情形之一的，经管理人或者利害关系人请求，人民法院应当裁定终止重整程序，并宣告债务人破产：

(1) 债务人的经营状况和财产状况继续恶化，缺乏挽救的可能性；

(2) 债务人有欺诈、恶意减少债务人财产或者其他显著不利于债权人的行为；

(3) 由于债务人的行为致使管理人无法执行职务。

三、重整计划

(一) 重整计划的制定

(1) 债务人自行管理财产和营业事务的，由债务人制作重整计划草案。管理人负责管理财产和营业事务的，由管理人制作重整计划草案。

(2) 债务人或者管理人应当自人民法院裁定债务人重整之日起 6 个月内，同时向人民法院和债权人会议提交重整计划草案。期限届满，经债务人或者管理人请求，有正当理由的，人民法院可以裁定延期 3 个月。

(3) 债务人或者管理人未按期提出重整计划草案的，人民法院应当裁定终止重整程序，并宣告债务人破产。

(二) 重整计划的表决与批准

1. 分组表决

下列各类债权的债权人参加讨论重整计划草案的债权人会议，依照下列债权分类，分组对重整计划草案进行表决：

(1) 对债务人的特定财产享有担保权的债权；

(2) 债务人所欠职工的工资和医疗、伤残补助、抚恤费用，所欠的应当划入职工个人账户的基本养老保险、基本医疗保险费用，以及法律、行政法规规定应当支付给职工的补偿金；

(3) 债务人所欠税款；

(4) 普通债权。

人民法院应当自收到重整计划草案之日起 30 日内召开债权人会议，对重整计划草案进行表决。

2. 表决通过情形下重整计划草案的批准程序

出席会议的同一表决组的债权人过半数同意重整计划草案，并且其所代表的债权额占该组债权总额的 2/3 以上的，即为该组通过重整计划草案。债务人或者管理人应当向债权人会议就重整计划草案做出说明，并回答询问。债务人的出资人代表可以列席讨论重整计划草案的债权人会议。

各表决组均通过重整计划草案时，重整计划即为通过。自重整计划通过之日起 10 日内，债务人或者管理人应当向人民法院提出批准重整计划的申请。人民法院经审查认为符合法律规定，无恶意损害少数债权人利益等情形的，应当自收到申请之日起 30 日内裁定批准，终止重整程序，并予以公告。

3. 人民法院强制批准重整计划草案程序

部分表决组未通过重整计划草案的，债务人或者管理人可以同未通过重整计划草案的表决组协商，该表决组可以在协商后再表决一次。双方协商的结果不得损害其他表决组的利益。

未通过重整计划草案的表决组拒绝再次表决或者再次表决仍未通过重整计划草案，但重整计划草案符合法律规定条件的，债务人或者管理人可以申请人民法院批准重整计划草案。人民法院经审查认为符合规定的，应当自收到申请之日起 30 日内裁定批准，并予以公告。

4. 直接进入破产宣告程序

重整计划草案未获得通过且未依照法律规定获得人民法院的强制批准，或者已通过的重整计划未获得批准的，人民法院应当裁定终止重整程序，并宣告债务人破产。

(三) 重整计划的执行和监督

(1) 重整计划由债务人负责执行。人民法院裁定批准重整计划后，已接管财产和营业事务的管理人应当向债务人移交财产和营业事务。

(2) 经人民法院裁定批准的重整计划，对债务人和全体债权人均有约束力。债权人对债务人的保证人和其他连带债务人所享有的权利，不受重整计划的影响。

(3) 债务人不能执行或者不执行重整计划的，人民法院经管理人或者利害关系人请求，应当裁定终止重整计划的执行，并宣告债务人破产。

(4) 人民法院裁定终止重整计划执行的，债权人在重整计划中做出的债权调整承诺失去效力。债权人因执行重整计划所受的清偿仍然有效，债权未受清偿的部分作为破产债权。

(5) 按照重整计划减免的债务，自重整计划执行完毕时起，债务人不再承担清偿责任。

(6) 自人民法院裁定批准重整计划之日起，在重整计划规定的监督期内，由管理人监督重整计划的执行。在监督期内，债务人应当向管理人报告重整计划执行情况和债务人财务状况。监督期届满时，管理人应当向人民法院提交监督报告。自监督报告提交之日起，管理人的监督职责终止。

四、和解

和解是指具备破产原因的债务人，为了避免破产清算，而与债权人会议达成协商解决债务的协议的制度。

债务人可以直接向人民法院申请和解，也可以在人民法院受理破产申请后、宣告债务人破产前，向人民法院申请和解。债务人申请和解，应当提出和解协议草案。

人民法院经审查认为和解申请符合规定的，应当裁定和解，予以公告，并召集债权人会议讨论和解协议草案。对债务人的特定财产享有担保权的权利人，自人民法院裁定和解之日起可以行使权利。

五、和解协议

(一) 和解协议的通过

债权人会议通过和解协议的决议，由出席会议的有表决权的债权人过半数同意，并且其所代表的债权额占无财产担保债权总额的 2/3 以上。对债务人的特定财产享有担保权的债权人，对该事项没有表决权。

债权人会议通过和解协议的，由人民法院裁定认可，终止和解程序，并予以公告。和解协议草案经债权人会议表决未获得通过，或者已经债权人会议通过的和解协议未获得人民法院认可的，人民法院应当裁定终止和解程序，并宣告债务人破产。

管理人应当向债务人移交财产和营业事务，并向人民法院提交执行职务的报告。

(二) 和解协议的效力

经人民法院裁定认可的和解协议，对债务人和全体和解债权人均有约束力。和解债权人是指人民法院受理破产申请时对债务人享有无财产担保债权的人。和解债权人未依照本法规定申报债权的，在和解协议执行期间不得行使权利；在和解协议执行完毕后，可以按照和解协议规定的清偿条件行使权利。和解债权人对债务人的保证人和其他连带债务人所享有的权利，不受和解协议的影响。

(三) 和解协议的终止

(1) 债务人应当按照和解协议规定的条件清偿债务。债务人不能执行或者不执行和解协议的，人民法院经和解债权人请求，应当裁定终止和解协议的执行，并宣告债务人破产。因债务人的欺诈或者其他违法行为而成立的和解协议，人民法院应当裁定无效，并宣告债务人破产。

(2) 和解协议没有强制执行的效力。债务人不履行和解协议时，债权人只能向法院申请终止和解协议，宣告其破产，而不能提起对和解协议的强制执行程序。

(3) 人民法院裁定终止和解协议执行的，和解债权人在和解协议中做出的债权调整承诺失去效力，但债务人方面为执行和解协议提供的担保继续有效。和解债权人因执行和解协议所受的清偿仍然有效,和解债权未受清偿的部分作为破产债权。

人民法院受理破产申请后,债务人与全体债权人就债权债务的处理自行达成协议的,可以请求人民法院裁定认可,并终结破产程序。按照和解协议减免的债务,自和解协议执行完毕时起,债务人不再承担清偿责任。

第六节 破产宣告与清算

一、破产宣告

人民法院依照规定宣告债务人破产的,应当自裁定做出之日起5日内送达债务人和管理人,自裁定做出之日起10日内通知已知债权人,并予以公告。

债务人被宣告破产后,债务人称为破产人,债务人财产称为破产财产,人民法院受理破产申请时对债务人享有的债权称为破产债权。

破产宣告前有下列情形之一的,人民法院应当裁定终结破产程序,并予以公告:第三人为债务人提供足额担保或者为债务人清偿全部到期债务的;债务人已清偿全部到期债务的。

对破产人的特定财产享有担保权的权利人,对该特定财产享有优先受偿的权利。行使优先受偿权利未能完全受偿的,其未受偿的债权作为普通债权;放弃优先受偿权利的,其债权作为普通债权。

二、破产财产变价和分配

(一) 破产财产的变价

破产财产的分配应当以货币分配方式进行。

管理人应当及时拟订破产财产变价方案,提交债权人会议讨论。管理人应当按照债权人会议通过的或者人民法院依照裁定的破产财产变价方案,适时变价出售破产财产。

变价出售破产财产应当通过拍卖进行。但是,债权人会议另有决议的除外。破产企业可以全部或者部分变价出售。企业变价出售时,可以将其中的无形资产和其他财产单独变价出售。按照国家规定不能拍卖或者限制转让的财产,应当按照国家规定的方式处理。

(二) 破产财产的分配

(1) 破产财产的清偿顺序。破产财产在优先清偿破产费用和共益债务后,依照下列顺序清偿:

① 破产人所欠职工的工资和医疗、伤残补助、抚恤费用,所欠的应当划入职工个人账户的基本养老保险、基本医疗保险费用,以及法律、行政法规规定应当支付给职工的补偿金;

② 破产人欠缴的除前项规定以外的社会保险费用和破产人所欠税款;

③ 普通破产债权。

破产财产不足以清偿同一顺序的清偿要求的,按照比例分配。

(2) 破产企业的董事、监事和高级管理人员的工资按照该企业职工的平均工资计算。

(3) 管理人应当及时拟订破产财产分配方案,提交债权人会议讨论。债权人会议通过破产财产分配方案后，由管理人将该方案提请人民法院裁定认可。破产财产分配方案经人民法院裁定认可后，由管理人执行。

(4) 破产财产分配额的提存。对于附生效条件或者解除条件的债权，管理人应当将其分配额提存。管理人依照规定提存的分配额，在最后分配公告日，生效条件未成就或者解除条件成就的，应当分配给其他债权人；在最后分配公告日，生效条件成就或者解除条件未成就的，应当交付给债权人。

债权人未受领的破产财产分配额，管理人应当提存。债权人自最后分配公告之日起满 2 个月仍不领取的，视为放弃受领分配的权利，管理人或者人民法院应当将提存的分配额分配给其他债权人。

破产财产分配时，对于诉讼或者仲裁未决的债权，管理人应当将其分配额提存。自破产程序终结之日起满 2 年仍不能受领分配的，人民法院应当将提存的分配额分配给其他债权人。

三、破产程序终结

破产终结的方式有：①因和解、重整程序顺利完成而终结；②因债务人财产不足以清偿破产费用而终结；③因破产财产分配完毕而终结破产程序；④破产人无财产可供分配的，管理人应当请求人民法院裁定终结破产程序。

管理人在最后分配完结后，应当及时向人民法院提交破产财产分配报告，并提请人民法院裁定终结破产程序。

人民法院应当自收到管理人终结破产程序的请求之日起 15 日内做出是否终结破产程序的裁定。裁定终结的，应当予以公告。管理人应当自破产程序终结之日起 10 日内，持人民法院终结破产程序的裁定，向破产人的原登记机关办理注销登记。

管理人于办理注销登记完毕的次日终止执行职务。但是，存在诉讼或者仲裁未决情况的除外。

破产程序终结后，债权人通过破产分配未能得到清偿的债权不再予以清偿，破产企业未偿清余债的责任依法免除。但是，自破产程序依法终结之日起 2 年内，有下列情形之一的，债权人可以请求人民法院按照破产财产分配方案进行追加分配：①发现有依照法律规定应当追回的财产的；②发现破产人有应当供分配的其他财产的。有上述规定情形，但财产数量不足以支付分配费用的，不再进行追加分配，由人民法院将其上缴国库。

破产人的保证人和其他连带债务人，在破产程序终结后，对债权人依照破产清算程序未受清偿的债权，依法继续承担清偿责任。

【复习思考题】

1. 什么是破产？破产有什么功能？
2. 破产费用和共益债务有什么联系和区别？
3. 重整与和解的意义是什么？它们和破产有什么关系？
4. 破产财产的清偿顺序是什么？

第三模块

市场交易及财产法律制度

第八章

合 同

学习目标

本章主要介绍了《民法典》合同编的相关法律制度，包括合同概述，合同的订立，合同的效力，合同的履行，合同的保全，合同的变更和转让，合同的权利义务终止及违约责任等内容。通过本章的学习，学生可以熟悉合同的概念和特征，掌握合同的主要内容及其订立的程序，理解合同的效力，掌握合同的履行原则与规则，理解合同变更转让和终止的情形以及违约责任的相关法律规定。

案例导入

甲企业向乙企业发出传真订货，该传真列明了货物的种类、数量、质量、供货时间、交货方式等，并要求乙在 10 日内报价。乙接受甲发出传真列明的条件并按期报价，亦要求甲在 10 日内回复。甲按期复电同意其价格，并要求签订书面合同。乙在未签订书面合同的情况下按甲提出的条件发货，甲收货后未提出异议，亦未付货款。后因市场发生变化，该货物价格下降，甲遂向乙提出，由于双方未签订书面合同，买卖关系不能成立，故乙应尽快取回货物。乙不同意甲的意见，要求其偿付货款。随后乙发现甲放弃其对关联企业的到期债权，并向其关联企业无偿转让财产，可能使自己的货款无法得到清偿，遂向人民法院提起诉讼。

问题：

(1) 试述甲传真订货、乙报价、甲回复报价行为的法律性质。

(2) 买卖合同是否成立？说明理由。

(3) 对甲放弃到期债权、无偿转让财产的行为，乙可向人民法院提出何种权利请求，以保护其利益不受侵害？

(4) 对乙行使该权利的期限，法律有何规定？

第一节　合同概述

一、合同的概念和特征

(一) 合同的概念

《民法典》第三编第 464 条规定，合同是民事主体之间设立、变更、终止民事法律关系的协议。《民法典》于 2020 年 5 月 28 日第十三届全国人民代表大会第三次会议通过，自 2021 年 1 月 1 日起施行。

(二) 合同的特征

1. 合同是平等民事主体之间自愿签订的协议

合同当事人的法律地位平等，一方不得将自己的意志强加给另一方。当事人依法享有自愿订立合同的权利，任何单位和个人不得非法干预。非平等民事主体之间的合同不属于民法典中合同的调整对象。合同成立不但需要当事人有意思表示，而且要求当事人之间的意思表示一致。

2. 合同是设立、变更或终止民事权利义务关系的协议

依法成立的合同，对当事人具有法律约束力。合同至少需要两个或两个以上的当事人，当事人应当按照约定履行自己的义务，不得擅自变更或者解除合同。依法成立的合同，受法律保护。

3. 合同是调整财产关系的协议

婚姻、收养、监护等有关身份关系的协议，适用有关该身份关系的法律规定；没有规定的，可以根据其性质参照适用《民法典》第三编规定。

二、合同的分类

根据不同的标准，可将合同分为不同的种类。

(一) 有名合同与无名合同

根据《民法典》或者其他法律是否对合同规定有确定的名称与调整规则为标准，可将合同分为有名合同与无名合同。《民法典》在第三编第二分编典型合同中规定了 19 种有名合同，如买卖合同、赠与合同、借款合同、租赁合同等各类合同。区分两者的法律意义在于法律适用的不同：有名合同可直接适用《民法典》第三编第二分编中关于该种合同的具体规定；无名合同则只能在适用《民法典》第三编第一分编通则中规则的同时，参照第二编典型合同或者其他法律中最类似的规定执行。

(二) 单务合同与双务合同

根据合同当事人是否互负义务为标准，可将合同分为单务合同与双务合同。单务合同是指仅有一方当事人承担义务的合同，如赠与合同。双务合同是指双方当事人互负对价义务的合同，如买卖合同、承揽合同、租赁合同等。区分两者的法律意义在于，因为双务合同中当事人之间

的给付义务具有依存和牵连关系，因此双务合同中存在同时履行抗辩权和风险负担的问题，而这些情形并不存在于单务合同中。

(三) 有偿合同与无偿合同

根据合同当事人是否为取得权利而支付对价为标准，可将合同分为有偿合同与无偿合同。有偿合同是指合同当事人为从合同中得到利益要支付相应对价给付(此给付并不局限于财产的给付，也包含劳务、事务等)的合同。买卖、租赁、雇佣、承揽、行纪等都是有偿合同。无偿合同是指只有一方当事人做出给付，或者虽然是双方做出给付但双方的给付之间不具有对价意义的合同。赠与合同是典型的无偿合同。

(四) 诺成合同与实践合同

根据合同成立是否以交付标的为要件的标准，可以将合同分为诺成合同与实践合同。诺成合同是指当事人意思表示一致即可认定合同成立的合同。实践合同是指在当事人意思表示一致以外，还有实际交付标的物或者其他现实给付行为才能成立的合同。确认某种合同属于实践合同必须法律有规定或者当事人之间有约定。常见的实践合同有保管合同、自然人之间的借贷合同、定金合同等。区分两者的法律意义在于：实践合同中作为合同成立要件的给付义务的违反不产生违约责任，而只是一种缔约过失责任。

(五) 要式合同与不要式合同

根据合同的成立是否必须符合一定的形式为标准，可将合同分为要式合同与不要式合同。要式合同是按照法律规定或者当事人约定必须采用特定形式订立方能成立的合同。不要式合同是对合同成立的形式没有特别要求的合同。确认某种合同属于要式合同必须法律有规定或者当事人之间有约定。

(六) 主合同与从合同

根据合同是否具有从属性为标准，可将合同分为主合同与从合同。主合同是无须以其他合同存在为前提即可独立存在的合同。从合同又称附属合同，是以其他合同的存在为其存在前提的合同。保证合同、定金合同、质押合同等相对于提供担保的借款合同即为从合同。从合同的存在是以主合同的存在为前提的，故主合同的成立与效力直接影响到从合同的成立与效力。但是从合同的成立与效力不影响主合同的成立与效力。

三、合同的概念及适用范围

(一) 合同的概念

合同是民事主体之间设立、变更、终止民事法律关系的协议。

(二) 合同的适用范围

《民法典》合同编的适用范围应该包括为各类由平等民事主体的自然人、法人和其他组织之间设立、变更和终止民事权利义务关系的协议，简单地说，合同应适用于各类民事合同。但是，婚姻、收养、监护等有关身份关系的协议，适用有关该身份关系的法律规定；没有规定的，可以根据其性质参照适用本编规定。

四、合同的基本原则

合同的基本原则是指合同立法的指导思想以及调整合同主体间合同关系所必须遵循的基本方针、准则，其贯通于《民法典》的规范之中。

(一) 平等原则

民法赋予民事主体平等的民事权利能力，并要求所有民事主体共同受法律的约束。合同当事人法律地位一律平等，一方不得将自己的意志强加给另一方，各方应在权利义务对等的基础上订立合同。

(二) 意思自治原则

合同当事人取得权利义务或从事民事活动时应基于其意志的自由，不受国家权力和其他当事人的非法干预。意思自治是贯彻合同活动整个过程的基本原则，在不违反强制性法律规范和社会公共利益的基础上，当事人依法享有自愿订立合同的权利，任何单位和个人不得非法干预。意思自治原则的表现为：合同当事人依法享有在缔结合同、选择相对人、决定合同内容以及在变更和解除合同、选择合同补救方式等方面的自由。

(三) 公平原则

当事人应当遵循公平原则确定各方的权利和义务。任何当事人不得滥用权利，不得在合同中规定显失公平的内容，要根据公平原则确定风险与违约责任的承担。

(四) 诚实信用原则

诚实信用原则是指当事人在从事民事活动时应诚实守信，以善意的方式履行其义务，不得滥用权利及规避法律或合同规定的义务。当事人行使权利、履行义务时应当遵循诚实信用原则。当事人应当诚实守信，善意地行使权利、履行义务，不得有欺诈等恶意行为。在法律、合同未作规定或规定不清的情况下，要依据诚实信用原则解释法律和合同，平衡当事人之间的利益关系。

(五) 守法、不损害社会公共利益原则

当事人订立、履行合同，应当遵守法律、行政法规，尊重社会公德，不得扰乱社会经济秩序，损害社会公共利益。合法原则首先要求当事人在订约和履行中必须遵守全国性的法律和行政法规。合法原则还包括当事人必须遵守社会公德，不得违背社会公共利益。

第二节 合同的订立

【例8-1】2020年6月，A公司急需鲜牛肉，于是向甲、乙、丙三家肉类加工厂发出函电(函件1)，称："我公司每月需鲜牛肉30吨，如能满足供应，请速来函电，我公司愿派人前去购

买。"甲、乙、丙三家加工厂在收到函电后，都先后向 A 公司回复了函电(函件 2)，告知了鲜牛肉的价格。其中，丙加工厂在发出函电的同时，派车送货 30 吨，但 A 公司拒绝接收。A 公司经过比较，最后接受了乙加工厂的报价，6 月 9 日，A 公司向乙加工厂致电(函件 3)，称："我公司愿意每月购买贵厂鲜牛肉 30 吨，希望送货上门。"在发出函电的第二天上午，乙加工厂发函(函件 4)表示同意，并称已准备发货。双方订立了期限为一年的合同，约定在每月 15 日交货，货款每半年结算一次。12 月，下了一场暴雪，从乙加工厂通向 A 公司的道路停止使用，乙加工厂不能按照约定时间交货。2020 年起，A 公司的经营状况恶化。至 2020 年 12 月份，其累计亏损已达 200 万元。2021 年 1 月 5 日，乙工厂向 A 公司发出函件，称除非 A 公司能证明其有能力支付货款，否则乙工厂将暂时停止向 A 公司供货。

根据上述内容，思考以下问题：

1. 函件 1、函件 2、函件 3、函件 4 分别具有什么性质？
2. 丙厂在发出函件的同时，派车送货 30 吨，A 公司拒绝接收，是否应当赔偿丙厂的损失？
3. A 公司与乙工厂之间的买卖合同何时成立？为什么？
4. 乙工厂 12 月份不能按时交货应承担违约责任吗？为什么？
5. 后来乙工厂暂时停止向 A 公司供货的做法合法吗？为什么？

一、合同订立概述

当事人订立合同，应当具有相应的民事权利能力和民事行为能力。当事人依法可以委托代理人订立合同。

当事人订立合同，可以采用书面形式、口头形式或者其他形式。法律、行政法规规定或当事人约定采用书面形式的，应当采用书面形式。书面形式是合同书、信件、电报、电传、传真等可以有形地表现所载内容的形式。以电子数据交换、电子邮件等方式能够有形地表现所载内容，并可以随时调取查用的数据电文，视为书面形式。

二、合同的内容

(一) 合同条款

当事人依程序订立合同，意思表示一致，便形成合同条款。合同条款固定了当事人各方的权利义务，成为法律关系意义上的合同的内容。

(二) 合同内容

合同的内容，就是合同当事人的权利与义务，具体体现为合同的各项条款。根据《民法典》合同编的规定，在不违反法律强制性规定的情况下，合同的内容由当事人约定，一般包括以下条款：①当事人的姓名或者名称和住所；②标的，即合同双方当事人权利义务所共同指向的对象；③数量；④质量；⑤价款或者报酬；⑥履行期限、地点和方式；⑦违约责任；⑧解决争议的方法。当事人可以参照各类合同的示范文本订立合同。

三、合同订立的程序

当事人订立合同应当具备相应的资格。除依据合同性质不能代理的以外，当事人可以委托代理人订立合同。当事人订立合同，可以采取要约、承诺方式或者其他方式。当事人意思表示真实一致时，合同即可成立。

(一) 要约

1. 要约概述

(1) 要约的概念

要约是希望和他人订立合同的意思表示。要约又称为发盘、发价或报价等。要约是一方当事人以缔结合同为目的，向对方当事人所做的意思表示。发出要约的人称为要约人，接受要约的人则称为受要约人、相对人和承诺人。

要约可以向特定人发出，也可以向非特定人发出。该意思表示应当符合下列规定：第一，内容具体确定，此项条件要求该意思表示已经具备未来合同的必要内容；第二，表明经受要约人承诺，要约人即受该意思表示约束。

(2) 要约的构成要件

要约必须是具有订约能力的特定人做出的意思表示，必须向要约人希望与其缔结合同的受约人发出；要约必须具有与他人订立合同的意图；要约的内容必须具体确定；要约一旦经受要约人承诺，要约人即受要约的约束。只有具备上述四个要件，才能构成一个有效的要约，并使要约发出后产生应有的拘束力。

2. 要约邀请

要约邀请是希望他人向自己发出要约的表示。拍卖公告、招标公告、招股说明书、债券募集办法、基金招募说明书、商业广告和宣传、寄送的价目表等为要约邀请。但若商业广告和宣传的内容符合要约条件的，构成要约，如悬赏广告。

3. 要约的生效

要约的生效是指要约产生法律效力。要约法律效力的内容为：要约在发出以后即对要约人和受要约人产生一定的拘束力。要约一经到达受要约人，在法律或者要约规定的期限内，要约人不得擅自撤回或者变更要约。一旦受要约人对要约承诺，合同就成立了，要约人与受要约人之间的合同订立过程即告结束，发出要约的人自然要受已成立的合同的约束。对受要约人的拘束力，在理论上又称为要约的实质拘束力，是指受要约人于要约发生法律效力时，取得依其承诺而使合同成立的法律地位。它实际上是法律赋予受要约人以承诺的权利。

要约生效的时间如下：

(1) 以对话方式做出的意思表示，相对人知道其内容时生效；

(2) 以非对话方式做出的意思表示，到达相对人时生效。以非对话方式做出的采用数据电文形式的意思表示，相对人指定特定系统接收数据电文的，该数据电文进入该特定系统时生效；未指定特定系统的，相对人知道或者应当知道该数据电文进入其系统时生效。当事人对采用数据电文形式的意思表示的生效时间另有约定的，按照其约定。

4. 要约的撤回

要约可以撤回。《民法典》关于意思表示的规定为：行为人可以撤回意思表示。撤回意思表示的通知应当在意思表示到达相对人前或者与意思表示同时到达相对人。要约也是一种意思表示，因此要约可以撤回。撤回要约的通知应当在要约到达受要约人之前或者与要约同时到达受要约人。撤回要约是在要约尚未生效的情形下发生的。如果要约到达受要约人，要约已经生效，则不是要约的撤回，而是要约的撤销。

5. 要约的撤销

要约可以撤销。撤销要约的通知应当在受要约人发出承诺通知之前到达受要约人。撤销要约的意思表示以对话方式做出的，该意思表示的内容应当在受要约人做出承诺之前为受要约人所知道；撤销要约的意思表示以非对话方式做出的，应当在受要约人做出承诺之前到达受要约人。有下列情形之一的，要约不得撤销：①要约人以确定承诺期限或者其他形式明示要约不可撤销；②受要约人有理由认为要约是不可撤销的，并已经为履行合同做了合理准备工作。

6. 要约的失效

要约失效是指要约丧失了法律拘束力，即不再对要约人和受要约人产生拘束。要约失效以后，受要约人也丧失了其承诺的能力，即使其向要约人表示了承诺，也不能导致合同的成立。

有下列情形之一的，要约失效：①要约被拒绝；②要约被依法撤销；③承诺期限届满，受要约人未做出承诺；④受要约人对要约的内容做出实质性变更。

(二) 承诺

1. 承诺概述

(1) 承诺的概念

承诺是受要约人同意要约的意思表示，即承诺是受要约人同意接受要约的条件以缔结合同的意思表示。承诺的法律效力在于一经承诺并送达要约人，合同便告成立。

(2) 承诺的构成要件

承诺必须由受要约人向要约人做出；承诺必须在规定的期限内到达要约人；承诺的内容必须与要约的内容一致；承诺的方式必须符合要约的要求，这四个要件缺一不可，否则就是无效的承诺。

(3) 承诺方式

承诺应当以通知的方式做出，但根据交易习惯或者要约表明可以通过行为做出承诺的除外。

2. 承诺期限

承诺应当在要约确定的期限内到达要约人。要约没有确定承诺期限的，承诺应当依照下列规定到达：要约以对话方式做出的，应当即时做出承诺；要约以非对话方式做出的，承诺应当在合理期限内到达。所谓合理期限，是指依通常情形可期待承诺到达的期间。

要约以信件或者电报做出的，承诺期限自信件载明的日期或者电报交发之日开始计算。信件未载明日期的，自投寄该信件的邮戳日期开始计算。要约以电话、传真、电子邮件等快速通讯方式做出的，承诺期限自要约到达受要约人时开始计算。

3. 承诺的生效时间

承诺自通知到达要约人时生效。承诺生效时合同成立。

以非对话方式做出的意思表示，到达相对人时生效。以非对话方式做出的采用数据电文形式的意思表示，相对人指定特定系统接收数据电文的，该数据电文进入该特定系统时生效；未指定特定系统的，相对人知道或者应当知道该数据电文进入其系统时生效。当事人对采用数据电文形式的意思表示的生效时间另有约定的，按照其约定。

承诺不需要通知的，自根据交易习惯或者要约的要求做出承诺的行为时生效。以对话方式做出的意思表示，相对人知道其内容时生效。

4. 承诺的撤回

承诺人发出承诺后反悔的，可以撤回承诺，其条件是撤回承诺的通知应当在承诺通知到达要约人之前或者与承诺通知同时到达要约人，即在承诺生效前到达要约人。

5. 承诺的迟延与迟到

受要约人超过承诺期限发出承诺，或者在承诺期限内发出承诺，按照通常情形不能及时到达要约人的，为承诺迟延。除要约人及时通知受要约人该承诺有效的以外，迟延的承诺应视为新要约。

受要约人在承诺期限内发出承诺，按照通常情形能够及时到达要约人，但是因其他原因致使承诺到达要约人时超过承诺期限的，为迟到承诺。除要约人及时通知受要约人因承诺超过期限不接受该承诺的以外，迟到的承诺为有效承诺。

6. 承诺的内容

承诺的内容应当与要约的内容一致。在实践中，受要约人可能对要约的文字乃至内容做出某些修改，此时承诺是否具有法律效力需根据具体情况予以确认。

受要约人对要约的内容做出实质性变更的，为新要约。有关合同标的、数量、质量、价款或者报酬、履行期限、履行地点和方式、违约责任和解决争议方法等的变更，是对要约内容的实质性变更。

承诺对要约的内容做出非实质性变更的，除要约人及时表示反对或者要约表明承诺不得对要约的内容做出任何变更外，该承诺有效，合同的内容以承诺的内容为准。

【例8-2】A家具厂得知B机关所建办公楼要购置一批办公桌椅，便于2021年2月1日致函B以每套1000元的优惠价格销售办公桌椅。B考虑到A生产的家具质量可靠，便于2月2日回函订购300套桌椅，提出每套价格800元，同时要求3个月将桌椅送至B机关，验货后七日内电汇付款。A收到函件后，于2月4日又发函B，同意B提出的订货数量，交货时间及方式、付款时间及方式，但同时提出其每套桌椅定价1000元已属优惠价格，考虑B机关所订桌椅数量较多，可以按每套桌椅900元出售。B机关2月6日发函表示同意。2月7日，A家具厂电话告知B机关收到2月6日函件。

问题：合同是何时成立的？

四、合同的成立

(一) 成立时间

由于合同订立方式的不同，合同成立的时间也有不同。

(1) 承诺生效时合同成立。这是大部分合同成立的时间标准。

(2) 当事人采用合同书形式订立合同的，自当事人均签名、盖章或者按指印时合同成立。在签名、盖章或者按指印之前，当事人一方已经履行主要义务，对方接受时，该合同成立。

法律、行政法规规定或者当事人约定合同应当采用书面形式订立，当事人未采用书面形式但是一方已经履行主要义务，对方接受时，该合同成立。

(3) 当事人采用信件、数据电文等形式订立合同要求签订确认书的，签订确认书时合同成立。

当事人一方通过互联网等信息网络发布的商品或者服务信息符合要约条件的，对方选择该商品或者服务并提交订单成功时合同成立，但是当事人另有约定的除外。

(二) 成立地点

由于合同订立方式的不同，合同成立地点的确定标准也有所不同。

(1) 承诺生效的地点为合同成立的地点。这是大部分合同成立的地点标准。

(2) 采用数据电文形式订立合同的，收件人的主营业地为合同成立的地点；没有主营业地的，其住所地为合同成立的地点。当事人另有约定的，按照其约定。

(3) 当事人采用合同书形式订立合同的，最后签名、盖章或者按指印的地点为合同成立的地点，但是当事人另有约定的除外。

【例8-3】西安A公司与北京B公司约定采用合同书订立合同，2021年3月1日在广州订立了一份书面合同，A公司当日签字盖章后交B公司，2021年3月5日，A公司已经履行了主要义务，B公司已经接受，B公司在3月10日将该合同带回到北京签字盖章，该合同成立时间为( )。

A. 自A公司与B公司口头协商一致并签订备忘录时成立

B. 自A公司在广州签字盖章时成立

C. 自B公司在北京签字盖章时成立

D. 2021年3月5日，A公司已经履行了主要义务时成立

(三) 格式条款

1. 格式条款的概念

格式条款是当事人为了重复使用而预先拟定，并在订立合同时未与对方协商的条款。包含格式条款的合同为格式合同，又称为标准合同。

由于格式条款由一方当事人拟定，且在合同谈判中不容对方协商修改，条款内容难免有不公平之处。法律对格式条款的效力及解释做有特别规定，以保证合同相对人的合法权益。

采用格式条款订立合同的，提供格式条款的一方应当遵循公平原则确定当事人之间的权利和义务，并采取合理的方式提示对方注意免除或者减轻其责任等与对方有重大利害关系的条款，按照对方的要求，对该条款予以说明。提供格式条款的一方未履行提示或者说明义务，致使对方没有注意或者理解与其有重大利害关系的条款的，对方可以主张该条款不成为合同的内容。

对格式条款的理解发生争议的，应当按照通常理解予以解释。对格式条款有两种以上解释的，应当做出不利于提供格式条款一方的解释。格式条款和非格式条款不一致的，应当采用非格式条款。

2. 免责条款

免责条款是指合同当事人在合同中规定的，排除或限制一方当事人未来责任的条款。基于

合同自由原则，对双方当事人自愿订立的免责条款，尤其是事后订立的免责条款，法律原则上不加干涉。

但如果事先约定的免责条款明显违反诚实信用原则及社会公共利益的，则法律规定其为无效。按照法律规定，合同中的下列免责条款无效：①提供格式条款一方不合理地免除或者减轻其责任、加重对方责任、限制对方主要权利；②提供格式条款一方排除对方主要权利。

五、缔约过失责任

(一) 缔约过失责任的概念

缔约过失责任亦称缔约过错责任，是指当事人在订立合同过程中，因故意或者过失致使合同未成立、未生效、被撤销或无效，给他人造成损失而应承担的损害赔偿责任。

【例8-4】甲公司于6月5日以传真方式向乙公司求购一台机床，要求"立即回复"。乙公司当日回复"收到传真"。6月10日，甲公司电话催问，乙公司表示同意按甲公司报价出售，要其于6月15日来人签订合同书。6月15日，甲公司派人前往签约，乙公司要求加价，未获同意，乙公司遂拒绝签约。对此下列说法正确的是(　　)。

A. 买卖合同于6月5日成立　　　　　B. 买卖合同于6月10日成立
C. 买卖合同于6月15日成立　　　　　D. 甲公司有权要求乙公司承担缔约过失责任

(二) 承担缔约过失责任的情形

当事人在订立合同过程中有下列情形之一，给对方造成损失的，应当承担损害赔偿责任：①假借订立合同，恶意进行磋商；②故意隐瞒与订立合同有关的重要事实或者提供虚假情况；③有其他违背诚实信用原则的行为。

【例8-5】乙公司得知甲公司正在就某合同项目与丙公司谈判，乙公司本来并不需要这个合同项目，但为排挤甲公司，就向丙公司提出了更好的条件。甲公司退出后，乙公司也借故中止谈判，给丙公司造成了损失。乙公司的行为应定性为(　　)。

A. 欺诈　　　　　　　　　　　　　B. 以合法形式掩盖非法目的
C. 恶意磋商　　　　　　　　　　　D. 正常的商业竞争

(三) 缔约过失责任与违约责任的区别

缔约过失责任与违约责任存在以下区别。

1. 两种责任产生的时间不同
缔约过失责任发生在合同成立之前；违约责任产生于合同生效之后。

2. 适用和范围不同
缔约过失责任适用于合同未成立、合同未生效、合同无效等情况；违约责任适用于生效合同。

3. 赔偿范围不同
缔约过失赔偿的是信赖利益的损失；违约责任赔偿的是可期待利益的损失。原则上来看，可期待利益的损失要大于信赖利益的损失。

第三节　合同的效力

一、合同的生效

(一) 合同生效的概念

合同生效是指已经成立的合同在当事人之间产生了一定的法律拘束力，也就是通常所说的法律效力。合同生效不同于合同成立。合同是否成立是一个事实问题，需要考察当事人之间是否有要约和承诺。合同是否生效是一个价值判断，需要考察当事人之间的合同是否符合法律的精神与规定，能否发生法律所认可的效力。

(1) 依法成立的合同，自成立时生效，但是法律另有规定或者当事人另有约定的除外。

依照法律、行政法规的规定，合同应当办理批准等手续的，依照其规定。未办理批准等手续影响合同生效的，不影响合同中履行报批等义务条款以及相关条款的效力。应当办理申请批准等手续的当事人未履行义务的，对方可以请求其承担违反该义务的责任。

依照法律、行政法规的规定，合同的变更、转让、解除等情形应当办理批准等手续的，适用前款规定。

无权代理人以被代理人的名义订立合同，被代理人已经开始履行合同义务或者接受相对人履行的，视为对合同的追认。

法人的法定代表人或者非法人组织的负责人超越权限订立的合同，除相对人知道或者应当知道其超越权限外，该代表行为有效，订立的合同对法人或者非法人组织发生效力。

(2) 当事人对合同的效力可以约定附条件。民事法律行为可以附条件，但是根据其性质不得附条件的除外。附生效条件的民事法律行为，自条件成就时生效。附解除条件的民事法律行为，自条件成就时失效。附条件的民事法律行为，当事人为自己的利益不正当地阻止条件成就的，视为条件已经成就；不正当地促成条件成就的，视为条件不成就。

(3) 民事法律行为可以附期限，但是根据其性质不得附期限的除外。附生效期限的民事法律行为，自期限届至时生效。附终止期限的民事法律行为，自期限届满时失效。

(二) 合同的生效要件

合同生效要件是判断合同是否具有法律效力的标准。《民法典》第 143 条规定，具备下列条件的民事法律行为有效：

(1) 行为人具有相应的民事行为能力；

(2) 意思表示真实；

(3) 不违反法律、行政法规的强制性规定，不违背公序良俗。

一般合同的生效要件如下。

1. 行为人具有相应的民事行为能力

行为人必须具备正确理解自己的行为性质和后果、独立地表达自己的意思的能力。

2. 意思表示真实

所谓意思表示真实，是指表意人的表示行为应当真实地反映其内心的效果意思。

3. 不违反法律和社会公共利益

合同不违反法律，是指合同不得违反法律的强行性规定。

4. 合同必须具备法律所要求的形式

我国法律承认当事人可以依法选择合同的形式。但是，如果法律对合同的形式做出了特殊规定，当事人必须遵守法律规定。有一些合同依照法律规定，当事人在签订书面合同后还必须登记，方为有效。

二、无效合同

(一) 无效合同的概念

无效合同指合同虽然已经成立，但其在内容和形式上违反了法律、行政法规的强制性规定和社会公共利益，因此应确认为无效。

(二) 无效合同的范围

(1) 无民事行为能力人实施的民事法律行为无效。

(2) 行为人与相对人以虚假的意思表示实施的民事法律行为无效。

(3) 违反法律、行政法规的强制性规定的民事法律行为无效。但是，该强制性规定不导致该民事法律行为无效的除外。违背公序良俗的民事法律行为无效。

(4) 行为人与相对人恶意串通，损害他人合法权益的民事法律行为无效。

(5) 合同中的下列免责条款无效：造成对方人身伤害的；因故意或者重大过失造成对方财产损失的。

合同不生效、无效、被撤销或者终止的，不影响合同中有关解决争议方法的条款的效力。

三、可撤销合同

(一) 可撤销合同

1. 可撤销合同的概念

可撤销合同指当事人在订立合同时，因意思表示不真实，法律允许撤销权人通过行使撤销权而使已经生效的合同归于无效。

2. 可撤销合同的范围

根据《民法典》的规定，可撤销合同主要包括以下几种。

(1) 基于重大误解实施的民事法律行为，行为人有权请求人民法院或者仲裁机构予以撤销。

重大误解是指当事人对合同的性质，对方当事人，标的物的种类、质量、数量等涉及合同后果的重要事项存在错误认识，违背其真实意思表示订立合同，并因此可能受到较大损失的行为。合同订立后因商业风险等发生的错误认识，不属于重大误解。

(2) 一方以欺诈手段，使对方在违背真实意思的情况下实施的民事法律行为，受欺诈方有权请求人民法院或者仲裁机构予以撤销。

(3) 第三人实施欺诈行为，使一方在违背真实意思的情况下实施的民事法律行为，对方知道或者应当知道该欺诈行为的，受欺诈方有权请求人民法院或者仲裁机构予以撤销。

(4) 一方或者第三人以胁迫手段，使对方在违背真实意思的情况下实施的民事法律行为，受胁迫方有权请求人民法院或者仲裁机构予以撤销。

(5) 一方利用对方处于危困状态、缺乏判断能力等情形，致使民事法律行为成立时显失公平的，受损害方有权请求人民法院或者仲裁机构予以撤销。

3. 撤销权

撤销权在性质上是一种形成权，即依据撤销权人单方面的意思表示即可使得双方当事人之间的法律关系发生变动。撤销权的行使，不一定必须通过诉讼的方式。如果撤销权人主动向对方做出撤销的意思表示，而对方未表示异议，则可以直接发生撤销合同的后果；如果对撤销问题，双方发生争议，则必须提起诉讼或仲裁，要求人民法院或仲裁机关予以裁决。撤销权人有权提出变更合同，请求变更的权利也是撤销权人享有的一项权利。

并非所有的合同当事人都享有撤销权，只有合同的受损害方，即受欺诈方、受胁迫方等才享有撤销权。

有下列情形之一的，撤销权消灭：

(1) 当事人自知道或者应当知道撤销事由之日起一年内、重大误解的当事人自知道或者应当知道撤销事由之日起九十日内没有行使撤销权；

(2) 当事人受胁迫，自胁迫行为终止之日起一年内没有行使撤销权；

(3) 当事人知道撤销事由后明确表示或者以自己的行为表明放弃撤销权。

当事人自民事法律行为发生之日起五年内没有行使撤销权的，撤销权消灭。

(二) 合同无效或者被撤销后的法律后果

合同无效或者被撤销后发生的法律后果主要有如下几方面。

(1) 无效的或者被撤销的民事法律行为自始没有法律约束力。

(2) 民事法律行为部分无效，不影响其他部分效力的，其他部分仍然有效。

(3) 合同无效、被撤销或者终止的，不影响合同中独立存在的有关解决争议方法的条款的效力，如关于管辖权、法律适用的条款即属于有关争议方法的条款。

(4) 民事法律行为无效、被撤销或者确定不发生效力后，行为人因该行为取得的财产，应当予以返还；不能返还或者没有必要返还的，应当折价补偿。有过错的一方应当赔偿对方由此所受到的损失；各方都有过错的，应当各自承担相应的责任。法律另有规定的，依照其规定。

【例8-6】某照相器材商店购进一批新型相机，每部定价为2998元。售货员在制作标价牌时，误将2998元标为1998元。某日，顾客A入店，发现在别处卖近3000元的照相机在这里只卖1998元，遂一下买了两部。事后，当售货员再次去库房取货时，才发现每部少收了1000元。商店经多方查找，终于找到了A，要求退货或补足差价。A称，自己买回两部相机是付了钱的，买卖已经成交，岂有退货之理；再说，其中一部相机已以2600元卖给了同事B，还要看B是否愿意退货。商店按A所指找到了B，B也拒绝了商店的要求。商店遂以A、B为被告至法院，要求退货或补足差价。结合上述情况回答下列问题：

(1) 商店与A之间的关系及法律后果是什么？

(2) 商店对A、B的诉讼请求能否成立？为什么？

四、效力待定合同

(一) 效力待定合同的概念

效力待定的合同是指合同虽然已经成立，但因其不完全符合有关生效要件的规定，因此其效力能否发生，尚未确定，须经权利人表示追认才能生效的合同。

(二) 效力待定合同的范围

效力待定合同主要是指主体不合格而订立的合同，主要有以下几种类型。

1. 限制民事行为能力人订立的合同

限制民事行为能力人实施的纯获利益的民事法律行为或者与其年龄、智力、精神健康状况相适应的民事法律行为有效；实施的其他民事法律行为经法定代理人同意或者追认后有效。

法律为避免合同相对人的利益因为合同效力待定而受损，特别规定了相对人的催告权和善意相对人的撤销权。相对人可以催告法定代理人自收到通知之日起三十日内予以追认。法定代理人未作表示的，视为拒绝追认。民事法律行为被追认前，善意相对人有撤销的权利，撤销应当以通知的方式做出。其中的"善意"是指相对人在订立合同时不知道与其订立合同的人欠缺相应的行为能力。

2. 无权代理人订立的合同

行为人没有代理权、超越代理权或者代理权终止后，仍然实施代理行为，未经被代理人追认的，对被代理人不发生效力。

相对人可以催告被代理人自收到通知之日起三十日内予以追认。被代理人未作表示的，视为拒绝追认。行为人实施的行为被追认前，善意相对人有撤销的权利，撤销应当以通知的方式做出。

行为人实施的行为未被追认的，善意相对人有权请求行为人履行债务或者就其受到的损害请求行为人赔偿。但是，赔偿的范围不得超过被代理人追认时相对人所能获得的利益。

相对人知道或者应当知道行为人无权代理的，相对人和行为人按照各自的过错承担责任。

【例8-7】乙公司擅自将甲公司借给其使用的一台机器转让给丙公司。对此，下列说法正确的是(   )。

A. 若乙公司以自己的名义将机器转让给丙公司，乙公司、丙公司之间的合同属于效力待定的合同

B. 若乙公司以甲公司的名义将机器转让给丙公司，乙公司的行为属于无权代理行为

C. 丙公司可因善意取得而取得该机器的所有权

D. 丙公司不能取得该机器的所有权

第四节 合同的履行

一、合同履行的概念和原则

(一) 合同履行的概念

合同的履行是指合同债务人全面、正确地履行合同所约定或者法律规定的义务，使合同债权人的权利得到完全实现。

当事人应当按照约定全面履行自己的义务。当事人应当遵循诚信原则，根据合同的性质、目的和交易习惯履行通知、协助、保密等义务。当事人在履行合同过程中，应当避免浪费资源、污染环境和破坏生态。

(二) 合同的履行原则

1. 实际履行原则

实际履行是指当事人应严格按照合同规定的标的履行。这一原则要求合同当事人须严格按照约定的标的履行，不能以其他标的代替。合同当事人一方不履行合同时，他方可以要求继续实际履行。

2. 协作履行原则

协作履行是指合同的当事人在合同的履行中应相互协作，讲求诚实信用。

3. 经济合理原则

经济合理原则要求当事人履行债务时，要讲求经济效益，要从整体和国家的利益出发。

4. 适当履行原则

适当履行原则是指当事人应按照法律的规定或合同的约定全面、正确地履行债务，故又称全面履行或正确履行原则。

5. 情势变更原则

情势变更原则是指合同成立后至履行前、发生当事人在订约当时所预料不及的客观情况，致使按原合同履行显失公平时，当事人不依原合同履行，而变更或解除合同。

二、合同履行的规则

合同生效后当事人就质量、价款或者报酬、履行地点等内容没有约定或者约定不明确的，可以协议补充；不能达成补充协议的，按照合同相关条款或者交易习惯确定。

(一) 履行主体

履行主体是指履行合同义务和接受合同义务履行的人。一般情况下由债务人向债权人履行义务，债权人接受债务人的履行。债务人和债权人就是债的履行主体。但是在某些情况下，第三人也可以成为履行主体。

1. 向第三人履行

当事人约定由债务人向第三人履行债务，债务人未向第三人履行债务或者履行债务不符合约定的，应当向债权人承担违约责任。

法律规定或者当事人约定第三人可以直接请求债务人向其履行债务，第三人未在合理期限内明确拒绝，债务人未向第三人履行债务或者履行债务不符合约定的，第三人可以请求债务人承担违约责任。债务人对债权人的抗辩，可以向第三人主张。

2. 由第三人履行

当事人约定由第三人向债权人履行债务，第三人不履行债务或者履行债务不符合约定的，债务人应当向债权人承担违约责任。债务人不履行债务，第三人对履行该债务具有合法利益的，第三人有权向债权人代为履行；但是，根据债务性质、按照当事人约定或者依照法律规定只能由债务人履行的除外。

债权人接受第三人履行后，其对债务人的债权转让给第三人，但是债务人和第三人另有约定的除外。

【例 8-8】甲、乙公司约定，由丙公司每月代乙公司向甲公司偿还债务 50 万元，期限为 2 年。丙公司履行 5 个月后，以自己并不对甲公司负有债务为由拒绝继续履行。甲公司遂向法院起诉，要求乙公司、丙公司承担违约责任。人民法院应(　　)。
A. 判决乙公司承担违约责任　　　　　　 B. 判决丙公司承担违约责任
C. 判决乙公司、丙公司承担连带违约责任　 D. 判决乙公司、丙公司分担违约责任

(二) 履行标的

履行标的是指债务人向债权人履行义务应交付的对象，又称给付标的。

合同当事人须严格按照合同约定的标的履行义务，是实际履行原则的要求。只有在法律规定或者合同约定允许以其他标的代替履行时，债务人才可经债权人同意后以其他标的履行。

当事人就有关合同内容约定不明确，依据前条规定仍不能确定的，适用下列规定。

(1) 质量要求不明确的，按照强制性国家标准履行；没有强制性国家标准的，按照推荐性国家标准履行；没有推荐性国家标准的，按照行业标准履行；没有国家标准、行业标准的，按照通常标准或者符合合同目的的特定标准履行。

(2) 价款或者报酬不明确的，按照订立合同时履行地的市场价格履行；依法应当执行政府定价或者政府指导价的，依照规定履行。执行政府定价或者政府指导价的，在合同约定的交付期限内政府价格调整时，按照交付时的价格计价。逾期交付标的物的，遇价格上涨时，按照原价格执行；价格下降时，按照新价格执行。逾期提取标的物或者逾期付款的，遇价格上涨时，按照新价格执行；价格下降时，按照原价格执行。

(3) 履行地点不明确，给付货币的，在接受货币一方所在地履行；交付不动产的，在不动产所在地履行；其他标的，在履行义务一方所在地履行。

(4) 履行期限不明确的，债务人可以随时履行，债权人也可以随时请求履行，但是应当给对方必要的准备时间。

(5) 履行方式不明确的，按照有利于实现合同目的的方式履行。

(6) 履行费用的负担不明确的，由履行义务一方负担；因债权人原因增加的履行费用，由债权人负担。以支付金钱为内容的债，除法律另有规定或者当事人另有约定外，债权人可以请求债务人以实际履行地的法定货币履行。

通过互联网等信息网络订立的电子合同的标的为交付商品并采用快递物流方式交付的，收货人的签收时间为交付时间。电子合同的标的为提供服务的，生成的电子凭证或者实物凭证中载明的时间为提供服务时间；前述凭证没有载明时间或者载明时间与实际提供服务时间不一致的，以实际提供服务的时间为准。

电子合同的标的物为采用在线传输方式交付的，合同标的物进入对方当事人指定的特定系统且能够检索识别的时间为交付时间。

电子合同当事人对交付商品或者提供服务的方式、时间另有约定的，按照其约定。

(三) 部分履行、按份履行、提前履行

1. 部分履行

债权人可以拒绝债务人部分履行债务，但是部分履行不损害债权人利益的除外。

债务人部分履行债务给债权人增加的费用，由债务人负担。

标的有多项而债务人只需履行其中一项的，债务人享有选择权；但是，法律另有规定、当事人另有约定或者另有交易习惯的除外。

享有选择权的当事人在约定期限内或者履行期限届满未做选择，经催告后在合理期限内仍未选择的，选择权转移至对方。

当事人行使选择权应当及时通知对方，通知到达对方时，标的确定。标的确定后不得变更，但是经对方同意的除外。

可选择的标的发生不能履行情形的，享有选择权的当事人不得选择不能履行的标的，但是该不能履行的情形是由对方造成的除外。

【例 8-9】2020 年 3 月，甲公司与乙公司签订了一份买卖合同。合同约定，乙公司应在当年 5 月底供应甲公司 50 台电视，甲公司在验收合格后 10 日内付款。同年 4 月，乙公司被丙公司兼并，并办理了注销登记。同年 5 月底，甲公司按照原合同约定来乙公司提货，方得知上述事实，于是找到丙公司，要求丙公司履行合同。丙公司以合同系乙公司所签，与丙无关为由加以拒绝。甲公司遂以丙公司为被告诉至法院。法院应该怎么处理？

2. 按份履行

债权人为二人以上，标的可分，按照份额各自享有债权的，为按份债权；债务人为二人以上，标的可分，按照份额各自负担债务的，为按份债务。按份债权人或者按份债务人的份额难以确定的，视为份额相同。

债权人为二人以上，部分或者全部债权人均可以请求债务人履行债务的，为连带债权；债务人为二人以上，债权人可以请求部分或者全部债务人履行全部债务的，为连带债务。连带债权或者连带债务，由法律规定或者当事人约定。

连带债务人之间的份额难以确定的，视为份额相同。

实际承担债务超过自己份额的连带债务人，有权就超出部分在其他连带债务人未履行的份额范围内向其追偿，并相应地享有债权人的权利，但是不得损害债权人的利益。其他连带债务人对债权人的抗辩，可以向该债务人主张。

被追偿的连带债务人不能履行其应分担份额的，其他连带债务人应当在相应范围内按比例分担。

部分连带债务人履行、抵销债务或者提存标的物的，其他债务人对债权人的债务在相应范围内消灭；该债务人可以依据前条规定向其他债务人追偿。

部分连带债务人的债务被债权人免除的，在该连带债务人应当承担的份额范围内，其他债务人对债权人的债务消灭。

部分连带债务人的债务与债权人的债权同归于一人的，在扣除该债务人应当承担的份额后，债权人对其他债务人的债权继续存在。

债权人对部分连带债务人的给付受领迟延的，对其他连带债务人发生效力。

连带债权人之间的份额难以确定的，视为份额相同。实际受领债权的连带债权人，应当按比例向其他连带债权人返还。

3. 提前履行

债权人可以拒绝债务人提前履行债务，但是提前履行不损害债权人利益的除外。债务人提前履行债务给债权人增加的费用，由债务人负担。

三、合同履行中的抗辩权

合同履行的抗辩权，是在符合法定条件时，当事人一方对抗对方当事人的履行请求权，暂时拒绝履行其债务的权利。双务合同中的双方当事人互为债权人和债务人，双方的履行给付具有牵连性，为了体现双方权利义务的对等及保护交易安全，《民法典》合同编为双务合同的债务人规定了同时履行抗辩权、后履行抗辩权和不安抗辩权三种履行抗辩权，使得债务人可以在法定情况下对抗相对人的请求权，使保留给付的行为不构成违约。

(一) 同时履行抗辩权

同时履行抗辩权是指双务合同的当事人应同时履行义务的，一方在对方未履行前，有拒绝对方请求自己履行合同的权利。《民法典》第 525 条规定，当事人互负债务，没有先后履行顺序的，应当同时履行。一方在对方履行之前有权拒绝其履行请求。一方在对方履行债务不符合约定时，有权拒绝其相应的履行请求。

(二) 后履行抗辩权

后履行抗辩权是指双务合同中应先履行义务的一方当事人未履行时，对方当事人有拒绝对方请求履行的权利。《民法典》第 526 条规定，当事人互负债务，有先后履行顺序，应当先履行债务一方未履行的，后履行一方有权拒绝其履行请求。先履行一方履行债务不符合约定的，后履行一方有权拒绝其相应的履行请求。

【例 8-10】甲公司和乙公司签订一份汽车买卖合同，约定价款 20 万元，先付款、后交货。买受人甲公司已付 19 万元，还有 1 万元未付。此时。若甲公司请求乙公司交付该汽车并办理过户手续，则( )。

A. 乙公司无权主张履行抗辩权

B. 乙公司有权对甲公司主张履行抗辩权

C. 甲公司违约在先，乙公司有权主张解除合同

D. 买卖合同中不存在履行抗辩权，乙公司必须履行

(三) 不安抗辩权

不安抗辩权是指双务合同中有先后履行顺序，应先履行义务的一方当事人，有确切证据证明另一方丧失履行能力将不履行债务时，在对方没有履行或没有提供担保之前，先履行方有暂时中止履行合同的权利。《民法典》第527条规定，应当先履行债务的当事人，有确切证据证明对方有下列情形之一的，可以中止履行：①经营状况严重恶化；②转移财产、抽逃资金，以逃避债务；③丧失商业信誉；④有丧失或者可能丧失履行债务能力的其他情形。

当事人没有确切证据中止履行的，应当承担违约责任。

【例8-11】甲企业与乙企业订立一份买卖合同，双方约定由甲企业向乙企业提供一批生产用原材料，总货款为50万元，货到付款，甲企业最迟于6月底之前发货。5月份，甲企业在报纸上得知乙企业为逃避债务，私自转移财产，被法院依法查封并扣押财产的消息，并通知了乙企业，为此，甲企业未向乙企业按时供货，甲企业的行为属于(　　)。

A. 行使后履行抗辩权，中止合同履行　　　B. 行使不安抗辩权，中止合同履行
C. 与乙企业解除合同关系　　　　　　　D. 甲企业已构成违约，应承担违约责任

当事人依据前条规定中止履行的，应当及时通知对方。对方提供适当担保的，应当恢复履行。中止履行后，对方在合理期限内未恢复履行能力且未提供适当担保的，视为以自己的行为表明不履行主要债务，中止履行的一方可以解除合同并可以请求对方承担违约责任。

【例8-12】甲公司因转产致使一台价值10万元的机器闲置。该公司法定代表人李某与乙公司签订了一份机器转让合同。合同规定，机器作价9万元，甲公司于1月3日前交货，乙公司在交货后10天内付清款项。在交货日前甲公司发现乙公司经营状况恶化，就通知乙公司中止交货，并要求其提供担保。乙公司予以拒绝。后乙公司经营状况进一步恶化，甲公司遂提出解除合同，乙公司遂向法院起诉。经法院查明：甲公司股东会决议规定，该机器的转让须经股东会决议。

问题：

(1) 甲公司与乙公司转让机器的合同是否有效？为什么？
(2) 甲公司中止履行的理由是否成立？为什么？
(3) 甲公司能否解除合同？为什么？

债权人分立、合并或者变更住所没有通知债务人，致使履行债务发生困难的，债务人可以中止履行或者将标的物提存。

合同生效后，当事人不得因姓名、名称的变更或者法定代表人、负责人、承办人的变动而不履行合同义务。

合同成立后，合同的基础条件发生了当事人在订立合同时无法预见的、不属于商业风险的重大变化，继续履行合同对于当事人一方明显不公平的，受不利影响的当事人可以与对方重新协商；在合理期限内协商不成的，当事人可以请求人民法院或者仲裁机构变更或者解除合同。人民法院或者仲裁机构应当结合案件的实际情况，根据公平原则变更或者解除合同。

四、合同的保全

合同的保全是合同的一般担保，是指为了保护一般债权人不因债务人的财产不当减少而受损害，允许债权人干预债务人处分自己财产行为的法律制度。合同保全主要有代位权与撤销权。这两种权利是实现债的一般担保措施，即称为债的保全。因为债权人的这两项权利是债权人对于债务人以外的人所及的一种法律效力，所以又被称为债的对外效力。

代位权是针对债务人消极不行使自己债权的行为，撤销权则是针对债务人积极侵害债权人债权实现的行为。两者或是为了实现债务人的财产权利，或是恢复债务人的责任财产，从而确保债权人债权的实现。

(一) 债权人的代位权

1. 代位权的概念

代位权是指债务人怠于行使其对第三人(次债务人)享有的到期债权，危及债权人债权实现时，债权人为保障自己的债权，可以自己的名义代位行使债务人对次债务人的债权的权利。

因债务人怠于行使其债权或者与该债权有关的从权利，影响债权人的到期债权实现的，债权人可以向人民法院请求以自己的名义代位行使债务人对相对人的权利，但是该权利专属于债务人自身的除外。

代位权的行使范围以债权人的到期债权为限。债权人行使代位权的必要费用，由债务人负担。相对人对债务人的抗辩，可以向债权人主张。

债权人的债权到期前，债务人的债权或者与该债权有关的从权利存在诉讼时效期间即将届满或者未及时申报破产债权等情形，影响债权人的债权实现的，债权人可以代位向债务人的相对人请求其向债务人履行、向破产管理人申报或者做出其他必要的行为。

人民法院认定代位权成立的，由债务人的相对人向债权人履行义务，债权人接受履行后，债权人与债务人、债务人与相对人之间相应的权利义务终止。债务人对相对人的债权或者与该债权有关的从权利被采取保全、执行措施，或者债务人破产的，依照相关法律的规定处理。

2. 债权人行使代位权的条件

(1) 债权人对债务人的债权合法。

(2) 债务人怠于行使其到期债权，对债权人造成损害。

(3) 债务人的债权已到期。

(4) 债务人的债权不是专属于债务人自身的债权。

代位权的行使一般须通过诉讼程序进行。

(二) 债权人的撤销权

1. 撤销权的概念

撤销权是指债务人实施了减少财产行为，危及债权人债权实现时，债权人为保障自己的债权请求人民法院撤销债务人处分行为的权利。

2. 债权人撤销权的成立要件

(1) 债务人实施了减少财产的处分行为。

(2) 债务人的处分行为有害于债权人债权的实现。

(3) 债权人对债务人存在有效债权。

(4) 债权人须以自己的名义行使撤销权。

债权人撤销权须通过诉讼方式行使，即债权人须以自己的名义诉请法院撤销债务人实施的有害于债权的处分财产行为。

债务人以放弃其债权、放弃债权担保、无偿转让财产等方式无偿处分财产权益，或者恶意延长其到期债权的履行期限，影响债权人的债权实现的，债权人可以请求人民法院撤销债务人的行为。

债务人以明显不合理的低价转让财产、以明显不合理的高价受让他人财产或者为他人的债务提供担保，影响债权人的债权实现，债务人的相对人知道或者应当知道该情形的，债权人可以请求人民法院撤销债务人的行为。

撤销权的行使范围以债权人的债权为限。债权人行使撤销权的必要费用，由债务人负担。

3. 撤销权的行使期限

撤销权自债权人知道或者应当知道撤销事由之日起一年内行使。自债务人的行为发生之日起五年内没有行使撤销权的，该撤销权消灭。债务人影响债权人的债权实现的行为被撤销的，自始没有法律约束力。

第五节 合同的变更、转让与终止

依法成立的合同受法律保护，对当事人具有法律约束力。当事人应当按照合同约定履行自己的义务，不得擅自变更或者解除合同。如果在合同订立之后，因为各种原因使得合同内容或者合同主体发生了变更，则为合同的变更与转让。如果当事人基于履行、提存、抵销等原因使得合同消灭，即为合同的终止。

一、合同的变更

合同的变更是指合同内容的变更，不包括合同主体的变更。合同主体的变更属于合同的转让。合同是双方当事人合意的体现，因此经当事人协商一致，可以变更合同。但法律、行政法规规定变更合同应当办理批准、登记等手续的，应当办理相应手续。当事人对合同变更的内容约定不明确的，推定为未变更。

除了双方通过合意变更合同以外，还存在法定变更的情形，即一方当事人单方通知对方变更合同的权利。合同的变更，仅对变更后未履行的部分有效，对已履行的部分无溯及力。

二、合同的转让

合同的转让，即合同主体的变更，指当事人将合同的权利和义务全部或者部分转让给第三人。合同的转让分为债权的转让和债务的转让，当事人一方经对方同意，也可以将自己在合同中的权利和义务一并转让给第三人，即合同的概括移转。

(一) 债权转让

1. 债权转让的概念及条件

债权转让是指债权人将合同的权利全部或者部分转让给第三人的法律制度。其中债权人是转让人，第三人是受让人。

债权人转让权利的，无须债务人同意，但应当通知债务人。未经通知，该转让对债务人不发生效力。债权人转让权利的通知不得撤销，但经受让人同意的除外。根据此条规定，债权转让不以债务人的同意为生效条件，但是要对债务人发生效力，则必须通知债务人。

2. 禁止债权转让的情形

债权人可以将债权的全部或者部分转让给第三人，但是有下列情形之一的除外：

①根据债权性质不得转让，主要指基于当事人特定身份而订立的合同，如出版合同、赠与合同、委托合同、雇用合同等；②按照当事人约定不得转让；③依照法律规定不得转让。

3. 债权转让的效力

当事人约定非金钱债权不得转让的，不得对抗善意第三人。当事人约定金钱债权不得转让的，不得对抗第三人。

债权人转让债权，未通知债务人的，该转让对债务人不发生效力。债权转让的通知不得撤销，但是经受让人同意的除外。

债权人转让债权的，受让人取得与债权有关的从权利，但是该从权利专属于债权人自身的除外。受让人取得从权利不因该从权利未办理转移登记手续或者未转移占有而受到影响。

债务人接到债权转让通知后，债务人对让与人的抗辩，可以向受让人主张。

有下列情形之一的，债务人可以向受让人主张抵销：

① 债务人接到债权转让通知时，债务人对让与人享有债权，且债务人的债权先于转让的债权到期或者同时到期；

② 债务人的债权与转让的债权是基于同一合同产生。

因债权转让增加的履行费用，由让与人负担。

(二) 债务转移

债务人将债务的全部或者部分转移给第三人的，应当经债权人同意。这是因为新债务人的资信情况和偿还能力须得到债权人的认可，以免债权人的利益受到不利影响。债务人或者第三人可以催告债权人在合理期限内予以同意，债权人未作表示的，视为不同意。

第三人与债务人约定加入债务并通知债权人，或者第三人向债权人表示愿意加入债务，债权人未在合理期限内明确拒绝的，债权人可以请求第三人在其愿意承担的债务范围内和债务人承担连带债务。

债务人转移债务的，新债务人可以主张原债务人对债权人的抗辩；原债务人对债权人享有债权的，新债务人不得向债权人主张抵销。债务人转移债务的，新债务人应当承担与主债务有关的从债务，但是该从债务专属于原债务人自身的除外。法律、行政法规规定转让权利或者转移义务应当办理批准、登记等手续的，依照其规定。

(三) 概括转让

1. 概括转让的概念

合同权利义务的概括移转，是指合同一方当事人将自己在合同中的权利义务一并转让的法律制度。《民法典》第 555 条规定，当事人一方经对方同意，可以将自己在合同中的权利和义务一并转让给第三人。

2. 概括转让的形式

概括移转有意定的概括移转和法定的概括移转两种情形。意定的概括移转基于转让合同的方式进行，而法定的概括移转往往是因为某一法定事实的发生而导致。最典型的就是合同当事人发生合并或分立时，就会有法定的概括移转的发生。

《民法典》第 556 条规定，合同的权利和义务一并转让的，适用债权转让、债务转移的有关规定。

三、合同的终止

(一) 合同终止的原因

合同的终止是指因发生法律规定或当事人约定的情况，使当事人之间的权利义务关系消灭，而使合同终止法律效力。

《民法典》第 557 条规定，有下列情形之一的，债权债务终止：①债务已经履行；②债务相互抵销；③债务人依法将标的物提存；④债权人免除债务；⑤债权债务同归于一人；⑥法律规定或者当事人约定终止的其他情形。合同解除的，该合同的权利义务关系终止。

债权债务终止时，债权的从权利同时消灭，但是法律另有规定或者当事人另有约定的除外。债权债务终止后，当事人应当遵循诚信等原则，根据交易习惯履行通知、协助、保密、旧物回收等义务。合同的权利义务关系终止，不影响合同中结算和清理条款的效力。

《民法典》第 560 条规定，债务人对同一债权人负担的数项债务种类相同，债务人的给付不足以清偿全部债务的，除当事人另有约定外，由债务人在清偿时指定其履行的债务。

债务人未作指定的，应当优先履行已经到期的债务；数项债务均到期的，优先履行对债权人缺乏担保或者担保最少的债务；均无担保或者担保相等的，优先履行债务人负担较重的债务；负担相同的，按照债务到期的先后顺序履行；到期时间相同的，按照债务比例履行。

《民法典》第 561 条规定，债务人在履行主债务外还应当支付利息和实现债权的有关费用，其给付不足以清偿全部债务的，除当事人另有约定外，应当按照下列顺序履行：①实现债权的有关费用；②利息；③主债务。

(二) 合同的解除

合同的解除是指合同有效成立以后，没有履行或者没有完全履行之前，双方当事人通过协议或者一方行使解除权的方式，使得合同关系终止的法律制度。当事人协商一致，可以解除合同；当事人可以约定一方解除合同的事由。解除合同的事由发生时，解除权人可以解除合同。合同的解除，分为合意解除与法定解除两种情况。

1. 合意解除

合意解除是指根据当事人事先约定的情况或经当事人协商一致而解除合同。

(1) 协议解除是指当事人双方通过协商同意将合同解除的行为。它不以解除权的存在为必要，是以一个新的合同解除旧的合同。合同订立后，经当事人协商一致，也可以解除合同。

(2) 约定解除则是一种单方解除。约定解除是指当事人以合同形式，约定为一方或双方保留解除权的解除。即双方在订立合同时，约定了合同当事人一方解除合同的条件。一旦该条件成就，解除权人就可以通过行使解除权而终止合同。法律规定或者当事人约定了解除权行使期限的，期限届满当事人不行使的，该权利消灭。法律没有规定或者当事人没有约定解除权行使期限，经对方催告后在合理期限内不行使的，该权利消灭。

2. 法定解除

法定解除是指根据法律规定而解除合同。合同解除的条件由法律直接加以规定者，其解除为法定解除。在法定解除中，有的以适用于所有合同的条件为解除条件，有的则仅以适用于特定合同的条件为解除条件。

《民法典》第 563 条规定，有下列情形之一的，当事人可以解除合同：

(1) 因不可抗力致使不能实现合同目的；

(2) 在履行期限届满前，当事人一方明确表示或者以自己的行为表明不履行主要债务；

(3) 当事人一方迟延履行主要债务，经催告后在合理期限内仍未履行；

(4) 当事人一方迟延履行债务或者有其他违约行为致使不能实现合同目的；

(5) 法律规定的其他情形。

以持续履行的债务为内容的不定期合同，当事人可以随时解除合同，但是应当在合理期限之前通知对方。

法律规定或者当事人约定解除权行使期限，期限届满当事人不行使的，该权利消灭。法律没有规定或者当事人没有约定解除权行使期限，自解除权人知道或者应当知道解除事由之日起一年内不行使，或者经对方催告后在合理期限内不行使的，该权利消灭。

3. 合同解除的条件

合同解除的条件，大致有四大类型：一是协议解除的条件；二是约定解除的条件；三是不可抗力致使不能实现合同目的；四是违约行为。

(1) 协议解除的条件。协议解除的条件是指当事人双方协商一致，将原合同加以解除的协商一致，也就是在双方之间又重新成立了一个合同。其内容主要是把原来的合同废弃，使基于原合同发生的债权债务归于消灭。

(2) 约定解除的条件。约定解除的条件是指当事人双方在合同中约定的或在其后另订的合同中约定的解除权产生的条件。只要不违反法律的强行性规定，当事人可以约定任何会产生解除权的条件。

(3) 不可抗力致使不能实现合同目的。不可抗力致使不能实现合同目的，该合同失去积极意义、失去价值，应予以消灭。我国合同法律允许当事人通过行使解除权的方式将合同解除。

(4) 违约行为。迟延履行、拒绝履行、不完全履行、债务人的过错造成合同不能履行。

4. 合同解除的程序

合同解除的条件只是解除的前提，条件具备时，合同并不当然且自动地解除。欲使合同解除，还必须经过一定的程序。解除的程序有三种，包括协议解除的程序、行使解除权的程序和法院裁定的程序。

(1) 协议解除的程序

协议解除的程序是指当事人双方经过协商同意，将合同解除的程序。协议解除取决于双方一致的解除合同的意思表示，不需要有解除权的存在。

(2) 行使解除权的程序

行使解除权的程序必须以当事人享有解除权为前提。所谓解除权，是指合同当事人可以将合同解除的权利。当事人一方依法主张解除合同的，应当通知对方。合同自通知到达对方时解除；通知载明债务人在一定期限内不履行债务则合同自动解除，债务人在该期限内未履行债务的，合同自通知载明的期限届满时解除。对方对解除合同有异议的，任何一方当事人均可以请求人民法院或者仲裁机构确认解除行为的效力。

当事人一方未通知对方，直接以提起诉讼或者申请仲裁的方式依法主张解除合同，人民法院或者仲裁机构确认该主张的，合同自起诉状副本或者仲裁申请书副本送达对方时解除。

(3) 法院裁定的程序

在适用情事变更原则解除合同的情况下，当事人应向法院提出解除合同的请求，由法院根据案件的具体情况和情事变更原则的法律要件来裁决。

5. 合同解除的效力

合同解除后，尚未履行的，终止履行；已经履行的，根据履行情况和合同性质，当事人可以请求恢复原状或者采取其他补救措施，并有权请求赔偿损失。

合同因违约解除的，解除权人可以请求违约方承担违约责任，但是当事人另有约定的除外。

主合同解除后，担保人对债务人应当承担的民事责任仍应当承担担保责任，但是担保合同另有约定的除外。

(三) 抵销

抵销是双方当事人互负债务时，一方通知对方以其债权充当债务的清偿或者双方协商以债权充当债务的清偿，使得双方的债务在对等额度内消灭的行为。抵销分为法定抵销与约定抵销。抵销具有简化交易程序、降低交易成本、提高交易安全性的作用。

1. 法定抵销

当事人互负债务，该债务的标的物种类、品质相同的，任何一方可以将自己的债务与对方的到期债务抵销；但是，根据债务性质、按照当事人约定或者依照法律规定不得抵销的除外。当事人主张抵销的，应当通知对方，通知自到达对方时生效。抵销不得附条件或者附期限。

2. 约定抵销

当事人互负债务，标的物种类、品质不相同的，经双方协商一致，也可以抵销。

(四) 提存

1. 提存的概念
提存是指非因可归责于债务人的原因，导致债务人无法履行债务或者难以履行债务的情况下，债务人将标的物交由提存机关保存，以终止合同权利义务关系的行为。

2. 提存的原因
有下列情形之一，难以履行债务的，债务人可以将标的物提存：①债权人无正当理由拒绝受领；②债权人下落不明；③债权人死亡未确定继承人、遗产管理人，或者丧失民事行为能力未确定监护人；④法律规定的其他情形。

标的物不适于提存或者提存费用过高的，债务人依法可以拍卖或者变卖标的物，提存所得的价款。

3. 提存的法律后果
债务人将标的物或者将标的物依法拍卖、变卖所得价款交付提存部门时，提存成立。提存成立的，视为债务人在其提存范围内已经交付标的物。

标的物提存后，债务人应当及时通知债权人或者债权人的继承人、遗产管理人、监护人、财产代管人。标的物提存后，毁损、灭失的风险由债权人承担。提存期间，标的物的孳息归债权人所有。提存费用由债权人负担。

债权人可以随时领取提存物。但是，债权人对债务人负有到期债务的，在债权人未履行债务或者提供担保之前，提存部门根据债务人的要求应当拒绝其领取提存物。

债权人领取提存物的权利，自提存之日起五年内不行使而消灭，提存物扣除提存费用后归国家所有。但是，债权人未履行对债务人的到期债务，或者债权人向提存部门书面表示放弃领取提存物权利的，债务人负担提存费用后有权取回提存物。

(五) 免除

债权人免除债务人部分或者全部债务的，债权债务部分或者全部终止，但是债务人在合理期限内拒绝的除外。

(六) 债权和债务同归于一人

债权和债务同归于一人的，债权债务终止，但是损害第三人利益的除外。

第六节　违约责任

一、违约责任概述

(一) 违约责任的概念和特点

1. 违约责任的概念
违约责任也称为违反合同的民事责任，是合同当事人不履行合同义务或者履行合同义务不符合约定时，依法产生的法律责任。当事人双方都违反合同的，应当各自承担相应的责任。

2. 违约责任的特点

《民法典》规定，当事人一方不履行合同义务或者履行合同义务不符合约定的，应当承担继续履行、采取补救措施或者赔偿损失等违约责任。

违约责任具有以下特点：①违约责任以合同的有效存在为前提。②违约责任是合同当事人不履行合同义务所产生的责任。如果当事人违反的不是合同义务，而是法律规定的其他义务，则应负其他责任。③违约责任具有相对性。违约责任只能在特定的当事人之间即合同关系的当事人之间发生。当事人一方因第三人的原因造成违约的，应当向对方承担违约责任。当事人一方和第三人之间的纠纷，依照法律规定或者按照约定解决。

(二) 违约责任的构成要件

(1) 合同当事人有违约行为。除了法定或者约定的免责事由以外，均不得主张免责。

(2) 不存在法定和约定的免责事由。

(三) 违约行为的形态

1. 预期违约

预期违约是指在履行期限到来之前，一方无正当理由而明确表示其在履行期到来后将不履行合同，或者其行为表明其在履行期到来以后将不可能履行合同。当事人一方明确表示或者以自己的行为表明不履行合同义务的，对方可以在履行期限届满之前要求其承担违约责任。

预期违约分为明示的预期违约和默示的预期违约两种。明示与默示的区别在于违约的合同当事人是否通过意思表示明确表达自己不再履行合同的意愿。

2. 实际违约

实际违约是指在合同履行期限到来以后，当事人不履行或不完全履行合同义务，都将构成实际违约。实际违约行为有以下几种类型。

(1) 不履行

不履行是指在合同期限到来以后，一方当事人无正当理由拒绝履行或者不能履行合同规定的主要义务。不履行包括履行不能和拒绝履行。

履行不能是指债务人在客观上已经没有履行能力。例如，在提供劳务的合同中，债务人丧失了劳动能力；在以特定物为标的的合同中，该特定物灭失。

拒绝履行是指在合同期限到来以后，一方当事人无正当理由拒绝履行合同规定的全部义务。拒绝履行是能够履行而不履行的行为，是故意毁约的行为，自然构成违约责任。

(2) 迟延履行

迟延履行是指合同债务已经到期，债务人能够履行而未履行，违反了履行期限的规定。

(3) 不适当履行

不适当履行是指债务人虽然履行了债务，但其履行不符合合同的约定。不完全履行即债务虽然已经履行，但是履行没有完全按照债务的内容进行，而且造成不适当履行的原因是债务人方面引起的，可以分为瑕疵给付和加害给付等。瑕疵履行主要指标的物的质量含有瑕疵，也可以指履行的数量、规格、方法、地点等不符合要求。加害给付是债务人的给付不但含有瑕疵，而且其瑕疵还造成了债权人的损害。

二、承担违约责任的形式

法律规定的承担违约责任的方式主要有：继续履行、补救措施、损害赔偿三种方式。

(一) 继续履行

继续履行又称实际履行、强制履行，指在违约方不履行合同时，由法院或仲裁机构强制违约方继续履行合同债务的违约责任方式。

当事人一方明确表示或者以自己的行为表明不履行合同义务的，对方可以在履行期限届满前请求其承担违约责任。当事人一方未支付价款、报酬、租金、利息，或者不履行其他金钱债务的，对方可以请求其支付。当事人一方不履行非金钱债务或者履行非金钱债务不符合约定的，对方可以请求履行，但是有下列情形之一的除外：

(1) 法律上或者事实上不能履行；

(2) 债务的标的不适于强制履行或者履行费用过高；

(3) 债权人在合理期限内未请求履行。

有前款规定的除外情形之一，致使不能实现合同目的的，人民法院或者仲裁机构可以根据当事人的请求终止合同权利义务关系，但是不影响违约责任的承担。

当事人一方不履行债务或者履行债务不符合约定，根据债务的性质不得强制履行的，对方可以请求其负担由第三人替代履行的费用。

(二) 补救措施

履行不符合约定的，应当按照当事人的约定承担违约责任。对违约责任没有约定或者约定不明确，可以协议补充；不能达成补充协议的，按照合同相关条款或者交易习惯确定。仍不能确定的，受损害方根据标的的性质以及损失的大小，可以合理选择请求对方承担修理、重作、更换、退货、减少价款或者报酬等违约责任。

(三) 损害赔偿

当事人一方不履行合同义务或者履行合同义务不符合约定的，在履行义务或者采取补救措施后，对方还有其他损失的，应当赔偿损失。损害赔偿的具体方式包括赔偿损失、支付违约金和适用定金罚则等多种情况。

1. 赔偿损失

当事人一方不履行合同义务或者履行合同义务不符合约定，造成对方损失的，损失赔偿额应当相当于因违约所造成的损失，包括合同履行后可以获得的利益；但是，不得超过违约一方订立合同时预见到或者应当预见到的因违约可能造成的损失。

当事人一方违约后，对方应当采取适当措施防止损失的扩大；没有采取适当措施致使损失扩大的，不得就扩大的损失要求赔偿。当事人因防止损失扩大而支出的合理费用由违约方承担。

债务人按照约定履行债务，债权人无正当理由拒绝受领的，债务人可以请求债权人赔偿增加的费用。在债权人受领迟延期间，债务人无须支付利息。

2. 支付违约金

违约金是按照当事人约定或者法律规定，一方当事人违约时应当根据违约情况向对方支付的一定数额的货币。

当事人可以约定一方违约时应当根据违约情况向对方支付一定数额的违约金，也可以约定因违约产生的损失赔偿额的计算方法。

约定的违约金低于造成的损失的，人民法院或者仲裁机构可以根据当事人的请求予以增加；约定的违约金过分高于造成的损失的，人民法院或者仲裁机构可以根据当事人的请求予以适当减少。

当事人就迟延履行约定违约金的，违约方支付违约金后，还应当履行债务。

3. 定金

当事人可以约定一方向对方给付定金作为债权的担保，定金合同自实际交付定金时成立。

定金的数额由当事人约定，但不得超过主合同标的额的百分之二十，超过部分不产生定金的效力。实际交付的定金数额多于或者少于约定数额的，视为变更约定的定金数额。

债务人履行债务的，定金应当抵作价款或者收回。给付定金的一方不履行债务或者履行债务不符合约定，致使不能实现合同目的的，无权请求返还定金；收受定金的一方不履行债务或者履行债务不符合约定，致使不能实现合同目的的，应当双倍返还定金。

当事人既约定违约金，又约定定金的，一方违约时，对方可以选择适用违约金或者定金条款。定金不足以弥补一方违约造成的损失的，对方可以请求赔偿超过定金数额的损失。

三、违约责任的免除

(一) 免责的概念

免责事由又称免责条件，是指法律明文规定的当事人对其不履行合同不承担违约责任的条件。法律规定的免责事由仅限于不可抗力。

(二) 我国法律规定的免责条件

1. 不可抗力

不可抗力，是指不能预见、不能避免并不能克服的客观情况。常见的不可抗力有以下几种。

(1) 自然灾害如地震、台风、洪水、海啸等。

(2) 政府行为。政府行为一定是指当事人在订立合同以后发生，且不能预见的情形。如运输合同订立后，由于政府颁布禁运的法律，使合同不能履行。

(3) 社会异常形象。一些偶发的事件阻碍合同的履行，如罢工骚乱等。

当事人一方因不可抗力不能履行合同的，根据不可抗力的影响，部分或者全部免除责任，但是法律另有规定的除外。因不可抗力不能履行合同的，应当及时通知对方，以减轻可能给对方造成的损失，并应当在合理期限内提供证明。

当事人迟延履行后发生不可抗力的，不免除其违约责任。

2. 货物本身的自然性质、货物的合理损耗。

3. 受害人的过错

受害人对于违约行为或者违约损害后果的发生或扩大存在过错。受害人的过错可以成为违约方全部或者部分免除责任的依据。当事人一方违约后，对方应当采取适当措施防止损失的扩大；没有采取适当措施致使损失扩大的，不得就扩大的损失请求赔偿。

当事人因防止损失扩大而支出的合理费用，由违约方负担。当事人都违反合同的，应当各自承担相应的责任。当事人一方违约造成对方损失，对方对损失的发生有过错的，可以减少相应的损失赔偿额。

当事人一方因第三人的原因造成违约的，应当依法向对方承担违约责任。当事人一方和第三人之间的纠纷，依照法律规定或者按照约定处理。

4. 免责条款

免责条款是指合同当事人在合同中规定的排除或限制一方当事人未来责任的条款。基于合同自由原则，对双方当事人自愿订立的免责条款，尤其是事后订立的免责条款，法律原则上不加干涉。

当事人可以在订立合同时约定免责条款，只要有免责条款的情形，即使当事人有违约行为，也不承担违约责任。但是，合同中的免除造成对方人身伤害、因故意或者重大过失造成对方财产损失的违约责任的免除条款无效，当事人对此类损害仍应当承担违约责任。

【复习思考题】

1. 订立和履行合同应该遵守哪些原则？
2. 简述合同成立和生效的关系。
3. 合同解除的情形有哪些？
4. 违约责任的承担方式有哪些？
5. 缔约过失责任和违约责任有何不同？

第九章

物权法律制度

学习目标

通过本章的学习，学生可以了解物权的概念和种类，物权的效力；掌握物权变动的规则，所有权、用益物权、担保物权的基本类型；理解《民法典》第二编物权的原则，所有权、用益物权、担保物权的概念。

案例导入

吴某和李某共有一套房屋，所有权登记在吴某名下。2020年2月1日，法院判决吴某和李某离婚，并且判决房屋归李某所有，但是双方并未办理房屋所有权变更登记。2020年3月1日，李某将该房屋出卖给张某，双方于当日签订了买卖合同，张某基于对判决书的信赖支付了50万元价款，并入住了该房屋。2020年4月1日，吴某又就该房屋和王某签订了买卖合同，王某在查阅了房屋登记簿确认房屋归吴某所有后，支付了50万元价款，并于2020年5月10日办理了所有权变更登记手续。

根据上述内容，分别回答下列问题：

(1) 李某自何时起取得该房屋的所有权？并说明理由。

(2) 张某是否取得了该房屋的所有权？并说明理由。

(3) 李某与张某之间的房屋买卖合同是否已经生效？并说明理由。

(4) 2020年5月10日，王某是否取得了该房屋的所有权？并说明理由。

第一节　物权法律制度概述

一、物与物权概述

(一) 物的种类

1. 动产与不动产

动产的物权变动以交付为原则，不动产则须登记，不动产纠纷由不动产所在地法院管辖。

2. 可替代物与不可替代物

交易客体为可替代物(如可口可乐)时,可以同类物替代履行;不可替代物(如齐白石的字画)一旦发生损害就只能转化为金钱赔偿。

3. 主物和从物

在无法律特别规定或当事人特别约定时,从物的权利归属与主物一致。认定主物、从物关系,必须同时具备两个条件:二者在物理上互相独立;二者在经济用途上存在主从关系,如 A 物脱离 B 物,不损害 A 物的独立用途,则 A 物为主物,B 物脱离 A 物,丧失其本来的用途,则 B 物为从物。

4. 原物与孳息

原物是指依其自然属性或法律规定产生新物的物。孳息是指物或者权益而产生的收益,包括天然孳息和法定孳息。天然孳息是原物根据自然规律产生的物。法定孳息是原物根据法律规定带来的物,如存款利息、股利、租金等。

【知识链接】孳息是独立于原物的物,原物、孳息属于两个物,如尚在母牛身体里的小牛属于母牛的组成部分,不属于孳息。

(1) 天然孳息。一物之上既有所有权人,又有用益物权人的,因该物产生的天然孳息由用益物权人取得,当事人另有约定的,按照约定。

(2) 法定孳息。当事人有约定的,按照约定取得;没有约定或者约定不明的,按照交易习惯取得。根据《民法典》第 630 条规定,在买卖合同中,标的物在交付之前产生的孳息,归出卖人所有。交付之后产生的孳息,归买受人所有。根据《民法典》第 573 条规定,标的物提存后,毁损、灭失的风险由债权人承担。提存期间,标的物的孳息归债权人所有,提存费用由债权人负担。

【例9-1】下列关系当中属于原物与孳息关系的有(   )。
A. 母鸡和所产的蛋   B. 母牛和所产的小牛
C. 空调所放出的冷气   D. 房屋和房屋出租的租金

【例9-2】下列属于法定孳息的有(   )。
A. 房屋租金   B. 延迟支付的利息
C. 贷款利息   D. 合同的价金

(二) 物权的概念与种类

1. 物权的概念

所谓物权,是指权利人依法对特定的物享有直接支配和排他的权利。

【知识连接】与债权相比,物权具有以下特点。

(1) 支配性。物权是对于标的物具有直接支配力的财产权,物权人有权仅以自己的意志实现权利,无须第三人的积极行为协助,属于支配权。债权则属于请求权,其实现有赖于债务人的履行行为。

(2) 排他性。一物之上只能成立一项所有权,债权则具有兼容性,同一标的物上成立双重买卖,两项买卖合同均可有效,并不相互排斥。

(3) 绝对性。物权是对抗所有人的财产权，排除任何他人的干涉，其他人有义务予以尊重，故为绝对权或称对世权。债权则仅对特定的债务人存在，属于相对权或称对人权。

因此，物权属于财产权、支配权、绝对权、对世权；债权属于财产权、请求权、相对权、对人权。

2. 物权的种类

(1) 自物权和他物权。物权包括所有权、用益物权和担保物权。其中所有权属于自物权，用益物权和担保物权属于他物权。

(2) 用益物权与担保物权。用益物权和担保物权均属限制物权。以使用他人之物为目的的物权，为用益物权，主要包括国有土地使用权、宅基地使用权、农村土地承包经营权等。以担保债权实现为目的的物权，为担保物权，包括抵押权、质权和留置权。用益物权针对的是物的使用价值，担保物权则针对物的交换价值。

(3) 动产物权与不动产物权。动产物权是设定在动产之上的物权，如动产所有权、动产质权、留置权等；不动产物权则是设定于不动产之上的物权，如不动产所有权、土地使用权、不动产抵押权等。质权和留置权不得设定于不动产之上。

(4) 独立物权与从物权。能够独立存在的物权为独立物权，如所有权、建设用地使用权；从属于其他权利，不能独立存在的物权为从物权，如担保物权、地役权。

(三) 物权的效力

(1) 物权的排他效力。一个物上不能成立两个以上所有权或两个以上互不相容的物权。

(2) 物权的优先效力。物权优于债权。物权之间的优先效力为：先设立的物权优于后设立的物权；同一动产上已设立抵押权和质权，该财产又被留置的，留置权人优先受偿；同一财产法定登记的抵押权与质权并存时，抵押权人优于质权人受偿。

【例9-3】甲有祖传珍贵玉器一件，乙丙均欲购买之。甲先与乙达成协议，以5万元价格出售，双方约定，次日交货付款。丙知晓后，当晚即携款到甲处，欲以6万元价格购买。甲欣然应允，并即交货付款。因乙要求甲交付玉器不得而发生纠纷。

问题：

(1) 在本案中，玉器的所有权应归谁？为什么？

(2) 乙能否要求丙返还其占有的该玉器，为什么？

【例9-4】甲向乙借款5万元，并以一台机器作抵押，办理了抵押登记。随后，甲又将该机器质押给丙。丙在占有该机器期间，将其交给丁修理，因拖欠修理费而被丁留置。下列说法正确的是(   )。

A. 乙优先于丙受偿   B. 丙优先于丁受偿

C. 丁优先于乙受偿   D. 丙优先于乙受偿

二、物权法律的概念及基本原则

(一) 物权法律的概念

狭义物权法律是指形式意义上的物权法律，即《民法典》中有关物权的规定或专门的物权法典。广义物权法律是指调整民事主体之间物权关系的法律规范的总称。

(二) 物权法律的基本原则

1. 物权法定原则

(1) 物权种类法定，即不得创设民法或其他法律所不承认的物权。行为人违反"种类规定"原则，在法定物权种类之外创设物权，该物权创设行为无效。根据物权法定原则，物权的效力必须由法律规定，不能由当事人通过协议设定。据此，当事人创设法律没有明确规定的物权类型的法律行为有效，但不具备物权的效力。

(2) 物权内容法定，即不得创设与物权法定内容相异的内容。行为人设定与法定物权相异的内容，该物权设定行为无效。

2. 一物一权原则

(1) 一物之上只能有一个所有权，不能有多个所有权。

(2) 一物之上只能有一个所有权，但"所有权人"可以是多人(如夫妻共有)。

(3) 一物之上只能有一个所有权，但一物之上可以设定多个物权(但不能相互冲突)。

3. 公示、公信原则

(1) 公示原则是指物权的权利状态必须通过一定的公示方法向社会公开，使第三人在物权变动时，知道权利状态，维护交易安全。例如，不动产的权利状态通过"登记"制度公示，而动产的权利状态则通过占有公示。

(2) 公信原则是指一旦当事人变动物权时，依据法律的规定进行公示，则该公示即产生了公信力，即使依公示方法表现出来的物权不存在或存在瑕疵，但对于信赖物权的存在并已从事了物权交易的人，法律仍然承认其具有与真实的物权存在相同的法律效果，以保护交易安全和快捷，稳定社会经济秩序。

公示原则在于使人"知"，公信原则在于使人"信"。

三、物权变动

(一) 不动产的物权变动

1. 不动产物权变动的情形

(1) 登记生效注意。

不动产物权的设立、变更、转让和消灭，经依法登记，发生效力；未经登记，不发生效力，但法律另有规定的除外。房屋买卖，建设用地使用权的取得和不动产的抵押必须登记，登记有效。

(2) 物权变动不以登记为生效要件，而是以登记为对抗要件。

① 土地承包经营权自土地承包经营权合同生效时设立。未经登记，不得对抗善意第三人。

② 地役权自地役权合同生效时设立。未经登记，不得对抗善意第三人。

③ 已经登记的宅基地使用权转让或者消灭的，应当及时办理变更登记或者注销登记，宅基地使用权的变动不以登记为生效要件。

(3) 物权变动不以登记为生效要件，但事后处分时仍要登记。

① 因人民法院、仲裁委员会的法律文书，人民政府的征收决定，导致物权设立、变更、

转让或者消灭的，自法律文书生效或者人民政府的征收决定生效时发生效力。

② 因继承或者受遗赠取得物权的，自继承或者受遗赠开始时发生效力。

③ 因合法建造、拆除房屋等事实行为设立和消灭物权的，自事实行为成就时发生效力。

上述三种情形的物权变动虽不以登记为要件，但获得权利的主体在处分该物权时，仍应当依法办理登记。未经登记，不发生物权效力。

(4) 依法属于国家所有的自然资源，所有权可以不登记。

自然资源的所有权虽然可以不登记，但如果在自然资源上设定用益物权和担保物权时，仍应办理登记。

2. 登记制度

登记地点为不动产所在地的登记机构。土地登记的登记机构是土地管理部门，房屋登记的登记机构是房屋管理部门。

不动产权属证书记载的事项，应当与不动产登记簿一致；记载不一致的，除有证据证明不动产登记簿确有错误外，以"不动产登记簿"为准。

《民法典》物权编规定权利人、利害关系人认为不动产登记簿记载的事项错误的，可以申请更正登记。不动产登记簿记载的权利人书面同意更正或者有证据证明登记确有错误的，登记机构应当予以更正。利害关系人在更正登记时不能获得权利人同意时，可以申请异议登记。申请人在异议登记之日起十五日内不起诉的，异议登记失效。异议登记不当，造成权利人损害的，权利人可以向申请人请求损害赔偿。

【例9-5】某房屋登记的所有人为甲，乙认为自己是共有人，于是向登记机构申请更正登记。甲不同意，乙又于3月15日进行了异议登记。3月20日，丙打算购买甲的房屋，但是到登记机构查询发现甲的房屋存有异议登记，遂放弃购买。乙申请异议登记后，发现自己的证据不足，遂对此事置之不理。根据《民法典》物权编的规定，下列各项中正确的有(   )。

A. 异议登记于3月31日失效　　　B. 异议登记于4月16日失效

C. 甲有权向乙请求赔偿损失　　　D. 甲有权向登记机构请求赔偿损失

3. 不动产买卖合同与物权登记

当事人之间订立有关设立、变更、转让和消灭不动产物权的合同，除法律另有规定或者合同另有约定外，自合同成立时生效；未办理物权登记的，不影响合同效力。

【例9-6】甲将自有的房屋出售给乙，双方在2020年12月1日时签订了房屋买卖合同，2020年12月10日，乙将首付款交付给甲，2020年12月15日，甲将房屋腾空后交付给乙，2020年12月20日甲与乙办理了产权过户手续。

问题：买卖合同何时成立？房屋所有权自何时起转移？

(二) 动产的物权变动

1. 交付生效主义

(1) 动产物权的设立和转让，自交付时发生效力，但法律另有规定的除外。当事人虽然就动产所有权移转的问题达成了协议，但在尚未交付标的物以前，所有权并不移转。

(2) 船舶、航空器和机动车等物权的设立、变更、转让和消灭，未经登记，不得对抗善意第三人。

【例9-7】甲将一辆汽车以15万元卖给乙，乙付清全款，双方约定七日后交付该车并办理过户手续。丙知道此交易后，向甲表示愿以18万元购买，甲当即答应，向丙交付了汽车并办理了过户手续。乙起诉甲、丙，要求判令汽车归己所有，并赔偿因不能及时使用汽车而发生的损失。关于该汽车的归属，根据《民法典》物权编的规定，下列说法中正确的是(　　)。

A. 归乙所有，甲、丙应赔偿乙的损失　　　B. 归丙所有，乙只能请求甲承担赔偿责任

C. 归丙所有，但甲、丙应赔偿乙的损失　　D. 归丙所有，但丙应赔偿乙的损失

2. 特殊的交付方式

在法律上，交付是指将物或提取标的物的凭证移转给他人占有的行为。交付通常指现实交付，即直接占有的移转。以下几种交付方式，也可以发生与现实交付同样的法律效果。

(1) 简易交付

简易交付是指动产物权设立和转让前，权利人已经先行占有该动产的，无须现实交付，物权在法律行为生效时发生变动效力。

(2) 指示交付

指示交付又称返还请求权的让与，是指让与动产物权的时候，如果让与人的动产由第三人占有，让与人可以将其享有的对第三人的返还请求权让与给受让人，以代替现实交付。

(3) 占有改定

占有改定是指动产物权的让与人与受让人之间的特别约定，标的物仍然由出让人继续占有，而受让人则取得对标的物的间接占有以代替标的物的现实交付。这样在双方达成物权让与合意时，视为已经交付。例如，A、B在2020年10月1日签订一本书的买卖合同，但是约定书先不交给B，而是A先将书看完，在2020年12月10日再将书交给B。此时在2020年10月1日视为交付，所有权转移，这是"占有改定"。

【例9-8】动产的交付主要包括(　　)。

A. 简易交付　　　B. 指示交付　　　C. 占有改定　　　D. 现实交付

第二节　所有权

一、所有权的概念和特征

(一) 所有权的概念

所有权是指所有人依法对自己的财产享有的占有、使用、收益和处分的权利。

(二) 所有权的特征

1. 所有权具有完整性

所有权与其他物权区别的主要表现在于所有人对财产享有占有、使用、收益和处分的完整权利，而其他物权只是具有所有权的部分权能。

2. 所有权是一种绝对权

所有权的权利主体是特定的，但所有权的义务主体不是特定的，所有人之外的任何不特定

的民事主体都负有不作为的义务,都属于义务主体。

3. 所有权具有排他性

所有权可以依法排斥他人的非法干涉,不允许其他任何人加以妨碍或者侵害。而且所有权实行一物一权,任何财产只能有一个所有权,不能形成双重所有权,这也是所有权排他性的体现。

4. 所有权具有存续上的永久性

二、所有权的类型

按照所有权的主体划分,我国财产所有权的类型主要有国家所有权、集体组织所有权和私人所有权、法人财产所有权、社会团体所有权等。

根据《民法典》第 248 条规定,无居民海岛属于国家所有,国务院代表国家行使无居民海岛所有权。国家所有的财产受法律保护,禁止任何组织或者个人侵占、哄抢、私分、截留、破坏。

三、业主的建筑物区分所有权

(一) 建筑物区分所有权的概念

建筑物区分所有权是指业主对建筑物与其他部分区别开来的、某一特定部分所享有的所有权。所有人的所有权不及于建筑物的全部,只能及于其所有的部分。该所有权的客体和使用上均具有独立性。

根据《民法典》物权编规定,建筑物区分所有权由专有部分所有权、共有部分的共有权,以及共有部分的共同管理权(成员权)三要素构成。

(二) 建筑物区分所有权的客体

1. 专有部分所有权

根据《民法典》物权编规定,业主对建筑物内的住宅、经营性用房等专有部分享有所有权,有权对专有部分占有、使用、收益和处分。

2. 共有部分的共有权

根据《民法典》物权编规定,业主对专有部分以外的共有部分既享有权利,又承担义务,而且此项义务不得放弃。在转让专有部分所有权时,共有部分的共有权及共同管理权必须随之转移。例如,建筑区划内的道路,属于业主共有,但属于城镇公共道路的除外;建筑区划内的绿地,属于业主共有,但属于城镇公共绿地或者明示归个人的除外;建筑区划内的物业服务用房,属于业主共有。

3. 共有部分的共同管理权(成员权)

根据《民法典》物权编规定,业主对专有部分以外的共有部分享有共同管理的权利。对于筹集和使用建筑物及其附属设施的维修资金和改建、重建建筑物及其附属设施的行为,应当经专有部分占建筑物总面积的 2/3 以上的业主且占总人数的 2/3 以上的业主同意。

【例9-9】下列有关建筑物共有部分的共同管理权的说法中，错误的是(　　)。

A. 业主对共有部分享有共有的权利

B. 业主可以自行管理建筑物的附属设施，但不能自行管理建筑物

C. 业主可以委托物业服务企业管理建筑物及其附属设施

D. 业主可以设立业主大会，选举业主委员会

【例9-10】某花园小区建筑物的总面积为40万平方米，共有业主4000人，业主委员会计划在2008年对该小区各栋楼的中央空调主机及其管道进行维修和保养并向全体业主共同筹集维修基金，在召开的全体业主大会中，如何使得该事项通过？

【例9-11】甲、乙、丙、丁分别购买了某住宅楼(共四层)的一至四层住宅，并各自办理了房产证。下列说法正确的是(　　)。

A. 甲、乙、丙、丁有权分享该住宅楼的外墙广告收入

B. 一层住户甲对三、四层间楼板不享有民事权利

C. 若甲出卖其住宅，乙、丙、丁享有优先购买权

D. 如四层住户丁欲在楼顶建一花圃，须得到甲、乙、丙同意

四、善意取得

所谓善意取得，是指动产占有人或者不动产的名义登记人将动产或者不动产不法转让给受让人以后，如果受让人善意取得财产，即可依法取得该财产所有权的法律制度。

例如，甲租用乙的汽车，并将其卖给丁，(甲无权处分该汽车)此为不法转让。但是丁为善意第三人，则保护丁的所有权，甲是无处分权人(让与人)，乙为权利人。事后权利人乙无权让甲返还原物，只能要求甲承担赔偿责任，或者返还不当得利。

1. 善意取得的条件

要善意取得他人的财产所有权，应当具备一定的条件：

(1) 受让人受让该不动产或者动产时是善意的；

(2) 以合理的价格转让；

(3) 转让的不动产或者动产依照法律规定应当登记的已经登记，不需要登记的已经交付给受让人。

2. 善意取得的注意事项

根据《民法典》物权编的规定，在理解善意取得制度时，应注意以下几点。

(1) 除了动产可以适用善意取得制度外，不动产上也可以适用善意取得制度。

(2) 拾得遗失物、赃物、漂流物、埋藏物、隐藏物不能适用善意取得制度。例如，张三的钻戒被A偷走，A卖给了B，则B即使支付合理对价，也不构成善意取得制度，因为这是"赃物"。

(3) 善意取得不但适用于所有权的取得，也适用于他物权的取得。

五、拾得遗失物

遗失物是指他人不慎丧失占有的动产。拾得遗失物指发现他人遗失物而予以占有的法律

事实。

拾得人与权利人之间法律关系的处理规则如下。

(1) 拾得遗失物，应当返还权利人。拾得人应当及时通知权利人领取，或者送交公安等有关部门。

(2) 拾得人在返还拾得物时，可以要求支付必要费用，但不得要求支付报酬。但遗失人发出悬赏广告，愿意支付一定报酬的，不得反悔。

(3) 有关部门收到遗失物，知道权利人的，应当及时通知其领取；不知道的，应当及时发布招领公告。根据《民法典》第318条规定，遗失物自发布招领公告之日起一年内无人认领的，归国家所有。拾得漂流物、发现埋藏物或隐藏物，参照适用拾得遗失物的有关规定。法律另有规定的，依照其规定。

(4) 拾得人在遗失物送交有关部门前，有关部门在遗失物被领取前，应当妥善保管遗失物。因故意或者重大过失致使遗失物毁损、灭失的，应当承担民事责任。

(5) 拾得人拒不返还遗失物，按侵权行为处理。拾得人不得要求支付必要费用，也无权请求权利人按照承诺履行义务。

(6) 如果遗失物通过转让为他人所占有时，权利人有权向无处分权人请求损害赔偿，或者自知道或者应当知道受让人之日起2年内向受让人请求返还原物。例如，张三的钻戒丢失，被A拾得后卖给了善意的B，则张三(权利人)可以要求B返还原物，或者向A(无处分权人)请求损害赔偿。如果受让人通过拍卖或者向具有经营资格的经营者购得该遗失物的，权利人请求返还原物时应当支付受让人所付的费用。权利人向受让人支付所付费用后，有权向无处分权人追偿。

第三节 用益物权

一、用益物权的概念和特征

(一) 用益物权的概念

用益物权是对他人所有的不动产或者动产，依法享有占有、使用和收益的权利。结合《民法典》物权编的相关规定，用益物权包括：土地承包经营权、建设用地使用权、宅基地使用权、地役权、物权，具体包括海域使用权，探矿权、采矿权，取水权和使用水域、滩涂从事养殖、捕捞的权利。

【例9-12】下列选项中，属于我国《民法典》物权编规定的用益物权的有(　　)。
A. 建设用地使用权　　B. 抵押权　　C. 宅基地使用权　　D. 土地承包经营权

(二) 用益物权的特征

(1) 用益物权以对标的物的使用、收益为主要内容，即注重物的使用的价值，并以对物的占有为前提。这区别于担保物权注重的交换价值的特点。而且担保物权中的抵押权不以物占有为前提，质押权、留置权虽也要移转占有，但这种占有的目的在于权利保持与公示，而非在于标的物的使用。

(2) 用益物权是他物权、有期限物权，这一点区别于所有权。

(3) 用益物权中除了地役权，均为主物权；而担保物权为从物权。

二、承包经营权

承包经营权是指由公民或集体组织，对国家所有或集体所有的土地、山岭、草原、荒地、滩涂、水面等，依照承包合同的规定而享有的占有、使用和收益的权利。

承包经营权通过订立承包合同方式确立，根据《民法典》物权编规定，土地承包经营权自土地承包权合同生效时设立。(登记对抗主义)

根据《民法典》物权编规定，承包经营权的期限因为内容的不同而有所不同：耕地的承包期为 30 年；草地的承包期为 30～50 年；林地的承包期为 30～70 年，特殊林木的林地承包期，经国务院林业行政部门批准可以延长。

(1) 在承包的经营期限内，承包权人有权根据法律规定，采取转包、互换、转让等方式流转土地承包经营权，流转的期限不得超过承包的剩余期限。

(2) 如果采取互换、转让方式流转没有办理登记手续的，不得对抗善意第三人。

(3) 通过招标、拍卖、公开协商等方式承包荒地等农村土地，依照农村土地承包法等法律和国务院的有关规定，其土地承包权可以转让、入股、抵押或者以其他方式流转。在承包期内，承包地被征收的，土地承包经营权人有权依照法律规定获得相应补偿。

【例 9-13】张某房屋的后面是一片林地，2020 年 5 月 10 日张某和当地的村委会签订了林地的承包经营合同，2020 年 5 月 30 日当地人民政府向张某颁发了林权证书并登记造册，确立了土地的承包经营权，按照《民法典》物权编的规定，下列说法错误的是(   )。

A. 张某承包该林地的最长期限为 70 年，最短期限为 30 年

B. 张某的林地承包经营权在 2020 年 5 月 30 日取得林权证书时设立

C. 在承包经营期限内，张某有权根据法律规定转让承包经营权

D. 如果张某在流转期限内转让承包经营权，但未办理登记手续的，不得对抗善意第三人

三、建设用地使用权

(一) 建设用地使用权的概念及范围

建设用地使用权是指民事主体依法对国家所有的土地享有占有、使用和收益的权利。建设用地使用权是从国家土地所有权中分离出来的一项民事权利，独立于土地所有权而存在。

根据《民法典》物权编的规定，建设用地使用权可以在土地的地表、地上或者地下分别设立。设立建设用地使用权应当符合节约资源、保护生态环境的要求，应当遵守法律、行政法规关于土地用途的规定，不得损害已设立的用益物权。

根据《民法典》物权编的规定，建设用地使用权人依法对国家所有的土地享有占有、使用和收益的权利，有权利用该土地建造建筑物、构筑物及其附属设施。

(二) 建设用地使用权的取得

建设用地使用的取得方式有出让、划拨等。其中划拨是无偿取得使用权的方式，因此法律严格限制以划拨方式设立建设用地使用权。

根据《民法典》物权编的规定，凡是工业、商业、旅游、娱乐和商品住宅等经营性用地，都应当采取招标、拍卖等公开竞价的方式出让。严格限制以划拨方式设立建设用地使用权。

建设用地使用权取得必须向登记机构办理登记，登记是建设用地使用权生效的条件。(登记生效主义)

(三) 建设用地使用权的流转

权利人取得建设用地的使用权后，除法律另有规定的以外，有权将建设用地使用权转让、互换、出资、赠与或者抵押。

建设用地使用权转让、互换、出资或者赠与的，附着于该土地上的建筑物、构筑物及其附属设施一并处分。

建筑物、构筑物及其附属设施转让、互换、出资或者赠与的，该建筑物、构筑物及其附属设施占用范围内的建设用地使用权一并处分。

住宅建设用地使用权期间届满的，自动续期。

四、地役权(从权利)

(一) 地役权的概念

地役权是指土地上权利人，为了自己使用土地的方便或者土地利用价值的提高，通过约定得以利用他人土地的权利。其中为他人土地利用提供便利的土地称为供役地，而享有地役权的土地称为需役地。地役权中的供役地和需役地之间并不要求相邻。

(二) 地役权的属性

与一般的用益物权不同，地役权具有从属性和不可分性。

1. 地役权的从属性

就地役权与需役地的相邻关系而言，从属性具体表现为两个方面。

(1) 地役权不得与需役地相分离单独转让。

(2) 地役权不得与需役地的所有权或使用权相分离，作为其他权利的标的，比如不得单独设定抵押。

2. 地役权的不可分性

不可分性具体表现为两个方面。

(1) 需役地以及需役地上的以土地承包经营权、建设用地使用权、宅基地使用权部分转让的，转让部分涉及地役权的，受让人同时享有地役权。比如以土地承包经营权、建设用地使用权等抵押的，在实现抵押权时，地役权一并转让。

(2) 供役地以及供役地上的以土地承包经营权、建设用地使用权、宅基地使用权部分转让的，转让部分涉及地役权的，地役权对受让人有约束力。

(三) 地役权的登记

设立地役权应当采取书面形式订立地役权合同。地役权自地役权合同生效时设立。当事人要求登记的，可以向登记机构申请地役权登记；未经登记，不得对抗善意第三人。(登

记对抗主义)

【例9-14】甲为了能在自己的房子里欣赏远处的风景。便与相邻的乙约定:乙不在自己的土地上从事高层建筑;作为补偿,甲每年支付给乙4000元。2年后,乙将该土地使用权转让给丙。丙在该土地上建了一座高楼,与甲发生了纠纷。对此纠纷,下列判断正确的是( )。

A. 甲对乙的土地不享有地役权

B. 甲有权不让丙建高楼,但得每年支付其4000元

C. 丙有权建高楼,但须补偿甲由此受到的损失

D. 甲与乙之间的合同因没有办理登记而无效

(四) 地役权的效力

1. 地役权的存续期限

地役权的存续期限由当事人约定,但不得超过土地承包经营权、建设用地使用权等用益物权的剩余期限。

2. 地役权与其他用益物权之间的关系

根据《民法典》物权编规定,地役权与其他用益物权之间的平衡采取下列方式。

(1) 土地所有权人享有地役权或者负担地役权的,设立土地承包经营权、宅基地使用权等用益物权时,该用益物权人继续享有或者负担已设立的地役权。

(2) 土地上已设立土地经营权、建设用地使用权、宅基地使用权等用益物权的,未经上述用益物权人同意,土地所有权人不得设立地役权。

(3) 需役地以及需役地上的土地承包经营权、建设用地使用权部分转让时,转让部分涉及地役权的,受让人同时享有地役权。

(4) 供役地以及供役地上的土地承包经营权、建设用地使用权部分转让时,转让部分涉及地役权的,地役权对受让人具有约束力。

3. 居住权

居住权是《民法典》新增的内容。明确居住权主要是为了满足居住生活需要,其目的在于实现对社会弱势群体,如对妇女、未成年人、老人居住权益的保护。

居住权人有权按照合同约定,对他人的住宅享有占有、使用的用益物权,以满足生活居住的需要。居住权的设定主要采取意定的方式,即通过合同和遗嘱的方式设定。是否允许通过裁判设定居住权,值得探讨。生活居住类型的居住权,是为了满足特定人的居住利益而设置的,因此其不能继承和转让。

设立居住权,当事人应当采用书面形式订立居住权合同。居住权合同一般包括下列条款:

(1) 当事人的姓名或者名称和住所;

(2) 住宅的位置;

(3) 居住的条件和要求;

(4) 居住权期间;

(5) 解决争议的方法。

居住权无偿设立,但是当事人另有约定的除外。设立居住权的,应当向登记机构申请居住权登记。居住权自登记时设立。

居住权不得转让、继承。设立居住权的住宅不得出租，但是当事人另有约定的除外。

居住权期间届满或者居住权人死亡的，居住权消灭。居住权消灭的，应当及时办理注销登记。以遗嘱方式设立居住权的，参照适用《民法典》第二编第十四章的有关规定。

第四节　担保物权

一、担保物权的概念和特征

(一) 担保物权的概念

担保物权是指在借贷、买卖等民事活动中，债务人或债务人以外的第三人将特定的财产作为履行债务的担保，债务人未履行债务时，债权人依照法律规定的程序就该财产优先受偿的权利。担保物权是以担保主债权的实现为目的，其客体可以是债务人的财产或权利也可以是第三人的财产或权利。担保物权包括抵押权、质权和留置权。

(二) 担保物权的特征

1. 从属性

(1) 担保物权不得与主债权分离而单独转让。

(2) 主债权全部消灭，担保物权也归于消灭；主债权部分消灭时，基于担保物权的不可分性，担保物权并不部分消灭。

2. 不可分性

担保物权的不可分性是指担保物的全部担保债权的各部分，以及担保物的各部分担保债权的全部。

(1) 主债权部分消灭时，债权人仍就未清偿部分的债权对担保权的全部行使权利。

(2) 担保物部分灭失，残存部分仍担保债权全部。

3. 物上代位性

在担保期间，如果担保财产毁损、灭失或者被征收的，担保物权人可以就获得的保险金、赔偿金或者补偿金优先受偿。

二、抵押

(一) 抵押的概念

抵押是指债务人或者第三人不转移对财产的占有，将该财产作为债权的担保。例如，甲公司欠乙公司 1000 万元，甲公司以自己的房产作为抵押，抵押物价值为 600 万元。丙作为第三人为甲公司提供担保，以 5 辆汽车作为抵押，价值 400 万元。如果甲方不能履行债务，债权人乙有权依法将该财产折价，或者通过拍卖、变卖的手段取得的价款优先受偿。如果抵押物的价款超过 1000 万元，那么超出部分应当归甲或丙所有，如果抵押物价款不足清偿，未受偿部分应当继续由甲清偿。

(二) 抵押权的设定方式

抵押权的设定应当由双方当事人签订抵押合同。抵押合同应当采用书面形式。

抵押权人在债务履行期届满前，不得与抵押人约定债务人不履行到期债务时抵押财产归债权人所有。如果双方在合同中约定债务人不履行到期债务时，抵押财产归债权人所有，则此条款(流押条款)无效，流押条款无效不影响抵押合同其他条款的效力。

【例 9-15】赵某向张某借款，以自己的一台便携式电脑作为抵押，并在抵押合同中约定，到期不清偿该便携式电脑归张某所有，但未办理登记手续。对此，下列说法中符合规定的有（   ）。

A. 因该便携式电脑未办理登记，该抵押合同不生效

B. 因约定流质条款，该抵押合同不生效

C. 因约定流质条款，该抵押合同的流质条款无效，但该抵押合同有效

D. 因约定的流质条款，该抵押合同的流质条款无效，但该抵押合同的效力处于不确定状态

(三) 抵押物

1. 可以作为抵押物的财产

根据《民法典》物权编规定，可以作为抵押物的财产有以下几种。

(1) 建筑物和其他土地附着物。地上附着物包括尚未与土地分离的农作物，但当事人以农作物和尚未分离的土地使用权同时抵押的，土地使用权部分的抵押无效。因为种植农作物的土地属于耕地的范畴，根据法律规定，不属于可以抵押的财产。

(2) 建设用地使用权。

① 以建筑物抵押的，该建筑物占用范围内的建设用地使用权同时抵押。以建设用地使用权抵押的，该国有土地上的房屋同时抵押。即"地随房走，房随地走，房地一体。"

② 如果以城市房地产设定抵押的，土地上新增的房屋不属于抵押物。

③ 乡镇、村企业的建设用地使用权不得单独抵押。以乡镇、村企业的厂房等建筑物抵押的，其占用范围内的建设用地使用权一并抵押。

(3) 生产设备、原材料、半成品、产品。

(4) 正在建造的建筑物、船舶、航空器。

(5) 交通运输工具。

(6) 海域使用权。这是《民法典》物权编的最新规定。

(7) 法律、行政法规未禁止抵押的其他财产。

2. 不可作为抵押物的财产

根据《民法典》物权编的规定，下列财产不得抵押。

(1) 土地所有权。

(2) 宅基地、自留地、自留山等集体所有的土地使用权，但是法律规定可以抵押的除外。这里的例外有两处：一是以招标、拍卖、公开协商等方式取得的荒地等土地承包经营权可以抵押；二是乡镇、村企业的建设用地使用权不得单独抵押。以乡镇、村企业的厂房等建筑物抵押的，其占用范围内的建设用地使用权一并抵押。故只能"地随房走"，不能"房随地走"，而且以这两种财产进行抵押的，在实现抵押权后，未经法定程序不得改变土地集体所有和土地用途。

(3) 学校、幼儿园、医院机构等以公益为目的成立的非营利法人的教育设施、医疗卫生设施和其他公益设施。根据《民法典》有关担保制度的解释的规定，如果学校、幼儿园、医院等以公益为目的的事业单位、社会团体，以其教育设施、医疗卫生设施和其他社会公益设施以外的财产为自身债务设定抵押的，人民法院可以认定抵押有效。

(4) 所有权、使用权不明或者有争议的财产。

(5) 依法被查封、扣押、监管的财产。但是已经设定抵押的财产被采取查封、扣押等财产保全或者执行措施的，不影响抵押权的效力。

(6) 法律、行政法规规定不得抵押的其他财产。

【例9-16】根据规定，下列不得用于抵押的财产是(　　)。

A. 建设用地使用权　　　　　　　B. 抵押人所有的机器

C. 学校的教育设施　　　　　　　D. 依法被扣押查封的财产

3. 设定抵押物的要求

(1) 抵押物必须是可以转让、可以流通的物。

(2) 抵押的标的物必须是特定的。

(3) 抵押权在设定之前就属于抵押物的从物的，抵押权的效力及于抵押物的从物；但是如果抵押物与从物是由两个以上的人分别所有，抵押权的效力则不及于抵押权的从物。

(4) 抵押物后来因为附合、混合或者加工使抵押物的所有权为第三人所有的，抵押权的效力及于补偿金；抵押物的所有人为附合物、混合物或者加工物的所有人的，抵押权的效力及于附合物、混合物或者加工物；第三人与抵押物所有人为附合物、混合物或者加工物的共有人的，抵押权的效力及于抵押人对共有物享有的份额。

(5) 在共有关系当中，就共同财产来设定抵押的情况下，如果是按份共有，按份共有人以其共有财产中所享有的份额可以设定抵押；如果是共同共有，共同共有人应当征得其他共有人同意才能对共有财产设定抵押，否则抵押无效；如果其他共有人知道或应当知道而未提出异议，就视为同意，抵押有效。

(四) 抵押登记

1. 登记生效的情况

(1) 以建筑物和其他土地附着物。

(2) 以建设用地使用权。

(3) 以招标、拍卖、公开协商等方式取得的荒地等土地承包经营权。

(4) 以正在建造的建筑物。

以上四种地产设定抵押的，应当办理抵押物登记，抵押权自登记之日起设立。

注意：第一，对上述财产进行抵押的，必须履行登记手续，才能设立抵押权；第二，抵押登记记载的内容与抵押合同约定的内容不一致的，以登记记载的内容为准；第三，对上述财产设定抵押，如果当事人未办理登记，虽然抵押权没有设立，但是抵押合同已经生效；第四，以尚未办理权属证书的财产抵押的，只要当事人在一审法庭辩论终结前能够提供权利证书或者补办登记手续的，法院可以认定抵押有效。

2. 登记对抗的情况

当事人以《民法典》物权编规定的生产设备、原材料、半成品、产品，正在建造的船舶、航空器，交通运输工具设定抵押，或者以《民法典》物权编规定的动产设定抵押，抵押权自抵押合同生效时设立。未经登记，不得对抗善意第三人。

【例9-17】某航空公司以正在建造的大型客机来设定抵押向银行借款，但未办理抵押物登记手续，下列说法符合规定的有(　　)。

A. 建造中的大型客机不得设定抵押

B. 因未办理抵押登记，该抵押无效

C. 因未办理抵押登记，主合同无效

D. 因未办理抵押登记，所以银行不得对抗善意第三人

【例9-18】2020年4月11日，A公司以B银行就借款事宜口头达成协议，4月13日签订了一份借款合同，并以5辆卡车作为抵押。4月15日签订了抵押合同，4月18日抵押合同依法办理了登记。该抵押合同的生效日期是(　　)。

A. 4月11日　　　　B. 4月13日　　　　C. 4月15日　　　　D. 4月18日

关于登记对抗和善意第三人的理解：甲公司对乙公司负有债务，甲公司用自己的产品作抵押，并签订了抵押合同，则抵押合同签订时抵押权设立。后来甲将该产品用合理的价格转让给丙，丙是善意的不知情的第三人，且支付了对价，那么丙可以取得该产品的所有权，因为该产品没有办理登记手续，则乙不能对抗善意的第三人丙。

(五) 抵押权的效力

1. 抵押人的权利

(1) 抵押物的占有权

抵押设定以后，除法律和合同另有约定以外，抵押人有权继续占有抵押物，并有权取得抵押物的孳息。因此原则上抵押权的效力不及于抵押物的孳息。

但是，根据《民法典》物权编的规定，债务人不履行到期债务或者发生当事人约定的实现抵押权的情形，致使抵押财产被人民法院依法扣押的，自扣押之日起抵押权人有权收取该抵押财产的天然孳息或者法定孳息，但抵押权人未通知应当清偿法定孳息的义务人的除外。

例如，A对B负有1000万元的债务，A以自己的房产作抵押，债务到期A未能清偿，但此时A已经把房产出租给了甲，年租金为100万元。B对A提起诉讼，法院扣押了A的房产，被扣押之后房产所再产生的租金，应该由B收取用来充抵债务。

(2) 抵押人对抵押物的处分权

抵押设定以后，抵押人并不丧失对抵押物的所有权，抵押人有权将抵押物转让给他人，但抵押人处分财产的权利受到如下限制。

① 根据《民法典》物权编规定，抵押期间，抵押人经抵押权人同意转让抵押财产的，应当将转让所得的价款向抵押权人提前清偿债务或者提存。抵押期间，抵押人未经抵押权人同意，不得转让抵押财产，但受让人代为清偿债务消灭抵押权的除外。

例如，甲公司欠乙公司100万元的债务，甲公司以自己的产品作抵押。假设甲公司经乙公司同意后，又将该产品以120万元的价格转让给了丁。那么应当将转让所得的100万元提前清

偿乙公司的债务，剩余的 20 万元仍然归甲；如果该产品卖得 86 万元，则差价 14 万元应当由甲补足。如果甲想把该抵押物转让给丁，但没经过乙的同意，则不能转让抵押财产。但受让人代为清偿债务消灭抵押权的除外。

② 如果抵押物未经登记的，则抵押权不能对抗善意第三人。因此给抵押权人造成损失的，由抵押人承担赔偿责任。

③ 抵押物依法被继承或者赠与的，抵押权不受影响。

(3) 抵押人对抵押物设定多项抵押的权利

抵押人可以就同一抵押物设定多个抵押权，但不得超出余额部分。

(4) 抵押人对抵押物的收益权

① 如果抵押权设定在先，出租在后，抵押权实现后，租赁合同对受让人不具有约束力；抵押人将已抵押的财产出租时，如果抵押人未书面告知承租人该财产已抵押的，抵押人对出租抵押物造成承租人的损失承担赔偿责任；如果抵押人已书面告知承租人该财产已抵押的，抵押权实现造成承租人的损失，由承租人自己承担。

② 如果出租在先，抵押在后，租赁合同在有效期内对抵押物的受让人继续有效。

【例9-19】2019 年 8 月 3 日，甲和乙签订租赁合同，将其所有的一栋房屋出租给乙，租期为 1 年。2019 年 10 月 19 日，甲又将该已出租的房屋设定抵押与丙签订借款合同，并书面告知了乙。2020 年 4 月 19 日借款合同到期，甲未能按照约定还本付息。关于本案，下列说法正确的是(   )。

A. 乙在有效期内仍然有权居住，因抵押合同无效

B. 乙在有效期内仍然有权居住，因原租赁合同继续发生法律效力

C. 乙在有效期内仍然有权居住，但应与受让人签订新的租赁合同

D. 乙在有效期内是否有权居住由房屋的受让人来决定

2. 抵押人的义务

抵押人的主要义务是妥善保管抵押物。根据《民法典》物权编规定，抵押人的行为足以使抵押财产价值减少的，抵押权人有权要求抵押人停止其行为。抵押财产价值减少的，抵押权人有权要求恢复抵押财产的价值，或者提供与减少的价值相应的担保。抵押人不恢复抵押财产的价值也不提供担保的，抵押权人有权要求债务人提前清偿债务。

3. 抵押权人的权利

(1) 保全抵押物。

(2) 优先受偿权。在债务人不履行债务时，抵押权人有权以抵押财产折价或者以拍卖、变卖抵押物的价款优先于普通债权人受偿。根据《民法典》物权编的规定，抵押权人在债务履行期限届满前，与抵押人约定债务人不履行到期债务时抵押财产归债权人所有的，智能依法就抵押财产优先受偿。

(3) 放弃抵押权。

(4) 变更抵押权的顺位。抵押权的变更，未经其他抵押权人书面同意，不得对其他抵押权人产生不利影响。

债务人以自己的财产设定抵押，抵押权人放弃该抵押权，其他担保人在抵押权人丧失优先受偿权益的范围内免除担保责任。例如，债务人 A 向债权人 B 借款 100 万元，债务人自己提

供价值 20 万元的机器设备作为抵押，保证人 C、D 均承担 40 万元的保证责任。如果债权人放弃了该抵押权，则保证人 C、D 在承担责任的范围内均免除 20 万元。

(六) 抵押权的实现

根据《民法典》物权编的规定，担保物权的担保范围包括主债权及其利息、违约金、损害赔偿金、保管担保财产和实现担保物权的费用。当事人另有约定的，按照约定。

抵押权人可以与抵押人协议以抵押财产折价或者以拍卖、变卖该抵押财产所得的价款优先受偿。

抵押物折价或者拍卖、变卖所得价款，当事人没有约定的，清偿顺序如下：①实现抵押权的费用；②主债权的利息；③主债权。抵押物不足清偿的债权由债务人清偿。

在抵押物灭失或者被征用的情况下，抵押权人可以就该抵押物的保险金、赔偿金或者补偿金优先受偿。

如果在同一物上并存数个抵押权或并存数个物权，会产生优先受偿权的位序问题。关于优先受偿权位序，采取法定主义，由法律明确规定。

1. 多个抵押权并存时的清偿顺序

(1) 抵押权已登记的，按照登记的先后顺序清偿；顺序相同的，按照债权比例清偿。如果当事人同一天在不同的法定登记部门办理抵押物登记的，视为顺序相同。连续登记的，以第一次登记的时间为准确定抵押顺序。

(2) 抵押权已登记的先于未登记的受偿。

(3) 抵押权未登记的，按照债权比例清偿。

(4) 顺序在先的抵押权与该财产的所有权归属一人时，该财产的所有权人可以其抵押权对抗顺序在后的抵押权。

(5) 顺序在后的抵押权所担保的债权先到期的，抵押权人只能就抵押物价值超出顺序在先的抵押担保债权的部分受偿。

2. 与其他物权并存时的清偿程序

(1) 抵押权与质权并存。法定登记的抵押权人优先于质权人受偿。

(2) 抵押权与留置权并存。留置权人优先于抵押权人受偿。

(3) 抵押权与其他权利并存。如果同一财产有抵押权与《民法典》合同编中规定的优先受偿权并存时，《民法典》合同编中的优先受偿权优先于抵押权。例如，甲有一栋楼，尚欠该楼的工程款 100 万元，后甲将该楼作为抵押向银行借款 200 万元，则银行的抵押权与工程款相比，是工程款优先受偿。

【例 9-20】关于同一抵押物上多个抵押权并存的情形，下列说法正确的有(　　)。
A. 抵押权已登记的，按照登记的先后顺序清偿
B. 抵押权已登记的，优先于未登记的受偿
C. 抵押权未登记的，按照债权比例清偿
D. 顺序在先的抵押权与该财产的所有权归属一人时，该财产的所有权人可以其抵押权对抗顺序在后的抵押权

三、质押

(一) 质押的概念

所谓质押，指债务人或者第三人将其动产或权利移交债权人占有，将该财产作为债的担保，当债务人不履行债务时，债权人有权依法以该财产变价所得优先受偿。质押分为动产质押与权利质押。

与抵押权相比，有一定的区别：①抵押的标的物既可以是动产也可以是不动产。质押的标的物则不包括不动产；质押分为动产质押和权利质押，用于质押的标的物可以是动产或者权利。②抵押权的设定不要求移转抵押物的占有；质权的设定必须移转占有。③由于抵押权设定不转移占有，因此抵押人可以继续对抵押物占有、使用、收益；由于质押移转标的的占有，因此质押人虽然享有对标的物的所有权，但不能直接对质押物进行占有、使用、收益。

(二) 动产质押

1. 动产质押的设定

(1) 标的物的占有移转是质权设立的条件。质押合同是诺成合同，质物占有的转移不是质押合同的生效要件，而是质权的生效要件。

(2) 债务人或者第三人未按质押合同约定的时间移交质物的，质权不成立，由此给质权人造成损失的，出质人应当根据其过错承担赔偿责任。

(3) 出质人代替质权人占有质物的，质权没有设立。

(4) 因不可归责于质权人的事由而丧失对质物的占有，质权人可以向不当占有人请求停止侵害、恢复原状、返还质物。

(5) 出质人以间接占有的财产出质的，书面通知送达占有人时视为移交。占有人收到出质通知后，仍接受出质人的指示处分出质财产的，该行为无效。例如，甲的一辆汽车放在丁处保管，甲以该汽车出质给乙，甲书面通知送达丁时视为移交，占有人丁收到出质通知后，仍然接受甲的指示而处分该辆汽车的，该行为无效。

(6) 质押合同中对质押的财产约定不明，或者约定的出质财产与实际移交的财产不一致的，以实际交付占有的财产为准。

(7) 和抵押合同一样，质权人在债务履行期届满前，不得与出质人约定债务人不履行到期债务时质押财产归债权人所有。如果违反该规定，则约定的"流质条款"无效，但不影响质押合同其他部分的效力。

2. 动产质押的效力

动产质押设立后，在主债务清偿以前，质权人有权占有质物，并有权收取质物所产生的孳息。质权人收取孳息，并非取得孳息所有权，而是将孳息作为质押标的。例如，甲对乙负有 10 万元债务，甲将自己的一辆汽车出质给了乙，后来乙又经甲同意将该汽车以 5 000 元的价格出租给了丙，乙有权收取这部分租金作为质押标的。债务到期时，甲只需向乙清偿 95 000 元即可。

(三) 权利质押

(1) 有价证券的质押。以汇票、支票、本票、债券、存款单、仓单、提单出质的，当事人应当订立书面合同。质权自权利凭证交付质权人时设立，没有权利凭证的，质权自有关部门办理出质登记时设立。

(2) 可以转让的基金份额、股权的质押。根据《民法典》物权编的规定，以基金份额、股权出质的，当事人应当订立书面合同。以基金份额、证券登记结算机构登记的股权出质的，质权自证券登记结算机构办理出质登记时设立；以其他股权出质的，质权自工商行政管理部门办理出质登记时设立。

(3) 知识产权的质押。设定质押的知识产权仅限于可以转让的财产权。设定质权后，未经质权人同意，不得转让或者许可他人使用。以知识产权设定质押，应当向有关管理部门办理出质登记，才能使得质权生效。

(4) 应收账款的质押。质权自信贷征信机构办理处置登记时设立。公路桥梁、公路隧道或者公路渡口等不动产收益权实际上就是应收账款的一种。

(5) 依法可以质押的其他权利。

【例 9-21】甲公司向银行贷款，并以所持乙上市公司股份用以质押，该质押权设立的时间是( )。

A. 借款合同签订之日　　　　　B. 质押合同签订之日

C. 向证券登记机构办理出质登记之日　　D. 交付股票之日

四、留置

留置是指债权人按照合同约定占有债务人的动产，债务人不按照合同约定的期限履行债务的，债权人有权依照法律(担保法律)规定留置该财产，以留置财产折价或者以拍卖、变卖该财产的价款优先受偿的权利。根据《民法典》第四分编的规定，留置权属于法定担保物权，只适用于法律规定可以留置的合同。依照《民法典》合同编的规定，承揽合同的承揽人，运输合同的承运人，保管合同、仓储合同的保管人，行纪合同的行纪人依法可以拥有留置权。

例如，A 将一批布料交给 B 加工成服装，A 应当向 B 支付加工费；如果 A 不支付加工费，则 B 可以拒绝将加工后的服装给 A，B 行使的权利称为留置权。B 有权依法留置加工后的服装，并给债务人确定一个履行期限，没有约定的，该履行期限应当为两个月以上，债务人超过规定期限仍不履行债务时，留置权人可以依法以留置物拍卖、变卖所得价款优先受偿。

【复习思考题】

1. 简述物权法律的基本原则。

2. 简述用益物权的概念和特征。

3. 简述抵押权和质押权的区别。

第十章

知识产权法

学习目标

　　了解我国知识产权的主要类别及立法概况；理解知识产权、著作权、商标权、专利权的基本含义；熟悉专利权、商标权的主体、客体和内容；掌握专利权与商标权的申请原则与授予条件。

案例导入

　　太乙宫镇上的周家作坊依靠祖传酿醋秘方，酿制出来的醋远近闻名，销路很好。2019 年 10 月，经过数年辛苦钻研后，西安市某食品研究所研制出了一款营养醋配方，有消费者比对后发现该营养醋和周家作坊酿制的醋无论口感、味道都高度相似，难以辨别。2020 年 1 月 10 日该食品研究所向相关部门递交了专利申请书。

　　问题：

　　(1) 此种情况下专利权应该授予食品研究所还是周家作坊？

　　(2) 如果在 2020 年 1 月 10 日周家作坊也向相关部门递交了专利申请文件，专利权又该归属于谁？

第一节　知识产权法概述

　　由于知识日益成为促进经济发展的第一生产力，对知识的保护也日益受到重视，知识产权的概念便应运而生，知识产权法也得到了蓬勃发展。

一、知识产权的概念与特征

(一) 知识产权的概念

　　知识产权是指智力成果的创造人对所创造的智力成果和工商活动的行为人对所拥有的标

记依法享有的权利的总称。关于知识产权的范围，立法实践历来有不同的理解。根据我国《民法典》的规定，民事主体依法享有知识产权。知识产权是权利人就下列客体享有的专有的权利：①作品；②发明、实用新型、外观设计；③商标；④地理标志；⑤商业秘密；⑥集成电路布图设计；⑦植物新品种；⑧法律规定的其他客体。根据我国加入的《建立世界知识产权组织公约》的规定，知识产权包括关于文学、艺术和科学作品的权利；关于艺术家的表演、录音和广播等权利；关于科学发现的权利；关于人类在各领域的发明权；关于工业品外观设计的权利；关于商品商标、服务商标、商号及其他商业标记的权利；关于制止不正当竞争的权利；其他一切来自工业、科学及文学、艺术领域的智力创作活动所产生的权利。根据我国加入的 WTO 规则中《与贸易有关的知识产权协议》的规定，知识产权包括版权与邻接权；商标权；地理标志权；工业品外观设计权；专利权；集成电路布图(拓扑图)设计权；未公开的信息专有权。而在学理上，知识产权一般是指狭义的、传统意义上的知识产权，主要包括著作权、专利权、商标权。本章主要内容仅包括狭义的知识产权。

(二) 知识产权的特征

知识产权是一种与物权、债权并列的独立的民事权利，具有如下特征。

1. 知识产权的无形性

作为知识产权客体的智力成果或标记属于无形财产，它反映了知识产权的本质属性，与其他有形财产的所有权有本质区别。

2. 知识产权的法定性

由于知识产权不发生有形控制的占有，所以容易受到侵害，只有得到法律的保护，取得法律的确认和授权，知识财富的拥有者才享有知识产权。

3. 知识产权的专有性

知识产权的专有性可以从两方面来理解：一是唯一性，即对相同内容的智力成果，只有一个能成为法律保护的对象；二是独占性，即知识产权权利人在有效期内能独占地享有权利，任何人未经权利人许可，不得擅自使用。

4. 知识产权的地域性

知识产权受保护的空间上的效力并不是无限的，一项知识产权只有在其授权或确认其权利的国家或地区范围内发生法律效力，其他国家对这种权利没有保护的义务。

5. 知识产权的时间性

知识产权受保护的时间效力也非永久，只有在法律规定的期限内受到保护，保护期满后，权利就会失效，进入公有领域，成为社会财富，任何人均可无偿使用。

二、知识产权法的概念

知识产权法是调整在创造、利用智力成果和商业标记过程中所产生的各种权利义务关系的法律规范的总称，即指调整因创造、使用智力成果而产生的，以及在确认、保护在行使智力成果和商业标记所有人的知识产权的过程中所发生的各种社会关系的法律规范的总称。其调整对象是平等主体因创造或使用智力成果和商业标记而产生的财产关系和人身关系，其调整手段和适用原则主要是民法和民事诉讼法。

三、我国知识产权立法概况

我国的知识产权立法开始较晚，但是发展很快。1982 年 8 月 23 日，全国人大常委会审议通过了《中华人民共和国商标法》(以下简称《商标法》)(1993 年修订)；1984 年 3 月 12 日，全国人大常委会审议通过了《中华人民共和国专利法》(以下简称《专利法》)(1992 年修订)；1990年 4 月 17 日，全国人大常委会审议通过了《中华人民共和国著作权法》(以下简称《著作权法》)；1993 年 9 月 2 日，全国人大常委会审议通过了《中华人民共和国反不正当竞争法》(以下简称《反不正当竞争法》)。1986 年 4 月 12 日审议全国通过的《中华人民共和国民法通则》还专节规定了知识产权。此外我国还加入了一系列的保护知识产权方面的国际公约。

四、我国参加的知识产权国际条约

我国在制定国内知识产权法律法规的同时，加强了与世界各国在知识产权领域的交往与合作，加入了十多项知识产权保护的国际公约。主要有与贸易有关的知识产权协定(TRIPS 协定)、保护工业产权巴黎公约、保护文学和艺术作品伯尔尼公约、世界版权公约、商标国际注册马德里协定、专利合作条约等。其中，世界贸易组织中的 TRIPS 协定被认为是当前世界范围内知识产权保护领域中涉及面广、保护水平高、保护力度大、制约力强的国际公约，对我国国内有关知识产权法律的修改起了重要作用。

五、知识产权国际保护的基本原则

知识产权国际条约主要规定了知识产权保护的基本原则、范围以及最低保护标准等内容。其中，关于基本原则的规定是知识产权保护国际公约中最基本、最重要的内容。

(一) 国民待遇原则

在知识产权的保护上，成员法律必须给予其他成员的国民以本国或地区国民所享有的同等待遇。如果是非成员的国民，在符合一定的条件后也可享受国民待遇。如在著作权保护方面，某公民的作品只要在某成员国首先发表，就可在该成员国享受国民待遇。

(二) 最惠国待遇原则

缔约方在知识产权保护方面给予缔约方或非缔约方的利益、优待、特权或豁免，应立即无条件地给予其他缔约方。国民待遇原则解决的是本国人和外国人之间的平等保护问题，而最惠国待遇原则则是解决外国人彼此之间的平等保护问题，其共同点是禁止在知识产权保护方面实行歧视或差别待遇。

(三) 透明度原则

各成员颁布实施的知识产权保护法律、法规以及普遍适用的终审司法判决和终局行政裁决，均应以该国文字颁布或以其他方式使各成员政府及权利持有人知悉。

(四) 独立保护原则

某成员国民就同一智力成果在其他缔约国(或地区)所获得的法律保护是互相独立的。知识产权在某成员产生、被宣告无效或终止，并不必然导致该知识产权在其他成员也产生、被宣告无效或终止。

(五) 自动保护原则

作者在享有及行使该成员国民所享有的著作权时，不需要履行任何手续，注册登记、交纳样本及做版权标记等手续均不能作为著作权产生的条件。

(六) 优先权原则

在一个缔约成员提出发明专利、实用新型、外观设计或商标注册申请人，又在规定期限内就同样的注册申请再向其他成员提出同样内容的申请的，可以享有申请日期优先的权利。即可以把向某成员第一次申请的日期，视为向其他成员实际申请的日期。享有优先权的期限限制视不同的知识产权而定，发明和实用新型为向某成员第一次申请之日起 12 个月，外观设计和商标为 6 个月。

第二节　著作权法

保护文学、艺术和科学作品作者的著作权以及与著作权有关的权益，有利于鼓励有益于社会主义精神文明、物质文明建设的作品的创作和传播，促进社会主义文化和科学事业的发展与繁荣。

一、著作权法概述

著作权亦称版权，是法律赋予文学、艺术和科学作品的创作者对其他作者的作品在一定期限内所享有的权利。著作权法又称版权法，是指有关著作权以及相关权益的取得、行使和保护的法律规范的总称。

二、著作权的主体与归属

(一) 著作权的主体

著作权主体即著作权人，是依法对文学、艺术和科学作品享有著作权的人。根据《著作权法》的规定，著作权人包括作者以及其他依法享有著作权的公民、法人或非法人单位。

1. 作者

作者是指文学、艺术和科学作品的创作人。根据《著作权法》的规定，作者按以下标准认定：①创作作品的公民是作者。作者是直接参与创作的自然人。通过创作产生符合著作权法规定的作品，作品完成创作后，不论是否发表，作者均享有著作权。作者是最原始、最基本、最直接的著作权主体。②视为作者的法人或非法人单位。由法人或者非法人单位主持，代表其意志所作，并由其承担责任的作品，法人或非法人单位视为作者。这类作品又称为前段时间作品。③如无相反证明，在作品上署名的公民、法人或非法人单位为作者。这是确定作者最直接而简单的方法。

2. 其他依法享有著作权的公民、法人或非法人单位

作者以外其他依法享有著作权的公民、法人或非法人单位简称其他著作权人，主要包括两种情况：①因继受、继承、遗赠及法律规定取得著作权；②因合同转让取得的著作权。受让人取得部分或全部的著作权的财产权。

(二) 著作权归属

1. 著作权归属的一般原则

《著作权法》规定，著作权属于作者，法律另有规定的除外，这是关于著作权归属的一般原则。

2. 职务作品著作权归属

职务作品即公民为完成法人或非法人单位(以下简称单位)工作任务所创作的作品。对职务作品，《著作权法》有如下规定：①一般职务作品的著作权归作者享有，但单位在其业务范围内有优先使用权；作品完成 2 年内，未经单位同意，作者不得许可第三人以与单位使用的相同方式使用该作品。单位使用是否向作者付酬，由双方合同约定。作品完成两年后单位不使用，可允许第三人使用，无正当理由单位不得拒绝，许可使用的报酬由作者与单位按约定的比例分配。②法律规定的某些特殊职务作品，作者只有署名权，其他权利由单位所有，如主要是利用单位的物质技术条件创作，并由其承担责任的工程设计图、产品设计图、地图、计算机软件等职务作品；法律、行政法规规定或合同约定著作权由单位享有的职务作品。由以上规定可见，构成职务作品的要求是：作者必须是单位的职工或雇员，作品是其履行单位的工作任务的结果，创作过程中领取单位的劳动报酬或单位提供的物质和技术条件。

3. 委托作品著作权的归属

受委托创作的作品，著作权的归属由委托人或受委托人通过合同约定。合同未作明确约定或没有订立合同的著作权归受托人。

4. 合作作品著作权的归属

合作作品是指两人以上合作创作的作品，其著作权由合作者共同享有，没有参加创作的人不能成为合作作者。可分割的合作作品，作者对各自创作的部分可以单独享有著作权，但不得侵犯合作作品整体的著作权；不可分割的合作作品，各合作作者要行使权利时，应与其他合作作者协商，如不能协商一致，又无正当理由，任何一方不得阻止他方行使除转让以外的其他权利，但所得收益应合理分配。

5. 演绎作品著作权的归属

演绎作品是指改编、翻译、注释、整理已有作品而产生的作品，其著作权由改编、翻译、注释、整理人享有，但行使著作权时不得侵犯原作品的著作权。

6. 电影作品著作权的归属

电影作品和类似摄制电影的方法制作的作品，其著作权由制片者享有，但编剧、导演、摄影、作词、作曲等作者享有署名权并有权获得报酬。作品中的剧本、音乐等可以单独使用的作品的作者有权单独行使其著作权。

7. 美术作品著作权的归属

美术作品的创作人享有著作权，其著作权中的人身权永归创作作品人所有，其财产权可转让和转移。作品原件所有人有展览权。

8. 汇编作品的著作权归属

汇编作品的著作权由汇编人享有，但行使著作权时不得侵犯原作品的著作权。由法人或非法人单位组织人员进行创作，提供资金或资料等创作条件并承担责任的百科全书、辞书、教材、大型摄影画册等编辑作品，其整体著作权归法人或非法人单位所有。

9. 作者身份不明的作品著作权的归属

作者身份不明的作品，由作品原件的合法持有人行使除署名权以外的著作权。作者身份确定后，由作者或其继承人行使著作权。

三、著作权的客体

(一) 作品的概念

著作权的客体即作品。《著作权法》所称的作品是指在文学、艺术和科学领域内，具有独创性并能以某种有形形式复制的智力创造的成果。受到著作权法保护的作品，应满足作品保护的实质性条件——独创性。一般而言，只要作品是作者独立创作的，即可视为有独创性。根据《著作权法》第2条规定，著作权法保护作品的原则包括"国籍原则""国民待遇原则""地域原则"和"互惠原则"，分别体现为：中国公民、法人或者非法人单位的作品，不论是否发表，均享有著作权，公民包括海内外的中国公民和取得我国国籍的外国人；外国人、无国籍人的作品根据其作者所属国或者经常居住地国同中国签订的协议或者共同参加的国际条约享有著作权；外国人、无国籍人的作品首先在中国境内出版的，享有著作权；未与中国签订协议或者共同参加国际条约的国家的作者以及无国籍人士首次在中国参加国际条约的成员国出版作品的，或者在成员国和非成员国同时出版的，享有著作权。

【例10-1】乙通过抄袭甲的作品完成了自己的表现形式，则乙的表现形式(　　)。
A. 不具有实用性
B. 不具有新颖性
C. 不具有创造性
D. 不具有独创性

(二) 著作权法保护的作品

著作权法所称的作品的形式有：文学作品；口述作品；音乐、戏剧、曲艺、舞蹈、杂技艺术作品；美术、建筑作品；摄影作品；电影作品和以类似摄制电影的方法创作的作品；工程设计图、产品设计图、地图、示意图等图形作品和模型作品；计算机软件，包括文档及程序；法律、行政法规规定的作品。

(三) 不受著作权法保护的对象

根据《著作权法》的规定，不受著作权法保护的对象分为两类：一是不受著作权法保护的作品，如依法禁止出版、传播的作品，有法律、法规、国家机关的决议、决定；二是不适用于著作权法的对象，具体内容为命令和其他具有立法、行政、司法性质的文件及其官方正式译文；时事新闻；历法、通用数表、通用表格和公式。

【例 10-2】依我国著作权法规定，下列各项中，不适用于著作权法保护的是(　　　)。

A. 时事新闻   B.《新闻学》书籍

C. 新闻评论   D.《新闻调查》节目

四、著作权的内容

(一) 著作人身权

作品是作者人格的延伸，因而人身权有永久性、不可分割性和不可剥夺性的特点。著作人身权具体包括以下几种。

(1) 发表权。发表权是决定作品是否公布于众的权利；作品是否公布于众，何时、何地，以何种方式公布于众均是作者的权利，但发表权只能使用一次，一旦发表，构成已发表作品。

(2) 署名权。署名权是表明作者身份，在作品上署名的权利；作者可署名、可不署名、可署其真名、也可署其假名，任何人未经作者同意不得改变署名方式，作者也有权禁止未参加创作的人在作品上署名。

(3) 修改权。修改权即修改或者授权他人修改作品的权利；修改是指对作品的改动、删节、充实、改写、增加、改错、补漏等行为。

(4) 保护作品完整权。保护作品完整权即保护作品不受歪曲、篡改的权利。

(二) 著作财产权

著作财产权是作者自己使用或授权他人以一定方式使用作品而获取物质利益的权利，又称获得报酬的权利。其具体内容如下。

(1) 复制权。即以印刷、复印、拓印、录音、录像、翻录、翻拍等方式将作品制作一份或者多份的权利；复制即原作的再现，可以是内容的再现，也可以是载体的再现，作者有自己再现作品的权利，有禁止他人未经许可复制作品的权利。

(2) 发行权。即以出售或赠与方式向公众提供作品的原件或者复制件的权利。

(3) 出租权。即有偿许可他人临时使用电影作品和以类似摄制电影的方法创作的作品、计算机软件的权利；计算机软件不是出租的主要标的的除外。

(4) 展览权。即公开陈列美术作品、摄影作品的原件或者复制件的权利；如作品的原件与作者相分离，则展览美术作品的原件须经原件所有人的同意。

(5) 表演权。即公开表演作品，以及用各种手段公开播送作品的表演的权利。

(6) 放映权。即通过放映机、幻灯机等技术设备公开再现美术、摄影、电影和类似摄制电影的方法创作的作品等的权利。

(7) 广播权。即以有线或无线方式公开广播、传播或转播广播作品的权利。

(8) 信息网络传播权。即以有线或者无线方式向公众提供作品，使公众可以在其个人选定的时间和地点获得作品的权利。

(9) 摄制权。即以摄制电影或类似摄制电影的方法将作品固定在载体上的权利。

(10) 改编权。即改编作品，创作出具有独创性的新作品的权利。

(11) 翻译权。即将作品从一种语言文字转换成另一种语言文字的权利。

(12) 汇编权。即将作品或作品的片段通过选择或编排，汇集成新作品的权利。

(13) 许可他人使用并获得报酬的权利。即著作权人可以许可他人上述规定的权利并依约或依法获得报酬。

(14) 转让权。即著作权人可以全部或部分转让上述规定的权利并依约或依法获得报酬。

(15) 应当由著作权人享有的其他权利。

五、著作权的期限和限制

(一) 著作权的保护期限

著作权的保护期限是指著作权人依法取得的著作权的有效期限。根据《著作权法》的规定，著作权的保护期限具体规定为：

(1) 作者的署名权、修改权、保护作品完整权的保护期不受限制；

(2) 作者的发表权与财产权的保护期相同，即作者终生及死亡之后 50 年；

(3) 一般作品的著作财产权保护期：①公民(个人)作品，保护期为作者有生之年及死亡后第 50 年的 12 月 31 日；②合作作品，截至最后死亡的作者死亡后第 50 年的 12 月 31 日；③职务作品，发表权和其他财产权的保护期为 50 年，截至作品首次发表后第 50 年 12 月 31 日，但作品自创作完成后 50 年内未发表的，不再保护；④电影、电视、摄影作品，其保护期与职务作品相似；⑤计算机软件，按文件作品的保护期进行保护；⑥匿名作品和假名作用，如果发表之日起 50 年内，一旦身份确定，按一般原则保护。

(二) 著作权的限制

著作权的限制主要是针对著作权人所享有的财产权利的限制，即对著作权人依法享有的使用作品以及许可他人使用其作品并因此获得报酬的权利的限制。著作权人依法享有的人身权利不受任何限制。根据《著作权法》的规定，著作权的限制主要体现在以下三个方面。

1. 合理使用

《著作权法》在保护作者权利的同时，又要避免对作品的垄断，为了促进教学、科学和文化的发展，规定了在下列情况下使用作品，可以不经著作权人许可，不向其支付报酬，但应当指明作者姓名、作品名称：

(1) 为个人学习、研究或者欣赏，使用他人已经发表的作品；

(2) 为介绍、评论某一作品或者说明某一问题，在作品中适当引用他人已经发表的作品；

(3) 为报道时事新闻，在报纸、期刊、广播电台、电视台等媒体中不可避免地再现或者引用已经发表的作品；

(4) 报纸、期刊、广播电台、电视台等媒体刊登或者播放其他报纸期刊、广播电台、电视台等媒体已经发表的关于政治、经济、宗教问题的时事性文章，但作者声明不许刊登、播放的除外；

(5) 报纸、期刊、广播电台、电视台等媒体刊登或者播放在公众集会上发表的讲话，但作者声明不许刊登、播放的除外；

(6) 为学校课堂教学或者科学研究，翻译或者少量复制已经发表的作品，供教学或者研究人员使用，但不得出版发行；

(7) 国家机关为执行公务在合理范围内使用已经发表的作品；

(8) 图书馆、档案馆、纪念馆、博物馆、美术馆等为陈列或者保存版本的需要，复制本馆收藏的作品；

(9) 免费表演已经发表的作品，该表演未向公众收取费用，也未向表演者支付报酬；

(10) 对设置或者陈列在室外公共场所的艺术作品进行临摹、画、摄影、录像；

(11) 将中国公民、法人或者非法人单位已经发表的以汉语言文字创作的作品翻译成少数民族语言文字作品在国内出版发行；

(12) 将已经发表的作品改成盲文出版。

以上 12 种合理使用作品的情形，同样适用于对出版者、表演者、录音录像制作者、广播电台、电视台的权利的限制。但任何合理使用都不得影响作者对其作品的正常使用，也不得侵害著作权人的合法权益。

2. 法定许可

法定许可是指依法律规定，行为人使用他人已发表的作品，可不必征得权利人的同意，但应向其支付报酬并尊重其权利的一种许可使用制度。具体包括以下几个方面。

(1) 作品刊登后，除著作权人声明不得转载、摘编的以外，其他报刊可以转载或者作为文摘、资料刊登，但应当按照规定向著作权人支付报酬。

(2) 录音作者使用他人已经合法录制为录音制品的音乐作品制作录音制品，广播电台、电视台播放已经出版的录音制品和他人已发表的作品，均可以不经著作权人许可，但应支付报酬。

(3) 为实施九年制义务教育的国家教育规划而编写出版教科书，除作者事先声明不允许使用的之外，可以不经著作权人许可，在教科书中汇编已经发表的作品片段或短小的文字作品、音乐作品或者单幅美术作品、摄影作品，但应按照规定支付报酬，指明作者姓名、作品名称，并不得侵犯其他权益。

3. 强制许可

强制许可是指著作权人无正当理由而拒绝与使用者达成使用作品协议的情况下，使用者经向著作权行政管理部门申请并获授权而使用该作品，但应向其支付报酬。

六、著作权的转让和许可使用

(一) 著作权的转让

著作权的转让是指著作权人将其作品的财产权转移给他人所有的法律行为。在著作权中，人身权不能转让，财产权的部分或全部均可转让，其财产权的转让应当订立书面合同。转让合同的内容主要包括：作品的名称、转让的权利种类、地域范围、转让价金、交付转让价金的日期和方式、违约责任及双方认为需要约定的其他内容。著作权的财产权可以全部转让，也可以部分转让。如全部转让，受让人享受全部财产权，导致著作权主体的变更。著作权的转让与作品的载体所有权无关。

(二) 著作权的许可使用

著作权的许可使用权是指著作权人将其作品许可使用人以一定的方式、在一定的地域与期限内使用，并获取报酬的法律行为。按使用范围的不同又分为专有使用权或非专有使用权。许可使用是作者获得报酬权的重要途径。许可使用应订立合同，许可使用合同应包括下列主要内容：许可使用的权利种类，许可使用的权利是专有使用权或者非专有使用权，许可使用的地域范围、期间，付酬标准与方法，违约责任及双方认为需要约定的其他内容。

七、邻接权

邻接权是指与著作权有关的、作品传播者的专有权利。根据《著作权法》的规定，邻接权主要体现在表演、音像制作、广播电台与电视台的播放、图书和报刊出版方面。

(一) 表演

1. 表演者的权利

表演者的权利是指对其依法表演所拥有的权利。表演者包括表演文学艺术作品的一切演员、歌唱家、演奏者、舞蹈家等，也包括组织演出的单位。表演者的权利有：①表明表演者身份；②保护表演形象不受歪曲；③许可他人从现场直播和公开传递其现场表演，并获得报酬；④许可他人录音录像，并获得报酬；⑤许可他人复制、发行录有其表演的录音录像制品，并获得报酬；⑥许可他人通过信息网络向公众传播其表演，并获得报酬。

2. 表演者的义务

表演者(演员、演出组织者)在使用他人作品演出时，应该履行下列义务：①演出他人作品，应该取得著作权人许可，并支付报酬。演出组织者组织演出由该组织者取得著作权人许可，并支付报酬；②表演者使用改编、翻译、注释、整理已有作品而产生的作品进行演出，应取得两重作者(原作者和后续作品的作者)的许可，并支付报酬；③表演者使用他人作品的，不得侵犯作者的署名权、修改权、保护作品完整权和取得报酬权。

【例 10-3】甲作词作曲，创作了一首歌曲《沸腾的母爱》。在这首歌发表前，甲请歌手乙试唱。乙于几天后，一次义演时演唱此歌，并称此歌是由其新创作的。乙对该歌的演唱引起轰动。某电视台即邀乙在文艺晚会上演唱此歌，乙由此得到报酬 3 万元。此事为甲所知即起诉到法院，诉乙侵权。请就此案回答如下问题：

1. 歌曲《沸腾的母爱》的著作权归谁？
2. 乙对其演唱的该歌曲是否享有表演者权利，为什么？
3. 乙在文艺晚会上演唱该歌曲的行为是否侵权，为什么？如果属侵权，侵犯了谁的何种著作权？

(二) 音像制作

1. 音像制作者的权利

音像制作者又称录音录像制作者，是指将声音、形象或者两者的结合首次固定于物质载体的人。其主要权利是：对其制作的录音录像制品，享有许可他人复制、发行、出租、通过信息网络向公众传播并获得报酬的权利。

2. 音像制作者的义务

制作者使用他人的作品制作音像制品时，应履行如下义务：①应取得著作权人许可，并支付报酬；②使用改编、翻译、注释、整理已有作品而产生的作品时应支付双重报酬，取得双重权利人的同意；③使用他人已公开的音乐制品制作录音制品，可不经权利人许可，但应支付报酬；④复制、发行通过信息网络传播录音、录像制品，应得到著作权人、表演者许可，并支付报酬；⑤在制作发行作品时，除尊重作者权利外，还应同表演者签订合同，并支付报酬。

(三) 广播电台与电视台的播放

1. 广播电台与电视台的权利

广播电台与电视台的权利主要有：①许可他人对其制作的节目播放或禁止他人未经许可播放的权利；②许可他人将其制作的节目录制在音像载体上及复制其载体的权利或禁止他人未经许可进行录制的复制权。

2. 广播电台与电视台的义务

广播电台与电视台的义务主要包括：①广播电台、电视台播放他人未发表的作品，应取得著作权人许可，并支付报酬；②广播电台、电视台播放他人已发表的作品或者已出版的录音制品，可以不经著作权人许可，但应支付报酬；③电视台播放他人的电影作品或电视、录像制品，应取得著作权人、制作者的同意，并支付报酬。

(四) 图书和报刊出版

1. 图书和报刊出版者的权利

图书和报刊出版者的权利主要有：①著作权人与图书出版者订有专有出版合同的，著作权人应按约定向出版者交付出版的作品，他人不得出版该作品；②图书出版者经作者许可，可以对作品修改、删节；③出版者有权许可或禁止他人使用出版的图书、期刊的版式设计。

2. 图书和报刊出版者的义务

图书和报刊出版者的义务主要包括：①图书出版者应当按照合同约定的出版质量、期限出版图书；②重印、再版作品的，应当通知著作权人，并支付报酬。图书脱销后，拒绝重印、再版的，著作权人有权终止合同；③报社、期刊社应对未刊登稿件及时通知作者。自稿件发出之日起15日内未收到报社通知决定刊登的，或自稿件发出之日起30日未收到期刊通知决定刊登的，作者可将同一作品向其他报社、期刊社投稿，双方有约定的除外；④作品在报纸或期刊上刊登后，除著作权人声明不得转载、摘编的以外，其他报社可以转载或者作为文摘、资料刊登，但应向著作权人支付报酬；⑤出版演绎作品的出版者，应取得双重权利人许可，并支付报酬。

八、著作权的法律保护

(一) 著作权侵权行为

1. 著作权侵权行为的认定

未经著作权人同意，又无法律上的依据，擅自对他人作品进行使用或者用其他非法手段行使著作权行为是著作权侵权行为。按侵权的方式不同，可分为直接侵权行为和间接侵权行为；前者如未经授权复制、发行他人作品，后者如出售非法复制的图书、影碟等。按侵权行为的严重程度又可分为承担民事责任的侵权行为和承担民事、行政和刑事责任的侵权行为。

2. 承担民事责任的著作权侵权行为

根据《著作权法》的规定，承担民事责任的著作权侵权行为包括：未经著作权人许可，发表其作品的；未经合作作者许可，将与他人合作制作的作品当作自己单独创作的作品发表的；没有参加创作，为谋取个人名利，在他人作品上署名的；歪曲、篡改他人作品的；剽窃他人作品的；未经著作权人许可，以展览、摄制电影和以类似摄制电影的方法使用作品，或者以改编、翻译、注释等方法使用作品的；使用他人作品，应支付报酬而未支付的；未经权利人许可，出租电影、录音、录像制品的；未经出版者许可，使用其出版的图书、期刊的版式设计的；未经表演者许可，从现场直播或者公开传送其现场表演，或者录制表演的；其他侵犯著作权或者与著作权有关的权益行为。

3. 严重的著作权侵权行为

对以下的侵权行为，除承担民事责任外，可视情节严重程度，追究其行政责任，构成犯罪的，可依法追究刑事责任：未经著作权人许可，复制、发行、表演、放映、广播、汇编、通过信息网络向公众传播其作品的；出版他人享有专有出版权图书的；未经表演者许可，复制、发行录有其表演的录音录像制品，或者通过网络向公众传播其表演的；未经录音录像制作专利申请许可，复制、发行，通过信息网络向公众传播其制作的制品的；未经许可，播放或者复制广播、电视的；制作、出售假冒他人署名的作品的；有其他侵权行为的。

(二) 侵害著作权的法律保护

著作权侵权行为的法律责任包括民事责任、行政责任、刑事责任，著作权保护措施的内容主要有：向侵权者起诉前可申请法院进行财产保全和证据保全；法院审理案件时，对侵权者可以没收违法所得，侵权复制品及有关财物；非法复制、制作应当承担法律责任；著作权纠纷可以通过协商、调解、仲裁、诉讼解决。

九、计算机软件的保护

(一) 计算机软件的概念

计算机软件(以下简称软件)是指计算机程序及其有关文档。2001 年 12 月 20 日，国务院发布了《计算机软件保护条例》(国务院令第 339 号)。根据我国法律、行政法规的规定，受法律、行政法规保护的软件必须由开发者独立开发，并已固定在某种有形物体上。对软件著作权的保护不延及开发软件所用的思想、处理过程、操作方法或者数学概念等。中国公民、法人或者其他组织对其所开发的软件，不论是否发表，依法享受著作权。外国人、无国籍人的软件首先在中国境内发行的，依法享有著作权。外国人、无国籍人的软件，依照其开发者所属国或者经常居住地国同中国签订的协议或者依照中国参加的国际条约享有的著作权，受中国法律保护。

(二) 计算机软件著作权

1. 软件著作权人享有的权利

软件著作权人是指依照规定对软件享有著作权的自然人、法人或者其他组织。软件著作权人享有下列各项权利：①发表权，即决定软件是否公之于众的权利；②署名权，即表明开发者身份，在软件上署名的权利；③修改权，即对软件进行增补、删节，或者改变指令、语句顺序的权利；④复制权，即将软件制作一份或者多份的权利；⑤发行权，即以出售或者赠与方式向公众提供软件的原件或者复制件的权利；⑥出租权，即有偿许可他人临时使用软件的权利，但是软件不是出租的主要标的的除外；⑦信息网络传播权，即以有线或者无线方式向公众提供软件，使公众可在其个人选定的时间和地点获得软件的权利；⑧翻译权，即将原软件从一种自然语言文字转换成另一种自然语言文字的权利；⑨应当由软件著作权人享有的其他权利。

软件著作权人可以许可他人行使其软件著作权，并有权获得报酬。软件著作权人可以全部或者部分转让其软件著作权，并有权获得报酬。

2. 软件著作权的归属

除法律、行政法规中另有规定外，软件著作权属于软件开发者。如无相反证明，在软件上署名的自然人、法人或者其他组织为开发者。软件开发者是指实际组织开发，直接进行开发，并对开发完成的软件承担责任的法人或者其他组织；或者依靠自己具有的条件独立完成软件开发，并对软件承担责任的自然人。

由两个以上的自然人、法人或者其他组织合作开发的软件，其著作权的归属由合作开发者签订书面合同约定。无书面合同或者合同未作明确约定，合作开发的软件可以分割使用的，开发者对各自开发的部分可以单独享有著作权；但是，行使著作权时，不得扩展到合作开发者共同享有，通过协商一致行使，不能协商一致，又无正当理由的，任何一方不得阻止他方行使除转让权以外的其他权利，但是所得收益应当合理分配给所有合作开发者。

接受他人委托开发的软件，其著作权的归属由委托人与受托人签订书面合同约定；无书面合同或者合同未作明确约定的，其著作权由受托人享有。

由国家机关下达任务开发的软件，著作权的归属与行使由项目任务书或者合同规定；项目任务书或者合同中未作明确规定的，软件著作权由接受任务的法人或者其他组织享有。

自然人在法人或者其他组织中任职期间所开发的软件有下列情形之一的，该软件著作权由该法人或者其他组织享有，该法人或者其他组织可以对开发软件的自然人进行奖励：①针对本职工作中明确指定的开发目标所开发的软件；②开发的软件是从事本职工作活动所预见的结果或者自然的结果；③主要使用了法人或者其他组织的资金、专用设备、未公开的专门信息等物质技术条件所开发并由法人或者其他组织承担责任的软件。

3. 软件著作权的保护期限和限制

软件著作权自软件开发完成之日起产生。自然人的软件著作权，保护期为自然人终生及其死亡后50年，截止于自然人死亡后第50年的12月31日；软件是合作开发的，截止于最后死亡的自然人死亡后第50年的12月31日。法人或者其他组织的软件著作权，保护期为50年，截止于软件首次发表后第50年的12月31日，但软件自开发完成之日起50年内未发表的，法律不再保护。

软件著作权属于自然人的，该自然人死亡后，在软件著作权的保护期内，软件著作权的继承人可以依照《民法典》继承编的有关规定，继承法律规定的除署名权以外的其他权利。软件著作权属于法人或者其他组织的，法人或者其他组织变更、终止后，其著作权在法律规定的保护期内由承受其权利义务的法人或者其他组织享有；没有承受其权利义务的法人或者其他组织的，由国家享有。

软件的合法复制品所有人享有下列权利：①根据使用的需要把该软件装入计算机等具有信息处理能力的装置内；②为了防止复制品损坏而制作备份复制品。这些备份复制品不得通过任何方式提供给他人使用，并在所有人丧失该合法复制品的所有权时，负责将备份复制品销毁；

③为了把该软件用于实际的计算机应用环境或者改进其功能、性能而进行必要的修改；但是，除合同另有约定外，未经该软件著作权人许可，不得向任何第三方提供修改后的软件。

为了学习和研究软件内含的设计思想和原理，通过安装、显示、传输或者存储软件等方式使用软件的，可以不经软件著作权人许可，不向其支付报酬。

(三) 计算机软件著作权的许可使用和转让

1. 软件著作权的许可使用

许可他人行使软件著作权的，应当订立许可使用合同。许可使用合同中软件著作权人未明确许可的权利，被许可人不得行使。许可他人专有行政软件著作权的，当事人应当订立书面合同。没有订立书面合同或者合同中未明确约定为专有许可的，被许可行使的权利应当视为非专有权利。

2. 软件著作权的转让

转让软件著作权的，当事人应当订立书面合同。订立许可他人专有行使软件著作权的许可合同，或者订立转让软件著作权合同，可以向国务院著作权行政管理部门认定的软件登记机构登记。

(四) 计算机软件的侵权行为及其法律责任

除法律、行政法规另有规定外，有下列侵权行为的，应当根据情况，承担停止侵害、消除影响、赔礼道歉、赔偿损失等民事责任：①未经软件著作权人许可，发表或者登记其软件的；②将他人软件作为自己的软件发表或者登记的；③未经合作者许可，将与他人合作开发的软件作为自己单独完成的软件发表或者登记的；④在他人软件上署名或者更改他人软件上的署名的；⑤未经软件著作权人许可，修改、翻译其软件的；⑥其他侵犯软件著作权的行为。

除法律、行政法规另有规定外，未经软件著作权人许可，有下列侵权行为的，应当根据情况，承担停止侵害、消除影响、赔礼道歉、赔偿损失等民事责任；同时损害社会公共利益的，由著作权行政管理部门责令停止侵权行为，没收违法所得，没收、销毁侵权复制品，可以并处罚款；情节严重的，著作权行政管理部门可以没收主要用于制作侵权复制品的材料、工具、设备等；触犯刑律的，依照刑法关于侵犯著作权罪、销售侵权复制品罪的规定，依法追究刑事责任：①复制或者部分复制著作权人的软件的；②向公众发行、出租、通过信息网络传播著作权人的软件的；③故意避开或者破坏著作权人为保护其软件著作权而采取的技术措施的；④故意删除或者改变软件权利管理电子信息的；⑤转让或者许可他人行使著作权人的软件著作权的。有上述第①项或者第②项行为的，可以并处每件100元或者货值金额5倍以下的罚款；有上述第③项、第④项或者第⑤项行为的，可以并处5万元以下的罚款。侵犯软件著作权的赔偿数额，依照《中华人民共和国著作权法》的规定确定。

软件复制品的出版者、制作者不能证明其出版、制作有合法授权的，或者软件复制品的发行者、出租者不能证明其发行、出租的复制品有合法来源的，应当承担法律责任。

软件开发者开发的软件，由于可供选用的表达方式有限而与已经存在的软件相似的，不构成对已存在软件的著作权造成侵犯。

软件的复制品持有人不知道也没有合理理由应当知道该软件是侵权复制品的,不承担赔偿责任;但是,应当停止使用、销毁该侵权复制品。如果停止使用并销毁该侵权复制品将给复制品使用人造成重大损失的,复制品使用人可以在向软件著作权人支付合理费用后继续使用。

第三节　专利法

保护发明创造专利权,鼓励发明创造,有利于发明创造的推广应用,促进科学技术进步和创新,推进社会主义现代化建设。

一、专利法概述

专利权是指由国家专利主管机关授予申请人在一定期限内对其发明创造所享有的独占实施的专有权。专利法是指授予发明创造专利权和利用发明创造专利权而产生的各种社会关系的法律规范的总称。

二、专利权的主体

专利权的主体即专利权人,是指依法享有专利权并承担相应义务的人。专利申请权主体是指依法享有就某项发明创造向国家专利行政部门提出专利申请的自然人、法人和其他组织。专利申请人依法提出专利申请,经查合格后获得专利权后即成为专利权人。专利权人主要有如下几种类型。

(一) 职务发明创造的单位

《专利法》第6条第1款规定,执行本单位的任务或者主要是利用本单位的物质技术条件所完成的发明创造为职务发明创造。职务发明创造申请专利的权利属于该单位;申请批准后,该单位为专利权人。按上述条款,职务发明创造包括以下两种情况:其一,执行本单位的任务所完成的发明创造;其二,主要利用本单位的物质技术条件所完成的发明创造。职务发明创造的专利申请权和专利权虽归单位所有,但完成职务发明创造的设计人或者发明人享有署名权和获得奖励权。

【例10-4】某环境研究所分管后勤工作的副所长刘某本身是一位大气污染研究专家,2014年初应某公司邀请,刘某同意帮其研究一套能有效减少室内PM2.5,改善空气质量的新风设备。当年刘某利用工作间歇在环境研究所实验室内利用废旧原料、工具及试纸,研发出了一套能显著降低室内颗粒悬浮物的双向流管道式新风系统,此后,环境研究所就该项发明创造向中国专利局申请了职务发明专利,并于2015年11月1日获得专利权。而刘某认为该发明专利权归属有误,于2016年10月向某市中级人民法院提起诉讼,请求变更该发明专利的归属权。

问题:刘某完成的双向流管道式新风系统发明创造是职务发明还是非职务发明,如何判断?

(二) 合作完成发明创造的单位或者个人

两个以上的单位或者个人合作研究、设计所完成的发明创造，除另有协议的以外，申请专利的权利属于完成或者共同完成的单位或者个人，申请被批准后，申请的单位或者个人为专利权人。合作完成的发明创造有以下几个特点：单位或个人之间有合作关系，为发明创造投入了人、财、物或智力等财产；有协议约定的按协议约定分享权利与利益；如无协议约定，专利申请权或专利权属于"完成"或"共同完成"的单位或个人。共同完成应是指对发明创造实质性特点共同做出创造性贡献的单位和个人。

(三) 委托完成的发明创造

单位或个人委托完成的发明创造是指一个单位或者个人接受其他单位或个人委托的研究、设计任务所完成的发明创造。其专利申请权或者专利权的归属如有委托合同约定，应遵守其约定，如无约定或没有不同的约定，申请专利的权利属于完成或者共同完成的单位或者个人；申请被批准后，申请的单位或者个人为专利权人。即专利申请权和专利权属于受托人，如果专利权属于受托人的，委托人可免费使用。

(四) 发明人或者设计人

发明人或设计人是指对发明创造的实质性特点做出创造性贡献的人。发明人、设计人统称发明创造人。其特点主要有：必须是自然人，是用脑力劳动创造知识产品的人，而且不受行为能力的限制；是对发明创造的实质性特点做出创造性贡献的人；是解决关键技术难题、最终完成技术方案的人。负责组织、管理、提供资金、提出或解决一般性技术问题的人或从事辅助工作的人不能为发明创造人；非职务发明创造的设计人或发明人，是专利申请权人；申请被批准后，该发明人或设计人为专利权人。无论是职务还是非职务发明创造，设计人或发明人均有署名权。

(五) 专利权的继受人

专利权的继受人指通过转让、继承或赠与方式依法取得专利权的人，专利权的转让必须订立书面合同，并经国家知识产权局登记、公告，登记日即为转让合同生效日。中国单位或个人向外国人转让专利权的，还需经国家知识产权局批准，才能登记、公告。通过继承或赠予继受取得专利权的，只能取得专利申请权和专利的财产权，其设计人、发明人的人身权不能继受取得。

(六) 外国人、外国企业或外国其他组织

外国人、外国企业或者外国其他组织在我国申请和取得专利权，依照有关规定，应按以下情况办理：其一，在中国有经常居所或营业所的外国人，包括长期在我国工作学习的外国自然人和长期设立机构、独立经营的外国企业或其他组织，按国民待遇原则，享受中国单位和个人的相同待遇；其二，在中国无经常居所或营业所的外国人、外国企业或外国其他组织在中国申请专利的，依照其所属国同中国签订的协议或者共同参加的国际条约，或者按照互惠原则，取得专利权。其在中国申请专利和办理其他专利事务，应委托国务院专利管理机关指定的专利代

理机构办理。

三、专利权的客体

专利权的客体是指专利法保护的对象，即依法可以取得专利权的发明创造，包括发明、实用新型和外观设计。

(一) 发明

1. 发明的概念与特征

专利所称的发明，是指对产品、方法或者其改进所提出的新的技术方案。发明具有如下两个特征：①发明是利用自然规律而进行的创造；②发明是具体的技术方案，能解决特定的技术难题，必须产生一定的技术效果，具有一定的实用性。

2. 发明与发现的区别

(1) 发现的对象是已经存在但未被人们认识的自然现象或规律，而发明的对象是技术方案。

(2) 发明是创造性活动，发现只是对自然界的认识，并非人类创造。

(3) 专利包括发明，但不包括发现。

(二) 实用新型

1. 实用新型的概念与特征

专利法所称的实用新型，是指对产品的形状、构造或者其结合所提出的新的技术方案。实用新型又称为小发明，其特征有：①是一种适于实用的产品，而非方法；②必须是具有一定立体形状和结构形状相结合的特品；③"适于实用"是指对产品或对其形状或构造所做的改进，可以实施，并能以工业方法再现；④有一定的创造性。

2. 实用新型与发明的区别

① 创造性低于发明；②包含的范围小于发明，不包括方法，也不包括没有固定形状和构造的物品，如粉末状、液体状物品；③保护期短于发明，发明专利的保护期为 20 年，实用新型保护期为 10 年，均自申请日起算；④审批手续简单，发明专利需经过实质审查阶段，而实用新型不需要，所以申请所需周期较短。

【例 10-5】根据我国《专利法》关于实用新型的定义，下列可以申请实用新型专利的有(　　)。

A. 一种汽车　　　　　　　　　　　B. 一种饮料配方

C. 一种饮料的制造方法　　　　　　D. 一种电脑显示器

(三) 外观设计

1. 外观设计的概念与特征

专利法所称的外观设计，是指对产品的形状、图案或者其结合以及色彩与形状、图案的结合所做出的富有美感并适于工业应用的新设计。其特征如下：①必须以产品的形状、图案、色彩为设计对象；②应被一般消费者认为"富有美感"，满足人们对视觉和感官的精神要求；③应是"适于工业上应用"的能批量生产的产品的外观设计。

2. 外观设计与实用新型的区别

① 外观设计专利保护的是外表设计，实用新型的保护涉及外形和内部结构；②外观设计追求产品外表的美感，实用新型应是一种新的技术方案；③外观设计的产品是作为设计的载体，可以是立体，亦可以是平面；实用新型应以固定的立体状态产品存在。外观设计产品的形状、图案、色彩之间依次存在着上、下位关系和从属关系。

【例 10-6】依据我国《专利法》的规定，不可能授予专利权的有(　　)。
A. 一种新型保健食品　　　　　　　　B. 植物新品种
C. 植物新品种的培育方法　　　　　　D. 单纯的计算机程序

四、专利权的内容

(一) 独占实施权

独占实施权主要包括：独占制造权，即专利人享有独占地制造专利产品，禁止他人未经许可制造相同或相似专利产品的垄断权；独占使用权，即专利权人享有使用自己专利产品和专利方法的权利，未经权利人许可，任何人不得使用其专利产品和专利方法；独占销售权，即专利权人有权禁止销售、许诺销售未经同意的产品；独占进口权，即指专利权人在专利权有效期内禁止他人未经许可，以生产经营为目的进口该专利产品或依照专利方法直接获得产品的权利。

(二) 许可实施权

许可实施权是指权利人通过签订合同方式，允许他人在一定条件下使用其全部或部分专利的权利。许可实施合同的内容为技术转让合同，许可的内容分为制造、销售、使用环节的全部或部分的"专项许可"；许可的时间为专利有效的全部或部分时间段；许可的地域为全国范围或某一地区的"划区许可"。另外，按许可性质还可分为独占许可、独家许可、普通许可、分许可、交叉许可。

(三) 转让权

专利申请权和专利权可以转让，当事人双方转让专利申请权和专利权的，应订立书面合同，经知识产权局登记、公告，其权利的转让自登记之日起生效。中国单位或个人向外国人转让专利申请权或专利权的，由外经贸部会同科技部批准。专利权一旦转让，原专利权人就丧失了专利权。

(四) 标记权和署名权

标记权即专利权人有权在其专利产品或其产品的包装上标明专利标记和专利号。通过专利号标记，可进行检索、显示该专利的法律状态，警示侵权，并能产生广告效应；署名权即专利权中的专利人可以署名的人身权，由发明人或设计人行使，不能转让、赠与和继承。

(五) 权益保护权

权益保护权又称专利权人的诉讼权。《专利法》第 65 条规定，未经专利权人许可，实施其专利，即侵犯其专利权，引起纠纷的，由当事人协商解决；不愿协商或者协商不成的，专利权人或者利害关系人可以向人民法院起诉，也可请求管理专利工作的部门处理。

五、授予专利权的条件

(一) 授予专利权的发明和实用新型应符合的条件

《专利法》第 22 条规定，授予专利权的发明和实用新型，应当具备新颖性、创造性和实用性。

1. 新颖性

(1) 新颖性的概念。新颖性是指申请日以前没有同样的发明或者实用新型在国内外出版物上公开发表过、在国内公开使用过或者以其他方式为公众所知，也没有同样的发明或者实用新型由他人向国务院专利行政部门提出过申请并且记载在申请日以后公布的专利申请文件中。

(2) 新颖性的标准。新颖性的比较标准是以申请日为界线，与申请日以前的"现有技术"相比较，是否公开过，公开过就失去新颖性。按要求不同"公开"可分为书面公开、使用公开以其他方式公开。

(3) 影响新颖性的抵触申请。《专利法》规定，发明专利申请后，经初步审查认为符合《专利法》的要求的，自申请日起满 18 个月，即行公布。如果他人就同一内容的发明创造在本人申请日前提出申请，并在本人申请日后公开，则本人的申请与他人发生抵触而失去新颖性。

(4) 不丧失新颖性的公开。《专利法》第 24 条规定，申请日前 6 个月内，有下列情形之一的，不丧失新颖性：①在国家出现紧急状态或非常情况时，为公共利益目的首次公开的；②在中国政府主办或承认的国际展览会上首次展出的；③在规定的学术会议或技术会议上首次发表的；④他人未经申请人同意而泄露其内容的。

2. 创造性

(1) 创造性的概念。创造性是指同申请日以前已有的技术相比，该发明有突出的实质性特点和显著进步，该实用新型有实质性特点和进步。

(2) 判断创造性的相对标准。与申请日前的已有技术相比较，其所属领域的普通专业技术人员评价是否有实质性特点和显著进步。

(3) 判断创造性的具体标准。主要包括该技术方案具有开拓性及创新性，可能导致开辟新领域；该技术方案是否解决人们长期未能解决的难题；该技术方案是否突破传统方法，克服技术偏见；该技术方案是否取得意料不到的效果；该技术方案是否对已知的技术开辟新用途；该技术方案能否获得良好的社会、经济效益等。

(4) 发明和实用新型专利在创造性要求上的差异。对发明专利，必须要有"突出"的实质性特点和"显著"的进步；而对实用新型专利只需实质性特点和进步。

3. 实用性

(1) 实用性的概念。实用性是指该发明或实用新型能够制造或使用，并且能产生积极效果。

(2) 实用性的判断标准。主要包括可实施性、可再现性、有益性。

【例 10-7】专家王某经过多年研究，配制出一种抗禽流感的液态物质，命名为"流感净"。王某与某生物制品厂签订一份技术开发合同。合同规定，由制品厂提供全部资金和场所，李某提供技术和药物制品，共同开发"流感净"系列防止禽流感的药品。实验分三批进行，第一批实验结果有效率为 80%，但第二批和第三批的有效率只有 10%～20%。

问题：

(1)"流感净"能否获得发明专利?

(2)"流感净"能否申请为实用新型?

(二) 授予专利权的外观设计应符合的条件

由于外观设计保护的是产品的形态、图案、色彩或者结合的富有美感并适用于工业生产的新设计，所以其实质条件应包括新颖性、实用性和独创性。

(1) 新颖性，其要求与发明和实用新型基本相同，具体要求为：①时间标准是申请日；②地域标准是在国外为公开，在国内为公用；③与现有的外观设计不相同和不相似。判断相近和相似的原则是同一类产品上的外观设计，从产品的整体外观来观察和判断。

(2) 实用性，即能实现工业化过程的批量生产。

(3) 独创性，即与现有的外观设计相比较有显著的特点，一般的消费者能分辨得出。

(4) 富有美感，即大多数人认为是"美"的设计。

(5) 无冲突性，即不得与他人在先取得的合法权利。

(三) 不授予和暂不授予专利权的发明创造

1. 违反国家法律、社会公德或者防害公共利益的发明创造

(1) 违反国家法律的发明创造。

(2) 违反社会公德的发明创造。

(3) 妨害公共利益的发明创造。

2. 缺乏实用性或不能直接用于工业生产的发明创造

(1) 科学发现。

(2) 智力活动的规则和方法。

(3) 疾病的诊断和治疗方法。

3. 暂不授予专利权的发明创造

(1) 动物和植物的新品种。

(2) 原子核变换方法以及用原子核变换方法获得的特质。

(3) 对平面印刷品的图案、色彩或者二者的结合做出的主要起标识作用的设计。

六、专利权的取得、终止和无效

(一) 专利权的取得

1. 专利的申请原则

(1) 形式法定原则

申请专利的各项手续，都应当以书面形式或国家知识产权局专利局规定的其他形式办理，否则不产生效力。

(2) 单一性原则

单一性原则也称为"一发明一申请原则",是指一份专利申请文件只能就一项发明创造提出专利申请。但是属于一个总的发明构思的两项以上的发明或实用新型,可以作为一件提出;用于同一类别并且成套出售或者使用的产品的两项以上的外观设计,可以作为一件申请提出。同样的发明创造只能授予一项专利权。但是,同一申请人同日对同样的发明创造既申请实用新型专利又申请发明专利,先获得的实用新型专利权尚未终止,且申请人声明放弃该实用新型专利权的,可以授予发明专利权。

根据《专利法》第8条的规定,两个以上单位或者个人合作完成的发明创造、一个单位或者个人接受其他单位或者个人委托所完成的发明创造,除另有协议的以外,申请专利的权利属于完成或者共同完成的单位或者个人;申请被批准后,申请的单位或者个人为专利权人。第31条也规定,一件发明或者实用新型专利申请应当限于一项发明或者实用新型。属于一个总的发明构思的两项以上的发明或者实用新型,可以作为一件申请提出。一件外观设计专利申请应当限于一项外观设计。同一产品两项以上的相似外观设计,或者用于同一类别并且成套出售或者使用的产品的两项以上的外观设计,可以作为一件申请提出。

(3) 先申请原则

两个或两个以上的申请人分别就同样的发明创造申请专利的,专利权授予最先申请的人。注意:对于专利申请日的确定,国务院专利行政部门收到完整专利申请文件的日期为专利申请日。如果申请文件是邮寄的,以寄出的邮戳日为申请日。邮戳日不清晰的,除当事人能够提供证明的外,以专利局收到专利申请文件的日期为申请日。专利申请人享有优先权的,以优先权日为申请日。

如果两个专利申请人提出申请的日期是同一天,由双方进行协商,协商不成的,专利局全部驳回,都不授予专利权。

(4) 优先权原则

专利申请人就其发明创造自第一次提出专利申请后,在法定期限内,又就相同主题的发明创造提出专利申请的,以其第一次申请的日期为其申请日,这种权利称为优先权,此处所谓的法定期限,就是优先权期限。我国《专利法》规定,申请人自发明或实用新型在外国第一次提出专利申请之日起12个月内,或者自外观设计第一次提出专利申请之日起6个月内,又在中国就相同主题提出专利申请的,依照该外国同中国签订的协议或者共同参加的国际条约,或者依照相互承认优先权的原则,可以享有优先权。

2. 专利申请的审查批准

(1) 发明专利申请的审查批准。发明专利申请的审查批准一般要经过受理、初步审查、发明专利的早期公布、发明专利的实质审查、专利权的授权公告等程序。

(2) 实用新型和外观设计的审查批准。实用新型和外观设计专利申请经初步审查没发现被驳回理由的,由知识产权局做出授予实用新型专利权或外观设计专利权的决定,发给相应的专利证书,同时予以登记和公告,专利权自公告之日起生效。

3. 专利的复审

(1) 专利复审委员会。专利复审委员会由主任委员、副主任委员、专职和兼职委员、复审员组成。主任委员由知识产权局局长兼任。

(2) 复审组组成与复审活动原则。复审组由有经验的技术和法律专家 3~5 人组成，复审程序由当事人申请才能启动，复审委员会有自行调查权，做出对当事人不利决定前允许解释和申述，另外，还应遵守复审员回避制度和少数服从多数的表决制。

(3) 复审程序。专利申请人对知识产权局驳回申请的决定不服的，可以自收到通知之日起 3 个月内，向专利复审委员会请求复审。专利复审委员会复审后做出决定，并通知专利申请人。专利申请人对专利复审委员会的复审决定不服的，可以自收到通知之日起 3 个月内向人民法院起诉。

(二) 专利权的终止

专利权的终止又称专利权的失效，其终止的原因主要有：①专利权法定保护期满，正常终止；②专利权法定保护期满前的非正常终止：专利权人没有按规定缴纳年费或年费缴纳不足，知识产权局可通知其补缴(6 个月内)并交滞纳金，如仍未交的，专利权终止；专利权人以书面声明放弃权利的，如权利人无力交纳年费；专利技术已被或可能被他人的新技术代替；已觉察有人可能请求宣布无效，权利人不愿涉及诉讼等原因，专利权人可能采取放弃措施。专利权在期限届满前终止的，由知识产权局登记和公告。

(三) 专利权无效

1. 专利权无效的概念

专利权无效是指已经授权的专利，因不符合专利法的规定，由专利复审委员会宣告其不具有法律效力。提出专利权无效的，可以是任何个人、任何单位，以书面申请的形式向专利复审委员会提出，并说明事实和理由，时间是专利公告授权之日起的专利权有效期内。

2. 专利权无效宣告的理由

根据《专利法》和《实施细则》规定，请求专利复审委员会宣告专利无效有以下几种理由：①专利权人的主体条件不能满足法定条件；②被授权的专利不符合实质条件；③被授权的专利违反了国家法律、社会公德或者妨碍社会公共利益；④被授权的专利属于不予授权的领域；⑤申请文件不符合法律或法规的规定；⑥对发明专利和实用新型专利申请文件的修改超出了原说明书和权利要求书记载的范围；对外观设计专利申请文件的修改超出原图片或照片表示的范围；对外观设计专利申请文件的修改超出原图片或照片表示的范围等。

3. 专利权无效宣告的程序

申请人向专利复审委员会递交申请书和相关证据，启动审查程序，专利复审委员会将申请书副本转交专利权人，专利权人可在指定期限内陈述意见，也可修改专利文件，但不得扩大原保护范围。专利权人逾期不答复，视为无反对意见。审查后，如申请无效的理由不成立，则做出维持专利权的决定；如部分无效，或全部无效，则宣告部分或全部专利权无效，通知请求人和专利权无效，通知请求人和专利权人，并进行登记和公告。被宣告无效的专利权视为自始即不存在。如申请人对维持专利权的决定不服或被申请人对无效宣告不服的，当事人可以自收到专利复审委员会通知之日起 3 个月内向人民法院起诉，法院通知对方当事人作为第三人参加诉讼。

七、专利权的期限和专利实施的强制许可

(一) 专利权的期限

专利权的期限各国并不相同,其决定原则是兼顾专利权人与公众利益的平衡。《专利法》第 42 条规定,发明专利权的期限为 20 年,实用新型专利权的期限为 10 年,外观设计专利权的期限为 15 年,均自申请日起计算。有优先权的,从在第一个国家申请日起计算。各种期限的第一日不计在期限内,期限以年或月计算的,以其最后一日的相应日为期限届满日;该月无相应日的以该月的最后一日为届满日。如由于不可抗力或其他障碍延误了规定的期限,导致专利权的丧失,可在自障碍消除之日起 2 个月或最迟至期限届满之日起 2 年内向知识产权局说明原因并举证,申请恢复。

(二) 专利实施的强制许可

专利实施的强制许可是指国家专利管理机关不经专利权人同意,通过行政申请、审批程序,直接允许申请人实施发明或实用新型专利。专利实施强制许可的种类包括对具备实施条件单位的强制许可、公益性强制许可、依存专利的强制许可。知识产权局做出强制许可的决定,应当及时通知专利权人,并予以登记和公告。专利实施强制许可的使用费先由双方协商解决,不能达成协议的,由知识产权局裁决。专利权人对实施强制许可不服的,专利权人或实施人对使用费的裁决不服的,可以自收到通知之日起 3 个月内向人民法院起诉。

八、专利权的法律保护

(一) 专利侵权行为

1. 构成侵权的要件

根据《专利法》第 65 条规定,未经专利权人许可,实施其专利,即侵犯其专利权。由此,将侵权行为要件表达如下:①侵权的对象是在有效期内的专利;②有侵害的行为存在,已构成侵权事实;③以生产经营为目的;④行为的违法性(合法的强制许可不构成侵权);⑤侵权行为人主观上有过错。

2. 侵权行为的种类

(1) 直接的侵权行为,即指未经专利权人许可,以生产经营为目的实施其专利的行为;

(2) 侵犯专利方法的行为,即使用他人专利方法,使用、许诺销售、销售、进口依照专利方法直接获得产品的行为;

(3) 假冒他人的侵权行为;

(4) 被许可人的侵权行为;

(5) 专利共有人的侵权行为。

3. 专利侵权的例外规定

有下列情形之一的,不视为侵犯专利权:

(1) 专利产品或者依照专利方法直接获得的产品,由专利权人或者经专利权人许可的单位、个人售出后,使用、许诺销售、销售、进口该产品的;

(2) 在专利申请日前已经制造相同产品、使用相同方法或者已经做好制造、使用的必要准

备，并且仅在原有范围内继续制造、使用的；

(3) 临时通过中国领陆、领水、领空的外国运输工具，依照其所属国同中国签订的协议或者共同参加的国际条约，或者依照互惠原则，为运输工具自身需要而在其装置和设备中使用有关专利的；

(4) 专为科学研究和实验而使用有关专利的；

(5) 为提供行政审批所需要的信息，制造、使用进口专利药品或者专利医疗器械的，以及专门为其制造、进口专利商品或者专利医疗器械的。

(二) 侵害专利权的法律保护

1. 侵害专利权的处理机关

侵害专利权的处理机关有法院和专利行政管理部门，具体体现如下。

(1) 当事人向人民法院起诉，直接进入诉讼程序。

(2) 当事人请求管理专利工作的部门处理，即中国国家知识产权局或各省、自治区、直辖市的知识产权管理局。

2. 处理程序

国家知识产权局或各地的知识产权管理局处理专利侵权案件时，先行调查和认定，认定侵权行为成立的，可以责令侵权人立即停止侵权行为的，知识产权局可以申请人民法院强制执行。当事人请求就赔偿额进行调解的，应进行调解，调解不成的仍可向人民法院起诉。

3. 举证责任

按民法中"谁主张、谁举证"的原则进行举证，但专利侵权的举证责任还有如下特点。

(1) 产品专利侵权，由原告举证。

(2) 方法专利侵权，由被告举证，证明不存在未经专利权人同意而使用专利方法；如能证明是用其他方法生产，即不构成侵权。

(3) 实用新型专利侵权，则由原告提供检索报告。

4. 侵害专利权行为的法律责任

假冒专利的，除依法承担民事责任外，由负责专利执法的部门责令改正并予以公告，没收违法所得，可以并处违法所得 5 倍以下的罚款；没有违法所得的或者违法所得在 5 万元以下的，可以处 25 万元以下的罚款；构成犯罪的，依法追究刑事责任。

5. 侵权赔偿数额的确定

按照权利人因被侵权所受到的损失或者侵权人因侵权所获得的利益确定；被侵权人的损失或者侵权人获得的利益难以确定的，参照该专利许可使用费的倍数合理确定。必要时被侵权人还可以诉前请求财产保全和证据保全。侵犯专利权的诉讼时效为 3 年。

第四节　商标法

加强商标管理，保护商标专用权，可以促使生产者保证商品质量和维护商标信誉，从而有利于保障消费者的利益，促进社会主义市场经济的发展。

一、商标法概述

商标权是指商标所有人对其已注册商标所拥有的权利，又称为商标专用权。商标法是调整商标注册、使用、管理和商标权保护过程中产生的各种社会关系的法律规范的总称。

二、商标权的主体

商标权的主体是指通过法定程序，在自己生产、制造、加工、拣选、经销的商品或者提供的服务上享有商标专用权的人。根据《商标法》的规定，商标权的主体范围包括自然人、法人或其他组织。两个以上自然人、法人或其他组织可以共同向商标局申请注册同一商标，共同享有和行使该商标专用权。

三、商标权的客体

(一) 商标

商标是将自然人、法人或者其他组织的商品和服务与他人的商品和服务区别开的可视性标志，包括文字、图形、字母、数字、三维标志和颜色组合。它是无形财产归属的标记，具有识别功能、标志来源的功能、保证质量的功能、广告宣传的功能。商标有多种分类方法：按商品代表的性质不同，可分为商品商标和服务商标；按是否有监督能力的组织所控制和管理，可分为集体商标和证明商标；按构成要素不同，可分为文字商标、图形商标和组合商标；按是否注册，可分为注册商标和未注册商标；按使用者是制造商还是销售商，可分为制造商标和销售商标。

(二) 注册商标

注册商标是指经国家商标局核准注册的商标，注册商标受《商标法》的保护，是商标权的客体。申请注册商标要具备以下条件。

1. 积极条件

根据《商标法》第 9 条的规定，申请注册的商标应具有显著特征，便于识别，并不得与他人在先取得的合法权利相冲突。

2. 绝对禁止条件

根据《商标法》第 10 条规定，下列标志不得作为商标使用：

(1) 同中华人民共和国的国家名称、国旗、国徽、军旗、勋章相同或者近似的，以及同中央国家机关所在地特定地点的名称或者标志性建筑物的名称、图形相同的；

(2) 同外国的国家名称、国旗、国徽、军旗、勋章相同或者近似的，但该国政府同意的除外；

(3) 同政府间国际组织的名称、旗帜、徽记相同或者近似的，但经该组织同意或者不易误导公众的除外；

(4) 与表明实施控制、予以保护的官方标志、检验印记相同或者近似的，但经授权的除外；

(5) 同"红十字""红新月"的名称、标志相同或者近似的；

(6) 带有民族歧视性的；

(7) 带有欺骗性，容易使公众对商品的质量特点或产地产生误认的；

(8) 有害于社会主义道德风尚或者有其他不良影响的。

县级以上行政区划的地名或者公众知晓的外国地名，不得作为商标。但是，地名具有其他含义或者作为集体商标、证明商标组成部分的除外；已经注册的使用地名的商标继续有效。

3. 相对禁止条件

根据《商标法》第 11 条规定，下列标志不得作为商标注册：

(1) 仅有本商品的通用名称、图形、型号的；

(2) 仅直接表示商品的质量、主要原料、功能、用途、重量、数量及其他特点的；

(3) 其他缺乏显著特性的。

上述所列标志经过使用取得显著特性，并便于识别的，可以作为商标注册。

(三) 驰名商标

驰名商标是指经过长期使用，在市场上享有较高信誉并为公众熟知的商标。《商标法》第 14 条规定，认定驰名商标应当考虑下列因素：相关公众对该商标的知晓程度；该商标使用的持续时间；该商标的任何宣传工作的持续时间、程度和地理范围；该商标作为驰名商标受保护的记录；该商标驰名的其他因素。根据《商标法》第 13 条规定，对驰名商标的保护体现为：就相同或者类似商品申请注册的商标是复制、模仿或者翻译他人未在中国注册的驰名商标，容易导致混淆的，不予注册并禁止使用；就不相同或者不相类似商品申请注册的商标是复制、模仿或者翻译他人已经在中国注册的驰名商标，误导公众，致使该驰名商标注册人的利益可能受到损害的，不予注册并禁止使用。

【例 10-8】2020 年 6 月 24 日，作为陕西省当地服装生产商的 W 公司以商标侵权为由，将当地某涂料公司告上了法庭，要求被告停止侵权，赔偿损失。在服装 W 公司看来，自己的商标是驰名商标，被告在油漆产品上使用这个商标也同样构成侵权。被告称 W 公司是生产服装的，其注册商标在服装商品上使用，而被告生产的油漆使用的 W 商标，注册在第二类"颜料，清漆，漆等商品上使用，被告认为商标的使用商品不同类，性质也不同，不构成侵权。"

试回答以下问题：服装生产商 W 公司能否胜诉？为什么？

四、商标权的内容

(一) 专用权

按《商标法》第 56 条规定，商标专用权的范围是：注册商标专用权，以核准注册的商标和核定使用的商品为限，即从商品和商标两方面进行保护。商标专用权人可以在核定的商品上独占地使用注册商标的权利，任何人不得干涉或侵犯。

(二) 禁止权

商标专用权人有权禁止他人未经许可在相同或类似商品上使用该商标和标识的权利。

(三) 许可使用权

商标权人可以与他人用书面形式订立商标使用许可合同，允许他人以不同种类的许可形式使用该注册商标，包括独占许可、独家许可、普通许可等。商标权人应承担商品质量控制和监督的义务，被许可人应保证商品质量达到原注册商标的商品质量的义务。经许可使用他人注册商标的，必须在使用该注册商标的商品上标明被许可人的名称和商品产地。商标使用许可合同应当报商标局备案。

(四) 转让权

商标专用权人可以转让其注册商标，受让后，商标权转让至受让人。按《商标法》第 42 条规定，转让注册商标的，转让人和受让人应当签订转让协议，并共同向商标局提出申请。受让人应当保证使用该注册商标的商品质量。转让注册商标经核准后，予以公告。受让人自公告之日起享有商标专用权。

(五) 法律保护权

商标专用权人对侵犯该注册商标的行为可以通过工商行政管理部门和人民法院寻求法律保护。

五、商标注册的申请与审查核准

(一) 商标注册的申请

1. 商标注册申请的原则
商标注册申请的原则主要有：①申请在先与使用在先原则；②自愿注册原则。

【例 10-9】根据商标法的规定，如果有两个或两个以上的申请人在同种或类似商品上以相同或近似的商标申请注册，又是在同一天申请的，初步审定并公告(　　)。

A. 先申请的商标   B. 所有申请的商标

C. 先使用的商标   D. 抽签决定

2. 商标注册申请人
商标注册申请人主要包括：

(1) 生产、制造、加工或经销商品的自然人、法人或者其他组织，这是指商品商标的申请人；

(2) 提供服务项目的自然人、法人或者其他组织，这是指服务商标的申请人。

3. 商标注册申请文件
商标注册申请应提交如下文件：

(1) 申请书；

(2) 报送商标图样；

(3) 提交委托书；

(4) 提交其他证明文件。

(二) 商标注册的审查核准

1. 商标注册的形式审查

商标局收到商标注册申请文件后，应首先进行形式审查。审查的主要内容有：商标申请人的资格是否合格；审查申请日期，编定申请号；审查是否符合一件商标一份申请的原则；有关文件、图样和注册费是否交齐。退回注册商标申请不予受理的情况有：申请人资格不具备、申请书要求不符；手续基本完备，文件基本符合规定，商标局通知申请人补正，申请人在收到通知 30 日内未补正的，视为放弃申请。

2. 商标注册的实质审查

商标局对受理的申请应进行实质审查，关于商标的审查内容包括：是否具备商标的法定要素；是否具有显著性特点；是否违背禁用条款和禁注条款；是否与他人在先权利发生冲突。

3. 初步审定和公告

实质审查通过后，商标局认为初步审定符合规定，可以核准注册。但未正式注册前，仍未取得商标专用权。经商标局审查员审查，得出核准商标注册结论后，公告在商标局出版的《商标公告》上。其目的有二：一是公开征求社会各方意见，增加商标审查的透明度；二是使先注册人或先申请人有维权的机会，及时提出异议。商标公告的内容有：商标的审定号、申请日期、商标图样、所使用商品、申请人及其地址等。公告日期为初步审定之日起的 3 个月。

4. 商标异议与复审

对初步审定的商标，自公告之日起 3 个月内，任何人认为该商标不符合商标法规定要求的，均可向商标局提出异议。商标局收到异议申请后，将副本送交商标申请人，商标申请人可以答复也可拒绝，商标局听取异议人和被异议人陈述事实和理由，经调查核实后，做出裁定；商标局对异议申请做出裁定后，分别通知异议人和被异议人，当事人不服的，可以自收到裁定通知之日起 15 日内向商标评审委员会申请复审，商标评审委员会做出裁定后，书面通知异议人和被异议人。当事人对复审裁定不服的，可以自收到通知之日起 30 日向人民法院起诉，人民法院应当通知对方当事人作为第三人参加诉讼。

5. 核准注册

如对公开的商标无异议或异议不成立，3 个月公告期满后，商标局予以正式核准注册，在商标注册簿上登记、编号，并在《商标公告》上刊登注册公告，颁布商标注册证，商标申请人成为商标专用权人。如异议不成立，取得商标专用权的时间为初审公告 3 个月期满之后；经裁定，异议成立的，不予核准注册。

六、注册商标的续展和争议裁定

(一) 注册商标的续展

注册商标的有效期为 10 年，自核准注册之日起计算。注册商标有效期满，需要继续使用的，商标注册人应当在期满前 12 个月内按照规定办理续展手续；在此期间未能提出申请的，可以给予 6 个月的宽限期。宽限期满仍未提出申请的，注销其注册商标。每次续展注册的有效期为 10 年。续展注册经核准后，予以公告。

(二) 注册商标的争议裁定

除下述可要求商标局撤销注册商标的原因外，对已经注册的商标有争议的，可以自该商标经核准注册之日起 5 年内，向商标评审委员会申请裁定：(1)已经注册的商标违反商标注册的禁用和禁注条款的，或者不能满足三维标志作为注册商标特殊要求的，或者是以欺骗手段和其他不正当手段取得注册的，由商标局撤销该注册商标；其他单位或者个人也可以请求商标评审委员会裁定撤销该注册商标；(2)违反对驰名商标保护的规定或其他规定的注册商标，自商标注册之日起 5 年内，商标所有人或者利害关系人可以请求商标评审委员会裁定撤销该注册商标。对恶意注册的，驰名商标所有人不受 5 年的时间限制。

商标评审委员会收到裁定申请后，应当通知有关当事人，并限期提出答辩。

对核准注册前已经提出异议并经裁定的商标，不能再以相同的事实和理由申请裁定。商标评审委员会做出维持或者撤销注册商标的裁定后，书面通知有关当事人。当事人对裁定不服的，可以自收到通知之日起 30 日内向人民法院起诉。法院应当通知对方当事人作为第三人参加诉讼。

七、商标使用的管理

(一) 对注册商标使用的管理

1. 对使用注册商标的管理

使用注册商标，有下列行为之一的，由商标局责令限期改正或撤销其注册商标：

(1) 自行改变注册商标的；

(2) 自行改变注册商标的注册人名称、地址或者其他注册事项的；

(3) 自行转让注册商标的；

(4) 连续 3 年停止使用的。对商标局撤销注册商标的决定，当事人不服的，可以自收到通知之日起 15 日内向商标评审委员会申请复审，复审做出后，书面通知申请人。当事人对该决定不服的，可以自收到复审决定通知之日起 30 日内向人民法院起诉。

2. 监督使用注册商标的商品质量

使用注册商标，其商品粗制滥造，以次充好，欺骗消费者的，由各级工商部门分别不同情况责令限期改正、通报、处以罚款，直至撤销其注册商标。

3. 对被撤销或注销的商标的管理

注册商标被撤销或期满不再续展的，自撤销或注销之日起 1 年内，商标局对与该商标相同或近似的商标注册申请不予核准。

4. 对必须使用注册商标的商品的管理

对按照国家规定必须使用注册商标的商品，未申请注册而在市场上销售的，由地方行政管理部门责令限期申请注册，可以并处罚款。

(二) 对未注册商标使用的管理

使用未注册商标，有下列行为之一的，由地方工商行政管理部门予以制止，限期改正，并可以予以通报或处以罚款：冒充注册商标的；违反商标禁用条款的；粗制滥造，以次充好，欺骗消费者的。

八、注册商标专用权的法律保护

(一) 商标侵权行为

《商标法》第 57 条规定，有下列行为之一的，均属于侵犯注册商标专用权：未经商标注册人的许可，在同一种商品或者类似商品上使用与其注册商标相同或者近似商标的；销售侵犯注册商标专用权的商品的；伪造、擅自制造他人注册商标标识或者销售伪造、擅自制造注册商标标识的；未经商标注册人同意，更换其注册商标并将该更换商标的商品又投入市场的；故意为侵犯他人商标专用权行为提供便利条件，帮助他人实施侵犯商标专用行为的；给他人的注册商标专用权造成其他损害的。

(二) 侵犯注册商标专用权的法律保护

1. 商标侵权行为的处理方式

(1) 协商。由侵犯注册商标行为引起纠纷的，双方当事人可以协商解决；引起纠纷的，不愿协商或者协商不成的，商标是注册人或者利害关系人可以向人民法院起诉，也可以请求工商行政管理部门处理。

(2) 行政处理。工商行政管理部门处理时，认定侵权行为成立的，责令立即停止侵权行为，没收、销毁侵权商品和主要用于制造侵权商品、伪造注册商标标识的工具，违法经营额五万元以上的，可以处违法经营额五倍以下的罚款，没有违法经营额或者违法经营额不足五万元的，可以处二十五万元以下的罚款。对五年内实施两次以上商标侵权行为或者有其他严重情节的，应当从重处罚。销售不知道是侵犯注册商标专用权的商品，能证明该商品是自己合法取得并说明提供者的，由工商行政管理部门责令停止销售。

(3) 诉讼。对侵犯商标专用权的赔偿数额的争议，当事人可以请求进行处理的工商行政管理部门调解，也可以依照《中华人民共和国民事诉讼法》向人民法院起诉。经工商行政管理部门调解，当事人未达成协议或者调解书生效后不履行的，当事人也可以依照《中华人民共和国民事诉讼法》向人民法院起诉。

2. 侵害注册商标专用权的法律责任

(1) 民事责任。侵犯商标专用权的赔偿数额，按照权利人因被侵权所受到的实际损失确定；实际损失难以确定的，可以按照侵权人因侵权所获得的利益确定；权利人的损失或者侵权人获得的利益难以确定的，参照该商标许可使用费的倍数合理确定。对恶意侵犯商标专用权，情节严重的，可以在按照上述方法确定数额的一倍以上五倍以下确定赔偿数额。赔偿数额应当包括权利人为制止侵权行为所支付的合理开支。

(2) 行政责任。对以下违法行为，工商行政管理部门可处以罚款：将未注册商标冒充注册商标使用的；法律、行政法规规定必须使用注册商标的商品，必须申请商标注册，未经核准注册的，不得在市场销售，违反规定的，由地方工商行政管理部门责令限期申请注册，违法经营额五万元以上的，可以处违法经营额百分之二十以下的罚款，没有违法经营额或者违法经营额不足五万元的，可以处一万元以下的罚款。

(3) 刑事责任。追究刑事责任的情形主要有：未经商标注册人许可，在同一种商品上使用与其注册商标相同的商标，构成犯罪的，除赔偿被侵权人的损失外，依法追究刑事责任。伪造、擅自制造他人注册商标标识或者销售伪造、擅自制造的注册商标标识，构成犯罪的，除赔偿被侵权人的损失外，依法追究刑事责任。销售明知是假冒注册商标的商品，构成犯罪的，除赔偿被侵权人的损失外，依法追究刑事责任。

【复习思考题】

1. 简述著作权的主体、客体和内容。
2. 简述邻接权的内容。
3. 简述授予专利权的条件。
4. 简述商标权的主体、客体和内容。
5. 简述注册商标的申请与审查核准。

第四模块
市场竞争法律制度

第十一章

反不正当竞争法

学习目标

了解反不正当竞争的概念，掌握典型的不正当竞争行为的表现，并能灵活运用理论知识解决现实生活中的实际问题。

案例导入

2020年4月8日，林州市工商执法人员在市场巡查时发现，林州市某面粉公司生产销售的产品低糖营养小麦粉包装袋上说明内容为"本品采用目前国际最先进的剖流制粉工艺，提取小麦中最富含营养成分且含糖量较低的部分，经南京大学粮食经济研究所及其他粮食科研部门检测，本品中含有丰富粗蛋白质、粗脂肪和大量的膳食纤维，以及人体必需的天然微量元素，如铁、锌、钙、镁、钾和维生素 B1、B2、B6、E，烟酸、叶酸、肌醇、赖氨酸、抗氧化剂等大量营养成分，可预防抑制乳腺癌、结肠癌、前列腺癌、冠心病等，是人体天然保护剂，有利于防止动脉硬化和胆结石，特别对糖尿病及身体肥胖症有特殊的食疗效果"。该公司成品仓库中有印有上述产品说明内容的低糖营养小麦粉 24 袋，在其材料仓库中有印有上述产品说明内容的包装袋 3500 条。

经调查核实，2019年当事人从网上引用了有关面粉文章中的上述内容作为其生产销售低糖营养小麦粉产品说明内容。南京大学证明该校无"南京大学粮食经济研究所"机构，当事人也未能提供相关的检测报告。

问题：试分析该面粉公司的行为属何种性质？

第一节　反不正当竞争法概述

竞争是市场机制的灵魂，它赋予市场以活力，促进市场经济健康有序运行。但是，许多经营者在利益的驱使下，置消费者的利益、正常的市场秩序于不顾，采取各种不正当的竞争手法赚取利润。不正当竞争行为会侵害竞争对手的利益，如假冒、仿冒、商业诋毁等；也会侵害交易相对人尤其是消费者的利益，如进行虚假宣传、不正当有奖销售等，更重要的是不正当竞争行为会损害代表社会整体利益的社会经济秩序。

1993 年 12 月 1 日起实施的《中华人民共和国反不正当竞争法》(以下简称《反不正当竞争法》)，对于遏制经营者的不正当竞争行为，促进形成和维护良好的商业道德风气起到非常重要的作用。该法于 2017 年 11 月 4 日第十二届全国人民代表大会常务委员会第三十次会议重新修订，然后又于 2019 年 4 月 23 日第十三届全国人民代表大会常务委员会第十次会议《关于修订〈中华人民共和国建筑法〉等八部法律的决定》再次修正。

一、调整对象

反不正当竞争法是调整市场竞争过程中因规制不正当竞争行为而产生的社会关系的法律规范的总称。在市场竞争中，经营者之间的不正当竞争关系及监督检查部门与市场竞争主体之间的竞争管理关系由反不正当竞争法调整。

所谓不正当竞争行为，是指经营者违反法律规定，损害其他经营者的合法权益，扰乱社会经济秩序的行为。

所谓经营者，是指从事商品经营或者营利性服务的法人、其他经济组织和个人。由于我国的特殊情况，反不正当竞争法亦调整政府与经营者之间产生的与竞争有牵涉的关系。

二、立法目的

竞争法是市场竞争的基本法。凡是其他法律、法规没有明确规定，而经营者的市场行为与竞争法所确立的市场竞争原则相违背的，均应依照该法进行规范。我国反不正当竞争法的立法目的可以分为三个层次：

(1) 制止不正当竞争行为，这是该法的直接目的；

(2) 保护经营者和消费者的合法权益，这是该法直接目的的必然延伸；

(3) 鼓励和保护公平竞争，保障社会主义市场经济的健康发展。

三、市场竞争原则

在市场交易中，经营者应当遵循下列市场竞争原则。

1. 自愿、平等、公平原则

自愿原则是指参与竞争活动的个人、法人或其他经济组织均有权根据自己的真实意愿参与市场的竞争活动，并有权拒绝和抵制他人所进行的强制和胁迫。平等原则是指竞争主体在市场竞争中所处的法律地位是平等的，他们所谓的相同的法律行为会受到相同的法律对待，受到同样的法律保护。公平原则是指经营者在竞争的交易活动中都应受到公正合理的待遇。也就是说，竞争机会公平要求每一个竞争者与其他的竞争者有相同的竞争权利。但这不是绝对的，由于政府管理经济的需要，对竞争主体进行客观的资格限制是必需的，但也绝不允许政府运用权力进行强制性交易或分割统一市场的行为。如招投标行为中不允许存在政府与企业非法串标的行为。

2. 诚实信用原则

诚实信用原则是指经营者在竞争行为中要守信用、重承诺，以诚实善意方式从事交易。它要求人们在市场经济活动中讲诚信，在不损害其他人和社会利益的前提下追求自身最大利益，这是一个非常重要的原则，违背这一原则，市场将无法正常、健康地运转。

3. 尊重并遵守公认的商业道德原则

尊重并遵守公认的商业道德原则是指经营者在竞争中要遵循在市场交易中长期形成的，为社会或相关行业普遍承认和遵守的商业规范，不得与之相悖。

第二节　反不正当竞争行为

不正当竞争行为的表现形式

(一) 假冒仿冒行为

假冒仿冒行为是指经营者不正当地从事市场交易，使自己的商品或服务与他人的商品或者服务相混淆，造成或足以造成购买者误认误购的不正当竞争行为。美国人称这种行为为"不播种而收获"的搭便车行为，它使本应属于正当经营者的利益为不正当竞争者所获，对市场竞争具有极大的危害。我国《反不正当竞争法》第6条规定了四种类型的假冒仿冒行为：①擅自使用与他人有一定影响的商品名称、包装、装潢等相同或近似的标识；②擅自使用他人有一定影响的企业名称(包括简称、字号等)、社会组织名称(包括简称等)、姓名(包括笔名、艺名、译名等)；③擅自使用他人有一定影响的域名主体部分、网站名称、网页等；④其他足以引人误认为是他人商品或者与他人存在特定联系的混淆行为。

【例 11-1】根据反不正当竞争法律制度的规定，下列行为中，属于不正当竞争行为的是（　　）。

A. 甲因其所居住小区内的超市过于吵闹，影响其休息，遂捏造该超市出售伪劣商品并进行散布，导致该超市营业额严重下降

B. 乙家具制造企业将产自中国的家具产品的原产地标注为意大利

C. 丙歌厅见与其相邻的另外一家歌厅价格低、服务好、客源多，遂雇佣打手上门寻衅滋事，进行威胁

D. 入夏前，丁商场为了筹集资金购进夏装，以低于进货价的价格甩卖了一批库存的羽绒服

(二) 公用企业或者其他依法具有独占地位的经营者强制交易的行为

公用企业是指其商品或服务涉及人民群众基本物质生活需要的一些行业，如电力、自来水、煤气、邮政、电信、公交等；其他依法具有独占地位的经营者是指在某个特定的市场上，处于无人与之竞争地位的经营者，依法具有独占地位的企业只能由国务院规范性文件加以规定。公用企业和其他依法具有独占地位的经营者，不得从事下列强制性交易行为，以排挤其他经营者的公平竞争：①限定用户、消费者只能购买和使用其附带提供的相关商品，而不得购买和使用符合技术标准要求的同类商品；②限定用户、消费者只能购买和使用其指定的经营者生产或经销的商品，不得购买和使用其他经营者提供的符合技术标准要求的同类商品；③强制用户、消

费者购买其提供的不必要的商品及配件；④强制用户、消费者购买其指定的经营者提供的不必要商品；⑤以检验商品质量、性能等为借口，阻碍用户、消费者购买、使用其他经营者提供的符合技术标准要求的其他商品；⑥对不接受其不合理条件的用户、消费者拒绝、终断或削减供应相关商品，或者滥收费用。

(三) 政府及其所属部门滥用行政权力限制竞争的行为

《反不正当竞争法》规定，政府及其所属部门不得滥用行政权力，限定他人购买其指定的经营者的商品，限制其他经营者正当的经营活动。政府极其所属部门不得滥用行政权力，限制外地商品进入本地市场，或者本地商品流向外地市场。此规定有利于防止地区封锁、设置市场壁垒，同时还可防止官商结合和权钱交易，滋生腐败。

(四) 商业贿赂行为

商业贿赂行为是指为销售或者购买商品，经营者采用财物或者其他手段贿赂对方单位或个人的行为。经营者在账外暗中给予对方单位或者个人回扣的，以行贿论处；对方单位或者个人在账外暗中收受回扣的，以受贿论处。

经营者销售或者购买商品，可以以明示方式给对方折扣，可以给中间人佣金。折扣和佣金是否合法、是否构成商业贿赂行为，在于是否如实入账。经营者给对方折扣、给中间人佣金的，必须如实入账。接受折扣、佣金的经营者必须如实入账。

【例 11-2】西安市某百货商场在张贴的宣传海报上以大字注明："凡从本商场购买电紫砂煲，一次性购买 2 个给付 5%的回扣；5～20 个给付 8%的回扣；20～100 个给付 10%的回扣；100 个以上给付 15%的回扣。"有人见到海报后举报至有关部门，经查发现该商场所给付的回扣在账面上均有明确记载。该商场给付回扣的行为是(　　)。

A. 不正当竞争行为　　　　　　　　　B. 正当竞争行为

C. 商业贿赂行为　　　　　　　　　　D. 排挤竞争对手行为

(五) 虚假宣传行为

经营者不得利用广告或者其他方法，对商品的质量、制作成分、性能、用途、生产者、有效期限、产地等作引人误解的虚假宣传。这里的经营者主要是为自己的商品或服务进行宣传的经营者。但我国为了有效打击虚假宣传行为，强调广告经营者在明知或者应知的情况下，代理、设计、制作、发布虚假广告也属于此行为，受《反不正当竞争法》的调整。

该虚假宣传行为发生在宣传过程中，这是虚假宣传与欺骗性交易行为中的"虚假表示"的根本区别，因为后者强调的是"在商品上"。

(六) 侵犯商业秘密行为

商业秘密是指不为公众所知悉、能为权利人带来经济利益、具有实用性并经权利人采取保密措施的技术信息和经营信息。侵犯商业秘密的表现行为如下。

(1) 以盗窃、贿赂、欺诈、胁迫、电子入侵或者其他不正当手段获取权利人的商业秘密。

(2) 披露、使用或者允许他人使用以前项手段获取的权利人的商业秘密。

(3) 违反保密义务或者违反权利人有关保守商业秘密的要求，披露、使用或者允许他人使用其所掌握的商业秘密。

(4) 教唆、引诱、帮助他人违反保密义务或者违反权利人有关保守商业秘密的要求，获取、披露、使用或者允许他人使用权利人的商业秘密。

(七) 低价倾销行为

低价倾销行为是指经营者以排挤竞争对手为目的，以低于成本的价格销售商品或提供服务的不正当竞争行为。这里的成本是指企业在生产产品、销售产品或者提供劳务中发生的费用的总和。

经营者不得以排挤竞争对手为目的，以低于成本价格销售商品。

有下列情形之一的，不属于不正当竞争行为：①销售鲜活商品；②处理有效期限即将到期的商品或者其他积压的商品；③季节性降价；④因清偿债务、转产、歇业降价销售商品。

(八) 搭售商品或者附加其他不合理条件的行为

经营者销售商品，不得违背购买者的意愿搭售商品或者附加其他不合理的条件。经营者利用其经济优势，违背消费者的意愿，在销售某一种商品时，强迫消费者接受另一种商品，或者就商品的价格、销售地区、销售对象等进行不合理的限制，这种行为违背了市场交易中的平等原则和自愿原则，既侵害了购买者的合法权益，又侵害了竞争对手的合法权益。

(九) 不正当的有奖销售行为

经营者不得从事下列有奖销售：①采用谎称有奖或者故意让内定人员中奖的欺骗方式进行有奖销售；②利用有奖销售的手段推销质次价高的商品，"质次"并不一定是不合格的商品，这里强调的是质量和价格不相符；③抽奖式的有奖销售，最高奖的金额超过5000元。

【例11-3】某商厦开展有奖销售活动，其公告中称：本次活动分两次抽奖，第一次一等奖5名，各奖彩电一台(价值4500元)。所有奖券还将进行第二次抽奖。第二次一等奖2名，各奖冰箱一台(价值2000元)。

问题：此次活动是否属于不正当竞争行为？

(十) 商业诽谤行为

商业诽谤行为是指经营者故意捏造、散布虚伪事实，损害竞争对手的商业信誉、商品声誉，并以此来削弱竞争对手的市场竞争能力，从而为自己谋取不正当利益的行为。商业诽谤的构成要件包括：①行为主体应当是同业竞争者；②侵犯的对象是竞争对手的商业信誉和商品声誉；③散布的内容具有虚假性；④主观心态是故意。

损害竞争对手的商业信誉、商品声誉阻碍了公平竞争，破坏了市场经济秩序，是一种典型的不正当竞争行为。

(十一) 不正当招标投标行为

不正当招标投标行为是指投标者串通投标，抬高标价或者压低标价，损害招标人的利益；

或者投标者和招标者相互勾结，以排挤竞争对手的公平竞争，从而损害其他投标人的利益的行为。前一类串通行为的主体是投标者，串通行为损害了其他投标者的利益或(和)招标者的竞争利益；后一类串通行为的主体是部分投标者和招标者，其行为排挤了他人的竞争，损害的是其他投标者的竞争权利。不正当招标投标行为将会导致采用招标投标方式以促进竞争的目的无法实现，因此也为我国《反不正当竞争法》所禁止。

第三节　不正当竞争行为的法律责任

一、民事责任

民事责任是不正当竞争行为应承担的主要法律责任。经营者违反《反不正当竞争法》的规定，给被侵害的经营者造成损害的，受侵害的经营者可以向法院提起诉讼，要求侵害者承担损害赔偿责任。

损害赔偿额为被侵害的经营者因不正当竞争行为所致的损失；被侵害的经营者的损失难以计算的，赔偿额为侵权人在侵权期间因侵权所获得的利润。同时，还应承担被侵害的经营者因调查该经营者侵害其合法权益的不正当竞争行为所支付的合理费用。

二、行政责任

(1) 经营者假冒他人的注册商标，擅自使用他人的企业名称或者姓名，伪造或者冒用认证标志、名优标志等质量标志，伪造产地，对商品质量做引人误解的虚假表示的，依照《商标法》《产品质量法》的规定处罚。经营者擅自使用知名商品特有的名称、包装、装潢，或者使用与知名商品近似的名称、包装、装潢，造成和他人的知名商品相混淆，使购买者误认为是该知名商品的，监督检查部门应当责令停止违法行为，没收违法所得，可以根据情节处以违法所得 1 倍以上 3 倍以下的罚款；情节严重的可以吊销营业执照。

(2) 经营者采用财物或者其他手段进行贿赂以销售或者购买商品，不构成犯罪的，监督检查部门可以根据情节处以 1 万元以上 20 万元以下的罚款，有违法所得的，予以没收。

(3) 公用企业或者其他依法具有独占地位的经营者，限定他人购买其指定的经营者的商品，以排挤其他经营者的公平竞争的，省级或者设区的市的监督检查部门应当责令停止违法行为，可以根据情节处以 5 万元以上 20 万元以下的罚款。被指定的经营者借此销售质次价高商品或者滥收费用的，监督检查部门应当没收违法所得，可以根据情节处以违法所得 1 倍以上 3 倍以下的罚款。

(4) 经营者利用广告或者其他方法，对商品做虚假宣传的，监督检查部门应当责令停止违法行为，消除影响，并对其罚款。对商品做引人误解的虚假宣传的，监督检查部可以根据情节处以 1 万元以上 20 万元以下的罚款。广告的经营者在明知或者应知的情况下，代理、设计、制作、发布虚假广告的，监督检查部门应当责令停止违法行为，没收违法所得，并依法处以罚款。

(5) 违反《反不正当竞争法》的规定侵犯商业秘密的，监督检查部门应当责令停止违法行为，可以根据情节处以 1 万元以上 20 万元以下的罚款。

(6) 经营者违反《反不正当竞争法》的规定进行有奖销售的，监督检查部门应当责令停止违法行为，可以根据情节处以 1 万元以上 10 万元以下的罚款。

(7) 投标者串通投标，抬高标价或者压低标价；投标者和招标者相互勾结，以排挤竞争对手的公平竞争的，其中标无效。监督检查部门可以根据情节处以 1 万元以上 20 万元以下的罚款。

(8) 经营者有违反被责令暂停销售，不得转移、隐匿的财物的行为的，监督检查部门可以根据情节处以被销售、销毁与不正当竞争行为有关转移、隐匿、销毁财物的价款的 1 倍以上 3 倍以下的罚款。

(9) 政府及其所属部门违反《反不正当竞争法》的规定，限定他人购买其指定的经营者的商品、限制其他经营者正当的经营活动，或者限制商品在地区之间正常流通的，由上级机关责令其改正；情节严重的，由同级或者上级机关对直接责任人员给予行政处分。被指定的经营者借此销售质次价高商品或者滥收费用的，监督检查部门应当没收违法所得，可以根据情节处以违法所得 1 倍以上 3 倍以下的罚款。

三、刑事责任

侵犯商业秘密，给商业秘密的权利人造成重大损失的，处 3 年以下有期徒刑或拘役，并处或单处罚金；造成特别严重后果的，处 3 年以上 7 年以下有期徒刑，并处罚金。

捏造并散布虚伪事实，损害他人的商业信誉、商品声誉，给他人造成重大损失或者有其他严重情节的，处 2 年以下有期徒刑或者拘役，并处或单处罚金。

广告主、广告经营者、广告发布者违反国家规定，利用广告对商品或服务做虚假宣传，情节严重的，处 2 年以下有期徒刑或者拘役，并处或单处罚金。

【复习思考题】

1. 法律所禁止的不正当竞争行为有哪些？
2. 实施了不正当竞争行为的经营者要依法承担的法律责任有哪些？

第十二章

反 垄 断 法

了解反垄断的概念，掌握垄断行为的表现，并能灵活运用理论知识解决现实生活中的实际问题。

案例导入

2008 年 9 月 18 日，可口可乐公司向商务部递交了收购汇源公司的申报材料，此后多次根据商务部要求对申报材料进行了补充。11 月 20 日，商务部认为可口可乐公司提交的申报材料达到了《反垄断法》第二十三条规定的标准，对此项申报进行立案审查。2009 年 3 月 18 日，商务部正式否决可口可乐公司并购汇源公司的提案，认为并购不利于竞争，将导致消费者被迫接受更高价格和更少种类的产品，同时也挤压中小型果汁企业的生存空间。一时舆论哗然。

问题：可口可乐公司收购汇源公司属于哪一种垄断行为？

第一节 反垄断法概述

一、垄断的概念和特征

(一) 垄断的概念

垄断是一种经济现象，是指在市场经济国家，少数大企业或若干企业联合独占某一领域或市场，从而排斥市场竞争。从法学角度来看，垄断是指市场竞争主体为了排挤其他竞争对手，获取超额利润，以单独或联合的方式，以及有关行政部门为了本地区或本部门的利益而滥用行政权力，阻碍、限制或支配他人的生产经营活动，在一定范围内妨碍了正常的市场竞争，损害他人或社会利益的行为。垄断既包括经济性垄断，也包括行政性垄断。

(二) 垄断的特征

(1) 垄断行为的实施主体不仅仅是市场竞争主体，它还包括有关行政部门。有关行政部门是指国家经济管理部门、地方政府及其职能部门。市场竞争主体是经济垄断的实施主体，而有关行政部门则是行政垄断的实施主体。

(2) 垄断的目的是排除其他竞争对手，获取超额利润，或者是为了保护本部门或本地区的局部利益。行为人是否有实行垄断的目的是判断是否存在垄断的一个重要因素。

(3) 实施垄断的方式。对于经济性垄断而言，它是市场竞争主体凭借其市场竞争优势地位，阻碍、限制或支配他人的生产经营活动；对于行政垄断而言，它是有关行政部门滥用行政权力的行为。

(4) 垄断的结果必须是妨碍了正常的市场竞争，损害了他人或社会公共利益。

二、反垄断法的概念、调整对象和作用

(一) 反垄断法的概念

反垄断法是通过规范垄断和限制竞争行为来调整企业和企业联合组织相互之间竞争关系的法律规范的总和。《中华人民共和国反垄断法》(以下简称《反垄断法》)的立法目的是预防和制止垄断行为，保护市场公平竞争，提高经济运行效率，维护消费者利益和社会公共利益，促进社会主义市场经济健康发展。

(二) 反垄断法的调整对象

反垄断法调整的对象是国家规制垄断过程中所发生的社会关系，它又可以分为垄断行为规制关系和反垄断体制关系。

(三) 反垄断法的本质和作用

反垄断法的本质是：一是国家干预经济，实现经济自由，民主发展的法律；二是以公法的方法调整原属私法的调整对象，并横跨公法和私法两大领域。

第二节　法律禁止的垄断行为

一、垄断协议

垄断协议是指排除、限制竞争的协议、决定或者其他协同行为。有些行业协会通过"行业自律"行为来限制竞争，以行业协会决议等限制竞争，也属于垄断协议的表现形式。根据《反垄断法》的规定，行业协会不得组织本行业的经营者从事反垄断法禁止的垄断行为。垄断协议通常是协议各方共同对商品或服务的价格、数量、地区、对象等进行限制，会阻碍、扭曲正常的市场竞争和交易，从而要受反垄断法的规制。

(一) 横向垄断协议

横向垄断协议是指两个或两个以上因生产或销售同一类型产品或提供同一类服务而处于相互直接竞争中的经营者，通过共谋而实施的限制竞争行为。《反垄断法》第13条规定，禁止具有竞争关系的经营者达成下列垄断协议：固定或者变更商品价格；限制商品的生产数量或者销售数量；分割销售市场或者原材料采购市场；限制购买新技术、新设备或者限制开发新技术、新产品；联合抵制交易；国务院反垄断执法机构认定的其他垄断协议。

1. 固定价格行为

固定价格行为是具有竞争关系的经营者通过协议、决议或者协同行为，确定、维持或者改变价格，从而减弱或消除竞争的行为。串通投标就是固定价格的一种表现形式。固定价格限制了正常的价格竞争，造成资源分配扭曲，使消费者失去了选择的机会并承担了不合理的价格，实际上是以隐晦的方式对公众进行掠夺。

2. 限制产量行为

限制产量行为又称数量卡特尔，是指具有竞争关系的经营者共谋限定商品的生产或供应数量的行为。这种联合限制竞争行为人为地制造市场紧张，有助于实施固定价格，导致价格不能随生产力提高和技术进步而下降，对消费者的危害也很大。对数量限制可以做扩大解释，包括限制产量、限制销量、限制库存、限制原材料、限制技术等。

3. 划分市场行为

划分市场行为是指竞争者之间分割地区、客户或者产品市场的行为。划分市场可以作为间接控制价格的一种方式。在某种程度上，划分市场比固定价格更影响竞争，通过消除被划定区域中的竞争者，经营者尽管是在有限的区域内具有独占地位，但这样一来，不仅消除了价格竞争，而且在质量、革新方面也是如此。划分市场还可以避免成本不同的生产者的内部差异，而这往往正是导致经营者之间的价格协议破裂的原因。当然，从另外的角度看，损害固定价格协议的许多因素也困扰着市场划分。如果剩下的企业将价格确定在边际成本之上，新的进入者就会出现；如果立即将其吸收为成员，那么同样的既得利益必须进一步分配，这就使得该安排的吸引力会减小。

4. 联合抵制交易行为

联合抵制交易行为又称为集体拒绝交易，是指多个竞争者联合起来不与其他竞争对手、供应商或者客户交易的行为。联合抵制交易有不同的情形，有时是针对竞争者实施，有时是针对垂直关系的企业实施，有时是一些竞争者联合起来将特定企业排挤出市场等。

(二) 纵向垄断协议

我国《反垄断法》规定的纵向垄断协议，是指两个或两个以上在同一产业中处于不同环节而存在交易关系的经营者，通过共谋实施的限制竞争行为。其主要类型有维持转售价格及其他限制交易方营业自由的行为。

《反垄断法》第14条规定，禁止经营者与交易相对人达成下列垄断协议：固定向第三人转售商品的价格；限定向第三人转售商品的最低价格；国务院反垄断执法机构认定的其他垄断协议。

【例 12-1】下列不是垄断协议的是(　　)。

A. 家乐福和沃尔玛约定：前者占领北京市场，后者占领天津市场

B. 因为价格问题，甲乙两家汽车厂口头约定都不购买丙钢铁公司的钢材

C. 甲药厂和乙医药连锁超市约定：后者出售前者的某种专利药品只能按某价格出售

D. 甲药厂和乙医药连锁超市约定：后者出售前者的某种专利药品最高按某价格出售

E. 乙医药连锁超市和甲药厂约定：前者只按照某最低价格从后者进货

(三) 垄断协议的反垄断法适用除外或者豁免

垄断行为不一定都有害，即使是作为典型限制竞争行为的垄断协议也不例外。因此，反垄断法在概括地禁止垄断协议的同时，也允许乃至鼓励某些垄断协议的存在。

《反垄断法》第 15 条规定，经营者能够证明所达成的协议属于下列情形之一的，不适用本法禁止横向垄断协议和纵向垄断协议的规定：①为改进技术、研究开发新产品的；②为提高产品质量、降低成本、增进效率，统一产品规格、标准或者实行专业化分工的；③为提高中小经营者经营效率，增强中小经营者竞争力的；④为实现节约能源、保护环境、救灾救助等社会公共利益的；⑤因经济不景气，为缓解销售量严重下降或者生产明显过剩的；⑥为保障对外贸易和对外经济合作中的正当利益的；⑦法律和国务院规定的其他情形。

【例 12-2】在不会严重限制相关市场竞争，并能使消费者分享由此产生的利益前提下，经营者与具有竞争关系的经营者(　　)不为反垄断法所禁止。

A. 为排除竞争，达成的联合抵制交易协议

B. 为实现其支配地位，达成的限制商品的生产数量协议

C. 为限制竞争，达成的固定商品价格协议

D. 为改进技术，达成的限制购买新技术协议

二、滥用市场支配地位的行为

滥用市场支配地位是指具有市场支配地位的经营者利用其市场支配地位所实施的妨碍竞争的行为。

滥用市场支配地位的表现形式

1. 不正当的价格行为

(1) 占有支配地位的企业以获得超额垄断利润或排挤竞争对手为目的，确定、维持和变更商品价格，以高于或低于正常状态下可能实行的价格来销售其产品。

(2) 严重损害了消费者的权益，使得消费者应当享有的部分福利转移给垄断厂商；同时也妨碍了其他竞争者进入市场，对竞争构成实质性的限制。

2. 差别对待

(1) 处于市场支配地位的企业没有正当理由，对条件相同的交易对象，就其所提供的商品的价格或其他交易条件给予明显区别对待的行为；最常见的形式是价格歧视。

(2) 卖方对购买相同等级、相同质量货物的买方要求支付不同的价格，或买方对于提供相同等级、相同质量货物的卖方要求支付不同的价格，从而使相同产品的卖方因销售价格不同或买方

因进货价格不同而获得不同的交易机会，直接影响到他们之间的公平竞争。

(3) 同一产品的不同批发价会直接影响到零售价，不同的零售价则直接影响到消费者的利益。

3. 强制交易

处于市场支配地位的企业采取利诱、胁迫或其他不正当的方法，迫使其他企业违背其真实意愿与之交易或促使其他企业从事限制竞争的行为。其主要表现有以下几个方面。

(1) 强迫他人与自己进行交易。

(2) 强迫他人不与自己的竞争对手进行交易。

(3) 迫使竞争对手放弃或回避与自己竞争等。

4. 搭售和附加不合理交易条件

在商品交易过程中，拥有经济优势的一方利用自己的优势地位，在提供商品或服务时，强行搭配销售购买方不需要的另一种商品或服务，或附加其他不合理条件的行为。

(1) 搭售的目的是将市场支配地位扩大到被搭售产品的市场上，或妨碍潜在的竞争者进入这个市场。

(2) 搭售的好处是将关联商品一起销售能够节约成本和开支。在出售机器和设备的时候，特别是在出售高科技产品的时候，生产商或销售商要求购买者一并购买他们的零部件或辅助材料也常常是合理的，这有利于产品的安全使用，或提高产品的使用寿命，从而有利于提高企业的信誉和商品的声誉。

(3) 判断一个搭售行为是否合理应当考虑的因素有：搭售是否是出于该商品的交易习惯；被搭售的商品若分开销售，是否有损于商品的性能和使用价值；搭售企业的市场地位。在识别一个搭售行为是否具有反竞争性时，应当考虑搭售企业的搭售目的、市场地位、相关的市场结构、商品的特性等许多因素。

5. 掠夺性定价

掠夺性定价是指处于市场支配地位的企业以排挤竞争对手为目的，以低于成本的价格销售商品的行为。

6. 独家交易

独家交易又称为排他性交易，处于市场支配地位的企业要求经销商在特定市场内只经销自己的商品。

三、经营者集中

反垄断法控制经营者集中的目的是防止产生过强的市场力量，从而限制、损害竞争。经营者集中的本质是企业间在市场经济活动中形成某种程度的结合，并在结合之后产生控制、被控制或具有控制性影响的紧密关联关系。其形式包括企业合并、取得股份或资产、经营结合、人事控制等。

(一) 经营者集中的申报

经营者集中申报不是一种许可制度，而是事前报备。反垄断执法机构对收到的申报在一定期间内不提出异议的，经营者就可合法实施集中。这样可以防止反垄断执法机构拖而不决，以维护经营者的合理预期和合法权益。市场经济讲求效率，对于经营者而言，时机的把握往往决定交易的成败，而政府机关出于程序的考虑和官僚体制，通常疏于对效率的要求，事先申报制度可以说在二者之间求得了平衡。此外，事先申报制度还可以免去一些中小经营者的申报义务，以鼓励中小经营者相互融合，提升竞争力，实现规模经济；并事先阻止那些达到一定规模、可能危害竞争的经营者集中，以免事后再予拆散可能带来的资源浪费和经济损失。

我国《反垄断法》规定，经营者集中达到国务院规定的申报标准的，经营者应当先向国务院反垄断执法机构申报，未申报的不得实施集中。根据《国务院关于经营者集中申报标准的规定》，经营者集中申报的标准是：①参与集中的所有经营者上一会计年度在全球范围内的营业额合计超过 100 亿元人民币，并且其中至少两个经营者上一会计年度在中国境内的营业额均超过 4 亿元人民币；②参与集中的所有经营者上一会计年度在中国境内的营业额合计超过 20 亿元人民币，并且其中至少两个经营者上一会计年度在中国境内的营业额均超过 4 亿元人民币。经营者集中未达到上述规定的申报标准，但按照规定程序收集的事实和证据表明该经营者集中具有或者可能具有排除、限制竞争效果的，国务院商务主管部门应当依法进行调查。同时，经营者集中有下列情形之一的，可以不向国务院反垄断执法机构申报：①参与集中的一个经营者拥有其他每个经营者 50%以上有表决权的股份或者资产的；②参与集中的每个经营者 50%以上有表决权的股份或者资产被同一个未参与集中的经营者拥有的。

(二) 经营者集中的反垄断审查

1. 审查的步骤

经营者集中的反垄断审查分为初步审查和进一步审查两个阶段。

(1) 初步审查。国务院反垄断执法机构应当自收到经营者提交的符合规定的文件、资料之日起 30 日内，对申报的经营者集中进行初步审查，做出是否实施进一步审查的决定，并书面通知经营者。国务院反垄断执法机构做出决定前，经营者不得实施集中。国务院反垄断执法机构做出不实施进一步审查的决定或者逾期未做出决定的，经营者可以实施集中。

(2) 进一步审查。国务院反垄断执法机构决定实施进一步审查的，应当自决定之日起 90 日内审查完毕，做出是否禁止经营者集中的决定，并书面通知经营者。做出禁止经营者集中的决定，应当说明理由。审查期间，经营者不得实施集中。

2. 是否允许经营者集中的决定

审查经营者集中，应当考虑下列因素：①参与集中的经营者在相关市场的市场份额及其对市场的控制力；②相关市场的市场集中度；③经营者集中对市场进入、技术进步的影响；④经营者集中对消费者和其他有关经营者的影响；⑤经营者集中对国民经济发展的影响；⑥国务院反垄断执法机构认为应当考虑的影响市场竞争的其他因素。

反垄断执法机构根据审查结果分别做出禁止集中、不予禁止集中或附条件不予禁止集中的决定。经营者集中具有或者可能具有排除、限制竞争效果的，国务院反垄断执法机构应当做出禁止经营者集中的决定。但是，经营者能够证明该集中对竞争产生的有利影响明显大于不利影响，或者符合社会公共利益的，国务院反垄断执法机构可以做出对经营者集中不予禁止的决定。对不予禁止的经营者集中，国务院反垄断执法机构可以决定附加减少集中对竞争产生不利影响的限制性条件。

国务院反垄断执法机构应当将禁止经营者集中的决定或者对经营者集中附加限制性条件的决定，及时向社会公布。

【例12-3】根据反垄断法的规定，负责经营者集中行为反垄断审查工作的机构是(　　　)。
A. 国家市场监督管理总局
B. 国家发改委
C. 商务部
D. 反垄断审查委员会

四、行政性垄断行为

(一) 行政性垄断行为的概念和特征

行政性垄断行为也称为滥用行政权力排除、限制竞争行为，是指政府及其经法律、法规授权的组织滥用行政权力，排除、限制竞争或阻碍商品自由流通的行为。滥用行政权力是指它们既不属于政府为维护社会经济秩序而进行的正常经济管理活动，也不属于政府为实现对国民经济的宏观调控而采取的产业政策、财政政策等经济政策和社会政策。行政性垄断行为的特征如下。

(1) 实施行政性垄断行为的主体是除国务院以外的行政主体。

(2) 行政性垄断行为是行政主体对行政权力的滥用。

(3) 行政性垄断行为客观上可能或已经"实质性地"限制了其他市场主体的公平竞争。

(4) 行政性垄断行为具有抽象性、强制性和隐蔽性的特点。

(二) 行政性垄断行为的具体表现形式

1. 地区垄断

根据国务院《关于禁止在市场经济活动中实行地区封锁的规定》第3条的规定，任何单位和个人违反法律、行政法规和国务院的规定，以任何方式阻挠、干预外地产品或者工程建设类服务进入本地市场，或者对阻挠、干预外地产品或者服务进入本地市场的行为纵容、包庇，限制公平竞争，构成地区封锁。

2. 强制联合限制竞争

强制联合限制竞争是指政府或政府部门强制本地区或本部门的企业联合行动以排除、限制或阻碍其他经营者参与竞争的行为。强制联合限制竞争行为的主要特征是：其一，强制联合的实施主体是政府或政府主管部门；其二，强制联合通常违背了联合各方的意志；其三，强制联合往往以行政命令、决议等为基础；其四，强制联合以维护地方、部门利益为目的；其五，强制联合不仅包括强制企业达成某种协议，而且也包括强制企业进行合并、兼并。

3. 行政强制交易行为

行政强制交易行为是指政府或政府部门滥用行政权力限定他人购买其指定的经营者的商品，从而排挤其他经营者公平竞争的行为。例如，有些行政部门利用职权，以符合安全标准为名，要求他人购买其指定企业的产品，如消防器材、汽车安全带、防盗门、环保设备。

【复习思考题】

1. 法律所禁止的垄断行为有哪些?
2. 经营者集中反垄断审查的步骤有哪些?

第十三章

消费者权益保护法

学习目标

了解消费者权益保护法的概念、调整对象及其基本原则，掌握消费者权利与经营者的义务，了解消费者合法权益保护机构及其职责，掌握消费者权益争议及其解决方法。

案例导入

陈女士在某商场购买一件纯羊毛大衣，售价 3999 元，商场标明"换季商品，概不退换"，穿了几天后衣服起满毛球，于是陈女士到市质量监督机构进行了检验，鉴定结果证明羊毛大衣所用原料为 100%腈纶，张女士到购买衣服的百货商场要求退货并赔偿因此而造成的损失，商场营业员回答："当时标明换季商品，概不退换，再说商场内该柜台是出租给个体户的，现在他已破产，租借柜台的费用尚未付清，我们也正在找他呢。"

问题：

(1) 商场(经营者)违反了我国消费权益保护法的哪些内容？

(2) 商场对张女士应负哪些责任？

第一节　消费者权益保护法概述

消费者权益保护法是调整在保护公民消费权益过程中所产生的社会关系的法律规范的总称。一般情况下，我们所说的消费者权益保护法是指 1993 年 10 月 31 日颁布、1994 年 1 月 1 日起施行的《中华人民共和国消费者权益保护法》(以下简称《消费者权益保护法》)。该法的颁布实施，是我国第一次以立法的形式全面确认消费者的权利。此举对保护消费者的权益，规范经营者的行为，维护社会经济秩序，促进社会主义市场经济健康发展具有十分重要的意义。2009 年 8 月 27 日第十一届全国人民代表大会常务委员会第十次会议《关于修改部分法律的规定》进行第一次修正。2013 年 10 月 25 日十二届全国人民代表大会常务委员会第 5 次会议《关于修改的决定》第二次修正。2013 年 10 月 25 日中华人民共和国主席令第七号公布，自 2014 年 3 月

15 日起施行。

一、消费

消费有生产消费和生活消费之分。消费者权益保护法中的消费一般只限于生活消费，即满足个人和家庭生活需要的消费。对此《消费者权益保护法》第 2 条表述得十分清楚：消费者购买、使用商品或者接受服务，其权益受本法保护，本法未做规定的，受其他有关法律法规保护。但是，我国《消费者权益保护法》第 62 条规定：农民购买、使用直接用于农业生产的生产资料，参照本法执行。这是将生产消费视为生活消费的一个特例。这一立法的理由在于：在我国由于广大农村普遍推行联产承包责任制，农业经营者一般是以家庭为基础的广大农户，虽然他们购买的直接用于农业生产的种子、农药、化肥等属于生产资料的范围，但广大农民势单力薄，在经济活动中，有着与消费者相似的遭遇。考虑到我国农业经营者的实际情况，法律作此特殊规定有其现实意义。

二、消费者

在明确了什么是消费后，那么什么是消费者呢？根据《消费者权益保护法》第 2 条、第 3 条、第 62 条的规定，该法所指消费者可以从以下三方面进行理解。

(1) 所谓消费者，是指为个人生活消费需要购买、使用商品和接受服务的自然人。这与国际上普遍的说法是一致的。国际标准化组织消费者政策委员会将消费者定义为为了个人目的购买或者使用商品和接受服务的个体社会成员。因为分散的、单个的自然人，在市场中处于弱者地位，需要法律的特殊保护。所以，从事消费活动的社会组织、企事业单位不属于消费者保护法意义上的"消费者"。

(2) 消费者购买、使用的商品或接受的服务是由经营者提供的。经营者是指从事加工、制造和销售商品的单位或个人。经营者既可以是法人或者非法人组织，也可以是自然人。消费者与经营者是一对相对对应、相对立的法律主体。没有经营者，就不会存在特定含义的消费者概念。作为消费者，其消费的商品和服务是经营者生产、制造并提供的，而不能是自己生产、制造的。

(3) 对于购买、使用直接用于农业生产资料的农民的保护。消费者保护法的宗旨在于保护作为经营者对立面的特殊群体——消费者的合法权益。农民购买直接用于农业生产的生产资料，虽然不是为个人生活消费，但是作为经营者的相对方，其弱者地位是不言而喻的。所以，《消费者权益保护法》第 62 条将农民购买、使用直接用于农业生产的生产资料行为纳入该法的保护范围。

第二节　消费者的权利与经营者的义务

一、消费者的权利

消费者的权利是指在消费活动中，消费者依法享有的各项权利的总和。消费者保护法为消费者设立了相互独立又相互关联的九项权利。

1. 安全保障权

消费者在购买、使用商品和接受服务时享有人身、财产安全不受损害的权利。

2. 知悉真情权

消费者享有知悉其购买、使用的商品或者接受的服务的真实情况的权利。

3. 自主选择权

消费者享有自主选择商品和服务的权利，包括：①有权自主选择提供商品或者服务的经营者；②有权自主选择商品品种或者服务方式；③有权自主决定是否购买任何一种商品或是否接受任何一项服务；④有权对商品或服务进行比较鉴别和选择。经营者不得以任何方式干涉消费者行使自主选择权。

4. 公平交易权

公平交易是指经营者与消费者之间的交易应在平等的基础上达到公正的结果。公平交易权体现在两个方面：①交易条件公平，即消费者在购买商品或接受服务时，有权获得质量保证、价格合理、计量正确等公平交易条件；②不得强制交易，即消费者有权按照真实意愿从事交易活动，对经营者的强制交易行为有权拒绝。

5. 获取赔偿权

获取赔偿权也称作消费者的求偿权，依照《消费者权益保护法》第11条的规定，消费者因购买、使用商品或者接受服务受到人身、财产损害的，享有依法获得赔偿的权利。享有求偿权的主体包括：①商品的购买者、使用者；②服务的接受者；③第三人，指消费者之外的因某种原因在事故发生现场而受到损害的人。

求偿的内容包括：①人身损害的赔偿，无论是生命健康还是精神方面的损害均可要求赔偿；②财产损害的赔偿，依照《消费者权益保护法》及《民法典》合同编等相关法律的规定，包括直接损失及可得利益的损失。

6. 结社权

消费者享有依法成立维护自身合法权益的社会团体的权利。目前，中国消费者协会及地方各级消费者协会已经成立。实践证明，消费者组织的工作对推动我国消费者运动的健康发展、沟通政府与消费者的联系、解决经营者与消费者的矛盾、更加充分地保护消费者权益起到了积极作用。

7. 获得相关知识权

消费者享有获得有关消费和消费者权益保护方面的知识的权利。消费知识主要指有关商品和服务的知识；消费者权益保护知识主要指有关消费者权益保护方面及权益受到损害时如何有效解决方面的法律知识。

8. 受尊重权

消费者在购买、使用商品和接受服务时，享有其人格尊严、民族风俗习惯得到尊重的权利。人格权是消费者人身权的主要组成部分。尊重他人的人格尊严和不同民族的风俗习惯，是一个国家和社会文明进步的重要标志，也是法律对人权保障的基本要求。我国是一个多民族国家，尊重各个民族尤其是少数民族的风俗习惯，关系到全国的安定团结，关系到各民族的长久和睦。消费者权益保护法将人格尊严和民族风俗习惯专条加以规定，是对消费者精神权利的有力保障，也是党和国家民族政策在法律上的体现。

9. 监督批评权

消费者享有对商品和服务以及保护消费者权益工作进行监督的权利。监督权是上述各项权利的必然延伸，对消费者权利的切实实现至关重要。这种监督权表现为：①有权对经营者的商品和服务进行监督，在权利受到侵害时有权提出检举或控告；②有权对国家机关及工作人员的监督，对其在保护消费者权益工作中的违法失职行为进行检举、控告；③表现为对消费者权益工作的批评、建议权。

【例 13-1】张女士在一家商场的某品牌专柜试穿了好几件服装，后来觉得这些服装的款式都不太合心意，且价格较高，正打算离开时，被该专柜的导购拦住。该导购要求张女士必须至少买一件服装，否则不许离开。该导购的行为侵犯了张女士的(　　)。
A. 公平交易权　　　B. 自主选择权　　　C. 受尊重权　　　D. 知情了解权

二、经营者的义务

在消费法律关系中，消费者的权利就是经营者的义务。为了有效地保护消费者的权益，约束经营者的经营行为，消费者保护法不仅专章规定了消费者的权利，还专章规定了经营者的义务。

1. 履行法定义务及约定义务

经营者向消费者提供商品和服务，应依照法律、法规的规定履行义务。双方有约定的，应按照约定履行义务，但双方的约定不得违法。

2. 接受监督的义务

经营者应当听取消费者对其提供的商品或服务的意见，接受消费者的监督。

3. 保证商品和服务安全的义务

经营者应当保证其提供的商品或服务符合保障人身、财产安全的要求。经营者应当做到以下几点。

(1) 对可能危及人身、财产安全的商品和服务，应做出真实说明和明确的提示，标明正确使用及防止危害发生的方法。

(2) 经营者发现其提供的商品或者服务存在严重缺陷，即使正确使用或接受服务仍然可能对人身、财产造成危害的，应立即向政府有关部门报告和告知消费者，并采取相应的防范措施。

4. 提供真实信息的义务

经营者应当向消费者提供有关商品和服务的真实信息，不得做引人误解的虚假宣传。真实的信息是消费者自主选择商品或服务的前提和基础，经营者不得以虚假宣传误导甚至欺骗消费者。对消费者关于质量、使用方法等问题的询问，经营者应做出明确的、完备的、符合实际的答复。此外，商店提供商品应明码标价，即明确单位数量的价格，以便于消费者选择，同时防止经营者在单位数量或重量价格上随意更改。

5. 标明真实名称和标记的义务

经营者应当标明其真实名称和标记。租赁他人柜台或者场地的经营者，应当标明其真实名称和标记。

6. 出具凭证或单据的义务

经营者提供商品或者服务，应按照国家规定或商业惯例向消费者出具购货凭证或者服务单据；消费者索要购货凭证或者单据的，经营者必须出具。

【例 13-2】经营者提供商品或服务，应向消费者出具发票等购货凭证或服务单据；消费者索要发票等购货凭证或服务单据的，经营者(　　)出具。

A. 必须　　　　　B. 不一定　　　　　C. 可以　　　　　D. 视具体情况

7. 保证质量的义务

(1) 经营者应当保证在正常使用商品或者接受服务的情况下，其提供的商品或者服务应当具有的质量、性能、用途和有效期限；但消费者在购买该商品或者接受服务前已经知道其存在瑕疵的除外。

(2) 经营者以广告、产品说明、实物样品或者其他方式表明商品或者服务的质量状况的，应当保证提供的商品或者服务的实际质量与表明的质量状况相符。

8. 履行"三包"或其他责任的义务

经营者提供商品或者服务，按照国家规定或者与消费者的约定，承担包修、包换、包退或者其他责任的，应当按照规定或者约定履行，不得故意拖延或者无理拒绝。这里的包修、包换、包退就是人们常说的"三包"。

9. 不得单方做出对消费者不利规定的义务

经营者不得以格式合同、通知、声明、店堂告示等方式做出对消费者不公平、不合理的规定，或者减轻、免除其损害消费者合法权益应当承担的民事责任。格式合同是经营者单方拟定的，消费者或者只能接受、无改变其内容的机会；或者只能拒绝，但却无法实现或难以实现消费需求，当该经营者处于独家垄断时更是如此。经营者做出的通知声明、店堂告示等亦属于单方意思表示，侧重于保护经营者的利益。因此，在上述情况下，经营者的格式合同、通知、声明、店堂告示等含有对消费者不公平、不合理规定的，或者减轻、免除其损害消费者合法权益应当承担的民事责任的，其内容无效。

【例 13-3】根据《消费者权益保护法》的规定，下列店堂告示中，符合法律规定的是(　　)。

A. 打折商品一律不予退换　　　　　B. 购买 10 元以下商品，不开发票

C. 如有假货，假一赔十　　　　　D. 个人物品小心保管，如若丢失概不负责

10. 不得侵犯消费者人格权的义务

消费者的人格尊严和人身自由理应依法获得保障。经营者不得对消费者进行侮辱、诽谤，不得搜查消费者的身体及其携带的物品，不得侵犯消费者的人身自由。

11. 合法收集信息及保密义务

经营者收集、使用消费者个人信息，应当遵循合法、正当、必要的原则，明示收集、使用信息的目的、方式和范围，并经消费者同意。经营者收集、使用消费者个人信息，应当公开其收集、使用规则，不得违反法律、法规的规定和双方的约定收集、使用信息。

经营者及其工作人员对收集的消费者个人信息必须严格保密，不得泄露、出售或者非法向他人提供。经营者应当采取技术措施和其他必要措施，确保信息安全，防止消费者个人信息泄

露、丢失。在发生或者可能发生信息泄露、丢失的情况时，应当立即采取补救措施。

经营者未经消费者同意或者请求，或者消费者明确表示拒绝的，不得向其发送商业性信息。

第三节 争议的解决

一、争议解决的途径

消费者和经营者发生消费者权益争议的，可以通过下列途径解决。

1. 与经营者协商和解

当消费者和经营者因商品或服务发生争议时，协商和解应作为首选方式，特别是误解产生的争议，通过解释、谦让及其他补救措施，便可化解矛盾，平息争议。协商和解必须在自愿平等的基础上进行。重大纠纷，双方立场对立严重，要求相距甚远的，可寻求其他解决方式。

2. 请求消费者协会调解

消费者协会是依法成立的对商品和服务进行社会监督的保护消费者合法权益的社会团体。消费者权益保护法明确消费者协会具有七项职能，其中之一是对消费者的投诉事项进行调查、调解。消费者协会作为保护消费者权益的社会团体，调解经营者和消费者之间的争议，应依照法律、行政法规及公认的商业道德从事，并由双方自愿接受和执行。

3. 向有关行政部门申诉

政府有关行政部门依法具有规范经营者的经营行为，维护消费者合法权益和市场经济秩序的职能。消费者权益争议涉及的领域很广，当权益受到侵害时，根据具体情况向不同的行政职能部门，如物价部门等提出申诉，求得行政救济。

4. 提请仲裁

由仲裁机构解决争端，在国际国内商贸活动中被广泛采用。消费者权益争议亦可通过仲裁途径予以解决。不过，仲裁必须具备的前提条件是双方订有书面仲裁协议(或书面仲裁条款)。在一般的消费活动中，大多数情况下没有必要也没有条件签订仲裁协议。因此，在消费领域，很少以仲裁方式解决争议。

5. 向人民法院提起诉讼

《消费者权益保护法》及相关法律都规定，消费者权益受到损害时，可径直向人民法院起诉，也可因不服行政处罚决定而向人民法院起诉。司法审判具有权威性、强制性，是解决各种争议的最后手段。消费者为求公正解决争议，可依法行使诉权。

二、解决争议的几项特定规则

(1) 销售者的先行赔付义务。消费者在购买、使用商品时，其合法权益受到损害的，可以向销售者要求赔偿。销售者赔偿后，属于生产者的责任或者属于向销售者提供商品的其他销售者的责任的，销售者有权向生产者或者其他销售者追偿。

(2) 生产者与销售者的连带责任。消费者或者其他受害人因商品缺陷造成人身、财产损害的，可以向销售者要求赔偿，也可以向生产者要求赔偿。属于生产者责任的，销售者赔偿后，有权向生产者追偿。属于销售者责任的，生产者赔偿后，有权向销售者追偿。此时，销售者与生产者被看作一个整体，对消费者承担连带责任。

(3) 消费者在接受服务时，若其合法权益受到损害，可以向服务者要求赔偿。

(4) 变更后的企业仍应承担赔偿责任。企业的变更是市场经济活动中常见的现象。为防止经营者利用企业变更之机逃避对消费者应承担的损害赔偿责任，《消费者权益保护法》规定，消费者在购买、使用商品或者接受服务时，其合法权益受到损害，因原企业分立、合并的可以向变更后承受其权利义务的企业要求赔偿。

(5) 营业执照持有人与租借人的赔偿责任。出租、出借营业执照或租用、借用他人营业执照是违反工商行政管理法规的行为。《消费者权益保护法》规定，使用他人营业执照的违法经营者提供商品或者服务，损害消费者合法权益的，消费者可向其要求赔偿，也可以向营业执照的持有人要求赔偿。

(6) 展销会举办者、柜台出租者的特殊责任。通过展销会、出租柜台销售商品或者提供服务，不同于一般的店铺营销方式。为了在展销会结束后或出租柜台期满后，使消费者能够获得赔偿，消费者权益保护法规定，消费者在展销会、租赁柜台购买商品或者接受服务，其合法权益受到损害的，可以向销售者或服务者要求赔偿。展销会结束或者柜台租赁期满后，也可以向展销会的举办者、柜台的出租者要求赔偿。展销会的举办者、柜台的出租者赔偿后，有权向销售者或者服务者追偿。

(7) 虚假广告的广告主与广告经营者的责任。广告对消费行为的影响是尽人皆知的。为规范广告行为，广告法、消费者权益保护法均对虚假广告做了禁止性规定。消费者权益保护法规定，当消费者因虚假广告而购买、使用商品或者接受服务时，若合法权益受到损害，可以向利用虚假广告提供商品或服务的经营者要求赔偿。广告的经营者发布虚假广告的，消费者可以请求行政主管部门予以惩处。广告的经营者不能提供经营者的真实名称、地址的，应当承担赔偿责任。

第四节　违反消费者权益保护法的法律责任

一、侵犯消费者合法权益的民事责任

(一) 一般规定

经营者提供商品或者服务有下列情形之一的，除《消费者权益保护法》另有规定外，应当依照《产品质量法》和其他有关法律、法规的规定，承担民事责任：

(1) 商品存在缺陷的；

(2) 不具备商品应当具备的使用性能而出售时未作说明的；

(3) 不符合在商品或者其包装上注明采用的商品标准的；

(4) 不符合商品说明、实物样品等方式表明的质量状况的；

(5) 生产国家明令淘汰的商品或者销售失效、变质的商品的；

(6) 销售的商品数量不足的；

(7) 服务的内容和费用违反约定的；

(8) 对消费者提出的修理、重作、更换、退货、补足商品数量、退还货款和服务费用或者

赔偿损失的要求,故意拖延或者无理拒绝的;

(9) 法律、法规规定的其他损害消费者权益的情形。

当侵犯消费者权益的行为同时符合《消费者权益保护法》和《民法典》等普通民事法律的民事责任要件时,消费者有权选择使用消费者权益保护法请求保护。

(二) 特殊规定

(1)“三包”责任。《消费者权益保护法》明确规定,经营者与消费者约定包修、包换、包退的商品,经营者应当负责修理退换。修理期内两次修理仍不能正常使用的,经营者应当予以更换或者退货。对国家规定“三包”的大件商品,消费者要求经营者修理、更换、退货的,经营者应当承担运输等合理费用。

(2) 邮购商品的民事责任。更换、退货的,消费者退回的商品应当完好。经营者应当自收到退回商品之日内返还消费者支付的商品价款。退回商品的运费由消费者承担;经营者和消费者另有约定的,按照约定。

(3) 预收款方式提供商品或服务的责任。在某些情况下,经营者先预收部分款项,提供商品或职务后再与消费者进行结算。《消费者权益保护法》规定,经营者以预收款方式提供商品或服务的,应当按照约定提供,未按照约定提供的,应依照消费者的要求履行约定或者退回预付款;并应当承担预付款的利息、消费者必须支付的合理费用。

(4) 消费者购买的商品,依法经有关行政部门认定为不合格的,消费者可以要求退货。

根据这一规定,对不合格商品,经营者即应负责办理,不得以修理、更换或者其他借口延迟或者拒绝消费者的退货要求。

(三) 其他规定

因提供商品或服务造成人身伤害、人格受损、财产损失的民事责任及赔偿范围如下。

1. 人身伤害的民事责任

经营者提供商品或服务,造成消费者或其他人受伤、残疾、死亡的,应承担下列责任:

(1) 造成消费者或者其他受害人人身伤害的,应当支付医疗费、治疗期间的护理费、因误工减少的收入等费用;

(2) 造成残疾的,除上述费用外,还应支付残疾者生活自助具费、生活补助费、残疾赔偿金以及由其抚养的人所必需的生活费等费用;

(3) 造成消费者或其他受害人死亡的,应当支付丧葬费、死亡赔偿金以及由死者生前抚养的人所必需的生活费用。

2. 侵犯消费者人格尊严、人身自由的民事责任

《消费者权益保护法》规定,消费者在购买、使用商品和接受服务时,享有人格尊严、民族风俗习惯得到尊重的权利,经营者不得对消费者侮辱、诽谤,不得搜查消费者的身体及不得侵犯消费者的人身自由。违反上述规定的,经营者应赔礼道歉、恢复名誉、消除影响,并赔偿损失。

3. 财产损害的民事责任

经营者提供商品或者服务,经营者应当停止侵害,当以修理、重作、更换、退货、补足商

品数量，造成消费者财产损害的，应当承担民事责任。同时，以退还贷款和服务费用或者赔偿损失等方式承担民事责任。《消费者权益保护法》承认并尊重消费者与经营者的自由订约权。当双方对财产损害的补偿有约定的，可按照约定履行。

(四) 对欺诈行为的惩罚性规定

2013 年修订的《消费者权益保护法》第 55 条规定，经营者提供商品或者服务有欺诈行为的，应当按照消费者的要求增加赔偿其受到的损失，增加赔偿的金额为消费者购买商品的价款或者接受服务的费用的 3 倍；增加赔偿的金额不足 500 元的，为 500 元。法律另有规定的，依照其规定。

经营者明知商品或者服务存在缺陷，仍然向消费者提供，造成消费者或者其他受害人死亡或者健康严重损害的，受害人有权要求经营者依照本法第 49 条、第 51 条等法律规定赔偿损失，并有权要求所受损失 2 倍以下的惩罚性赔偿。

二、《消费者权益保护法》中的行政责任

(一) 应承担行政责任的情形

有下列情形之一的，经营者应承担行政责任：

(1) 提供的商品或者服务不符合保障人身、财产安全要求的；

(2) 在商品中掺杂、掺假，以假充真，以次充好，或者以不合格商品冒充合格商品的；

(3) 生产国家明令淘汰的商品或者销售失效、变质的商品的；

(4) 伪造商品的产地，伪造或者冒用他人的厂名、厂址，篡改生产日期，伪造或者冒用认证标志等质量标志的；

(5) 销售的商品应当检验、检疫而未检验、检疫或者伪造检验、检疫结果的；

(6) 对商品或者服务作虚假或者引人误解的宣传的；

(7) 拒绝或者拖延有关行政部门责令对缺陷商品或者服务采取停止销售、警示、召回、无害化处理、销毁、停止生产或者服务等措施的；

(8) 对消费者提出的修理、重作、更换、退货、补足商品数量、退还货款和服务费用或者赔偿损失的要求，故意拖延或者无理拒绝的；

(9) 侵犯消费者人格尊严、侵犯消费者人身自由或者侵害消费者个人信息依法得到保护的权利的；

(10) 法律、法规规定的对损害消费者权益应当予以处罚的其他情形。

(二) 行政处罚机关和处罚方式

(1) 处罚依据。对上述 10 种情形，若相关法律、法规(如产品质量法、食品卫生法、广告法、价格法等)对处罚机关和处罚方式有规定的，应依照其规定执行；若法律、法规没有规定的，由工商行政管理部门进行处罚。

(2) 处罚方式。对上述 10 种违法情形的处罚方式有：责令改正、警告、没收违法所得、罚款；对情节严重者还可责令停业整顿，吊销营业执照。

(3) 行政复议。《消费者权益保护法》为防止行政机关滥用权力做出对经营者不公的处罚，

规定了经营者的申请行政复议权，即经营者对行政处罚不服的，可自收到处罚决定之日起 15 日内向上一级机关申请复议，对复议决定仍不服的，可以向人民法院提起诉讼。

三、《消费者权益保护法》中的刑事责任

违反《消费者权益保护法》，构成犯罪的行为包括：(1)经营者提供商品或者服务，造成消费者或其他受害人受伤、残疾、死亡的；(2)以暴力、威胁等方法阻碍有关行政部门工作人员依法执行职务的；(3)国家机关工作人员玩忽职守或者包庇经营者侵害消费者合法权益的。对于这些行为，应根据情节依法追究刑事责任。

【复习思考题】

1.《消费者权益保护法》中消费者的权利有哪些？
2.《消费者权益保护法》规定的经营者的义务有哪些？

第十四章

产品质量法

学习目标

了解我国产品质量法的适用范围，掌握产品生产者、销售者的产品质量义务，理解违反产品质量法的法律责任中的违约责任和侵权责任的区别。

案例导入

北海市某公司总经理任某在该市某个体商店购买了一台由松美五金汽修厂生产的煤油气化炉。一个月后的某天中午，公司食堂的厨师贾某、单某使用该炉为职工做饭。贾某见单某三次划火柴未点燃汽化炉，便上前帮忙。此时一声巨响，汽化炉突然发生爆炸，强大的气浪和火舌从炉子的焊缝处喷出，将贾某烧成重伤，经市医院抢救无效死亡。单某多处被烧伤，面部被毁容。

经送省锅炉压力容器检验所检验，确认该事故系化学性爆炸引起，且产品设计存在问题，炉子无防回火装置。当天贾某、单某使用炉具时，因为先煮过饭，炉子内桶气压降低，煤油呈现蒸汽状态，三次划火点不着后，第四次因为桶外气压大于桶内气压，火苗被压进桶内，处于蒸汽状态的煤油具有很强的爆炸力。遇火即可发生爆炸，因此造成此次事故。

请运用产品质量法的知识，试分析：

(1) 松美五金汽修厂有没有责任，为什么？

(2) 松美五金汽修厂如果要承担责任，那么它要承担哪些责任？

第一节　产品质量法概述

《中华人民共和国产品质量法》(以下简称《产品质量法》)规定了国家关于产品质量宏观管理和激励引导措施，部门、企业和用户、消费者在涉及产品质量活动中的权利和义务。它的实施标志着我国的质量管理工作进一步走上了法制管理的轨道。对于深化改革、发展社会主义市场经济以及治理质量工作具有重要作用，可谓影响广泛、意义重大。

为了加强对产品质量的监督管理，提高产品质量水平，明确产品质量责任，保护消费者的合法权益，维护社会经济秩序，制定了《中华人民共和国产品质量法》，于 1993 年 2 月 22 日第七届全国人民代表大会常务委员会第三十次会议通过，自 1993 年 9 月 1 日起施行。根据 2000 年 7 月 8 日第九届全国人民代表大会常务委员会第十六次会议《关于修改〈中华人民共和国产品质量法〉的决定》第一次修正，根据 2009 年 8 月 27 日第十一届全国人民代表大会常务委员会第十次会议《关于修改部分法律的决定》第二次修正，根据 2018 年 12 月 29 日第十三届全国人民代表大会常务委员会第七次会议《关于修改〈中华人民共和国产品质量法〉等五部法律的决定》第三次修正。

一、产品与产品质量

(一) 产品的概念

我国《产品质量法》第 2 条规定，本法所称产品是指经过加工、制作，用于销售的产品。建设工程不适用本法规定。第 73 条规定，军工产品质量监督管理办法，由国务院、中央军事委员会另行制定。因此，天然的物品、非用于销售的物品，不属于该法所说的产品。另外，由于建设工程、军工产品在质量监督管理方面的特殊性，它们被排除在该法所称的产品范围之外，另由专门的法律予以调整。但建设工程所用的建筑材料、建筑构配件和设备，军工企业生产的民用产品，适用该法的规定。因该设施、该产品造成损害的赔偿责任，法律、行政法规另有规定的，依照其规定。

(二) 产品质量

国际标准化组织(ISO)规定的产品质量的定义是：反映实体满足明确或隐含需要能力的特征和特征的总和。所谓总和是指在标准中规定的产品的安全性、适用性、可靠性、经济性等质量指标，根据标准进行检验，符合标准的即是合格产品。

二、产品质量责任

产品质量责任是指产品的生产者、销售者以及对产品质量法规定的产品质量义务应承担的法律后果。在下列三种情况下，可判定上述主体应承担产品质量责任。

1. 违反默示担保义务

默示担保义务是指法律、法规对产品质量所做的强制性要求，即便有合同的约定，也不能免除和限制这种义务。它要求生产者生产的产品应当具有合乎公众期待的使用性能，销售者销售的产品应该具有安全性，因此是对产品内在质量的基本要求。违反该义务，无论是否有过错均应承担产品质量责任。

2. 违反明示担保义务

明示担保义务是指生产者、销售者以各种公开的方式，就产品质量向消费者所做的说明或者陈述。这些方式包括订立合同，体现于产品标识及说明书中，展示实物样品，做广告宣传等。一旦生产者、销售者以上述方式明确表示产品所依据和达到的质量标准，就产生了明示担保义务。如果产品质量不符合承诺的标准，必须承担相应的法律责任。

3. 产品存在缺陷

产品缺陷是指产品存在危及人身、他人财产安全的不合理的危险；产品有保障人体健康和人身、财产安全的国家标准、行业标准的，是指不符合该标准。

产品质量责任与产品责任是两个相关却不相同的概念。两者都是指经营者违反产品质量法应承担的法律责任，但产品责任专指因产品缺陷引起的赔偿责任，这一点在法学界已有共识。

三、产品质量监督

(一) 政府对产品质量的宏观管理

《产品质量法》对政府宏观管理产品质量的职能提出了明确、具体的要求。

1. 加强统筹规划和组织领导

《产品质量法》第7条规定，各级人民政府应当把提高产品质量纳入国民经济和社会发展规划。加强对产品质量工作的统筹规划和组织领导，引导、督促生产者、销售者加强产品质量管理、提高产品质量，组织各有关部门依法采取措施，制止产品生产、销售中违反该法规定的行为，保障本法的实施。

2. 鼓励与奖励

《产品质量法》第6条明确规定，国家鼓励推行科学的质量管理方法，采用先进的科学技术，鼓励企业产品质量达到并超过行业标准、国家标准和国际标准。对质量管理先进和产品质量达到国际先进水平、成绩显著的单位和个人给予奖励。

3. 运用法律手段，强化个人责任

《产品质量法》第9条规定，各级人民政府工作人员和其他国家机关工作人员不得滥用职权、玩忽职守或者徇私舞弊，包庇、放纵本地区、本系统发生的产品生产、销售中违反该法规定的行为，或者阻挠、干预依法对这些行为进行查处。各级地方人民政府和国家机关有包庇、放纵产品生产、销售中违反该法规定的行为的，依法追究其主要负责人的法律责任。

(二) 产品质量行政监督

1. 产品质量行政监督

(1) 产品质量行政监督部门。国务院产品质量监督管理部门负责全国产品质量监督管理工作。国务院有关部门在各自的职责范围内负责产品质量监督管理工作。县级以上地方人民政府管理产品质量监督工作的部门，负责本行政区域内的产品质量监督管理工作。这里的产品质量监督管理部门是指国家及地方各级技术质量监督局；有关部门是指各级卫生行政部门、劳动部门、商品检验部门等，它们依相关法律授予各自的职权，对某些特定产品的质量进行监督管理。

(2) 质量监督部门的职权。为增强《产品质量法》的刚性，使产品质量监督部门有职权依法行政，有效扭转假冒伪劣产品屡打不绝的严重局面，该法规定，县级以上产品质量监督部门根据已经取得的违法嫌疑证据或者举报，对涉及违反该法规定的行为进行查处时，可以行使下列职权：①对当事人涉及从事违反本法的生产、销售活动的场所实施现场检查；②向当事人的法定代表人、主要负责人和其他有关人员调查、了解与涉嫌从事违反本法的生产、销售活动有关的情况；③查阅、复制当事人有关的合同、发票、账簿以及其他有关资料；④对有根据认为不符合保障人体健康和人身、财产安全的国家标准、行业标准的产品或者有其他严重质量问题

的产品，以及直接用于生产、销售该项产品的原辅材料、包装物、生产工具，予以查封或者扣押。

县级以上工商行政管理部门按照国务院规定的职责范围，对涉嫌违反该法规定的行为进行查处时，可以行使上述职权。

2. 产品质量监督管理制度的主要内容

根据《产品质量法》规定，质量监督管理制度主要由下列内容构成。

(1) 产品质量抽查制度。该制度是国家对产品质量监管的基本制度之一。监督的主要方式是抽查，根据监督抽查的需要，可对产品进行检验。抽查的重点是可能危及人体健康和人身、财产安全的产品，影响国计民生的重要工业产品以及消费者、有关组织反映有质量问题的产品。对抽查的要求，该法规定：为检验的公正，法律规定抽查的样品应当在待销产品中随机抽取；为防止增加企业的负担，不得向被检查人收取检验费用，抽取样品的数量也不得超过检验的合理需要。生产者、销售者对抽查结果有异议的，可以在规定的时间内向监督抽查部门或者上级产品质量监督部门申请复检。为避免重复抽查，国家监督抽查的产品，地方不得另行重复抽查；上级监督抽查的产品，下级不得另行重复抽查。

(2) 质量状况信息发布制度。为使质量监督管理工作公开、透明，使社会公众及时了解产品质量状况，引导和督促市场经营主体切实提高产品质量，《产品质量法》规定，国务院和省、自治区、直辖市人民政府的产品质量监督部门，应当定期发布其监督抽查的产品的质量状况公告。政府质量信息发布是消费者知情权的基本要求，也是行使监督权的前提条件，政府有关部门必须依法履行该项职责。

(3) 企业质量体系认证制度及产品质量认证制度。企业质量体系认证是由独立的认证机构对企业的质量保证和质量管理能力所做的综合评定，它是由企业自愿申请，由认证机构依据国家颁布的标准依法进行的(该标准与国际通用的 ISO9000《质量管理与质量保证》系列标准等同)。产品质量认证是依据产品标准和相应的技术要求，由独立的认证机构确认某一产品符合相应标准和相应技术要求的活动。对于认证合格的企业和产品，认证机构发给相应的标志和证书，企业可在产品标识、包装或广告宣传中使用，使产品对消费者更具竞争力，并为进入国际市场提供通行证。

(三) 产品质量的社会监督

1. 公民个人的监督权

消费者有权就产品质量问题进行查询，有权向产品质量监督部门、工商行政管理部门及有关部门申诉，接受申诉的部门应当负责处理。

2. 社会组织的监督权

保护消费者权益的社会组织可以就消费者反映的产品质量问题建议有关部门负责处理，支持消费者对因产品质量造成的损害向人民法院起诉。

3. 公众的检举权

任何单位和个人有权对违反本法规定的行为，向产品质量监督部门或者其他有关部门检举，产品质量监督部门和有关部门应当为检举人保密，并按照省、自治区、直辖市人民政府的规定给予奖励。

(四) 产品质量检验、认证机构

1. 产品质量检验机构

产品质量检验机构是指专门承担产品质量检验工作的法定技术机构。产品质量检验机构分为两类：一类是依法设置的县级以上政府技术监督部门所属的产品质量检验所；另一类是经授权依法从事产品质量检验的机构，如由省级以上技术监督部门授权的国家级产品质量监督检验中心、产品质量监督检验站等。

2. 产品质量认证机构

产品质量认证工作应由专门的机构进行，我国的产品质量认证是由专门的认证委员会完成的；认证委员会在国务院标准化行政主管部门统一管理下，以独立于生产者、销售者的第三方身份开展认证活动。

3. 对产品质量检验、认证机构的基本要求

(1) 从事产品质量检验、认证的社会中介机构必须依法设立，不得与行政机关和其他国家机关存在隶属关系或者其他利益关系。

(2) 产品质量检验机构必须具备相应的检测条件和能力，经省级以上人民政府产品质量监督部门或者其授权的部门考核合格后，方可承担产品质量检验工作。

(3) 产品质量检验、认证机构必须依法按照有关标准，客观、公正地出具检验结果或者认证证明。认证机构还应对准许使用认证标志的产品进行认证后的跟踪检查，对不符合标准的，可要求其改正；情节严重的，取消其使用认证标志的资格。

第二节　生产者、销售者的产品质量义务

一、生产者的产品质量义务

(一) 积极作为的义务

1. 产品质量应符合的要求

(1) 不存在危及人身、财产安全的不合理危险，有保障人体健康和人身、财产安全的国家标准、行业标准的，应当符合该标准。

(2) 具备产品应当具备的使用性能，但是对产品存在使用性能的瑕疵做出说明的除外。

(3) 符合在产品或者其包装上注明采用的产品标准，符合以产品说明、实物样品等方式表明的质量状况。

2. 包装及产品标识应当符合的要求

(1) 特殊产品(如易碎、易燃、易爆的物品，有毒、有腐蚀性、有放射性的物品，其他危险物品，储运中不能倒置和有其他特殊要求的产品)的标识、包装质量必须符合相应的要求，依照规定做出警示标志或者中文警示说明。

(2) 普通产品，应有产品质量检验的合格证明，有中文标明的产品名称、生产厂的厂名和地址；根据需要标明产品规格、等级、主要成分；限期使用的产品，应标明生产日期和安全使

用期或者失效日期；产品本身易坏或者可能危及人身、财产安全的产品，有警示标志或者中文警示说明。

(二) 消极不作为的义务

(1) 不得生产国家明令淘汰的产品。

(2) 不得伪造产地，不得伪造或者冒用他人的厂名、厂址。

(3) 不得伪造或者冒用认证标志等质量标志。

(4) 不得掺杂、掺假，不得以假充真、以次充好，不得以不合格产品冒充合格产品。

【例 14-1】以低等级、低档次的产品冒充高等级、高档次产品的行为，即为( )。
A. 以假充真 B. 以次充好
C. 以不合格产品冒充合格品 D. 伪造冒用名优标志

二、销售者的产品质量义务

(一) 销售者应当建立并执行进货检查验收制度

该制度相对消费者及国家市场管理秩序而言是销售者的义务，相对供货商而言则是销售者的权利。严格执行进货验收制度，可以防止不合格产品进入市场，可以为准确判断和区分生产者及销售者的产品质量责任提供依据。销售者进货后应对保持产品质量负责，以防止产品变质、腐烂，丧失或降低使用性能，产生危害人身、财产的瑕疵等。如果进货时的产品符合质量要求，销售时发生质量问题的，销售者应当承担相应的责任。销售者在销售产品时，应保证产品标识符合产品质量法对产品标识的要求，符合进货时验收的状态，不得更改、覆盖、涂抹产品标识，以保证产品标识的真实性。

(二) 销售者不得违反禁止性规范

对销售者而言，法律规定的禁止性规范有以下几项：
(1) 不得销售国家明令淘汰并停止销售的产品和失效、变质的产品；
(2) 不得伪造产地，不得伪造或者冒用他人的厂名、厂址；
(3) 不得伪造或者冒用认证标志等质量标志；
(4) 不得掺杂、掺假，不得以假充真、以次充好，不得以不合格产品冒充合格产品。

第三节　产品责任

一、产品责任的归责原则

归责原则是指确定行为人承担法律责任的理由和根据。关于产品缺陷责任的归责原则，过去一般采取主观主义标准，以主观过错作为承担责任的依据。现代多采取客观主义标准，只要因产品缺陷造成人身、他人财产损害的，不论有无过错，均应负赔偿责任。归责原则由过错原则发展为严格责任原则，反映了经营者与消费者在社会经济领域里力量消长的变化轨迹。我国《产品质量法》则对生产者、销售者的产品缺陷责任分别做了不同的规定。

(一) 生产者的严格责任

因产品存在缺陷造成人身、他人财产损害的，生产者应当承担赔偿责任。也就是说，无论生产者处于什么样的主观心理状态，都应承担赔偿责任。因此，这是一种严格责任。但严格责任不同于绝对责任，它仍然是一种有条件的责任。《产品质量法》同时规定了法定免责条件，即生产者能够证明有下列情形之一的，不承担赔偿责任：①未将产品投入流通的；②产品投入流通时引起损害的缺陷尚不存在的；③将产品投入流通时的科学技术水平尚不能发现缺陷的存在的。

(二) 销售者的过错责任

由于销售者的过错使产品存在缺陷，造成人身、他人财产损害的，销售者应当承担赔偿责任。但销售者如果能够证明自己没有过错，则不必承担赔偿责任。销售者不能指明缺陷产品的生产者也不能指明缺陷产品的供货者的，应当承担赔偿责任。可见，这里的过错是一种推定过错，销售者负有举证责任，否则不能免除赔偿责任。

二、诉讼时效与请求权

(一) 诉讼时效

因产品缺陷造成损害要求赔偿的诉讼时效期间为 2 年，自当事人知道或者应当知道其权益受到损害时起计算。

(二) 请求权

损害赔偿的请求权是指权利人的权利受到侵害时，受害人享有的要求侵权人给予赔偿损失的权利。《产品质量法》规定，因产品存在缺陷造成损害要求赔偿的请求权，在造成损害的缺陷产品交付最初用户、消费者满 10 年丧失；但是，尚未超过明示的安全使用期的除外。可见，损害赔偿的请求权是一种实体权利，因受到损害而发生，随后才产生时效的计算问题。

三、违反产品质量法的法律责任

(一) 产品质量的赔偿责任

因产品责任引起的损害赔偿主要解决了下列问题。

1. 产品缺陷责任的求偿对象

《产品质量法》规定，因产品存在缺陷造成人身、缺陷产品以外的其他财产(以下简称他人财产)损害的，生产者应当承担赔偿责任。为便于消费者行使权利，《产品质量法》给予消费者选择起诉对象的权利，并规定了生产者和销售者之间的连带责任。该法规定，因产品存在缺陷造成人身、他人财产损害的，受害人可以向产品的生产者要求赔偿，也可以向产品的销售者要求赔偿。属于产品的生产者的责任，产品的销售者赔偿后，有权向产品的生产者追偿；属于产品的销售者的责任，产品的生产者赔偿后，有权向产品的销售者追偿。

2. 生产者责任的豁免

生产者能够证明有下列情形之一的，不承担赔偿责任：

(1) 未将产品投入流通的；

(2) 产品投入流通时，引起损害的缺陷尚不存在的；

(3) 将产品投入流通时的科学技术水平尚不能发现缺陷的存在的。

3. 赔偿范围

(1) 人身伤害的赔偿范围。分为以下三种情况。

第一，产品缺陷造成受害人人身伤害的，侵害人应当赔偿，包括医疗费、治疗期间的护理费、因误工减少的收入等费用。

第二，造成残疾的，还应支付残疾者的生活自助具费、生活补助费、残疾赔偿金、由其扶养的人所必需的生活费等。

第三，造成受害人死亡的，应当支付丧葬费、死亡赔偿金、由死者生前扶养的人所必需的生活费等。由此可见，《产品质量法》规定的人身伤害的赔偿范围与消费者权益保护法完全一致。

【例 14-2】家住杭州市的赵先生，在该市的一家某品牌汽车 4S 店购买了一辆新车。据工作人员介绍这款汽车可以在时速超过 20 公里而前部受到坚硬物体碰撞时，空气囊将瞬间自动弹出，以保护驾驶员头部和胸部不受伤害。购车不久赵先生以 70 公里的速度行驶时，不慎与迎面开来的一辆工程车相撞，当时车上的空气囊未弹出，赵先生受伤严重。

问题：

(1) 请问赵先生可否要求该汽车公司承担责任？为什么？

(2) 赵先生可以请求违约责任还是侵权赔偿责任？

(2) 财产损害的赔偿范围。对于因产品缺陷造成受害人财产损失的，《产品质量法》规定侵害人应当恢复原状或者折价赔偿；受害人因此遭受重大损失的，侵害人应当赔偿损失。

(二) 生产者、销售者的行政责任

为了加强对产品质量的监督管理，杜绝产品事故隐患，《产品质量法》第 49 条至第 56 条明确了生产者、销售者违反《产品质量法》应承担的行政责任。现分述如下。

1. 生产者、销售者违反产品质量法的行为

生产者、销售者有下列行为之一的，由产品质量监督部门或工商行政管理部门给予行政处罚：①生产、销售不符合保障人体健康，人身、财产安全的国家标准、行业标准的产品的；②在产品中掺杂、掺假，以假充真、以次充好，或者以不合格产品冒充合格产品；③生产国家明令淘汰的产品、销售国家明令淘汰并停止销售的产品的；④销售失效、变质产品的；⑤伪造产地，冒用他人厂名、厂址，伪造或者冒用各种质量标志的；⑥使用的产品标识不符合《产品质量法》第 27 条规定的；⑦销售《产品质量法》第 49 条至第 53 条规定禁止销售的产品的；⑧拒绝接受依法进行的产品质量监督检查的；⑨隐匿、转移、变卖、损毁被依法查封、扣押的物品的。

2. 行政处罚的种类

行政处罚的种类包括责令停止违法行为，没收违法所得，罚款，吊销营业执照。

拥有行政处罚权的质量监督部门、其他行政管理部门应根据具体情节决定处罚的种类及单

处还是并处。此外，没收的对象除违法生产、销售的产品和违法所得外，对生产者专门用于生产假冒伪劣产品、不合格产品的原辅材料、包装物、生产工具应予没收。罚款的幅度最高可达违法生产、销售产品货值金额的 3 倍。应当承担民事赔偿责任和缴纳罚款、罚金的，其财产不足以同时支付时，先承担民事赔偿责任。

(三) 其他相关人的违法行为及责任

1. 为违法行为提供便利条件的责任

已知或应知属于该法规定禁止生产、销售的产品而为其提供运输、保管、仓储等便利条件的，或者提供制假技术的，应没收其收入，并处罚款。

2. 服务业经营者的责任

服务业经营者将禁止销售的产品用于经营性服务的，责令停止使用；对知道或应当知道该产品是禁止销售的产品的，依该法对销售者的处罚规定进行处罚。

(四) 产品质量监督部门及相关行政部门的法律责任

1. 地方政府和国家机关的责任

各级人民政府工作人员和其他国家机关工作人员，违反《产品质量法》第 9 条的规定，有下列行为之一的，给予行政处分；构成犯罪的，依法追究刑事责任：①包庇、放纵行为；②通风报信、帮助违法当事人逃避查处的行为；③阻挠、干预查处行为。

2. 产品质量监督部门的法律责任

产品质量监督部门有下列行为的，应承担相应的法律责任。

(1) 监督抽查中超量索取样品或者向被检查人收取检验费用的，由其上级产品质量监督部门或者监察机关责令退还，情节严重的，对直接主管人员和责任人员依法给予行政处分。

(2) 产品质量监督部门或者其他国家机关违反《产品质量法》的规定，向社会推荐产品或者以某种方式参与产品经营活动的，由上级机关或者监察机关责令改正，消除影响，没收违法收入；情节严重的，对直接主管人员和责任人员依法给予行政处分；产品质量检验机构有此行为的，产品质量监督部门可责令改正，消除影响，没收违法收入及罚款；情节严重的，可撤销其质量检验资格。

(3) 产品质量监督部门或者工商行政管理部门的工作人员渎职构成犯罪的，依法追究刑事责任；尚未构成犯罪的，依法给予行政处分。

【复习思考题】

1. 简述产品质量责任的归责原则。
2. 生产者可以免责的情形有哪些？

第五模块

金融及财务相关法律制度

第十五章

票 据 法

▌ 学习目标

通过本章的学习，学生可以了解票据、票据法的概念、特征；掌握汇票、本票、支票的概念及特征；理解票据行为和票据权利。

▌ 案例导入

某公司采购员萧某需要携带 2 万元金额的支票到某市工业区采购样品。支票由王某负责填写，由某公司财务主管加盖了财务章及财务人员印鉴，收款人一栏授权萧某填写。这一切有支票存根上的记录为证。萧某持票到某市工业区某私营企业中购买了 2 万元各类工业样品。该私营企业负责人李某为萧某的朋友，见支票上字迹为萧某所写，于是以资金周转困难为由，要求萧某帮忙将支票上的金额改成 22 万元用于暂时周转。萧某应允，在改动过程中使用了李某提供的"涂改剂"，故外观不露痕迹。尔后，李某为支付工程款将支票背书给了某建筑工程公司。此事败露后，某公司起诉某建筑工程公司及李某，要求返还多占用的票款。

请根据资料回答下列问题：

(1) 本案中萧某的行为在票据法上属于什么性质的行为？为什么？
(2) 本案应如何处理？为什么？

第一节　票据与票据法概述

一、票据概述

(一) 票据的概念

票据一词有广狭二义。广义上的票据，指各种表彰财产权的书面凭证，包括钞票、发票、提单、仓单、保单、车票、船票、机票、债券、股票、借据、汇票、本票、支票等。狭义上的票据，仅指以无条件支付一定金额为内容，且由票据法规范的有价证券。票据法所称的票据均指狭义上的票据。

《中华人民共和国票据法》(以下简称《票据法》)第 2 条第 2 款规定，本法所称票据，是指汇票、本票和支票。我国票据法中所称的票据，是指出票人依票据法签发的，约定由本人或本人委托的人在见票时或者在票载日期到来时无条件支付确定的金额给收款人或持票人的一种有价证券。这一定义有以下几层含义。

1. 票据是一种有价证券

有价证券是指表示财产性民事权利的证券，如债券、股票、提单、票据等都是有价证券。其法律特征有二：一是有价性；二是权券结合性。

2. 票据的出票人和收款人

票据是出票人与收款人约定由自己或自己委托的人作为付款人的有价证券。票据的付款人既可以是出票人自己，也可以是出票人委托的其他人。付款人的不同，决定了票据的不同种类。

3. 票据是以无条件支付一定金额为内容的有价证券

所谓无条件，是指票据一旦签发，签发人自己或其委托的人就必须支付一定金额，而且，这一支付无对价利益可言，更不得附加任何条件或附带任何限制。

4. 票据必须是依票据法签发的有价证券

票据无论在内容上还是在形式上，都必须符合票据法的规定。票据当事人只能签发票据法规定种类的票据，必须严格按票据法规定在票据上记载有关事项。

(二) 票据的特征

1. 票据是一种设权证券

票据权利的产生以做成票据为必要；票据权利的转移以交付票据为必要；票据权利的行使以持有并提示票据为必要。有票据即有票据权利，无票据即无票据权利。

2. 票据是金钱债权证券

票据的持票人享有向票据上的债务人请求支付票载金额的请求权及追索权，这种付款请求权和追索权本质上都是债权，而且这种债权的内容就是请求支付一定的金额，因而票据是一种金钱债权证券。

3. 票据是无因证券

所谓无因性，指的是票据只要符合《票据法》规定的形式要件，票据权利就产生，其效力原则上不受产生票据的原因关系的影响。票据上的法律关系只是单纯的金钱支付关系，权利人享有票据权利只以持有票据为必要，至于这种支付关系的原因或者说权利人取得票据的原因均可不问，即使这种原因关系无效，对票据关系也不发生影响。持有票据的人行使权利时，无须证明其取得证券的原因。这就是票据的无因性。

【例 15-1】A 公司以欺诈手段骗得 B 公司与之订立合同，B 公司因而签发一张汇票给 A 公司，随后 A 公司将汇票背书转让给 C。汇票到期前，B 公司发现受骗，即向法院申请撤销与 A 公司的合同。如果合同撤销，汇票的效力如何？

【例 15-2】 下列有关票据特征的说法中，错误的是( )。

A. 票据必须由持有人证明其取得票据的原因后才取得票据权利

B. 票据上体现的权利性质是财产权而不是其他权利

C. 票据上的一切票据权利义务必须严格依照票据记载的文义而定，文义之外的任何理由、事项均不得作为根据

D. 票据权利的产生必须通过做成票据，是一种"设权证券"

4. 票据是要式证券

票据是依票据法签发的有价证券，其制作、转让、保证及承兑的方式等，票据法都有明确的规定，票据行为必须严格按照票据法规定的要素和款式做成，才能产生票据法上的效力。

5. 票据是文义证券

根据票据法理论，票据上的一切权利义务，只能按照票据上记载的文义来确定，票载文义之外的任何理由、任何事项都不得作为确定票据权利义务的根据。

6. 票据为流通证券

除不得转让的票据以外，票据可以流通转让。通过背书或其他转让方式把票据转让给他人，不必事先通知债务人就可以对债务人发生法律效力。谁持有合法票据，谁就拥有权利，而不论票据流通了多少次。

(三) 票据的作用或功能

1. 支付作用

票据的支付作用是票据具有代表定额货币代替现金支付的功能。汇票、本票、支票都具有这一功能，支票是单纯的支付工具。

2. 汇兑作用

票据的汇兑作用是指票据具有异地输送资金的作用。本票、支票都具有这一作用，在我国，票据的汇兑作用主要是通过汇票来实现的。

3. 信用作用

票据的信用作用是指票据的出票人可以使用未来可取得的资金签发票据，即将未来可取得资金的信用能力转变为当前的支付能力。票据的这一信用作用主要体现在远期票据上。

4. 融资作用

票据的融资作用是指票据当事人可以通过票据转让或贴现来筹集资金的作用。票据当事人可以利用票据调度资金，这一功能主要通过票据的转让和贴现来实现。

5. 结算作用

票据的结算作用是指以票据进行债务抵销。使用票据进行结算，其手续既方便又安全。简单的结算，是由互有债权债务的双方当事人互相签发本票给对方，双方之间的债务即可抵销。复杂的结算，则可通过票据交换制度来完成。

二、票据法概述

(一) 票据法的概念

票据法是指调整票据关系以及与票据关系有关的其他社会关系的法律规范的总称。

(二) 票据法的特征

1. 强行性而非任意性

票据法虽然属于民法的特别法或部门法，但其对于民法中的任意规范采用较少，票据法中的规定几乎都是强行性规定。

2. 技术性而非伦理性

票据法的规范更多考虑的是方便交易、繁荣市场的技术上的要求，而较少受不同国家、不同民族的思想文化传统和伦理道德的影响，是一种技术性规范。

3. 私法兼具公法性

票据法作为民商法的特别法，调整的是平等主体之间因票据而产生的社会关系，理当属于私法的范畴。但其也规定了大量的公法性规范，体现了票据法的公法性特征。

4. 国内法兼具国际性

票据法虽然属于国内法，但却具有较强的国际统一性。各国的票据立法都尽可能地与国际票据规则接轨，使各国的票据法在内容上日渐趋同，票据法也因而成为国际上统一化程度最高的法律。

5. 实体法兼具程序性

票据法属于实体法，但同时又有许多程序性规定。票据的运作注重程序，许多规定都体现了票据法程序的严格性。

第二节　票据关系与票据行为

一、票据关系的概念与种类

与票据运作有关的法律关系，可以分为票据关系和非票据关系两大类。非票据关系又可以分为票据法上的非票据关系和民法上的非票据关系。

(一) 票据关系的概念

票据关系是指票据当事人基于票据行为所直接发生的票据上的债权债务关系。只有票据法规定的票据行为，才能产生票据权利义务。票据行为之外的任何行为，即便是票据法中规定的其他行为，也不能引起票据权利义务关系的发生。

(二) 票据关系的种类

1. 因出票行为而产生的票据发行关系

因票据的种类不同，票据的发行关系分为汇票的发行关系、本票的发行关系与支票的发行关系三种。

2. 因票据的背书行为而产生的票据背书关系

票据背书关系的当事人为背书人与被背书人。背书人将票据权利转让给被背书人或将一定的票据权利授予被背书人行使，背书人对被背书人负有担保票据承兑和付款的义务。

3. 因票据承兑行为而产生的票据承兑关系

票据承兑关系仅存在于汇票法律关系中。汇票经承兑后，承兑人与收款人或持票人之间便形成了确定的票据债权债务关系。

4. 因票据保证行为而产生的票据保证关系

票据保证关系中的保证人与被保证人对票据权利人承担连带责任。保证人所承担的责任内容与被保证人相同。

5. 因票据的参加行为而产生的票据参加关系

票据参加关系分为参加承兑关系与参加付款关系。我国《票据法》中对参加承兑与参加付款均未有规定。

6. 因支票的保付行为而产生的支票保付关系

所谓支票的保付，是指支票的付款人在支票上记载照付或保付或其他同义字样并签名的行为。支票的付款人进行保付行为后，其付款义务与汇票承兑一样。支票上的所有债务人均因付款人的保付行为而得以解除票据义务。我国《票据法》中也没有支票保付的规定。

(三) 票据关系中的当事人

票据关系中的当事人，有基本当事人和非基本当事人之分。

1. 基本当事人

基本当事人是指在票据签发时就已经存在的当事人，包括出票人、收款人、付款人，如果这些主体存在缺陷，票据关系就不能成立，从而导致票据无效。

2. 非基本当事人

非基本当事人指在票据发行后，通过各种票据行为进入票据关系中成为票据当事人的人，如承兑人、背书人、被背书人、保证人等。非基本当事人在各种票据行为中均有自己特殊的名称，其身份也经常转化，如汇票中的付款人在承兑汇票后则成为承兑人。

【例 15-3】根据《票据法》的规定，下列各项中，属于票据基本当事人的有(   )。
A. 出票人   B. 收款人   C. 付款人   D. 保证人

二、非票据关系

非票据关系是指与票据有密切关系，又不是基于票据行为而产生的法律关系。它包括票据法上的非票据关系和民法上的非票据关系两大类，后者也称为票据关系的基础关系。

(一) 票据法上的非票据关系

票据法上的非票据关系是指票据法中规定的，与票据有密切关系，而非由票据行为产生的法律关系。例如，汇票回单签发关系，即持票人将汇票交给付款人时，有权要求付款人签发收到汇票的回单，以证明持票人因提示承兑而向付款人交付了票据。再如损害赔偿关系，票据当事人因违反票据法的规定致他人损失，受害人请求赔偿的权利义务关系。

(二) 票据关系的基础关系

票据关系的基础关系是指票据关系赖以产生的民事基础法律关系，因而也称为民法上的非票据关系。票据关系的基础关系包括三种：票据的原因关系、票据的预约关系和票据的资金关系。一般情况下，票据一旦做成，就与其基础关系相分离。

1. 票据的原因关系

票据的原因关系是指存在于票据直接当事人之间接受票据的理由。如出票人与受款人之间签发和接受票据的理由，背书人与被背书人之间转让票据的理由等。尽管票据原因关系对票据行为的是否发生有重大关系，但原则上票据原因关系与票据关系相分离，即当事人之间接受票据尽管是基于一定的原因，但票据一经做成，即与其原因关系相脱离。无论这一原因关系是否有效，均不能影响票据权利的存在。票据权利人在行使票据权利时，无须证明票据原因，票据债务人也不得以无原因或原因无效为由对抗善意持票人。

2. 票据的预约关系

票据的预约关系是指票据的直接当事人之间就接受票据所达成的合意。票据当事人之间有了票据原因后，在接受票据之前，往往先达成协议，作为接受票据的依据，这个协议就是票据预约。例如，出票人与受票人之间先就票据的种类、票面金额、票据到期日、是否记名等事宜进行约定。

3. 票据的资金关系

票据的资金关系一般是指汇票或者支票的付款人与出票人或者其他资金义务人之间的委托付款法律关系，即出票人之所以委托付款人付款的原因。例如，出票人向付款人提供过资金或付款人对出票人有债务。

三、票据行为

(一) 票据行为的概念

票据行为指以产生票据上载明的债权债务关系为目的的要式行为。主要包括出票、背书、承兑、保证和保付等。

(二) 票据行为的种类

票据行为分为基本票据行为和附属票据行为。在我国出票是创造票据的基本行为，背书、承兑、参加承兑、保证和保付是附属票据行为。

1. 出票

出票是指出票人签发票据并将其交付给收款人的票据行为。出票是创设票据权利的行为，是票据行为有效成立的前提。不同种类的票据在出票时都规定了各自的绝对记载事项和相对记载事项。

2. 背书

背书是指在票据背面或者粘单上记载有关事项并签章的票据行为。在票据背面签章的转让票据权利的人称为背书人，接受被背书的票据的人称为被背书人。持票人通过背书可以将票据权利转让给他人或将票据权利授予他人行使。因为背书行为，背书人产生对票据债务人的担保责任和连带责任，被背书人代替持票人成为新的持票人，取得票据债权。

3. 承兑

承兑是指汇票的付款人承诺在汇票到期日支付汇票金额的票据行为。它是汇票独有的票据行为。承兑行为由汇票的付款人进行，付款人一经承兑就成为承兑人，即票据主债务人。承兑必须以书面在汇票上记载"承兑"字样、承兑日期，并由付款人签章。

4. 保证

保证是指票据债务人以外的第三人充当保证人，为了向票据债权人担保票据债务的履行而在票据上记载法定事项，承诺于债务人不履行时承担责任的票据行为。保证必须由保证人在票据上或其粘单上记载"保证"字样、保证人名称和住所、被保证人名称、保证日期并签章。

(三) 票据行为的特征

1. 票据行为具有要式性

票据行为具有严格的法定行为方式，票据法对每种票据行为都规定了必要的方式，不允许当事人自由决定或变更，否则票据不产生法律效力，票据因此被称为"要式证券"。

2. 票据行为具有无因性

票据行为的无因性是指票据行为一旦成立，就与其赖以产生的基础关系(票据原因关系、票据资金关系、票据预约关系)相分离，该基础关系有效与否，甚至存在与否都不会影响票据行为的效力。

3. 票据行为具有独立性

票据行为的独立性是指依法成立的各个票据行为，分别依其在票据上所记载的文义独立发生效力，不受其他票据行为的影响，一个票据行为的无效，不会影响到同一票据上其他票据行为的效力。如甲的出票行为被认定为无效，收款人乙已将此票据转让给丙，这时乙不能以甲的出票行为无效而推托自己背书行为的责任，乙仍对票据负责。

4. 票据行为具有连带性

票据行为的连带性是指所有在票据上进行了票据行为的人，都是持票人的债务人，他们对持票人承担法定连带责任。

第三节　票据权利

一、票据权利的概念与种类

(一) 票据权利的概念

所谓票据权利，是指持票人向票据债务人请求支付一定金额的权利，包括付款请求权和追索权。

(二) 票据权利的种类

1. 付款请求权

所谓付款请求权，是指持票人向票据第一债务人请求支付票据金额的权利。具体指持票人向汇票的承兑人、本票的出票人、支票的付款人出示票据要求付款的权利，是第一顺序。

2. 追索权

追索权是指当票据到期得不到付款，或者在到期日前得不到承兑，持票人在保全票据权利的基础上，向其前手请求支付票据金额、利息及其他费用的权利。《票据法》第61条规定，汇票到期被拒绝付款的，持票人可以对背书人、出票人以及汇票的其他债务人行使追索权。汇票到期日前，有下列情形之一的，持票人也可以行使追索权：①汇票被拒绝承兑；②承兑人或者付款人死亡、逃匿；③承兑人或付款人被依法宣告破产或因违法被责令终止业务活动。保证人为2人以上的，保证人之间承担连带责任。

【例15-4】甲公司与乙公司交易中获面额为100万元的汇票一张，汇票上有丙、丁两家公司的担保签章，其中丙公司担保80万元，丁公司担保20万元。如果该汇票在到期日前被拒绝承兑，请问甲公司可以向哪些人行使追索权？

【例15-5】A为一汇票的出票人，B为收款人，受让人依次为C、D、E、A。票据到期，A向承兑人提示付款被拒绝，则(　　)。

A. A不能向前手行使追索权，只能向承兑人主张付款请求权

B. A可以向E、D、C、B中任何人主张追索权

C. A只能向直接前手E主张追索权

D. A只能按E、D、C、B的顺序主张追索权

二、票据权利的取得、消灭及失票补救措施

(一) 票据权利的取得

票据权利是以持有票据为依据的，因此，行为人合法取得票据，即取得了票据权利。票据权利的取得主要有以下几种情况。

1. 原始取得

持票人不经任何其他前手权利人而最初取得权利，包括发行取得与善意取得。

(1) 发行取得。权利人依出票人的出票行为而取得票据，为主要的原始取得方式，亦为其他取得方式之基础。

(2) 善意取得。这是票据受让人依票据法规定的转让方式，善意地从无处分权人手中取得票据，从而享有票据权利。

2. 继受取得

持票人从有票据处分权的前手权利人受让票据，从而取得票据权利，包括票据法上的继受取得和非票据法上的继受取得。

(1) 票据法上的继受取得，指必须通过背书转让而取得票据权利。

(2) 非票据法上的继受取得，指通过继承、赠与、公司合并等方式取得票据权利。此种继受取得只能得到一般法律的保护，不能得到票据法对合法持票人的特别保护。

根据《票据法》的规定，票据的取得必须给付对价，即应当给付票据当事人认可的相应的代价。因为税收、继承、赠与可以依法无偿取得票据的，可以不受给付对价的限制，但是所享有的票据权利不能优于其前手。假如其前手的票据权利因违法或有瑕疵而受影响或丧失，该持票人的权利也因此受到影响或丧失。

《票据法》第 12 条规定，以欺诈、偷盗或胁迫等手段取得票据的，或明知有前列情形，出于恶意取得票据的，不得享有票据权利。持票人因重大过失取得不符合本法规定的票据的，也不得享有票据权利。

【例 15-6】甲受乙胁迫开出一张以甲为付款人，以乙为收款人的汇票，之后乙通过背书将该汇票赠与丙，丙又将该汇票背书转让与丁，以支付货款。丙、丁对乙胁迫甲取得票据一事毫不知情。

问题：乙、丙、丁是否享有汇票权利？

(二) 票据权利的消灭

1. 时效方面的原因

(1) 持票人对票据的出票人和承兑人的权利，自票据到期日起 2 年。见票即付的汇票、本票，自出票日起 2 年。

(2) 持票人对支票出票人的权利，自出票日起 6 个月。

(3) 持票人对前手的追索权，在被拒绝承兑或者被拒绝付款之日起 6 个月。

(4) 持票人对前手的再追索权，自清偿日或者被提起诉讼之日起 3 个月。

【例 15-7】2020 年 3 月 15 日，甲银行向乙公司签发一张本票，但乙公司一直没有主张票据权利，根据票据法律制度的规定，乙公司对甲银行的票据权利的消灭时间是( )。

A. 2020 年 6 月 15 日   B. 2020 年 9 月 15 日

C. 2021 年 3 月 15 日   D. 2022 年 3 月 15 日

2. 记载事项方面的原因

如果持票人在票据上记载"收讫"字样，并将票据交给债务履行人后，付款请求权消灭；持票人为改变票据权利而将某些票据上的签名故意涂改后，一旦被拒绝承兑或付款，则追索权消灭。

3. 票据被毁灭

票据是一种完全有价证券，丧失票据便丧失了票据上的权利。因此，在票据被焚烧、撕毁等使票据不复存在的情形发生时，票据权利一同消灭。但票据毁灭发生在提示付款之后，因票据已退出流通领域，付款人已得知了债权的享有人，票据权利仍然有效。

(三) 票据的失票补救

票据丧失是指票据因灭失(如不慎被烧毁)、遗失(如不慎丢失)、被盗等原因而使票据权利人脱离其对票据的占有。票据丧失后，可以采取挂失止付、公示催告、普通诉讼三种形式进行补救。

1. 挂失止付

挂失止付是指失票人将丧失票据的情况通知付款人或代理付款人，由接受通知的付款人或代理付款人审查后暂停支付的一种方式。有效期只有 12 天。

(1) 只有确定付款人或代理付款人的票据丧失时才可进行挂失止付，具体包括：已承兑的商业汇票、支票、填明"现金"字样和代理付款人的银行汇票，以及填明"现金"字样的银行本票四种。

(2) 挂失止付并不是票据丧失后采取的必经措施，而只是一种暂时的预防措施，最终要通过申请公示催告或提起普通诉讼来补救票据权利。付款人或者代理付款人收到挂失止付通知书，应当立即暂停支付。付款人或者代理付款人自收到挂失止付通知书之日起 12 日内没有收到人民法院的止付通知书的，自第 13 日起，挂失止付通知书失效。

2. 公示催告

公示催告是指在票据丧失后由失票人向人民法院提出申请，请求人民法院以公告方式通知不确定的利害关系人限期申报权利，逾期未申报者，则权利失效，而由法院通过除权判决宣告所丧失的票据无效的制度或程序。失票人应当在通知挂失止付后的 3 日内，也可以在票据丧失后，依法向票据支付地人民法院申请公示催告。

3. 普通诉讼

《票据法》第 15 条第 3 款规定，失票人应当在通知挂失止付后 3 日内，或者在票据丧失后，依法向人民法院申请公示催告，或者向人民法院提起诉讼。提起诉讼须有明确的被告，采取这种措施应确定票据在谁手里，否则法院无法受理。

实践中，一些失票人在丧失票据后通过报纸、广播、电视等传播媒介声明遗失的票据作废。这种行为有助于防止票据金额被冒领，也能使善意第三人在受让一张票据时明确该票据是否为遗失票据，转让人票据权利是否有瑕疵。但是，这种做法并没有被我国法律所认可，因而声明作废的做法是不发生法律效力的。

三、票据的伪造、变造

(一) 票据的伪造

1. 票据伪造的概念

票据伪造是指假冒他人的名义或虚构他人名义在票据上进行票据行为并签章的行为。

2. 票据伪造的法律后果

(1) 票据伪造对伪造人的法律后果

票据伪造人没有在票据上签自己的姓名，因而其不承担票据义务，但承担其他法律责任。

(2) 票据伪造对被伪造人的法律后果

由于被伪造人自己并没有在票据上签章，也不承担任何票据责任。

(3) 票据伪造对票据上真正签章人的法律后果

当票据上既有伪造的签章，又有其他真实的签章时，伪造的签章不影响真实的签章的效力，真实的签章人应对自己所为的票据行为承担票据义务。

(4) 票据伪造对票据付款人的法律后果

付款人或代理付款人在付款时，只要按照法律规定对票据上的签章及各项记载事项进行了通常的审查，不存在恶意及重大过失的情形，那么，即使其未能辨认出票据上有伪造的签章而付了款，这一付款行为也是有效的。

【例 15-8】甲私刻乙公司的财务专用章，假冒乙公司名义签发一张转账支票交给收款人丙，丙将该支票背书转让给丁，丁又背书转让给戊。

问题：当戊主张票据权利时，甲、乙、丙、丁是否承担票据责任，为什么？

(二) 票据的变造

1. 票据变造的概念

票据变造是指没有合法变更权限的人，变更票据上除签章以外的其他记载事项的行为。我国《票据法》规定，签名、金额、日期三者不能改动，否则就是废票，持票人就不享有票据权利。

2. 票据变造的法律后果

(1) 票据变造对变造者、参与变造者及同意变造者的法律后果

如果票据的变造人本来就是票据上的行为人，在票据上有其签章，那么该变造人应当按其变造后的票据记载事项承担票据义务，并承担变造票据的刑事责任、民事责任及行政责任。如果票据的变造人在票据上没有签章，则不负有票据上的义务，但应当承担刑事责任、民事责任及行政责任。

对于参与或同意变造票据的人，不论其签章是在变造之前还是在变造之后，一律按变造后的文义承担票据义务。

(2) 票据变造对票据上其他签章人的法律后果

在变造之前签章的人，对原记载事项负责；在变造之后签章的人，对变造后的记载事项负责；不能辨别是在票据被变造之前或之后签章的，视为在变造之前签章。

【例 15-9】甲签发一张金额为 5 万元的本票交收款人乙，乙背书转让给丙，丙将本票金额改为 8 万元后转让给丁，丁又背书转让给戊。

问题：甲、乙、丙、丁各自应当如何承担票据责任？

第四节　汇票

一、汇票的概念、特征和分类

(一) 汇票的概念

汇票是指由出票人签发的，委托付款人在见票时或者在指定日期无条件支付确定金额给收款人或者持票人的票据。

(二) 汇票的特征

(1) 三名基本当事人，即出票人、付款人和收款人。但随着票据的背书转让和设立保证，汇票将存在被背书人、保证人等非基本当事人。

(2) 汇票是一种委托证券。汇票的出票人并不是汇票的付款人，而是另行委托他人作为付款人支付汇票金额。此点与支票相同，与本票不同。

(3) 汇票是信用票据。汇票既可以是见票即付的即期汇票，也可以是记载将来某个日期为付款日的远期汇票。

(4) 汇票独有承兑制度，指远期汇票的付款人承诺在汇票到期日无条件支付汇票金额的票据行为。

(三) 汇票的分类

1. 即期汇票与远期汇票

按汇票付款期限不同，分为即期汇票与远期汇票。即期汇票是以收款人或持票人提示日为付款到期日，付款人在见票时付款的票据。远期汇票是指约定一定日期付款的票据，可分为定日付款的汇票、出票后定期付款的汇票和见票后定期付款的汇票三种。

2. 记名汇票、指示汇票与无记名汇票

按汇票对权利人记载方式的不同，分为记名汇票、指示汇票与无记名汇票。这是根据汇票对权利人记载方式的不同所做的分类。记名汇票是指出票人在汇票上明确记载了收款人的姓名或名称的汇票，也称为"抬头汇票"。指示汇票是指出票人在汇票上不仅明确记载了收款人的姓名或名称，而且附加了"或其指定人"字样的汇票。无记名汇票是指出票人没有在汇票上记载收款人的姓名或名称，或者将其记载为"持票人"或"来人"的汇票。

3. 光单票与单汇票

按汇票的承兑或付款是否要求跟附单据，分为光单票与跟单汇票。这是根据汇票的承兑或付款是否要求跟附单据所做的分类。光单票是指无须附带任何商业单据，付款人或承兑人仅依汇票本身即可付款或承兑的汇票。跟单汇票又称押汇汇票或信用汇票，是指必须附带与交易有关的商业单据才能获得承兑或付款的汇票。

4. 银行汇票与商业汇票

按汇票的出票人不同，分为银行汇票和商业汇票。银行汇票是出票银行签发的，由其在见票时按照实际结算金额无条件支付给收款人或者持票人的票据。商业汇票是由出票人签发的，委托付款人在指定日期无条件支付确定的金额给收款人或者持票人的票据。根据承兑人的不同，商业汇票可以分为银行承兑汇票和商业承兑汇票，由银行承兑的商业汇票，称为银行承兑汇票；由付款人承兑的商业汇票，称为商业承兑汇票。

二、汇票的票据行为

(一) 出票

出票是指出票人签发票据并将其交付给收款人的票据行为。出票人与付款人之间必须存在事实上的资金关系或其他债权债务关系，而且出票人在出票时，必须明确在汇票不承兑或不付款时，具有足够的清偿能力。

汇票是一种要式证券，出票人应按照票据法的规定，在汇票上记载各种事项，作为汇票出

票的格式或款式。

1. 绝对必要记载事项

汇票出票的绝对必要记载事项是指出票时必须在汇票上进行记载，如有欠缺，汇票无效的事项。我国《票据法》第22条第1款规定了7项绝对必要记载事项，分别为以下几点。

(1) 表明"汇票"的字样，即在汇票上必须记载足以表明该票据是汇票的字样。如果没有该文字，汇票无效。

(2) 无条件支付的委托，即出票人委托付款人支付汇票金额是不附带任何条件的。如果附有条件，汇票无效。

(3) 确定的金额，如果记载的金额是不确定的，汇票无效。以中文大写和数字同时记载，二者不一致则票据无效。

(4) 付款人名称，如果汇票上未记载付款人的名称，收款人或持票人将不知道向谁提示承兑或提示付款，因此汇票也无效。

(5) 收款人名称，即出票人在汇票上记载的受领汇票金额的最初票据权利人。为了便于汇票的转让和流通，减少纠纷，汇票上应标明收款人的名称，否则汇票无效。

(6) 出票日期，即出票人在票据上记载的签发汇票的日期，不记载会导致汇票无效。

(7) 出票人签章，即出票人在票据上亲自书写自己的姓名或签章。

2. 相对必要记载事项

汇票的相对必要记载事项是指出票人应当在汇票上记载，但是如果没有记载，也不影响汇票的效力，而是按照票据法的规定推定其内容的事项。主要包括付款日期、付款地和出票地三项。若未记载，票据法分别视为：见票即付；付款人的营业场所、住所或者经常居住地；出票人的营业场所、住所或者经常居住地。

3. 可以记载事项

可以记载事项又称为任意记载事项，是指法律允许当事人自由选择记载，不记载并不影响汇票的效力，但一经记载，即发生票据法上的效力的事项。例如，出票人在汇票上记载"不得转让"字样的，汇票不可转让，其中的"不得转让"事项即为任意记载事项。

【例15-10】根据《票据法》的规定，下列各项中，不会导致汇票行为失效的是(　　　)。

A. 未记载付款日期　　　　　　B. 未记载付款地

C. 未记载"不得转让"字样　　　D. 未记载出票人签章

4. 记载不产生票据法上效力的事项

出票人除了记载上述应当记载的事项和任意记载的事项外，还可以记载其他出票事项，但是这类记载不能产生票据法上的效力，在符合其他法律规定时，当然能够产生其他法律效力。主要指的是与汇票基础关系有关的事项，如签发票据的原因和用途、该票据项下交易的合同号码等。

5. 记载本身无效的事项

记载本身无效的事项也称为无益记载事项，这类事项的记载，不仅不能产生票据法上的效力，而且不产生任何法律效力，在票据法上视为无记载。

6. 记载使汇票无效的事项

记载使汇票无效的事项又称为有害记载事项、不得记载事项或禁止记载事项，是指记载违反票据法的有关规定，导致汇票无效的事项。

【例15-11】甲乙签订买卖合同，甲签发一张汇票给乙作为预付款，下列情形可以使该汇票无效的有(　　)。

A. 金额栏填写的数额为"不超过10万元"　　B. 票据金额的中文和数码记载不一致

C. 未记载付款日期　　D. 记载了签发票据的用途是预付款

(二) 背书

1. 背书的概念

背书是指持票人以转让汇票权利或者将一定的汇票权利授予他人行使为目的，在汇票背面或者粘单上记载有关事项并签章，然后将汇票交付被背书人的一种附属的票据行为。

2. 背书的形式

背书是一种要式行为，必须符合法定的形式，即其必须做成背书并交付，才能有效成立。根据票据法的有关规定，背书应记载的事项内容包括：背书人签名并加载背书日期，同时还要记载被背书人名称。

(1) 背书签章和背书日期的记载。背书由背书人签章并记载背书日期。背书未记载日期的，视为在汇票到期日前背书。

(2) 被背书人名称的记载。汇票以背书转让或者以背书将一定的票据权利授予他人行使时，必须记载被背书人名称。如果背书人不做成记名背书，即不记载被背书人名称，而将票据交付他人的，持票人在票据被背书人栏内记载自己的名称与背书人记载具有同等法律效力。

【例15-12】甲将一汇票背书转让给乙，但该汇票上未记载乙的名称。其后，乙在该汇票被背书人栏内记载了自己的名称。根据票据法的规定，下列有关该汇票背书与记载效力的表述中，正确的是(　　)。

A. 甲的背书无效，因为甲未记载被背书人乙的名称

B. 甲的背书无效，且将导致该票据无效

C. 乙的记载无效，应由背书人甲补记

D. 乙的记载有效，其记载与背书人甲记载具有同等法律效力

3. 背书的效力

(1) 转让权利的效力。票据上的一切权利，依背书由背书人转让给被背书人。

(2) 担保责任的效力。背书人虽因背书而丧失了票据上的权利，但他的责任并没有解除，他应对其后手负责担保承兑和担保付款的责任。如当其后手所持汇票不获承兑或者不获付款时，背书人应根据其要求予以偿还。

(3) 证明权利资格的权利。通过背书的连续性，可以证明持票人是正当地取得票据权利的。背书的连续性是指在票据的转让过程中，转让汇票的背书人与受让汇票的背书人在汇票上的签章依次前后衔接。以背书转让的汇票，背书应当连续。如果背书不连续，付款人可以拒绝向持票人付款，否则付款人自行承担责任。

【例 15-13】甲将一张汇票转让给乙，注明背书日期为 2020 年 3 月 10 日，乙将该汇票背书转让给丙注明背书日期为 2020 年 3 月 2 日。请问付款人可以拒绝向持票人付款吗？

4. 背书的特别规定

(1) 限制背书。背书人在汇票上记载"不得转让"字样，其后手再背书转让的，原背书人对其后手的被背书人不承担保证责任。背书人的禁止背书是背书行为的一项任意记载事项，如果背书人不愿意对其后手以后的当事人承担票据责任，即可在背书时记载禁止背书。

【例 15-14】汇票的背书人在票据上记载了"不得转让"字样，但其后手仍进行了背书转让。下列关于票据责任承担的表述中，错误的是(   )。
A. 不影响承兑人的票据责任
B. 不影响原背书人对后手的被背书人承担票据责任
C. 不影响原背书人之前手的票据责任
D. 不影响出票人的票据责任

(2) 附条件背书。背书不得附有条件，附有条件的，所附条件不具有票据法上的效力，票据依然有效，背书也依然有效。但是付款行为附条件的，则导致票据无效。

(3) 分别背书和部分背书。将汇票一部分金额转让的背书或将汇票金额分别转让给两个人以上的背书行为无效，票据权利不发生转移。

【例 15-15】背书人甲将一张 100 万元的汇票分别背书转让给乙和丙各 50 万元，下列有关该背书效力的表述中，正确的是(   )。
A. 背书无效
B. 背书转让给乙 50 万元有效，转让给丙 50 万元无效
C. 背书有效
D. 背书转让给乙 50 万元无效，转让给丙 50 万元有效

(4) 期后背书，又称法定禁止背书。汇票被拒绝承兑、被拒绝付款或超过付款提示期限的，不得背书转让。期后背书属于无效背书，不能发生一般背书的效力，而只具有通常的债权转让的效力。背书转让的背书人应当承担汇票责任。

【例 15-16】根据票据法的规定，下列选项中，属于禁止背书转让汇票的情形有(   )。
A. 汇票未记载付款地的
B. 汇票超过付款提示期限的
C. 汇票被拒绝承兑的
D. 汇票被拒绝付款的

【例 15-17】根据票据法的规定，下列情形中，属于汇票背书行为无效的有(   )。
A. 附有条件的背书
B. 只将汇票金额的一部分进行转让的背书
C. 将汇票金额分别转让给予二人或二人以上的背书
D. 背书人在汇票上记载"不得转让"，其后手又进行背书转让的

(三) 承兑

1. 承兑的概念

承兑是指汇票的付款人承诺在汇票到期日将无条件支付汇票金额，并将这一意思表示记载于汇票正面并签章的一种附属的票据行为。汇票是一种委托他人付款的委付证券，出票人的出票行为对付款人并不当然产生约束力，只有在付款人表示同意向收款人或持票人支付汇票金额

后，持票人才可以在汇票到期日向付款人行使付款请求权。汇票的付款人一经承兑，即由汇票的关系人变成汇票的债务人，而且是汇票上的第一债务人，承担汇票到期无条件付款的义务。

【例 15-18】甲持有一张出票后定期付款的银行承兑汇票，承兑人为乙银行。甲提示承兑后背书转让给丙，丙于汇票到期后向乙银行提示付款，乙银行拒绝付款，理由是出票人因欠税账户已被冻结。乙银行拒绝付款的理由成立吗？

2. 承兑的适用范围

在我国，远期汇票必须承兑。具体来说，银行汇票均为见票即付，因而无须承兑，而商业汇票则必须承兑。

3. 承兑的程序

汇票的承兑，作为独有的一项制度，是由持票人与付款人共同完成的。从程序上来讲，基本可以分为持票人提示承兑、付款人承兑以及付款人交还汇票三个步骤。

(1) 持票人提示承兑

提示承兑是指持票人依法向付款人实际出示和交付汇票，并请求付款人在汇票上记载其愿意在汇票到期日无条件付款的意思的行为。提示承兑行为的提示人，是汇票的持有人；被提示人是汇票上记载的付款人。

定日付款或者出票后定期付款的汇票，持票人应当在汇票到期日前向付款人提示承兑，见票后定期付款的汇票，持票人应当自出票日后 1 个月内向付款人提示承兑。如果持票人未在上述期间内提示承兑，持票人将丧失对前手的追索权。

(2) 付款人承兑汇票

汇票的持票人在法律规定的提示承兑期间内提示承兑后，付款人应当自收到提示承兑的汇票之日起 3 日内做出承兑或者拒绝承兑的决定。对汇票承兑的，必须在汇票的正面记载"承兑"字样和承兑日期并签章。汇票承兑后，承兑人便成为汇票的主债务人，应承担到期付款的责任。

付款人承兑汇票不得附有条件，否则视为拒绝承兑。付款人有权利拒绝承兑，但必须出具拒绝证明。

(3) 付款人交还汇票

当承兑期间届满，无论付款人是否承兑，均应将汇票交还给持票人。只有将已承兑的汇票交还给持票人才产生承兑的效力。

(四) 保证

1. 保证的概念

汇票的保证是指票据债务人以外的第三人，为了向票据债权人担保票据债务的履行而在汇票上记载法定事项，承诺于债务人不履行债务时承担责任的行为。

2. 保证的记载事项

(1) 绝对应当记载事项："保证"字样、保证人签章两项内容。
(2) 相对应当记载的事项：被保证人的名称、保证日期两项内容。

第五节 本票

一、本票的概念和特征

(一) 本票的概念

本票是出票人签发的，承诺自己在见票时无条件支付确定的金额给收款人或者持票人的票据。我国票据法只承认银行本票，是银行签发的，承诺自己在见票时无条件支付确定的金额给收款人或者持票人的票据。

(二) 本票的特征

(1) 本票是自付票据，即由出票人签发并且付款。在本票中出票人即是付款人，是第一债务人，相当于汇票中的承兑人。

(2) 出票人必须有支付本票金额的可靠资金来源，并保证支付。

(3) 我国《票据法》只允许签发银行本票，不允许签发商业本票。

(4) 本票无须承兑。

二、本票的记载事项

(一) 绝对应当记载的事项

我国《票据法》第 76 条规定了 6 项绝对应当记载的事项，分别是：①表明"本票"的字样，即本票文句；②无条件支付的承诺，即支付文句；③确定的金额；④收款人名称；⑤出票日期；⑥出票人签章。

(二) 相对应当记载的事项

我国《票据法》第 76 条规定了付款地与出票地两项相对应当记载的事项。

三、本票的付款

(一) 本票的付款人

本票为自付证券，出票人就是付款人，不存在另外的付款人。因此，本票的持票人只能向出票人或其代理付款人进行付款提示，而不能向其他银行提示付款。

(二) 本票的付款期限

《票据法》第 78 条规定，本票自出票日起，付款期限最长不得超过 2 个月。出票人不在此期限内提示付款，则丧失对出票人以外的前手的追索权。

【例 15-19】本票的持票人未按照规定期限提示本票的，丧失对出票人的追索权。请问该说法是否正确？

第六节 支票

一、支票的概念和特征

支票是出票人签发的，委托办理支票存款业务的银行或者其他金融机构在见票时无条件支付确定的金额给收款人或者持票人的票据。

支票作为票据的一种，具有所有票据所共有的特征，与汇票和本票相比，还具有自己的特征：①支票的付款人仅限于银行及其他法定金融机构；②支票限于见票即付，不得另行记载付款日期，另行记载付款日期的，该记载无效；③支票没有承兑制度；④支票的出票人与付款人之间必须存在资金关系。

【例 15-20】依据我国《票据法》，下列有关本票与支票的表述中正确的是(   )。
A. 本票包括银行本票和商业本票
B. 本票的基本当事人为出票人、付款人和收款人
C. 支票限于见票即付，不得另行记载付款日期
D. 支票可以背书转让

二、支票的分类

(一) 记名支票、无记名支票和指示式支票

根据支票对收款人的记载方式不同，支票分为记名支票、无记名支票与指示式支票。记名支票是在支票上明确记载收款人名称的支票；无记名支票是在支票上不记载收款人名称，或者将收款人记为"来人"或"持票人"的支票；指示式支票是在支票上记载的收款人名称之后记载有"或其指定人"字样的支票。

(二) 现金支票、转账支票和普通支票

根据支付方式的不同，支票分为现金支票、转账支票与普通支票。所谓现金支票，是指支票上印制有"现金"字样，持票人依法只能请求付款人以现金方式付款的支票；所谓转账支票，是指支票上印制有"转账"字样，持票人依法只能请求付款人以转账方式付款的支票；所谓普通支票，是指支票上未印制"现金"或"转账"字样，持票人依法可以请求付款人以现金方式付款，也可以请求付款人以转账方式付款的支票；在普通支票左上角划两条平行线的为划线支票，划线支票只能用于转账，不得支取现金。

三、支票的记载事项

(一) 绝对应当记载的事项

支票上应记载支票字样、支票文句、确定的金额、付款人名称、出票日期和出票人签章 6 项，缺少其中任何一项，支票无效。

(二) 相对应当记载的事项

确定金额、收款人名称、付款地、出票地。

(三) 可以记载的事项

出票人可以在支票上记载"不得转让"字样，则支票不得转让；出票人可以依双方约定在支票上记载支付的货币种类，则付款时应以支票上记载的货币支付。

四、支票出票人与付款人之间的资金关系

支票与汇票同属于委托票据，但是支票与汇票不同的是，支票的出票人必须与其委托的付款人之间存在一定的资金关系。也正是由于这种资金关系的存在，才使付款人不必经过承兑而负有付款义务。

我国《票据法》第 87 条规定，支票的出票人所签发的支票金额不得超过其付款时在付款人处实有的存款金额。出票人签发的支票金额超过其付款时在付款人处实有的存款金额的，为空头支票。禁止签发空头支票。

(一) 支票的付款提示期限

我国《票据法》第 91 条第 1 款规定了支票的提示付款期间，支票的持票人应当自出票日起 10 日内提示付款。异地使用的支票，其提示付款期限由中国人民银行另行规定。

(二) 支票付款的程序

支票付款人对支票的审查，有两点与汇票、本票不同：一是审查出票人在支票上的签章是否与其预留银行的签章相符，银行与出票人约定使用支付密码的，同时应当审查支付密码是否正确；二是付款人在付款时应当审查支票是否为空头支票，只有出票人在付款人处的存款足以支付支票金额时，付款人才于持票人提示付款的当日足额付款。

【复习思考题】

1. 票据有哪些特征？
2. 简述票据权利及其种类。
3. 简述票据行为及其种类。
4. 简述汇票的概念及其种类。

第十六章

证 券 法

通过本章的学习，学生可以了解证券的概念、种类，证券法的原则；掌握证券发行和证券交易的相关规定；理解证券市场上的禁止交易行为。

案例导入

A 有限公司、B 有限公司、C 有限公司、D 有限公司自 2018 年 10 月 5 日起，集中资金，利用 627 个个人股票账户及 3 个法人股票账户，大量买入"亿安科技"股票。持仓量从 2018 年 10 月 5 日的 53 万股，占流通股的 1.52%，到最高时 2020 年 1 月 12 日的 3001 万股，占流通股的 85%。同时，还通过其控制的不同股票账户，以自己为交易对象，进行不转移所有权的自买自卖，影响证券交易价格和交易量，联手操纵"亿安科技"的股票价格。截至 2021 年 2 月 5 日，上述四家公司控制的 627 个个人股票账户及 3 个法人股票账户共实现盈利 4.49 亿元，股票余额 77 万股。

问题：上述四家公司的行为属于什么性质的行为？试述《证券法》的有关规定。

第一节　证券法律制度概述

一、证券的概念和种类

(一) 证券的概念

证券是指证明或设定民事、经济权益的法律凭证，是相应财产所有权或债权凭证的通称。证券有广义和狭义之分。广义的证券是指权利凭证，即用来证明证券持有者有权按其所载取得相应权益的凭证，包括金券、资格证券和有价证券。金券就是标明一定金额，只能为一定目的而使用，是权利与票券密不可分的一种证券，如邮票、印花等。资格证券就是表明持有人具有行使一定权利，义务人向持有人履行义务后即可免责的一种证券，如车票、储蓄存单等。有价证券就是表示一定民事权利，权利的行使以持有证券为必要条件的一种证券，包括商品证券(如提单、仓单)、货币证券(如汇票、本票、支票)和资本证券(如股票、债券)。

狭义的证券专指资本证券，即证明持有人享有一定的所有权和债权的书面凭证。《中华人民共和国证券法》(以下简称《证券法》)所规范的证券就是狭义的证券，包括股票、公司债券和国务院依法认定的其他证券，不包括政府债券。

(二) 证券的种类

我国证券市场上流通的证券种类主要有股票、债券、投资基金份额、认股权证和期货等。具体情况如表 16-1 所示。

表 16-1　股票、债券、投资基金份额、认股权证和期货的区别

种类	具体情况
股票	股票是股份有限公司签发的，证明股东所持股份的凭证。我国证券市场上流通的股票有人民币普通股(A 股)和境内上市外资股(B 股)。另外，中国境内注册的公司还可以发行境外上市外资股，包括 H 股(香港上市)、N 股(纽约上市)、S 股(新加坡上市)等
债券	债券是政府、金融机构、公司企业等单位依照法定程序发行的、约定在一定期限还本付息的有价证券。债券按发行主体不同，可分为企业、公司债券(含可转换公司债券)，金融债券和政府债券
投资基金份额	证券投资基金份额是基金投资人持有基金单位的权利凭证
认股权证	认股权证是股份有限公司给予持证人的无限期或在一定期限内，以确定价格购买一定数量普通股份的权利凭证
期货	期货是一种跨越时间的交易方式。买卖双方通过签订标准化合约，同意按指定的时间、价格与其他交易条件，交收指定数量的现货

二、证券法的概念及基本原则

(一) 证券法的概念

证券法是调整证券活动关系的法律规范的总称。证券活动关系包括在证券发行、交易活动中形成的各种社会关系。

证券法有广义和狭义之分。在我国，狭义的证券法仅指《证券法》，广义的证券法除了《证券法》以外，还包括调整证券活动的其他法律、行政法规、部门规章、地方性法规和规章，如《公司法》《企业债券管理条例》《关于股份有限公司境内上市外资股的规定》等。

(二) 证券法的基本原则

1. 公开、公平、公正的原则

《证券法》规定，证券的发行、交易活动，必须实行公开、公平、公正原则。所谓公开，就是在证券发行和交易的一切活动和所涉及的信息都必须公开，以保证发行和交易的公平和公正。它要求：①证券发行和交易中的一切制度和规则必须公开；②证券发行和交易的活动都必须公开进行，不得暗箱操作；③证券发行和交易过程中影响投资者决策或者影响证券市场价格

的信息必须公开。所谓公平，就是在证券发行和交易中，发行人、投资人、证券经营机构和证券服务机构的法律地位平等，他们之间所产生的权利义务应当对等。所谓公正，就是证券监管机关在履行职责过程中，必须依法进行，对所有的主体以同等的对待。

2. 自愿、有偿、诚实信用的原则

《证券法》规定，证券发行、交易活动的当事人具有平等的法律地位，应当遵守自愿、有偿、诚实信用的原则。这是证券发行、交易活动的当事人在证券市场中应当遵循的基本原则。所谓自愿，就是当事人根据自己的意愿来参与证券的发行和交易活动。所谓有偿，就是在证券发行、交易活动中，一方当事人取得另一方当事人的利益必须付出代价。所谓诚实信用，就是证券发行、交易活动中，必须诚实守信，不得欺骗他人，当事人之间、当事人与社会之间必须保持利益的平衡。

三、证券市场

(一) 证券市场的概念和分类

证券市场是指证券发行与交易的场所。它由金融工具、交易场所以及市场参与主体等要素构成。证券市场依据不同的划分标准，可以有不同的分类。

(1) 发行市场和流通市场。发行市场又称一级市场或初级市场；流通市场又称二级市场或次级市场。投资者在一级市场取得的证券可以在二级市场进行交易。

(2) 场内交易市场和场外交易市场。

(3) 股票市场、债券市场、基金市场和衍生证券市场。

此外，还可以将证券市场分为主板市场、中小板市场、创业板市场、二板市场等，我国股票发行和交易的主板市场在上海证券交易所，中小板市场和创业板市场在深圳证券交易所；也可以将证券市场分为国内证券市场和国外证券市场。

(二) 证券市场的主体

证券市场的主体是指参与证券市场的各类法律主体，包括证券发行人、投资者、中介机构、交易场所以及自律性组织和监管机构等。

第二节 证券发行

一、证券发行概述

(一) 证券发行的概念

符合发行条件的商业组织或政府组织(发行人)，以筹集资金为目的，依照法律规定的程序向公众投资者出售代表一定权利的资本证券的行为。

(二) 证券发行的分类

1. 公开发行和非公开发行

公开发行又称公募发行，是指发行人面向社会公众，即不特定的公众投资者进行的证券发

行。非公开发行又称私募发行，是指向少数特定的投资者进行的证券发行。有下列情形之一的，为公开发行：①向不特定对象发行证券；②向累计超过200人的特定对象发行证券；③法律、行政法规规定的其他发行行为。非公开发行证券，不得采用广告、公开劝诱和变相公开方式。

2. 设立发行和增资发行

设立发行是为成立新的股份有限公司而发行股票；增资发行是为增加已有公司的资本总额或改变其股本结构而发行新股。增发新股，既可以公开发行，也可以采取配股或赠股的形式。

3. 直接发行和间接发行

直接发行是指证券发行人不通过证券承销机构，而自行承担证券发行风险，办理证券发行事宜的发行方式。间接发行是指证券发行人委托证券承销机构发行证券，并由证券承销机构办理证券发行事宜，承担证券发行风险的发行方式。

4. 平价发行、溢价发行和折价发行

股票发行价格可以按票面金额，也可以超过票面金额，但不得低于票面金额。股票发行采取溢价发行的，其发行价格由发行人与承销的证券公司协商确定。

【例16-1】根据《证券法》规定，下列属于公开发行的有(　　　)。
A. 向累计超过100人的社会公众发行证券
B. 向累计超过100人的本公司股东发行证券
C. 向累计超过200人的社会公众发行证券
D. 向累计超过200人的本公司股东发行证券

二、股票发行

(一) 首次公开发行股票的条件

(1) 发行人应当是依法设立且合法存续的股份有限公司。该股份有限公司应自成立后，持续经营时间在3年以上。经国务院批准，有限责任公司在依法变更为股份有限公司时，可以采取募集设立方式公开发行股票。

(2) 发行人应当具有完整的业务体系和直接面向市场独立经营的能力。发行人的资产完整、人员独立、财务独立、机构独立、业务独立，在独立性方面不得有其他严重缺陷。

(3) 发行人已经依法建立健全股东大会、董事会、监事会、独立董事、董事会秘书制度，相关机构和人员能够依法履行职责。

(4) 发行人资产质量良好，资产负债结构合理，盈利能力较强，现金流量正常。

(5) 募集资金应当有明确的使用方向，原则上应当用于主营业务。

(二) 上市公司公开发行新股的条件

上市公司公开发行新股，应当符合《证券法》《公司法》规定的发行条件和经国务院批准的国务院证券监督管理机构规定的其他发行条件，包括中国证监会《上市公司证券发行管理办法》等规定的发行条件，详见表16-2。

表 16-2 上市公司公开发行新股、证券的条件对比表

相关法规	具体内容
《证券法》的规定	上市公司公开发行新股的条件: (1) 具备健全且运行良好的组织机构 (2) 具有持续盈利能力,财务状况良好 (3) 最近 3 年财务会计文件无虚假记载,无其他重大违法行为 (4) 经国务院批准的国务院证券监督管理机构规定的其他条件
《上市公司证券发行管理办法》的规定	1. 公开发行证券的条件有: (1) 上市公司的组织机构健全、运行良好 (2) 上市公司的盈利能力具有可持续性 (3) 上市公司的财务状况良好 (4) 上市公司最近 36 个月内财务会计文件无虚假记载,且不存在重大违法行为 (5) 上市公司募集资金的数额和使用应当符合规定 (6) 上市公司不存在不得公开发行证券的情形 2. 向原股东配售股份(简称配股),除符合上述公开发行证券的条件外,还应当符合下列条件: (1) 拟配售股份数量不超过本次配售股份前股本总额的 30% (2) 控股股东应当在股东大会召开前公开承诺认配股份的数量 (3) 采用证券法规定的代销方式发行 3. 控股股东不履行认配股份的承诺,或者代销期限届满,原股东认购股票的数量未达到拟配售数量 70%的,发行人应当按照发行价并加算银行同期存款利息返还已经认购的股东 4. 向不特定对象公开募集股份(简称增发),除符合上述公开发行证券的条件外,还应符合下列条件: (1) 最近 3 个会计年度加权平均净资产收益率平均不低于 6%。扣除非经常性损益后的净利润与扣除前的净利润相比,以低者作为加权平均净资产收益率的计算依据 (2) 除金融类企业外,最近一期末不存在持有金额较大的交易性金融资产和可供出售的金融资产、借予他人款项、委托理财等财务性投资的情形 (3) 发行价格应不低于公告招股意向书前 20 个交易日公司股票均价或前 1 个交易日的均价

(三) 上市公司非公开发行股票的条件

1. 特定对象的条件

(1) 特定对象符合股东大会决议规定的条件。

(2) 发行对象不超过 10 名。发行对象为境外战略投资者的,应当经国务院相关部门事先批准。

2. 上市公司的条件

(1) 发行价格不低于定价基准日前 20 个交易日公司股票均价的 90%。

(2) 本次发行的股份自发行结束之日起，12 个月内不得转让；控股股东、实际控制人及其控制的企业认购的股份，36 个月内不得转让。

(3) 募集资金使用符合法律规定。

(4) 本次发行将导致上市公司控制权发生变化的，还应当符合中国证监会的其他规定。

【例 16-2】下列关于上市公司非公开发行股票的表述中，不符合证券法律制度规定的有（　）。

A. 某次发行的股份自发行结束之日起，36 个月内不得转让

B. 发行价格应不低于定价基准日前 20 个交易日公司股票的均价

C. 募集资金须存放于公司董事会决定的专项账户

D. 除金融类企业外，不得将募集资金直接或间接投资于以买卖证券为主要业务的公司

(四) 上市公司不得非公开发行股票的情形

(1) 本次发行申请文件有虚假记载、误导性陈述或重大遗漏。

(2) 上市公司的权益被控股股东或实际控制人严重损害且尚未消除。

(3) 上市公司及其附属公司违规对外提供担保且尚未解除。

(4) 现任董事、高级管理人员最近 36 个月内受到过中国证监会的行政处罚，或者最近 12 个月内受到过证券交易所公开谴责。

(5) 上市公司或其现任董事、高级管理人员因涉嫌犯罪正被司法机关立案侦查或涉嫌违法违规正被中国证监会立案调查。

(6) 最近 1 年及 1 期财务报表被注册会计师出具保留意见、否定意见或无法表示意见的审计报告。保留意见、否定意见或无法表示意见所涉及事项的重大影响已经消除或者本次发行涉及重大重组的除外。

(7) 严重损害投资者合法权益和社会公共利益的其他情形。

【例 16-3】根据证券法律制度的规定，下列情形中，属于上市公司不得非公开发行股票的有（　）。

A. 上市公司及其附属公司曾违规对外提供担保，但已消除

B. 上市公司现任董事最近 36 个月内受到过中国证监会的行政处罚

C. 最近 1 年及 1 期财务报表被注册会计师出具保留意见的审计报告，但保留意见所涉及事项的重大影响已消除

D. 上市公司的权益被控股股东或实际控制人严重损害且尚未消除

三、公司债券的发行

(一) 公司债券发行的条件

(1) 股份有限公司的净资产不低于人民币 3000 万元，有限责任公司的净资产不低于人民币 6000 万元。

(2) 累计债券余额不超过公司净资产的 40%。

(3) 最近 3 年平均可分配利润足以支付公司债券 1 年的利息。

(4) 筹集的资金投向符合国家产业政策。

(5) 债券的利率不超过国务院限定的利率水平。

(6) 国务院规定的其他条件。

公开发行公司债券筹集的资金，必须用于核准的用途，不得用于弥补亏损和非生产性支出。

【例 16-4】某股份有限公司申请公开发行公司债券。下列关于该公司公开发行公司债券条件的表述中，不符合《证券法》规定的是(　　　)。

A. 净资产为人民币 5000 万元

B. 累计债券余额是公司净资产的 50%

C. 最近 3 年平均可分配利润足以支付公司债券 1 年的利息

D. 筹集的资金投向符合国家产业政策

(二) 再次发行公司债券的限制性规定

有下列情形之一的，不得再次公开发行公司债券：

(1) 前一次公开发行的公司债券尚未募足；

(2) 对已公开发行的公司债券或者其他债务有违约或者延迟支付本息的事实，仍处于继续状态；

(3) 违反证券法规定，改变公开发行公司债券所募资金的用途。

四、证券发行的程序

(一) 做出证券发行的决议

发行人发行证券一般先由其董事会就有关发行事项做出决议，并提请股东大会批准。

(二) 提出证券发行的申请

证券发行包括股票发行和公司债券发行。根据《证券法》的规定，公开发行股票的，必须依照《公司法》规定的条件，报经国务院证券监督管理机构核准。发行人申请核准时，必须提交《公司法》规定的申请文件和该机构规定的有关文件，主要包括批准设立公司的文件、公司章程、经营估算书、发起人姓名、名称、认购股份数及验资证明、招股说明书、代收股款银行的名称及地址、承销机构名称及有关协议等。

公开发行公司债券的，必须依照《公司法》规定的条件，报经国务院授权的部门审批。发行人申请审批时，必须提交《公司法》规定的申请文件和该部门规定的有关文件，主要包括公司登记证明、公司章程、公司债券募集办法、资产评估报告、验资报告等。

(三) 依法核准申请

国务院证券监督管理机构或者国务院授权的部门应当自受理证券发行申请文件之日起 3 个月内，依法做出予以核准或不予核准的决定。未经依法核准，任何单位和个人不得公开发行证券。

(四) 公开发行信息

证券发行申请经核准后，发行人应当在证券公开发行前，公告公开发行募集文件，并将该文件置备于指定场所供公众查阅。发行证券的信息依法公开前，任何知情人不得公开或者泄露该信息。发行人不得在公告公开发行募集文件前发行证券。

(五) 撤销核准决定

对已做出的核准证券发行的决定，发现不符合法定条件或法定程序，尚未发行证券的，应当予以撤销，停止发行。已经发行尚未上市的，撤销发行核准决定，发行人应按发行价并加算银行同期存款利息返还证券持有人；保荐人应当与发行人承担连带责任，但是能够证明自己没有过错的除外；发行人的控股股东、实际控制人有过错的，应当与发行人承担连带责任。

(六) 签订承销协议，进行证券销售

1. 证券承销的概念

所谓证券承销，是指证券公司与证券的发行人订立合同，由证券公司帮助证券的发行人发行证券，而发行人向证券公司支付费用的一种法律行为。根据《证券法》的规定，证券发行必须由证券公司承销，而且只有综合类的证券公司才可以为发行人承销证券。

2. 证券承销的方式

《证券法》规定，证券承销业务采取代销或者包销的方式。所谓证券代销，是指证券公司代发行人发售证券，在承销期结束时，将未售出的证券全部退还给发行人的承销方式。所谓证券包销，是指证券公司将发行人的证券按照协议全部购入或者在承销期结束时将售后剩余证券全部自行购入的承销方式。

向不特定对象公开发行的证券票面总值超过人民币 5000 万元的，应当由承销团承销。承销团应当由主承销和参与承销的证券公司组成。证券的代销、包销期限最长不得超过 90 日。

3. 证券承销的协议

证券公司承销证券，应当同发行人签订代销或者包销协议。承销协议应当载明下列事项：①当事人的名称、住所及法定代表人姓名；②代销或者包销证券的种类、数量、金额及发行价格；③代销或者包销的期限及起止日期；④代销或者包销的付款方式及日期；⑤代销或者包销的费用和结算办法；⑥违约责任；⑦国务院证券监督管理机构规定的其他事项。

4. 承销团承销与承销期

《证券法》规定，向社会公开发行的证券票面总值超过人民币 5000 万元的，应当由承销团承销。承销团应当由主承销和参与承销的证券公司组成。《证券法》还规定，证券的代销、包销期最长不得超过 90 日。

(七) 备案

公开发行股票，代销、包销期限届满，发行人应当在规定的期限内将股票发行情况报国务院证券监督管理机构备案。

股票发行采用代销方式，代销期限届满，向投资者出售的股票数量未达到拟公开发行股票数量70%的，为发行失败。发行人应当按照发行价并加算银行同期存款利息返还股票认购人。

【例 16-5】下列关于证券发行承销团承销证券的表述中，不符合证券法律制度规定的是（　　）。

A. 承销团承销适用于不特定对象公开发行的证券

B. 发行证券的票面总值必须超过人民币 1 万元

C. 承销团由主承销和参与承销的证券公司组成

D. 承销团代销、包销期最长不得超过 90 日

第三节　证券交易

一、证券交易概述

(一) 证券交易的概念

证券交易主要指证券买卖，即证券持有人依照证券交易规则，将已依法发行的证券转让给其他证券投资者的行为。证券交易形成的市场为证券的交易市场，或称为证券的二级市场。

(二) 证券交易的一般规定

1. 证券交易的标的与主体必须合法

《证券法》规定，依法发行的股票、公司债券及其他证券，法律对其转让期限有限制性规定的，在限定的期限内不得买卖。这表明，合法发行但处于法定限制交易期间的证券仍然不能进行交易。限制交易的规定如下。

(1) 发行人持有的本公司股份，自公司成立之日起 1 年内不得转让。公司公开发行股份前已发行的股份，自公司股票在证券交易所上市交易之日起 1 年内不得转让。

(2) 公司董事、监事、高级管理人员在任职期间每年转让的股份不得超过其所持有本公司股份的 25%；所持本公司股份自公司股票上市交易之日起 1 年内不得转让。上述人员离职后半年内，不得转让其所持有的本公司股份。

(3) 证券交易所、证券公司和证券登记结算机构的从业人员、证券监督管理机构的工作人员以及法律、行政法规禁止参与股票交易的其他人员，在任期或者法定限期内，不得直接或者以化名、借他人名义持有、买卖股票，也不得收受他人赠送的股票。任何人在成为上述所列人员时，其原已持有的股票，必须依法转让。

(4) 为股票发行出具审计报告、资产评估报告或者法律意见书等文件的证券服务机构和人员，在该股票承销期内和期满后 6 个月内，不得买卖该种股票。为上市公司出具审计报告、资产评估报告或者法律意见书等文件的证券服务机构和人员，自接受上市公司委托之日起至上述文件公开后 5 日内，不得买卖该种股票。

(5) 上市公司董事、监事、高级管理人员、持有上市公司股份 5% 以上的股东，将其持有的该公司的股票在买入后 6 个月内卖出，或者在卖出后 6 个月内又买入，由此所得收益归该公司所有，公司董事会应当收回其所得收益。但是，证券公司因包销购入售后剩余股票而持有 5% 以上股份的，卖出该股票不受 6 个月时间限制。公司董事会不按照上述规定执行的，股东有权要求董事会在 30 日内执行。

公司董事会未在上述期限内执行的，股东有权为了公司的利益以自己的名义直接向人民法院提起诉讼。公司董事会不按照上述规定执行的，负有责任的董事依法承担连带责任。

(6) 通过证券交易所的证券交易，投资者持有或者通过协议、其他安排与他人共同持有一个上市公司已发行的股份达到 5%时，应当在该事实发生之日起 3 日内，向国务院证券监督管理机构、证券交易所做出书面报告，通知该上市公司，并予以公告；在上述期间内，不得再行买卖该上市公司的股票。投资者持有或者通过协议、其他安排与他人共同持有一个上市公司已发行的股份达到 5%后，其所持该上市公司已发行的股份比例每增加或者减少 5%，应当依照前款规定进行报告和公告。在报告期内和做出报告、公告后 2 日内，不得再行买卖该上市公司的股票。

(7) 通过证券交易所的证券交易，投资者持有发行人已发行的可转换公司债券达到 20%时，应在该事实发生之日起 3 日内，向中国证监会、证券交易所做出书面报告，通知发行人并予以公告；在上述规定的期限内，不得再行买卖该发行人的可转换公司债券，也不得买卖该发行人的股票。

投资者持有发行人已发行的可转换公司债券达到 20%后，其所持该发行人已发行可转换公司债券比例每增加或者减少 10%时，应按上述规定进行书面报告和公告。在报告期内和做出报告、公告后 2 日内，不得再行买卖该发行人的可转换公司债券，也不得买卖该发行人的股票。

2. 在合法的证券交易场所交易

《证券法》规定，经依法核准的上市交易的股票、公司债券及其他证券，应当在证券交易所挂牌交易。

3. 以合法方式交易

为了合理地确定证券交易的价格，公平地进行证券交易，《证券法》规定，证券在证券交易所挂牌交易，应当采用公开的集中竞价交易的方式。所谓集中竞价，是指两个以上的买方和两个以上的卖方通过公开竞价形式来确定证券买卖价格的情形。在证券交易的集中竞价时，应当采用价格优先、时间优先的原则。

4. 规范交易服务

【例 16-6】根据《证券法》的规定，某上市公司的下列人员中，不得将其持有的该公司的股票在买入后 6 个月内卖出，或者在卖出后 6 个月内又买入的有(　　)。

A. 董事会秘书　　　B. 监事会主席　　　C. 财务负责人　　　D. 副总经理

二、证券上市

(一) 股票上市

申请股票上市交易，应当向证券交易所提出申请，由证券交易所依法审核同意，并由双方签订上市协议。同时应聘请有保荐资格的机构担任保荐人，依法进行保荐。

【例 16-7】根据《证券法》的规定，股份有限公司申请证券上市交易，应当向特定机构申请，由该机构依法审核同意，并由双方签订上市协议后方可上市，该特定机构是(　　)。

A. 国务院证券监督管理机构　　　B. 证券交易所

C. 国务院授权的部门　　　D. 省级人民政府

1. 股票上市的条件

① 股票经国务院证券监督管理机构核准已公开发行；②公司股本总额不少于人民币3000万元；③公开发行的股份达到公司股份总数的25%以上；公司股本总额超过人民币4亿元的，公开发行股份的比例为10%以上；④公司最近3年无重大违法行为，财务会计报告无虚假记载。

2. 暂停股票上市的情形

上市公司有下列情形之一的，由国务院证券监督管理机构决定暂停其股票上市：①公司股本总额、股权分布等发生变化不再具备上市条件；②公司不按照规定公开其财务状况，或者对财务会计报告作虚假记载，可能误导投资者；③公司有重大违法行为；④公司最近3年连续亏损；⑤证券交易所上市规则规定的其他情形。

3. 终止股票上市的情形

上市公司有下列情况之一的，由国务院证券监督管理机构决定终止其股票上市：①公司股本总额、股权分布等发生变化不再具备上市条件，在证券交易所规定的期限内仍不能达到上市条件；②公司不按照规定公开其财务状况，或者对财务会计报告作虚假记载，且拒绝纠正；③公司最近3年连续亏损，在其后1个年度内未能恢复盈利；④公司解散或者被宣告破产；⑤证券交易所上市规则规定的其他情形。

【例16-8】根据《证券法》的规定，上市公司的下列情形中，属于应当由证券交易所决定终止其股票上市交易的有(   )。

A. 不按规定公开其财务状况，且拒绝纠正

B. 股本总额减至人民币5000万元

C. 最近3年连续亏损，在其后一个年度内未能恢复盈利

D. 对财务会计报告作记载，且拒绝纠正

(二) 公司债券上市

1. 公司债券上市的条件

公司申请其公司债券上市交易必须符合以下条件：①公司债券的期限为1年以上；②公司债券实际发行额不少于人民币5000万元；③公司申请债券上市时应符合法定的公司债券发行条件。

2. 暂停公司债券上市的情形

公司有下列情形之一的，由国务院证券监督管理机构决定暂停其公司债券上市：①公司有重大违法行为；②公司情况发生重大变化不符合公司债券上市条件；③公司债券所募集资金不按照核准的用途使用；④未按照公司债券募集办法履行义务；⑤公司最近2年连续亏损。

3. 终止公司债券上市的情形

公司有下列情况之一的，由国务院证券监督管理机构决定终止其公司债券上市：有上述第1项、第4项所列情形之一经查实后果严重的，或者有上述第2项、第3项、第5项所列情形之一，在限期内未能消除的，由证券交易所决定终止其公司债券上市交易。公司解散或者被宣告破产的，由证券交易所终止其公司债券上市交易。

【例 16-9】根据证券法律制度的规定，国务院证券监督管理机构可以暂停上市公司债券上市交易的情形是(　　)。

A. 公司因经济纠纷被起诉　　　　　　B. 公司前一年发生亏损

C. 公司未按公司债券募集办法履行义务　　D. 公司董事会成员组成发生重大变化

(三) 持续信息公开制度

持续信息公开制度又称持续信息披露制度，是指申请证券上市的证券发行人，在证券上市前后依法将其经营和财务信息予以充分、完整、准确、及时地披露，以供证券投资者作投资决策的制度。

1. 首次信息披露

首次信息披露也称发行信息披露，是指证券公开发行时对发行人、拟发行的证券以及与发行证券有关的信息进行披露。该类信息披露文件主要有招股说明书、债券募集说明书、上市公告书等。

2. 持续信息披露

(1) 定期报告。年度报告应当在每一会计年度结束之日起 4 个月内，中期报告应当在每一会计年度的上半年结束之日起 2 个月内，季度报告应当在每个会计年度第 3 个月、第 9 个月结束后的 1 个月内，向国务院证券监督管理机构和证券交易所提交中期报告，并予以公告。

(2) 临时报告。凡发生可能对上市公司证券及其衍生品种交易价格产生较大影响的重大事件，投资者尚未得知时，上市公司应当立即提出临时报告，披露事件内容，说明事件的起因、目前的状态和可能产生的影响。

这里所说的重大事件包括：①公司的经营方针和经营范围的重大变化；②公司的重大投资行为和重大的购置财产决定；③公司订立重要合同，可能对公司的资产、负债、所有者权益和经营成果产生重要影响；④公司发生重大债务和未能清偿到期重大债务的违约情况，或者发生大额赔偿责任；⑤公司发生重大亏损或者重大损失；⑥公司生产经营的外部条件发生的重大变化；⑦公司的董事、1/3 以上监事或者经理发生变动，董事长或者经理无法履行职责；⑧持有公司 5%以上股份的股东或者实际控制人，其持有股份或者控制公司的情况发生较大变化；⑨公司减资、合并、分立、解散及申请破产的决定，或者依法进入破产程序，被责令关闭；⑩涉及公司的重大诉讼、仲裁，股东大会、董事会决议被依法撤销或者宣告无效；⑪公司涉嫌违法违规被有关部门调查或者受到刑事处罚、重大行政处罚，公司董事、监事和高级管理人员涉嫌违法违纪被有关部门调查或者采取强制措施；⑫新发布的法律、法规、规章和行业政策可能对公司产生重大影响；⑬董事会就发行新股或者其他再融资方案、股权激励方案形成相关决议；⑭法院裁决禁止控股股东转让其所持股份，任一股东所持公司 5%以上股份被质押、冻结、司法拍卖、托管、设定信托或者被依法限制表决权；⑮主要资产被查封、扣押、冻结或者被抵押、质押；⑯主要或者全部业务陷入停顿；⑰对外提供重大担保；⑱获得大额政府补贴等可能对公司资产、负债、权益或者经营成果产生重大影响的额外收益；⑲变更会计政策、会计估计；⑳因前期已披露的信息存在差错、未按规定披露或者虚假记载，被有关机关责令改正或者经董事会决定进行更正。

【例 16-10】某上市公司监事会有 5 名监事，其中监事赵某、张某为职工代表，监事任期届满，该公司职工代表大会在选举监事时，认为赵某、张某未能认真履行职责，故一致决议改选陈某、王某为监事会成员。按照《证券法》的规定，该上市公司应通过一定的方式将该信息予以披露，该信息披露的方式属于哪种类型的报告？

三、禁止的交易行为

(一) 内幕交易

内幕交易是指证券交易内幕信息的知情人员利用内幕信息进行证券交易的行为。内部交易的主体是内幕信息知情人员，行为特征是利用自己掌握的内幕信息买卖证券，或者建议他人买卖证券。内幕信息知情人员自己未买卖证券，也未建议他人买卖证券，但将内幕信息泄露给他人，接受内幕信息的人依此买卖证券的，也属内幕交易行为。

1. 证券交易内幕信息的知情人

证券交易内幕信息的知情人包括：①发行人的董事、监事、高级管理人员；②持有公司 5%以上股份的股东及其董事、监事、高级管理人员，公司的实际控制人及其董事、监事、高级管理人员；③发行人控股的公司及其董事、监事、高级管理人员；④由于所任公司职务可以获取公司有关内幕信息的人员；⑤证券监督管理机构工作人员以及由于法定职责对证券的发行、交易进行管理的其他人员；⑥保荐人、承销的证券公司、证券交易所、证券登记结算机构、证券服务机构的有关人员；⑦国务院证券监督管理机构规定的其他人员。

2. 内幕信息

下列信息均属于内幕信息：①临时报告涉及的重大事件；②公司分配股利或者增资的计划；③公司股权结构的重大变化；④公司债务担保的重大变更；⑤公司营业用主要资产的抵押、出售或者报废一次超过该资产的 30%；⑥公司的董事、监事、高级管理人员的行为可能依法承担重大损害赔偿责任；⑦上市公司收购的有关方案；⑧国务院证券监督管理机构认定的对证券交易价格有显著影响的其他重要信息。

证券交易内幕信息的知情人和非法获取内幕信息的人，在内幕信息公开前，不得买卖该公司的证券，或者泄露该信息，或者建议他人买卖该证券。内幕交易行为给投资者造成损失的，行为人应当依法承担赔偿责任。

【例 16-11】根据《证券法》的规定，某上市公司的下列事项中，不属于证券交易内幕信息的是(　　)。
　　A. 增加注册资本的计划　　　　　　B. 股权结构的重大变化
　　C. 财务总监发生变动　　　　　　　D. 监事会共 5 名监事，其中 2 名发生变动

【例 16-12】下列人员中，不属于《证券法》规定的证券交易内幕信息的知情人员的是(　　)。
　　A. 上市公司的总会计师　　　　　　B. 持有上市公司 3%股份的股东
　　C. 上市公司控股的公司的董事　　　D. 上市公司的监事

(二) 操纵市场行为

操纵证券市场的行为主要有以下情形：

(1) 单独或者通过合谋，集中资金优势、持股优势或者利用信息优势联合或者连续买卖，操纵证券交易价格或者证券交易量；

(2) 与他人串通，以事先约定的时间、价格和方式相互进行证券交易，影响证券交易价格或者证券交易量；

(3) 在自己实际控制的账户之间进行证券交易，影响证券交易价格或者证券交易量；

(4) 以其他手段操纵证券市场。操纵证券市场行为给投资者造成损失的，行为人应当依法承担赔偿责任。

【例 16-13】某证券公司利用资金优势，在 3 个交易日内连续对某一上市公司的股票进行买卖，使该股票从每股 10 元上升至 13 元，然后在此价位大量卖出获利。根据《证券法》的规定，该证券公司的行为是否合法？为什么？

(三) 虚假陈述行为

虚假陈述行为主要有以下情形：

(1) 发行人、上市公司和证券经营机构在招股说明书、债券募集说明书、上市公告书、公司报告及其他文件中做出的虚假陈述；

(2) 专业证券服务机构出具的法律意见书、审计报告、资产评估报告及参与制作的其他文件中做出的虚假陈述；

(3) 证券交易所、证券业协会或其他证券自律性组织做出的对证券市场产生影响的虚假陈述；

(4) 前述机构向证券监督管理机构提交的各种文件、报告和说明中做出的虚假陈述；

(5) 其他证券发行、交易及相关活动中的其他虚假陈述。

(四) 欺诈客户行为

欺诈客户行为主要有以下情形：

(1) 违背客户的委托为其买卖证券；

(2) 不在规定时间内向客户提供交易的书面确认文件；

(3) 挪用客户所委托买卖的证券或者客户账户上的资金；

(4) 未经客户的委托，擅自为客户买卖证券，或者假借客户的名义买卖证券；

(5) 为牟取佣金收入，诱使客户进行不必要的证券买卖；

(6) 利用传播媒介或者通过其他方式提供、传播虚假或者误导投资者的信息；

(7) 其他违背客户真实意思表示，损害客户利益的行为。

欺诈客户行为给客户造成损失的，行为人应当依法承担赔偿责任。

(五) 其他禁止的交易行为

(1) 禁止法人非法利用他人账户从事证券交易。

(2) 禁止法人出借自己或者他人的证券账户，禁止任何人挪用公款买卖证券。

(3) 禁止国家工作人员、传播媒介从业人员和有关人员编造、传播虚假信息，扰乱证券市场。

(4) 禁止证券交易所、证券公司、证券登记结算机构、证券服务机构及其从业人员，证券业协会、证券监督管理机构及其工作人员，在证券交易活动中做出虚假陈述或者信息误导。

> **【例16-14】**根据证券法律制度的规定，下列各项中，属于禁止的证券交易行为的有(   )。
> A. 甲证券公司在证券交易活动中编造并传播虚假信息，严重影响证券交易
> B. 乙证券公司不在规定的时间内向客户提供交易的书面确认文件
> C. 丙证券公司利用资金优势，连续买卖某上市公司股票，操纵该股票交易价格
> D. 上市公司董事王某知悉该公司近期未能清偿到期重大债务，在该信息公开前将自己所持有的股份全部转让给他人

第四节　证券机构

一、证券交易所

(一) 证券交易所的概念和设立

1. 证券交易所的概念

证券交易所是提供证券集中竞价交易场所的不以营利为目的的法人。从世界各国的情况来看，证券交易所有公司制的营利性法人和会员制的非营利性法人之分，我国的证券交易所属于后一种。目前，中国大陆有三家证券交易所，即1990年11月成立的上海证券交易所、1990年12月成立的深圳证券交易所，以及2021年9月成立的北京证券交易所。

2. 证券交易所的设立

(1) 根据《证券法》的规定，证券交易所的设立和解散，由国务院决定。

(2) 设立证券交易所必须制定章程，该章程的制定和修改，必须经国务院证券监督管理机构批准。

(3) 证券交易所必须在其名称中标明证券交易所字样。

(4) 进入证券交易所参与集中交易的，必须是证券交易所的会员。实行会员制的证券交易所的财产积累归会员所有，其权益由会员共同享有，在其存续期间，不得将其财产积累分配给会员。

(二) 证券交易所的机构设置

根据《证券法》和《证券交易所管理办法》的规定，证券交易所设会员大会、理事会、总经理和监察委员会四种机构。其中，会员大会由全体会员组成，是证券交易所的最高权力机构，决定重大问题；理事会是证券交易所的执行机构，执行会员大会决议，处理日常工作；总经理是协助理事会工作的机构，向理事会负责，总经理由国务院证券监督管理机构任免；监察委员会是证券交易所的监督机构，对理事、总经理活动的合法性进行监督。

(三) 证券交易所的竞价交易规则

(1) 进场交易的主体。进入证券交易所参与集中竞价交易的，必须是具有证券交易所会员资格的证券公司。

(2) 投资者委托交易。投资者应当在证券公司开立证券交易账户，以书面、电话以及其他方式，委托为其开户的证券公司代其买卖证券。委托方式包括市价委托和限价委托。

(3) 交易申报的规则。证券公司根据投资者的委托，按照时间优先的规则提出交易申报，参与集中竞价交易。

(4) 进行清算交割。证券登记结算机构根据成交结果，按照清算交割规则进行证券和资金的清算交割，办理证券的登记过户手续。

二、证券公司

(一) 证券公司的概念

所谓证券公司，是指依照《公司法》和《证券法》规定批准的从事证券经营业务的有限责任公司或者股份有限公司。证券公司分为综合类证券公司和经纪类证券公司。

(二) 证券公司的设立

1. 综合类证券公司的设立条件

设立综合类证券公司，必须具备下列条件：①注册资本最低限额为人民币 5 亿元；②主要管理人员和业务人员必须具有证券从业资格；③有固定的经营场所和合格的交易设施；④有健全的管理制度和规范的自营业务与经营业务分业管理体系。

2. 经纪类证券公司的设立条件

设立经纪类证券公司，必须具备下列条件：①注册资本最低限额为人民币 5000 万元；②主要管理人员和业务人员必须具有证券从业资格；③有固定的经营场所和合格的交易设施；④有健全的管理制度。

设立证券公司必须经国务院证券监督管理机构审查批准，未经批准不得经营证券业务。如经批准的，按照不同种类的证券公司颁发业务许可证。

综合类证券公司可以经营下列证券业务：①证券经纪业务；②证券自营业务；③证券承销业务；④经国务院证券监督管理机构核定的其他证券业务。经纪类证券公司只允许经营证券经纪业务。

三、证券登记结算机构

(一) 证券登记结算机构的概念

证券登记结算机构是为证券交易提供集中登记、存管与结算服务、不以营利为目的的法人。

(二) 证券登记结算机构的设立

设立证券登记结算机构，必须经国务院证券监督管理机构批准，并应具备下列条件：①自有资金不少于人民币 2 亿元；②具有证券登记、托管和结算服务所必需的场所和设施；③主要管理人员和业务人员必须具有证券从业资格；④国务院证券监督管理机构规定的其他条件。证券登记结算机构的名称中应当标明证券登记结算字样。

(三) 证券登记结算机构的职能

证券登记结算机构履行下列职能：①证券账户、结算账户的设立；②证券的托管和过户；③证券持有人名册登记；④证券交易所上市证券交易的清算和交收；⑤受发行人的委托派发证券权益；⑥办理与上述业务有关的查询；⑦国务院证券监督管理机构批准的其他业务。

四、证券服务机构

证券服务机构是指依法设立的从事证券服务业务的法人机构。我国证券法上规定的证券服务机构包括证券投资咨询公司、财务顾问机构、资信评级机构、资产评估机构、会计师事务所。

证券服务业务包括：证券投资咨询；证券发行及交易的咨询、策划、财务顾问、法律顾问及其他配套服务；证券资信评估服务；证券集中保管；证券清算交割服务；证券登记过户服务；证券融资；经证券管理部门认定的其他业务。

五、证券监督管理机构和证券协会

中国证券监督管理委员会是国务院直属事业单位，是全国证券期货市场的主管部门。《证券法》规定，国务院证券监督管理机构依法对证券市场实行监督管理，维护证券市场秩序，保障其合法运行。

证券业协会是证券业的自律性组织，是社会团体法人。《证券法》规定，证券公司应当加入证券业协会。

第五节　违反证券法的法律责任

一、违反证券发行规定行为及其法律责任

证券发行违法行为主要包括：①擅自发行证券或者制作虚假发行文件发行证券的；②证券公司承销或者代理买卖擅自发行的证券；③核准上市交易证券的发行人未按规定披露信息，或者披露的信息有虚假记载、误导性陈述或有重大遗漏的。

做出上述行为的，有关主体分别承担相应的责任，责任包括：①行政责任，如责令违法主体停止发行、责令改正、罚款等；②民事责任，如退还所募资金并加算银行同期存款利息等；③刑事责任，即所做出的行为构成犯罪的，按刑法规定追究刑事责任。

二、违反证券交易规定行为及其法律责任

证券交易违法行为主要包括：①内幕交易；②操纵市场；③编造、传播虚假信息和进行虚假陈述；④违背客户委托买卖证券，办理交易事项及其他事项；⑤挪用公款买卖证券；⑥为客户进行融资、融券交易；⑦法人以个人名义开立账户买卖证券；⑧禁止持有、买卖或者限制买卖股票的人员持有、买卖股票。

做出上述行为的,有关主体分别承担相应的责任,责任包括:①行政责任,如责令依法处理非法获得的证券,没收违法所得,罚款,给予直接负责的主管人员和直接责任人员行政处分等;②民事责任,如赔偿损失等;③刑事责任,即所做出的行为构成犯罪的,按刑法规定追究刑事责任。

三、违反证券机构管理规定的行为及其法律责任

违反证券机构管理规定的行为主要包括:①非法开设证券交易场所;②擅自设立证券公司经营证券业务;③擅自设立证券登记结算机构或者证券交易服务机构;④骗取证券业务许可;⑤证券公司擅自经营非上市证券的交易,私自接受客户委托买卖证券,接受客户的全权委托买卖证券,对客户承诺保证其收益、弥补其亏损;⑥综合类证券公司对自营业务和经纪业务混合操作,假借他人名义或者以个人名义从事自营业务;⑦中介机构为证券发行、上市和活动出具的报告、文件有弄虚作假的内容;⑧证券监督管理机构对不合法的证券发行、上市的申请以及不合法的证券公司、证券登记结算机构、证券交易服务机构的申请予以批准;⑨证券监督管理机构的工作人员和发行审核委员会的组成人员徇私舞弊、玩忽职守或者刁难有关当事人。

【复习思考题】

1. 简述证券交易的一般规定。
2. 简述终止股票上市的情形。
3. 《证券法》规定的禁止交易行为有哪些?

第十七章

银　行　法

▌ 学习目标

通过本章的学习，学生可以了解银行法的概念及调整对象；掌握我国银行业的分类、中国人民银行的组织机构及其货币政策，商业银行的设立、变更；理解商业银行存、贷款业务的规则。

▌ 案例导入

某股份制商业银行，资本金总额为 20 亿元，总资产已经达到 100 多亿元。因开展业务需要，现欲在江苏无锡、苏州，广东惠州等城市同时设立分支机构。拨付资本金 13 亿元，向中国人民银行申请批准时，拨付资本金违反法律规定，被中国人民银行纠正后，取得经营许可证，并领取了营业执照。2021 年，该行设在无锡的分支机构在办理结算业务中，甲公司委托无锡分支机构将一笔款项划转到乙公司，但该分支机构错误地划到丙公司账户。由于乙公司没有及时收到预付款，甲乙之间的买卖合同解除，为此，甲公司的损失达 20 万元。甲公司将无锡分支机构告上法院，要求赔偿损失。

问题：

(1) 某股份制商业银行设立分支机构时哪些方面违反了《商业银行法》的规定？

(2) 无锡分支机构能否独立承担责任？为什么？

第一节　银行法概述

一、银行的概述

在我国，银行是指通过存款、贷款、汇兑、储蓄等业务，承担信用中介的金融机构。银行是金融机构之一，而且是最主要的金融机构。根据我国银行业的现状，可分为以下四类。

(一) 中央银行

中央银行即中国人民银行，是指我国政府组建的，负责控制国家货币供给、信贷条件以及监控金融体系的特殊国家机关。中国人民银行是我国最高的货币金融管理机构，在我国金融体系中居于主导地位。

(二) 监管机构

监管机构指中华人民共和国银行业监督管理委员会，简称银监会，是国务院直属事业单位。银监会根据授权，统一监督管理银行、金融资产管理公司、信托投资公司以及其他存款类金融机构，维护银行业的合法、稳健运行。

(三) 自律组织

自律组织为中国银行业协会，是指在我国境内注册的各商业银行、政策性银行自愿结成的非营利性社会团体，经中国人民银行批准并在民政部门登记注册，是我国银行业的自律组织。

(四) 银行业金融机构

(1) 政策性银行。包括农业发展银行、进出口银行、国家开发银行，只办理政策性的银行业务。

(2) 商业银行。具体又分为：①国有股份制商业银行(工、农、中、建、交)；②股份制银行(如中信、光大、华夏、招商、兴业、民生、浙商等)；③城市商业银行(如上海银行、西安银行、某某市商业银行等)；④农村商业银行；⑤农村合作银行；⑥信用社；⑦邮政储蓄(只办理储蓄业务)。

(3) 非银行金融机构。如金融资产管理公司、信托投资公司、财务公司、租赁公司等。

(4) 外资银行。

二、银行法的定义和调整对象

银行法是指有关银行组织和银行业务活动的法律规范的总称。银行法的基本内容包括金融组织法和银行业务法。金融组织法是用来规范银行的性质、地位、组织体系、管理体制、职责权限等；银行业务法是用来规范银行的从业范围以及在业务活动中当事人的权利义务等。因此，银行法的调整对象主要包括以下几种。

(一) 银行组织关系

银行组织关系是指在银行的设立、变更、接管、终止过程中发生的组织管理关系以及银行内部组织机构设置和确认内部各部门之间权限过程中发生的组织管理关系，包括银行的财务预算关系、会计核算关系等。

(二) 经营业务关系

银行经营业务关系是指银行之间以及银行与银行的客户之间，在经营货币或其他信用业务等活动中所形成的经济关系。如投资关系、贷款关系、存款关系等。

(三) 银行管理关系

银行管理关系是指国家金融主管机关和其他国家经济管理机关在对银行行为进行纵向的管理和宏观调控过程中形成的社会关系。如政府对存款、贷款和利率的管理关系、货币和外汇管理关系。

第二节　中国人民银行法律制度

一、中央银行的概念

中央银行是政府组建的，依法制定和执行货币金融政策，实施金融调控的特殊国家机关。它在一个国家的金融体系中居于主导和枢纽地位，是发行的银行、银行的银行、政府的银行和调控的银行。目前世界各国几乎都设有中央银行，但各国中央银行的名称并不统一。我国的中央银行是中国人民银行。

二、中国人民银行的性质和法律地位

1995 年 3 月 18 日，第八届全国人民代表大会第三次会议通过《中华人民共和国中国人民银行法》(以下简称《中国人民银行法》)，2003 年 12 月 27 日第十届全国人民代表大会常务委员会第六次会议对该法进行修正。依据该法，中国人民银行是中国的中央银行，其全部资本由国家出资，属于国家所有。

根据《中国人民银行法》的规定，中国人民银行在国务院领导下，制定和实施货币政策，防范和化解金融风险，维护金融稳定，并依法独立执行货币政策履行职责，开展业务，不受地方政府、各级政府部门、社会团体和个人的干涉。

【例 17-1】中国人民银行是中华人民共和国的中央银行。中国人民银行在国务院领导下，(　　)。
A. 制定和实施货币政策　　　　　　B. 防范和化解金融风险
C. 维护金融稳定　　　　　　　　　D. 依法独立执行货币政策履行职责

三、中国人民银行的组织机构

中国人民银行实行行长负责制组织机构。按照《中国人民银行法》的规定，中国人民银行的组织机构包括总行职能机构、分支机构和咨询机构。

(一) 总行职能机构

中国人民银行设行长一人，副行长若干人。中国人民银行行长的人选，根据国务院总理的提名，由全国人民代表大会决定；全国人民代表大会闭会期间，由全国人民代表大会常务委员会决定，由国家主席任免。中国人民银行副行长由国务院总理任免。

(二) 分支机构

中国人民银行根据履行职责的需要设置分支机构，作为中国人民银行的派出机构，分支机构根据中国人民银行的授权，负责本辖区的金融监督管理，承办有关业务。中国人民银行对分支机构实行集中统一领导和管理。

中国人民银行的分支机构包括：中国人民银行各级分支行及其办事处；中国人民银行在国外的代表处；中国人民银行直属的造币公司、印钞厂等企业法人。中国人民银行的各级支行及其办事处，不是独立法人，而是中国人民银行的派出机构。中国人民银行对分支机构实行集中统一领导和管理。

(三) 咨询机构

中国人民银行设立的咨询议事机构是货币政策委员会。为了保证国家货币政策的准确性、可行性和操作性，《中国人民银行法》规定，在中国人民银行设立货币政策委员会，作为其制定和执行货币政策的咨询机构。其职责是在综合分析宏观经济形势的基础上，依据国家的宏观经济调控目标，讨论货币政策事项，并提出建议。尽管是中国人民银行的内设机构，但是货币政策委员会的地位要高于中国人民银行内设的一般职能机构。

四、中国人民银行的职责

根据《中国人民银行法》的规定，中国人民银行应履行下列职责：发布和履行与其职责有关的命令和规章；依法制定和执行货币政策；发行人民币，管理人民币流通；监督管理银行间同业拆借市场和银行间债券市场；实施外汇管理，监督管理银行间外汇市场；监督管理黄金市场；持有、管理、经营国家外汇储备、黄金储备；经理国库；维护支付、清算系统的正常运行；指导、部署金融业反洗钱工作，负责反洗钱的资金监测；负责金融业的统计、调查、分析和预测；作为国家的中央银行，从事有关的国际金融活动；国务院规定的其他职责。

五、中国人民银行的货币政策

中国的法定货币是人民币。以人民币支付中国境内的一切公共和私人债务，任何单位和个人不得拒收。中国人民银行为执行货币政策，可以运用下列货币政策工具。

(1) 要求银行业金融机构按照规定的比例交存存款准备金。

(2) 确定中央银行基准利率。

(3) 为在中国人民银行开立账户的金融机构办理再贴现。再贴现的主要作用包括：可以影响可贷资金量；再贴现率可以影响市场利率。

(4) 向商业银行提供贷款。

(5) 在公开市场上买卖国债和其他政府债券及外汇。

(6) 国务院确定的其他货币政策工具。

【例17-2】中国人民银行为执行货币政策，可以运用的货币政策工具包括( )。

A. 要求银行业金融机构按照规定的比例交存存款准备金

B. 确定中央银行基准利率

C. 为在中国人民银行开立账户的银行业金融机构办理再贴现

D. 向商业银行提供贷款

E. 在公开市场上买卖国债、其他政府债券和金融债券及外汇

F. 向企业或个人提供贷款

第三节 商业银行法律制度

一、商业银行概述

(一) 商业银行的概念

《中华人民共和国商业银行法》(以下简称《商业银行法》)第 2 条规定，商业银行是指依照本法和《中华人民共和国公司法》设立的吸收公众存款、发放贷款、办理结算等业务的企业法人。由此可见，我国的商业银行是依法成立，经营货币金融业务，以营利为目的金融企业法人。商业银行以其全部法人财产独立承担民事责任。商业银行以安全性、流动性、效益性为经营原则。

(二) 商业银行的职能

1. 信用中介

信用中介职能是商业银行最基本的职能。商业银行通过负债业务(主要是吸收存款)把社会上的各种闲散货币集中起来，再通过资产业务(主要是贷款和投资)投向各经济部门。在这一过程中，商业银行作为资金的贷出者与借入者的中介人，实现着资金的融通，并从吸收资金的成本与发放贷款利息收入或者投资收益的差额中获取利润。

2. 支付中介

支付中介即货币经营的职能，是指将债务人客户账上的存款式货币转到债权人客户账上，帮助交易当事人实现支付与转移。商业银行的中介职能主要表现在中间业务上，包括汇兑业务、代收代付业务和代理融资业务等。

3. 信用创造

信用创造是商业银行区别于其他金融机构最显著的特征。商业银行在吸收存款的基础上发放贷款，在票据流通和转账结算的基础上，贷款又转化为存款，在此存款不提取的情况下，就增加了商业银行的资金来源，可再次转为贷款，最后整个银行体系形成了超过原始存款的派生存款，这就是商业银行的信用创造功能。

4. 创造金融工具

创造金融工具的职能。商业银行在其负债业务和中间业务中不断地创造着各种金融工具，如可转让大额定期存单，各种金融债券、银行支票、本票、银行承兑汇票、信用证、银行保函等能够代表一定货币的法律文件。

5. 金融服务

商业银行除了资产负债业务和汇兑、结算业务外，还有一些基本上无经营风险的业务，因为这些业务不列入资产负债表内，而且不影响银行资产与负债总额的经营活动，所以被称为表外业务。表外业务种类主要有：现金管理，代理保管，代理租赁，代客资信调查，信息咨询业务，商业信用证，银行承兑汇票，备用信用证，贷款销售与资产证券化发行等业务。

(三) 商业银行的组织形式和组织机构

目前我国商业银行的组织形式有两种：有限责任公司和股份有限公司。商业银行设股东会或股东大会、董事会、监事会，以及行长或总经理等组织机构。

(四) 商业银行与中国人民银行和银监会的关系

1. 商业银行接受中国人民银行的业务指导

商业银行依法向主管的人民银行分支机构报送资产负债表等报表和其他资料，接受主管人民银行的业务指导和检查监督。商业银行办理存款业务，须遵循中国人民银行规定的利率幅度确定存款利率，向人民银行交存存款准备金，以及遵循中国人民银行关于资产负债比例管理的规定，保持合理的资产种类和资产期限结构。

2. 商业银行接受中国银监会的行政监督管理

商业银行的设立、变更和终止，须经银监会批准；商业银行的资产负债比例管理制度和平时的业务接受中国银监会的行政监管。

二、商业银行的设立、变更、接管和终止

(一) 商业银行的设立

1. 商业银行的设立条件

(1) 有符合商业银行法和《公司法》规定的章程。

(2) 有符合商业银行法规定的注册资本最低限额：设立全国性商业银行的注册资本最低限额为 10 亿元人民币；设立城市商业银行的注册资本最低限额为 1 亿元人民币；设立农村商业银行的注册资本最低限额为 5000 万元人民币。注册资本应当是实缴资本。国务院银行监督管理机构根据审慎监管的要求可以调整注册资本的最低限额，但不得少于前款规定的限额。

(3) 有具备任职专业知识和业务工作经验的董事、高级管理人员。

(4) 有健全的组织机构和管理制度。

(5) 有符合要求的营业场所、安全防范措施和与业务有关的其他设施。

2. 商业银行的设立程序

我国《商业银行法》规定，设立商业银行，应当经国务院银行业监督管理机构审查批准。未经国务院银行业监督管理机构批准，任何单位和个人不得从事吸收公众存款等商业银行业务，任何单位不得在名称中使用"银行"字样。具体包括四个步骤。

(1) 设立申请

《商业银行法》第 14 条规定，设立商业银行，申请人应当向国务院银行业监督管理机构提交下列文件、资料：①申请书，申请书应当载明拟设立的商业银行的名称、所在地、注册资本、业务范围等；②可行性研究报告；③国务院银行业监督管理机构规定提交的其他文件、资料。

《商业银行法》第 15 条规定，设立商业银行的申请经审查符合本法第 14 条规定的，申请人应当填写正式申请表，并提交下列文件、资料：①章程草案；②拟任职的董事、高级管理人员的资格证明；③法定验资机构出具的验资证明；④股东名册及其出资额、股份；⑤持有注册资本百分之五以上的股东的资信证明和有关资料；⑥经营方针和计划；⑦营业场所、安全防范措施和与业务有关的其他设施的资料；⑧国务院银行业监督管理机构规定的其他文件、资料。

(2) 设立审批

设立审批的机构为国务院银行业监督管理机构及其分支机构。

(3) 设立登记

经批准设立的商业银行，由国务院银行业监督管理机构颁发经营许可证，并凭该许可证向工商行政管理部门办理登记，领取营业执照。

(4) 公告

经批准设立的商业银行及其分支机构，由国务院银行业监督管理机构予以公告。商业银行及其分支机构自取得营业执照之日起无正当理由超过六个月未开业的，或者开业后自行停业连续六个月以上的，由国务院银行业监督管理机构吊销其经营许可证，并予以公告。

3. 商业银行分支机构的设立

我国《商业银行法》规定，商业银行根据业务需要可以在中国境内外设立分支机构，设立分支机构必须经国务院银行业监督管理机构审查批准。在中国境内设立的分支机构，不按行政区划设立。

(1) 商业银行在中国境内设立分支机构，拨付各分支机构营运资金额的总和，不得超过总行资本金总额的 60%。

(2) 商业银行对其分支机构实行全行统一核算，统一调度资金，分级管理的财务制度。

(3) 商业银行分支机构不具有法人资格，在总行授权范围内依法开展业务，其民事责任由总行承担。

【例 17-3】根据我国《商业银行法》规定，以下关于商业银行分支机构的设立正确的是(　　)。

A. 商业银行不可以在中国境外设立分支机构

B. 在中国境内设立的分支机构按行政区划设立

C. 商业银行分支机构不具有法人资格，在总行授权范围内依法开展业务，其民事责任由总行承担

D. 商业银行在中国境内设立分支机构拨付各分支机构营运资金额的总和不得超过总行资本金总额的 50%

(二) 商业银行的变更

商业银行有下列变更事项之一的，应当经国务院银行业监督管理机构批准：①变更名称；②变更注册资本；③变更总行或者分支行所在地；④调整业务范围；⑤变更持有资本总额或者股份总额 5% 以上的股东；⑥修改章程；⑦国务院银行业监督管理机构规定的其他变更事项。更换董事、高级管理人员时，应当报经国务院银行业监督管理机构审查其任职资格。

商业银行的分立、合并，适用《中华人民共和国公司法》的规定。商业银行的分立、合并，应当经国务院银行业监督管理机构审查批准。

(三) 商业银行的接管

1. 接管的条件与法律后果

根据商业银行法的规定，商业银行已经或者可能发生信用危机，严重影响存款人的利益时，国务院银行业监督管理机构可以对该银行实行接管。被接管的商业银行的债权债务关系不因接

管而变化。

2. 接管的实施与终止

自接管开始之日起，由接管组织行使商业银行的经营管理权力。接管期限届满，国务院银行业监督管理机构可以决定延期，但接管期限最长不得超过 2 年。

接管终止的情形：①接管决定规定的期限届满或者国务院银行业监督管理机构决定的接管延期届满；②接管期限届满前，该商业银行已恢复正常经营能力；③接管期限届满前，该商业银行被合并或被依法宣告破产。

(四) 商业银行的终止

商业银行的终止是指商业银行法人资格的丧失，即从法律上消灭了其独立的人格。根据我国《商业银行法》的规定，商业银行因解散、被撤销和被宣告破产而终止。

三、商业银行存款业务规则

根据我国《商业银行法》的规定，商业银行可以经营下列部分或全部业务：①吸收公众存款；②发放短期、中期和长期贷款；③办理国内外结算；④办理票据承兑与贴现；⑤发行金融债券；⑥代理发行、代理兑付、承销政府债券；⑦买卖政府债券、金融债券；⑧从事同业拆借；⑨买卖、代理买卖外汇；⑩从事银行卡业务；⑪提供信用证服务及担保；⑫代理收付款项及代理保险业务；⑬提供保管箱服务；⑭经国务院银行业监督管理机构批准的其他业务。

(一) 存款的概念及其种类

存款是机关、团体、企事业单位和个人把货币资金存入银行或其他可吸收存款的金融机构，并获取存款利息的一种信用活动形式。

(1) 根据期限不同，存款可分为活期存款、定期存款和定活两便存款。

(2) 根据存款人主体的不同，存款可分为单位存款和个人储蓄存款。

(3) 按照存款的币种不同，存款可分为人民币存款和外币存款。

(4) 按照支取的形式不同，存款可分为支票存款、存单(折)存款、通知存款、透支存款、存贷合一存款和特种存款等。其中通知存款是指存款人在存款时不约定存款期限，支取时需提前通知银行，约定支取存款日期和金额方能支取的存款。个人通知存款有 1 天通知存款和 7 天通知存款两个品种。

(二) 存款业务的基本原则

1. 存款业务经营特许制

我国《商业银行法》规定，未经国务院银行业监督管理机构批准，任何单位和个人不得从事吸收公众存款等商业银行业务，任何单位不得在名称中使用"银行"字样。目前，我国能够从事吸收公众存款业务的金融机构有商业银行、信用合作社和邮政储蓄机构等。

2. 存款机构依法交存存款准备金

存款准备金是商业银行依照法律和中国人民银行的规定，按吸收存款的一定比例交存于中国人民银行的存款，目的是保障存款机构支付存款的能力。

3. 存款机构依法留足备付金

备付金是商业银行和其他金融机构为保证存款支付和资金清算的清偿资金，主要表现为商业银行的库存现金和在中央银行的存款。

4. 依法确定并公告存款利率

中国人民银行是国家利率管理的唯一机构，它有权负责制定、调整各种利率。我国《商业银行法》规定，商业银行应当按照中国人民银行规定的存款利率的上下限，确定存款利率，并予以公告。

5. 财政性存款专营

财政性存款由中国人民银行专营，不计利息。

6. 合法正当吸收存款

我国《商业银行法》规定，商业银行不得违反规定提高或者降低利率以及采用其他不正当手段，吸收存款，发放贷款。

(三) 储蓄存款业务规则

储蓄是指个人将其所有或合法持有的人民币或外币，自愿存入中国境内储蓄机构，储蓄机构开具存折或者存单作为凭证，个人凭此支取存款本息的信用活动。储蓄是居民个人与银行之间发生的一种信用关系。

1. 储蓄存款原则

(1) 存款自愿、取款自由、存款有息、为存款人保密的原则。

(2) 个人存款实名制原则。下列身份证件作为实名证件：①居住在中国境内的中国公民，为居民身份证或者临时居民身份证；②居住在境内的 16 周岁以下的中国公民为户口簿；③中国人民解放军军人，为军人身份证件；中国人民武装警察，为武装警察身份证件；④中国香港、澳门居民，为港澳居民往来内地通行证；中国台湾居民，为台湾居民来往大陆通行证或其他有效旅行证件；⑤外国公民，为护照。上述未规定的，依照有关法律、行政法规和国家有关规定执行。

个人在金融机构开立个人存款账户时，金融机构应当要求其出示本人身份证件进行核对，并登记其身份证件上的姓名和号码。代理他人在金融机构开立个人存款账户时，金融机构应当要求其出示被代理人和代理人的身份证件进行核对，并登记被代理人和代理人的身份证件上的姓名和号码。

【例 17-4】甲在乙的陪同下在一金融机构内为丙开立个人存款账户，请问甲需要出具哪些人的身份证件？

2. 储蓄存款业务规则

(1) 储蓄存款利率计息、结息规则。我国实行法定储蓄存款及利率制度。储蓄存款利率由中国人民银行拟订，经国务院批准后公布，或者由国务院授权中国人民银行制定、公布。储蓄机构必须挂牌公告储蓄存款利率，不得擅自变动。具体情况如表 17-1 所示。

表 17-1 定期和活期储蓄存款利率计息、结息规则明细表

存款方式	规则明细
定期	未到期的定期储蓄存款,全部提前支取的,按支取日挂牌公告的活期储蓄存款利率计付利息;部分提前支取的,提前支取的部分按支取日挂牌公告的活期储蓄存款利率计付利息,其余部分到期时按存单开户日挂牌公告的定期储蓄存款利率计付利息
	逾期支取的定期储蓄存款,其超过原定存期的部分,除约定自动转存的外,按支取日挂牌公告的活期储蓄存款利率计付利息
	定期储蓄存款在存期内遇有利率调整,按存单开户日挂牌公告的相应的定期储蓄存款利率计付利息
	定期存款的支取日为结息日
活期	活期储蓄存款在存入期间遇有利率调整,按结息日挂牌公告的活期储蓄存款利率计付利息
	全部支取活期储蓄存款,按清户日挂牌公告的活期储蓄存款利率计付利息
	活期储蓄存款每年 6 月 30 日为结息日,结算利息一次,并入本金起息,元以下尾数不计利息

(2) 存款支取规则。一般情况下,储户可依法随时支取存款。对未到期的定期储蓄存款,储户提前支取的,必须持存单和本人居民身份证明办理。代他人支取未到期定期存款的,代支取人还必须出具其居民身份证明。

(3) 挂失规则。记名式的存单、存折可以挂失,不记名式的存单、存折不能挂失。储蓄机构在确认该笔存款未被支取的前提下,方可受理挂失手续。挂失 7 天后,储户需与储蓄机构约定时间,办理补领新存单(折)或支取存款手续。储蓄机构受理挂失后,必须立即停止支付该储蓄存款;若存款在挂失前或挂失失效后已被他人支取,储蓄机构不负责任。

(4) 协助查询、冻结、扣划个人储蓄存款规则,如表 17-2 所示。

表 17-2 有权查询、冻结、扣划个人储蓄存款的相关部门

权力	相关部门
有权查询、冻结和扣划	人民法院、税务机关和海关
有权查询和冻结	人民检察院、公安机关、国家安全机关、军队保卫部门、中国证监会、反洗钱行政主管部门、监狱、走私犯罪侦查机关
有权查询	审计机关、监察机关、价格主管部门、反垄断执法机构、银监会、保监会、财政部门、外汇管理机关、期货监督管理机构、工商行政管理部门

【例 17-5】根据《商业银行法》的规定,以下有权查询和冻结个人储蓄存款的部门有(   )。

A. 中国证监会   B. 银监会

C. 反垄断执法机构   D. 反洗钱行政主管部门

(5) 存款人死亡后存款的过户与支取规则。①存款人死亡后，合法继承人为证明自己的身份和有权提取该项存款(如继承人不知道存折(卡)密码的情况)，应向储蓄机构所在地的公证处(未设公证处的地方向县、市人民法院，下同)申请办理继承权证明书，储蓄机构凭以办理过户或支付手续。该项存款的继承权发生争执时，由人民法院判处。储蓄机构凭人民法院的判决书、裁定书或调解书办理过户或支付手续。②存款人已死亡，但存单持有人没有向储蓄机构申明遗产继承过程，也没有持存款所在地法院判决书，直接去储蓄机构支取或转存存款人生前的存款，储蓄机构都视为正常支取或转存，事后而引起的存款继承争执，储蓄机构不负责任。③在国外的华侨和港澳台同胞等在国内储蓄机构的存款或委托银行代为保管的存款，原存款人死亡，其合法继承人在国内者，凭原存款人的死亡证明向储蓄机构所在地的公证处申请办理继承权证明书，储蓄机构凭以办理存款的过户或支付手续。④在我国定居的外国公民(包括无国籍者)死亡，存入我国储蓄机构的存款，其存款过户或提取手续，与我国公民存款处理手续相同，照上述规定办理。与我国订有双边领事协定的外国侨民应按协定的具体规定办理。⑤继承人在国外者，可凭原存款人的死亡证明和经我国驻该国使、领馆认证的亲属证明，向我国公证机关申请办理继承权证明书，储蓄机构凭以办理存款的过户或支付手续。⑥存款人死亡后，无法定继承人又无遗嘱的，经当地公证机关证明，按财政部门规定，全民所有制企事业单位、国家机关、群众团体的职工存款，上缴国库收归国有。集体所有制企事业单位的职工，可转归集体所有。此项上缴国库或转归集体所有的存款都不计利息。

(6) 储蓄业务禁止规则。①禁止公款私存。②禁止使用不正当手段吸收储蓄存款。下列做法属于"使用不正当手段吸收存款"：以散发有价馈赠品为条件吸收储蓄存款；发放各种名目的揽储费；利用不确切的广告宣传；利用汇款、贷款或其他业务手段强迫储户存款；利用各种名目多付利息、奖品或其他费用。

(四) 单位存款业务规则

1. 单位存款的基本原则
(1) 财政存款专营原则。
(2) 强制存入原则。按照《现金管理暂行条例》的规定，开户单位的现金收入，除核定的库存现金限额外，必须存入开户银行，不得自行保存。开户单位支付现金，可以从本单位库存现金限额中支付或从开户银行提取，不得从本单位的现金收入中直接支付(即坐支)。
(3) 限制支出原则。根据《人民币单位存款管理办法》规定，存款单位支取定期存款只能以转账方式将存款转入其基本存款账户，不得将定期存款用于结算或从定期存款账户中提取现金。单位定期存款可以全部或部分提前支取，但只能提前支取一次。
(4) 禁止公款私存、私款公存原则。
此外，财政拨款、预算内资金及银行贷款不得作为单位定期存款存入金融机构。

2. 单位存款业务规则
单位存款的业务规则如表 17-3 所示。

表 17-3　单位存款的期限、利率、计息和变更、挂失及查询的具体规则

业务	具体规则
存款、利率及计息	单位定期存款的期限分 3 个月、半年、1 年三个档次。起存金额 1 万元，多存不限
	单位定期存款在存期内按存款存入日挂牌公告的定期存款利率计付利息，遇利率调整，不分段计息。单位定期存款全部提前支取的，按支取日挂牌公告的活期存款利率计息；部分提前支取的，提前支取的部分按支取日挂牌公告的活期存款利率计息，其余部分如不低于起存金额由金融机构按原存期开具新的证实书，按原存款开户日挂牌公告的同档次定期存款利率计息；不足起存金额则予以清户。单位定期存款到期不取，逾期部分按支取日挂牌公告的活期存款利率计付利息
	单位活期存款按结息日挂牌公告的活期存款利率计息，遇利率调整不分段计息。通知存款按支取日挂牌公告的同期同档次通知存款利率计息。协定存款利率由中国人民银行确定并公布
变更、挂失及查询	① 因存款单位人事变动，需要更换单位法定代表人章(或单位负责人章)或财会人员印章时，必须持单位公函及经办人身份证件向存款所在金融机构办理更换印鉴手续，如为单位定期存款，应同时出示金融机构为其开具的证实书 ② 因存款单位机构合并或分立，其定期存款需要过户或分户，必须持原单位公函、工商部门的变更、注销或设立登记证明及新印鉴(分户时还须提供双方同意的存款分户协定)等有关证件向存款所在金融机构办理过户或分户手续，由金融机构换发新证实书 ③ 存款单位的密码失密或印鉴遗失、损毁，必须持单位公函，向存款所在金融机构申请挂失。金融机构受理挂失后，挂失生效。如存款在挂失生效前已被人按规定手续支取，金融机构不负赔偿责任 ④ 存款单位迁移时，其定期存款如未到期转移，应办理提前支取手续，按支取日挂牌公告的活期利率一次性结清 ⑤ 金融机构应对存款单位的存款保密，有权拒绝除法律、行政法规另有规定以外的查询、冻结、扣划

四、商业银行贷款业务规则

(一) 贷款的概念及其种类

贷款是指金融机构依法把货币资金按约定的利率贷放给客户，并约定期限由客户偿还本息的一种信用活动。贷款是商业银行的传统核心业务，它反映的是贷款人与借款人之间的债权债务关系。

(1) 按照贷款人是否承担风险划分，贷款可分为自营贷款、委托贷款和特定贷款。

(2) 按照期限划分，可将贷款分为短期贷款、中期贷款和长期贷款。

① 短期贷款，是指贷款期限在 1 年以内(含 1 年)的贷款。

② 中期贷款，是指贷款期限在 1 年以上(不含 1 年)，5 年以下(含 5 年)的贷款。

③ 长期贷款，是指贷款期限在 5 年(不含 5 年)以上的贷款。

(3) 按照有无担保及担保方式划分，贷款可分为信用贷款、担保贷款和票据贴现。

(4) 贷款按其资产质量即风险程度划分，可分为正常、关注、次级、可疑和损失五类。

(5) 根据贷款资金用途的不同，可将贷款分为固定资产贷款和流动资金贷款。

(6) 根据参与贷款的银行数量，可将贷款分为单独贷款和银团贷款。

(二) 贷款人的资格、权利义务及其限制

1. 贷款人的资格
贷款人是指经批准设立的具有经营贷款业务资格的金融机构。

2. 贷款人的权利
(1) 要求借款人提供与借款有关的资料。

(2) 根据借款人的条件，有权决定贷与不贷、贷款金额、期限和利率等。

(3) 贷款人有权要求借款人在合同中对与贷款相关的重要内容做出承诺。

(4) 依合同约定从借款人账户上划收贷款本金和利息。

(5) 借款人未能履行合同规定义务的，贷款人有权要求借款人提前归还贷款或停止支付借款人尚未使用的借款。

(6) 有权对借款人的贷款使用情况进行监督检查。

(7) 在贷款将受或已受损失时，贷款人有权依据法律规定或合同约定采取使贷款免受损失的措施。

(8) 贷款人有权拒绝借款合同约定以外的附加条件。

3. 贷款人的义务
(1) 应当公布所经营的贷款种类、期限和利率，并向借款人提供咨询。

(2) 应当公开贷款审查的资信内容和发放贷款的条件。

(3) 审议借款人的借款申请，与借款人约定明确、合法的贷款用途，并及时答复贷与不贷。短期贷款的答复时间不得超过 1 个月，长期贷款的答复时间不得超过 6 个月，国家另有规定的除外。

(4) 按照合同约定对借款人借款使用情况进行监督检查。

(5) 对借款人账户、资产、财务状况等商业秘密以及个人隐私等情况保密，但法律另有规定或当事人另有约定的除外。

(6) 在对个人贷款时，贷款人应建立贷款面谈制度。

(7) 个人贷款资金应采用贷款人受托支付方式。

(8) 在实现抵押权、质权时，必须采取合法的方式和程序进行。

(9) 对流动资金贷款，贷款人应关注大额及异常资金流入流出情况，加强对资金回笼账户的监控。

4. 对贷款人的限制
(1) 资本充足率不得低于 8%，对同一借款人的贷款余额与商业银行资本余额的比例不得超过 10%。

(2) 商业银行贷款，借款人应当提供担保。但经商业银行审查、评估，确认借款人资信良好，确能偿还贷款的，可以不提供担保。

(3) 商业银行不得向关系人发放信用贷款，但可以发放担保贷款，向关系人发放担保贷款的条件应与非关系人的条件相同。此处"关系人"是指商业银行的董事、监事、管理人员、信

贷人员及其近亲属；上述人员投资或者担任高级管理职务的公司、企业和其他经济组织。

(4) 借款人有下列情形之一的，不得对其发放贷款：①不具备法律法规规定的借款人资质和条件的；②生产、经营或投资国家明文禁止的产品、项目的；③建设项目贷款按国家规定应当报经有关部门批准而未取得批准文件的；④生产、经营或投资项目贷款按照国家规定应取得环境保护部门许可而未取得许可的；⑤借款人实行承包、租赁、联营、合并(兼并)、合作、分立、股权转让、股份制改造过程中，未清偿或落实贷款人原有贷款债务的；⑥不具有法人资格的分支机构未经借款授权的；⑦国家明确规定不得贷款的。

(5) 自营贷款除按照中国人民银行规定计收利息外，不得收取其他任何费用；委托贷款除中国人民银行规定计收手续费外，不得收取其他任何费用。

(6) 不得给委托人垫付资金，国家另有规定的除外。

(7) 贷款人不得制订不合理的贷款规模指标，不得恶性竞争和突击放贷。

【例 17-6】根据《商业银行法》规定，以下关于对贷款人限制的说法中，错误的是(   )。
A. 资本充足率不得低于 8%
B. 对同一借款人的贷款余额与商业银行资本余额的比例不得超过 15%
C. 不得给委托人垫付资金，国家另有规定的除外
D. 不得向关系人发放信用贷款；向关系人发放担保贷款的条件不得优于其他借款人同类贷款的条件

(三) 借款人的资格、权利义务及其限制

1. 借款人的资格

借款人应当是经工商行政管理机关(或主管机关)核准登记的企(事)业法人、其他组织或具有中华人民共和国国籍的具有完全民事行为能力或符合规定的境外的自然人。

2. 借款人的权利

借款人的权利包括：①有权自主选择向主办银行或其他银行的经办机构申请贷款并以条件取得贷款；②有权按合同约定提取和使用全部贷款；③有权拒绝借款合同以外的附加条件；④在征得贷款人同意后，有权向第三人转让债务；⑤有权向贷款人的上级行、银行业监督管理机构和中国人民银行反映、举报有关情况。

3. 借款人的义务

借款人的义务包括：①依法向贷款人及时提供贷款人要求的有关材料，不得隐瞒，不得提供虚假材料；②依法接受贷款人对其使用信贷资金情况和有关生产经营、财务活动进行监督检查，并予以配合；③应当按照借款合同约定用途使用贷款；④应当按照借款合同约定的期限清偿贷款本息，未按约定期限归还贷款的，应当按照有关规定支付逾期利息；⑤将贷款(债务)全部或部分转让给第三人的，应当取得贷款人的同意；⑥在危及贷款人债权安全时，应当及时通知贷款人，并采取保全措施。

4. 对借款人的限制

① 不得在一个贷款人同一辖区内的两个或两个以上同级分支机构取得贷款；②不得向贷款人提供虚假的或隐瞒重要事实的资产负债表、损益表等；③流动资金贷款不得用于固定资产、

股权等投资，不得用于国家禁止生产、经营的领域和用途。同时，流动资金贷款不得违规挪用；④不得用贷款从事股本权益性投资，国家另有规定的除外；⑤不得用贷款在有价证券、期货等方面从事投机经营；⑥除依法取得经营房地产资格的借款人以外，不得用贷款从事房地产投机；⑦不得套取贷款用于借贷牟取非法收入；⑧不得违反国家外汇管理规定使用外币贷款；⑨不得采取欺诈手段骗取贷款。

(四) 贷款发放程序规则

①贷款的申请与审批。②对借款人的信用等级进行评估。③贷款调查。④风险评价与贷款审批。⑤签订借款合同。⑥贷款发放。单笔金额超过项目总投资 5%或超过 500 万元人民币的贷款资金支付，应采用贷款人受托支付方式。⑦贷后检查。⑧贷款归还。贷款人在短期贷款到期 1 个星期之前、中长期贷款到期 1 个月之前，应当向借款人发送还本付息通知单；借款人应及时筹备资金，按时还本付息。

(五) 贷款期限规则

(1) 贷款期限的设定。自营贷款期限一般不超过 10 年，超过 10 年的应当报中国人民银行备案。票据贴现最长不超过 6 个月，贴现期限为从贴现之日起到票据到期日止。

(2) 贷款展期。短期贷款展期期限累计不得超过原贷款期限；中期贷款展期期限累计不得超过原贷款期限的一半，长期贷款展期期限累计不得超过 3 年。

(六) 贷款利率规则

(1) 贷款利率的确定。贷款人应按照中国人民银行规定的贷款利率的上下限，确定每笔贷款利率，并在借款合同中载明。

(2) 贷款利息的计收。人民币各项贷款(不含个人住房贷款)的计息和结息方式，由借贷双方协商确定。人民币中、长期贷款利率由借贷双方按市场原则确定，可在合同期间按月、按季、按年调整，也可采用固定利率的方式确定；5 年期以上档次贷款利率，由贷款人参照中国人民银行公布的 5 年期以上贷款利率自主确定。

(3) 贷款的贴息。根据国家政策，为了促进某些产业和地区经济的发展，有关部门可以对贷款补贴利息。对有关部门贴息的贷款，承办银行应自主审查发放，并根据有关规定严格管理。

(4) 贷款停息、减息、缓息和免息。除国务院决定外，任何单位和个人无权决定贷款停息、减息、缓息和免息。

五、违反商业银行法的法律责任

(一) 侵犯存款人利益应承担的法律责任

商业银行有下列情形之一，对存款人或者其他客户造成财产损害的，应当承担支付迟延履行的利息以及其他民事责任：①无故拖延、拒绝支付存款本金和利息的；②违反票据承兑等结算业务规定，不予兑现，不予收付入账，压单、压票或者违反规定退票的；③非法查询、冻结、扣划个人储蓄存款或者单位存款的；④违反商业银行法规定对存款人或者其他客户造成其他损害的。

(二) 逃避银监会监管应承担的法律责任

商业银行有下列情形之一，由银监会责令改正，有违法所得的，没收违法所得，情节特别严重或者逾期不改正的，可以责令停业整顿或者吊销其经营许可证；构成犯罪的，依法追究刑事责任：①未经批准设立分支机构的；②未经批准分立、合并或者违反规定对变更事项不报批的；③违反规定提高或者降低利率以及采用其他不正当手段，吸收存款、发放贷款的；④出租、出借经营许可证的；⑤未经批准买卖、代理买卖外汇的；⑥未经批准买卖政府债券或者发行、买卖金融债券的；⑦违反国家规定从事信托投资和证券经营业务、向非自用不动产投资或者向非银行金融机构和企业投资的；⑧向关系人发放信用贷款或者发放担保贷款的条件优于其他借款人同类贷款的条件的；⑨拒绝或者阻碍中国银监会检查监督的；⑩提供虚假的或者隐瞒重要事实的财务会计报告、报表和统计报表的；⑪未遵守资本充足率、存贷比例、资产流动性比例、同一借款人贷款比例和中国银监会有关资产负债比例管理的其他规定的。

(三) 逃避中国人民银行监管应承担的法律责任

1. 对商业银行的处罚

商业银行有下列情形之一，由中国人民银行责令改正，有违法所得的，没收违法所得，违法所得 50 万元以上的，并处违法所得 1 倍以上 5 倍以下罚款；没有违法所得或者违法所得不足 50 万元的，处 50 万元以上 200 万元以下罚款；情节特别严重或者逾期不改正的，中国人民银行可以建议银监会责令停业整顿或者吊销其经营许可证；构成犯罪的，依法追究刑事责任：①未经批准办理结汇、售汇的；②未经批准在银行间债券市场发行、买卖金融债券或者到境外借款的；③违反规定同业拆借的；④拒绝或者阻碍中国人民银行检查监督的；⑤提供虚假的或者隐瞒重要事实的财务会计报告、报表和统计报表的；⑥未按照中国人民银行规定的比例交存存款准备金的。

2. 对商业银行管理层的处罚

《商业银行法》第 89 条规定：商业银行违反本法规定的，中国银监会可以区别不同情形，取消其直接负责的董事、高级管理人员一定期限直至终身的任职资格，禁止直接负责的董事、高级管理人员和其他直接责任人员一定期限直至终身从事银行业工作。商业银行的行为尚不构成犯罪的，对直接负责的董事、高级管理人员和其他直接责任人员，给予警告，处 5 万元以上 50 万元以下罚款。

商业银行及其工作人员对国务院银行业监督管理机构、中国人民银行的处罚决定不服的，可以依照《中华人民共和国行政诉讼法》的规定向人民法院提起诉讼。

(四) 侵犯商业银行权利的法律责任

任何机构和个人有下列行为之一，情节或后果严重，构成犯罪的，将被依法追究刑事责任：①未经银监会批准擅自设立商业银行，或者非法吸收公众存款、变相吸收公众存款的；②伪造、变造、转让商业银行经营许可证的；③借款人采取欺诈手段骗取贷款的；④商业银行的工作人员利用职务上的便利索取、收受贿赂，贪污、挪用、侵占本行资金或客户资金，玩忽职守，泄露国家秘密和商业秘密的。

【复习思考题】

1. 简述我国银行业的分类。
2. 简述中国人民银行的货币政策。
3. 简述商业银行存款业务的基本原则。
4. 简述商业银行对贷款人的限制规定。

第十八章

会 计 法

学习目标

通过本章的学习，学生可以了解会计工作管理体制的内容；掌握会计法律制度的构成，会计核算与监督；理解会计机构和会计人员的有关规定和违反会计法应承担的法律责任。

案例导入

A公司是一家股份公司，2020年度发生了以下部分事项：(1) 3月20日，市财政部门到公司进行检查，公司领导以"单位最近正在进行生产整顿，没有时间"为由，予以拒绝。(2) 5月18日，从事公司财务部门内部会计档案保管工作的李某休产假，公司决定由出纳员陈某临时兼管李某的工作。(3) 6月9日，公司财务经理张某退休，公司决定任命具有注册会计师资格和会计从业资格证书，且在公司内部审计部门工作了10年的吴某担任财务经理。(4) 6月29日，公司出纳员陈某顶替李某从事单位内部会计档案保管工作期间，应自己爱人要求，利用职务之便，私自将本公司开发新产品的成本资料和相关技术资料复印后交给其爱人单位有关人员。(5) 8月27日，公司从外地购买了一批货物，收到发票后，发现发票金额与实际支付金额不一致，会计经办人员便在原始凭证上做了更改，并加盖了自己的印章，作为报销凭证。(6) 9月15日，经公司董事会研究决定重申，公司今后对外报送的财务会计报告必须由公司董事长兼总经理的钱某、主管会计的副总经理刘某和财务经理吴某三人同时签名、盖章后方能报出。

根据上述情况，结合我国会计法律制度的规定，回答下列问题：

(1) 该公司拒绝市财政部门对其会计工作的检查是否符合规定？说明理由。

(2) 该公司让陈某兼任李某的内部会计档案保管工作是否符合规定？说明理由。

(3) 该公司会计经办人员更改原始凭证金额的做法是否符合规定？说明理由。

(4) 公司出纳员陈某顶替李某从事单位内部会计档案保管工作期间，私自将本公司开发新产品的成本资料和相关技术资料复印后提供给其爱人单位有关人员，这一做法是否符合会计法律制度的规定？说明理由。

(5) 该公司任命吴某担任财务经理是否符合规定？说明理由。

(6) 该公司董事会做出的关于对外报送财务会计报告的重申决定是否符合规定？说明理由。

第一节　会计法律制度的概述

一、会计法律制度的概念

会计法律制度是指国家权力机关和行政机关制定的各种会计规范性文件的总称，包括会计法律、会计行政法规、会计规章等。它是调整会计关系的法律规范。

二、会计法律制度的构成

我国的会计法律制度主要包括会计法律、会计行政法规和国家统一的会计制度。

(一) 会计法律

会计法律是指由全国人民代表大会及其常务委员会经过一定立法程序制定的有关会计工作的法律。

(二) 会计行政法规

会计行政法规是指由国务院制定并发布，或者由国务院有关部门拟定并经国务院批准发布，调整某些方面会计关系的会计法律规范，其制定依据是《中华人民共和国会计法》(以下简称《会计法》)。例如，国务院发布的《企业财务会计报告条例》《总会计师条例》等都属于会计行政法规。

(三) 国家统一的会计制度

国务院财政部门根据《会计法》制定的关于会计核算、会计监督、会计机构和会计人员以及会计工作管理的制度，包括会计部门规章和会计规范性文件。

1. 会计部门规章

会计部门规章是由国务院财政部制定，并由部门首长签署命令予以公布的制度办法。具体包括《财政部门实施会计监督办法》《会计师事务所审批和监督暂行办法》《注册会计师注册办法》《会计从业资格管理办法》《代理记账管理办法》《企业会计准则——基本准则》《注册会计师全国统一考试违规行为处理办法》等。

2. 会计规范性文件

会计规范性文件是由国务院财政部门制定，以部门名义发布的制度办法。具体包括《小企业会计制度》《行政单位会计制度》《事业单位会计制度》《事业单位会计准则(试行)》《民间非营利组织会计制度》《会计基础工作规范》《会计档案管理办法》《会计人员继续教育规定》《全国先进会计工作者评选表彰办法》《中国注册会计师鉴证业务基本准则》等。

【例18-1】下列各项中，属于会计规范性文件的是(　　)。
A.《企业会计准则——基本准则》　　　B.《会计档案管理办法》
C.《会计从业资格管理办法》　　　　　D.《会计基础工作规范》

第二节　会计工作管理体制

会计工作管理体制是指国家划分会计工作管理权限的制度。目前，我国的会计管理体制在《会计法》和《注册会计师法》中已做明确规定，形成了会计行政管理、会计工作自律管理和单位会计管理各有侧重、协调发展的会计管理体制。

一、会计工作的行政管理

《会计法》第7条规定，国务院财政部门主管全国的会计工作，县级以上地方各级人民政府财政部门管理本行政区域内的会计工作。即遵循统一领导、分级管理的原则。

财政部门履行的会计行政管理职能主要有以下几点。

(一) 会计准则制度及相关标准规范的制定和组织实施

会计准则制度及相关标准规范主要包括：企事业单位会计准则和会计制度、企事业单位内部控制规范和会计信息化标准等。

国家统一的会计制度由国务院财政部门根据本法制定并公布。国务院有关部门可以依照本法和国家统一的会计制度制定对会计核算和会计监督有特殊要求的行业实施国家统一的会计制度的具体办法或者补充规定，报国务院财政部门审核批准。中国人民解放军总后勤部可以依照本法和国家统一的会计制度制定军队实施国家统一的会计制度的具体办法，报国务院财政部门备案。

【例18-2】根据《会计法》的规定，负责会计工作行政管理职能的政府部门(　　)。
A. 财政部门　　　B. 税务部门　　　C. 审计部门　　　D. 业务主管部门

(二) 会计市场管理

对会计市场的管理包括：会计市场的准入管理、运行管理和退出管理。对会计出版市场、培训市场、境外"洋资格"的管理等也属于会计市场管理。

会计市场准入管理是指财政部门对会计从业资格的取得、代理记账机构的设立、注册会计师资格的取得及注册会计师事务所的设立等所进行的条件设定。这是对会计人员从事会计工作的准入要求。会计市场的运行管理是指财政部门对获准进入会计市场的机构和人员，是否遵守各项法律法规，依据相关准则、制度和规范执行业务的过程及结果所进行的监督和检查。会计市场的退出管理是指财政部门对在执业过程中有违反《会计法》《注册会计师法》行为的机构和个人进行处罚，情节严重的，吊销其执业资格，强制其退出会计市场。

(三) 会计专业人才评价

我国阶梯式的会计专业人才评价机制已经形成，包括初级、中级、高级会计人才评价机制和会计行业领军人才的培养评价等。对会计人员的表彰奖励和继续教育也属于会计专业人才评价的范畴。

(四) 会计监督检查

财政部门实施的会计监督检查主要是会计信息质量检查和会计师事务所执业质量检查。

二、会计工作的自律管理

行业自律是指行业协会根据会员一致的意愿，自行制定规则，并据此对各成员进行管理，以促进成员之间的公平竞争和行业的有序发展。会计行业自律管理制度是对会计行政管理制度的一种有益的补充，有助于督促会计人员依法开展会计工作，树立良好的行业风气，促进行业的发展。

我国目前会计工作的自律管理组织主要有中国注册会计师协会和中国会计学会。

(一) 中国注册会计师协会

中国注册会计师协会成立于 1988 年 11 月，是依据《注册会计师法》和《社会团体登记条例》的有关规定设立的社会团体法人，是中国注册会计师行业的自律管理组织。注册会计师应当加入中国注册会计师协会。

(二) 中国会计学会

中国会计学会是由全国会计领域各类专业组织及个人自愿结成的学术性、专业性、非营利性社会组织。

【例 18-3】下列各项中，关于中国会计学会的特征表述正确的有(　　　)。
A. 学术性　　　　B. 专业性　　　　C. 非营利性　　　　D. 有偿性

三、单位会计工作管理

(一) 单位会计工作管理的责任主体 —— 单位负责人

《会计法》第 4 条规定，单位负责人对本单位的会计工作和会计资料的真实性、完整性负责。这一规定明确了单位负责人是本单位会计行为的责任主体。单位负责人是指单位法定代表人或者法律、行政法规规定代表单位行使职权的主要负责人。公司制企业的主要负责人为董事长、执行董事、经理。国有企业的主要负责人为厂长、经理。国家机关的主要负责人为最高行政长官。执行合伙企业事务的合伙人，个人独资企业的投资人为其主要负责人。

《会计法》规定单位负责人的职责：①单位负责人应当保证会计机构和会计人员依法履行职责；②单位负责人不得授意、指使、强令会计机构和会计人员违法办理会计事项；③单位负责人对本单位的会计工作和会计资料的真实性、完整性负责。

【例 18-4】《会计法》规定单位负责人必须保证会计资料(　　　)。
A. 合理　　　　B. 真实　　　　C. 全面　　　　D. 完整

(二) 会计人员的管理

(1) 财政部门负责管理：会计从业资格管理、会计专业技术职务资格管理、会计人员评优表彰奖惩管理、会计人员继续教育管理。

(2) 单位负责管理：除上述之外的管理。

(三) 会计人员的任职资格

(1) 会计人员：从事具体会计工作，必须具备会计从业资格。

(2) 单位会计机构负责人(会计主管人员)：除取得会计从业资格证书外，还应当具备会计师以上专业技术职务资格或者从事会计工作三年以上经历。

(3) 总会计师：取得会计师专业技术职务后，主管一个单位或单位内部一个重要方面的财务工作时间不少于 3 年。

(四) 单位内部会计管理制度

各单位应当根据会计法和国家统一会计制度的规定，结合单位类型和内部管理的需要，建立健全相应的内部会计管理制度。

单位内部会计管理制度的内容包括内部会计管理体系、会计人员岗位责任制度、账务处理程序制度、内部牵制制度、稽核制度、原始记录管理制度、定额管理制度、计量验收制度、财产清查制度、财务收支审批制度、成本核算制度、财务会计分析制度等 12 项制度。

【例 18-5】下列各项中，属于单位内部会计管理制度内容的有(   )。
A. 账务处理程序制度   B. 会计从业资格管理办法
C. 计量验收制度   D. 成本核算制度

第三节 会计核算

会计核算是会计工作的重要组成部分，是会计的基本职能之一。我国会计法律制度对会计核算的原则、会计资料基本要求以及会计年度、记账本位币、填制会计凭证、登记会计账簿、编制财务会计报告、财产清查、会计档案管理等做出了统一规定。

一、会计信息质量要求

2006 年财政部发布的《企业会计准则——基本准则》的规定，会计信息质量要求包括以下八项内容。

(一) 真实性要求(可靠性要求)

企业应当以实际发生的交易或者事项为依据进行确认、计量和报告，如实反映符合确认和计量要求的各项会计要素及其他相关信息，保证会计信息真实可靠、内容完整。

【例 18-6】下列表述中，符合会计资料真实性要求的是(   )。
A. 会计资料应当如实反映经济业务事项
B. 会计资料应当精确反映经济业务事项的发生过程和结果
C. 会计资料所反映的经济业务事项必须合法
D. 会计资料应当具备的构成要素必须齐全

(二) 相关性要求

企业提供的会计信息应当与财务报告使用者的经济决策需要相关,有助于投资者等财务报告使用者对企业过去、现在或者未来的情况做出评价或者预测。

(三) 明晰性要求(可理解性要求)

企业提供的会计信息应当清晰明了,便于投资者等财务报告使用者理解和使用。

(四) 可比性要求

(1) 同一企业不同时期可比:纵向可比。要求企业采用的会计政策在前后各期保持一致,不得随意改变。

(2) 不同企业相同会计期间可比:横向可比。要求会计核算按照国家统一规定的会计处理方法进行核算。

【例 18-7】企业采用的会计处理方法和程序前后各期应当一致,不得随意变更,这是会计核算的( )。

A. 真实性要求　　B. 相关性要求　　C. 明晰性要求　　D. 可比性要求

【例 18-8】在会计核算的信息质量要求中,要求会计信息口径一致,以便于不同企业之间进行横向比较的是( )。

A. 真实性要求　　B. 相关性要求　　C. 明晰性要求　　D. 可比性要求

(五) 经济实质重于法律形式要求

企业按照交易或事项的经济实质进行会计核算,而不应当仅仅按照它们的法律形式作为会计核算的依据。例如,融资租赁的核算、收入的确认(售后回购)均体现了实质重于形式的质量要求。

【例 18-9】企业将融资租入固定资产视同自有固定资产核算,所体现的会计核算的信息质量要求是( )。

A. 客观性要求　　B. 相关性要求　　C. 可比性要求　　D. 实质重于形式要求

(六) 重要性要求

企业提供的会计信息应当反映与企业财务状况、经营成果和现金流量有关的所有重要交易或者事项。

(七) 谨慎性要求

在有不确定因素的情况下做出判断时,保持必要的谨慎,不抬高资产或收益,也不压低负债或费用。如对资产计提减值准备或跌价准备等。

【例 18-10】对应收账款计提坏账准备,遵循会计信息质量要求的是( )。

A. 重要性要求　　B. 可比性要求　　C. 谨慎性要求　　D. 真实性要求

(八) 及时性要求

企业对于已经发生的交易或事项，应当及时进行确认、计量和报告，不得提前或者延后。

> **【例18-11】** 下列各项中，属于会计核算信息质量要求的是(　　)。
> A. 真实性要求　　　　　　　　B. 实质重于形式要求
> C. 相关性要求　　　　　　　　D. 完整性要求

二、会计核算的总体要求

(一) 会计核算依据

各单位必须根据实际发生的经济业务事项进行会计核算，填制会计凭证，登记会计账簿，编制财务会计报告。任何单位不得以虚假的经济业务事项或者资料进行会计核算。

(二) 对会计资料的基本要求

会计资料主要是指会计凭证、会计账簿、财务会计报告等会计核算专业资料。会计资料必须符合国家统一的会计制度的规定，任何单位和个人不得伪造、变造会计凭证、会计账簿及其他会计资料，不得提供虚假的财务会计报告。

(1) 伪造会计凭证、会计账簿及其他会计资料，是指以虚假的经济业务事项为前提编造不真实的会计凭证、会计账簿和其他会计资料。

(2) 变造会计凭证、会计账簿及其他会计资料，是指用涂改、挖补等手段来改变会计凭证、会计账簿等真实内容，歪曲事实真相的行为。

(3) 提供虚假财务会计报告，是指通过编造虚假的会计凭证、会计账簿及其他会计资料或篡改财务会计报告上的真实数据，使财务会计报告不真实、不完整地反映财务状况和经营成果，借以误导、欺骗会计资料使用者的行为，即以假乱真。

> **【例18-12】** 某单位业务人员朱某在一家个体酒店招待业务单位人员，发生招待费800元。事后，他将酒店开出的收据金额改为1800元，并作为报销凭证进行了报销。请问：朱某的行为是否合法，为什么？

> **【例18-13】** 下列各项中，属于伪造会计凭证行为的是(　　)。
> A. 以虚假的经济业务事项编造不真实的会计凭证
> B. 用涂改手段改变会计凭证的真实内容
> C. 用挖补手段改变会计凭证的真实内容
> D. 以药水腐蚀手段改变会计凭证的真实内容

> **【例18-14】** 下列各项中，属于变造会计凭证行为的是(　　)。
> A. 某公司为一客户虚开销货发票一张，并按票面金额的10%收取好处费
> B. 某业务员将购货发票上的金额50万元，用"消字灵"修改为80万元报账
> C. 企业某现金出纳将一张报销凭证上的金额7000元涂改为9000元
> D. 购货部门转来一张购货发票，原金额计算有误，出票单位已作更正并加盖出票单位公章

三、会计核算的其他要求

(一) 依法建立账册

各单位必须依法设置会计账簿，并保证其真实、完整。不具备设置条件的，应当委托经批准设立从事会计代理记账业务的中介机构代理记账。非法建账的形式有：小金库、账外账、非专人保管财物、办公室基金等。

(二) 明确会计核算内容

会计核算必须以实际发生的经济业务事项为依据，这是会计核算的重要前提。
(1) 经济业务：经济组织与外部的交换行为，如产品销售。
(2) 经济事项：在一个经济组织内部发生的具有经济影响的事件，如计提折旧。

(三) 正确采用会计处理方法

各单位采用的会计处理方法，前后各期应当一致，不得随意变更；确有必要变更的，应当按照《企业会计准则第 28 号——会计政策、会计估计变更和差错更正》的规定变更，并将变更的原因、情况及影响在财务会计报告中说明。

在下述两种情况下，企业可以变更会计政策：一是有关法规发生变化，要求企业变更会计政策；二是改变会计政策后能够更恰当地反映企业的财务状况和经营成果。

【例 18-15】 根据《会计法》规定，各单位采用的会计处理方法，前后各期应一致，不得改变，请问是否正确？为什么？

(四) 以公历年度为会计年度

会计年度是指人为划分的以年度为单位进行会计核算的时间区间。我国规定的会计年度自公历 1 月 1 日起至 12 月 31 日止。

(五) 以人民币为记账本位币

会计核算以人民币为记账本位币。业务收支以人民币以外的货币为主的单位，可以选定其中一种货币作为记账本位币，但是编报的财务会计报告应当折算为人民币。

【例 18-16】 某外商投资企业，业务收支以美元为主，也有少量的人民币，根据《会计法》的规定，为方便会计核算，该单位应采用(   )作为记账本位币。
A. 人民币　　　　B. 人民币或美元　　　　C. 欧元　　　　D. 美元

【例 18-17】 关于记账本位币，下列说法中表述错误的是(   )。
A. 记账本位币是指日常登记账簿和编制财务会计报告用以计量的货币
B. 我国会计核算原则上以人民币作为记账本位币
C. 法律不允许收支业务以人民币以外的货币为主的单位选定某种货币作为记账本位币
D. 以人民币以外的货币作为记账本位币的，在编制财务会计报告时应折算成人民币反映

(六) 会计电算化必须符合国家统一的会计制度的规定

使用电子计算机进行会计核算的，其软件及其生成的会计凭证、会计账簿、财务会计报告

和其他会计资料，也必须符合国家统一的会计制度的规定。

(七) 正确使用会计记录文字

《会计法》规定，在我国境内所有国家机关、社会团体、公司、企业、事业单位和其他组织的会计记录文字都必须使用中文。民族自治地区会计记录在使用中文的前提下，可以同时使用当地通用的一种民族文字；在我国境内的外国经济组织的会计记录，在使用中文的前提下，可以同时使用一种外国文字。

【例18-18】关于会计记录文字的论述，下列说法中错误的是(　　)。
A. 会计记录文字应当用中文
B. 会计记录文字不可以用外国文字
C. 民族自治单位的会计记录文字可以同时用当地通用的一种民族文字
D. 在中国境内的外商投资企业、外国企业和其他外国组织的会计记录文字可以使用一种外国文字

四、会计凭证

会计凭证是指记录经济业务发生和完成情况，明确经济责任的书面证明，是登记账簿的依据。填制和审核会计凭证，是会计工作的起点，对企业经济管理工作起着举足轻重的作用，也是会计核算的一种专门方法。通过填制和审核会计凭证可以经常地、有效地实施会计监督，为企业经济管理提供真实有用的会计信息资料。会计凭证按照填制程序和用途的不同，可分为原始凭证和记账凭证两种。

(一) 原始凭证

原始凭证又称单据，是指在经济业务发生时，由业务经办人员直接取得或者填制，用以表明某项经济业务已经发生或者完成的情况，并明确有关经济责任的凭证，如发票。

1. 原始凭证的内容

(1) 凭证的名称；(2)填制凭证的日期；(3)填制凭证单位名称或者填制人姓名；(4)经办人员的签名或者盖章；(5)接受凭证单位名称；(6)经济业务内容；(7)数量、单价和金额。

2. 原始凭证的填制

(1) 从外单位取得的原始凭证，必须盖有填制单位的公章；对外开出的原始凭证，必须加盖本单位公章。

(2) 自制原始凭证必须有经办单位领导人或者其指定的人员签名或者盖章。

3. 原始凭证的审核

(1) 会计机构、会计人员必须审核原始凭证，这是法定职责。

(2) 会计机构、会计人员对不真实、不合法的原始凭证有权不予受理，并向单位负责人报告，请求查明原因，追究有关当事人的责任。

(3) 对记载不准确、不完整的原始凭证予以退回，并要求经办人员按照国家统一的会计制度的规定进行更正、补充。

(4) 原始凭证记载的各项内容均不得涂改；原始凭证有错误的，应当由出具单位重开或者

更正，更正处应当加盖出具单位印章。原始凭证金额有错误的，应当由出具单位重开，不得在原始凭证上更正。

(5) 购买实物的原始凭证，必须有验收证明。支付款项的原始凭证，必须有收款单位和收款人的收款证明。

(6) 一式几联的原始凭证，应当注明各联的用途，只能以一联作为报销凭证。作废时应当加盖"作废"戳记，连同存根一起保存，不得撕毁。

(7) 发生销货退回的，除填制退货发票外，还必须有退货验收证明；退款时，必须取得对方的收款收据或者汇款银行的凭证，不得以退货发票代替收据。

(8) 职工公出借款凭据，必须附在记账凭证之后。收回借款时，应当另开收据或者退还借据副本，不得退还原借款收据。

(9) 经上级有关部门批准的经济业务，应当将批准文件作为原始凭证附件。

【例18-19】关于原始凭证，下列说法不正确的是(　　)。
A. 自制的原始凭证必须有单位领导人或指定人员签名或盖章
B. 发生销货退回的，除填制退货发票外，还必须有退货验收证明
C. 经上级有关部门批准的经济业务，应当将批准文件作为原始凭证附件
D. 原始凭证金额有错误的，应当由出具单位更正，并加盖出具单位印章

4. 原始凭证的保管

原始凭证(会计档案)不得外借，其他单位如因特殊需要使用原始凭证时，经会计机构负责人(会计主管人员)批准，可以复制或查阅。向外单位提供的原始凭证复制件，应当在专设的登记簿上登记，并由提供人员和收取人员共同签名或者盖章。

原始凭证遗失，应当取得原开出单位盖有公章的证明，并注明原来凭证的号码、金额和内容等，由经办单位(本单位)会计机构负责人(会计主管人员)和单位领导人批准后，才能代作原始凭证。如果确实无法取得证明的，如火车、轮船、飞机票等凭证，由当事人写出详细情况，由经办单位(本单位)会计机构负责人(会计主管人员)和单位领导人批准后，代作原始凭证。原始凭证保管期限一般为15年。

【例18-20】某单位因其客户需要复印本单位的购货发票，下列表述中正确的做法是(　　)。
A. 经财务机构负责人同意即可提供其复印件
B. 经单位负责人同意后可以提供其原件
C. 经总会计师同意后可以提供其复印件
D. 向客户提供其复制件，经办人员和客户应当在专设的登记簿上登记，并签名或者盖章

(二) 记账凭证

记账凭证是对经济业务事项按照其性质加以归类、确定会计分录，并据以登记会计账簿的凭证。记账凭证必须根据经过审核的原始凭证和有关资料进行编制。

1. 记账凭证的内容

(1)填制凭证的日期；(2)凭证的名称和编号；(3)经济业务摘要；(4)应记会计科目、方向及金额；(5)记账符号；(6)所附原始凭证的张数；(7)填制人员、稽核人员、记账人员和会计机构负责人(会计主管人员)的签名或印章。

2. 记账凭证的填制

(1) 填制记账凭证时，应当对记账凭证进行连续编号。一笔经济业务需要填制两张以上记账凭证的，可以采用分数编号法编写。

(2) 记账凭证可以根据每一张原始凭证填制，或者根据若干张同类原始凭证汇总填制，也可以根据原始凭证汇总表填制。但不得将不同内容和类别的原始凭证汇总填制在一张记账凭证上。

(3) 除结账和更正错误的记账凭证可以不附原始凭证外，其他记账凭证必须附有原始凭证。

(4) 一张原始凭证所列支出需要几个单位共同负担的，应当将其他单位负担的部分，开给对方原始凭证分割单，进行结算。

(5) 如果在填制记账凭证时发生错误，应当重新填制。已经登记入账的记账凭证，则按照规定的更正方法进行更正。

【例 18-21】某单位会计人员夏某在填制记账凭证过程中发生了下列事项，其中正确的是(   )。

A. 将若干张同类原始凭证汇总，根据汇总后的原始凭证填制记账凭证

B. 一张结账的记账凭证后未附原始凭证

C. 由于一张发票涉及另一个单位，而发票原件被对方保存，故根据发票复印件填制记账凭证

D. 填制记账凭证时，因出现金额错误，采用划线更正法予以纠正

五、会计账簿

(一) 会计账簿的设置

会计账簿包括总账、明细账、日记账和其他辅助性账簿。各单位发生的各项经济业务事项应当在依法设置的会计账簿上统一登记、核算，不得违反本法和国家统一的会计制度的规定私设会计账簿登记、核算。现金日记账和银行存款日记账必须采用订本式账簿，不得用银行对账单或者其他方法代替日记账。

【例 18-22】下列各项中，属于会计账簿种类的是(   )。

A. 总账　　　　B. 明细账　　　　C. 日记账　　　　D. 其他辅助性账簿

【例 18-23】根据《会计基础工作规定》，银行存款日记账和现金日记账应选用(   )。

A. 订本式账簿　　B. 活页式账簿　　C. 卡片式账簿　　D. 总账式账簿

(二) 会计账簿的登记

会计账簿登记必须以经过审核的会计凭证为依据，并符合有关法律、行政法规和国家统一的会计制度的规定。会计账簿应当按照连续编号的页码顺序登记。会计账簿记录发生错误或者隔页、缺号、跳行的，应当按照国家统一的会计制度规定的方法更正，并由会计人员和会计机构负责人(会计主管人员)在更正处盖章。

【例 18-24】下列各项中，哪些属于登记账簿的基本要求(   )。

A. 必须依据经过审核的会计凭证登记会计账簿

B. 各种账簿要按页次顺序连续登记，不得跳行、隔页

C. 需结出余额的账户，应当定期结出余额

D. 登记会计账簿时，应当将会计凭证编号、日期、业务内容摘要、金额和其他有关资料逐项记入账内

(三) 账目核对

各单位应当定期将会计账簿记录与实物、款项及有关资料相互核对，保证会计账簿记录与实物及款项的实有数额相符(账实相符)、会计账簿记录与会计凭证的有关内容相符(账证相符)、会计账簿之间相对应的记录相符(账账相符)、会计账簿记录与会计报表的有关内容相符(账表相符)。对账工作每年至少进行一次。

【例 18-25】将银行存款日记账与银行对账单相核对的简称是指(　　)。

A. 账账相符　　　B. 账证相符　　　C. 账实相符　　　D. 账表相符

(四) 结账

各单位应当按照规定定期结账，不得提前或延后。

(五) 保管

企业和其他组织的总账、明细账及辅助性账簿保管期限一般为 15 年，库存现金和银行存款日记账的保管期限为 25 年，固定资产卡片在固定资产报废清理后保管 5 年。

六、财务会计报告

(一) 财务会计报告的构成

1. 概念

财务会计报告是企业和其他单位向有关各方面及国家有关部门提供其在某一特定日期财务状况和某一会计期间经营成果、现金流量的文件。

2. 构成

根据《企业财务会计报告条例》的要求，财务会计报告由会计报表、会计报表附注和财务情况说明书构成。其中会计报表至少应当包括资产负债表、利润表。小企业编制的会计报表可以不包括现金流量表。财务情况说明书是对单位一定会计期间内财务、成本等情况进行分析总结的书面文字报告，也是财务会计报告的重要组成部分。它至少应包括如下内容：①企业生产经营的基本情况；②利润实现和分配情况；③资金增减和周转情况；④其他有重大影响的事项。

(二) 财务会计报告的编制

财务会计报告分为年度、半年度、季度和月度财务会计报告。企业会计准则规定，企业至少应当按年编制财务报表。财务会计报告应当根据经过审核的会计账簿记录和有关资料编制。企业编制年度财务报告前，还应当按规定全面结清资产，核实负债。国有企业、国有控股的或者占主导地位的企业，应当至少每年一次向本企业的职工代表公布财务会计报告。财务会计报告的对外提供期限应当符合法律、行政法规和国家统一的会计制度的规定。具体为：①月

度——月份终了后 6 天内对外提供；②季度——季度终了后 15 天内对外提供；③半年——半年度终了后 60 天内对外提供；④年度——年度终了后 4 个月内对外提供。向不同的会计资料使用者提供的财务会计报告，其编制依据应当一致。财务会计报告须经注册会计师审计的，审计报告应当随同财务会计报告一并提供。

【例 18-26】国有企业、国有控股的或者占主导地位的企业，应当至少每( )一次向本企业的职工代表公布财务会计报告。

    A. 三个月　　　　B. 半年　　　　C. 一年　　　　D. 两年

【例 18-27】根据《会计法》的规定，凡是法律、行政法规规定的财务会计报告应当经( )审计的单位，在提供报告时，应将审计报告随同会计报告一并提供。

    A. 会计师　　　B. 注册会计师　　C. 注册税务师　　D. 注册审计师

(三) 财务会计报告的对外提供

对外提供的财务会计报告应当由单位负责人和主管会计工作的负责人、会计机构负责人(会计主管人员)签名并盖章；设置总会计师的单位，还须由总会计师签名并盖章。单位负责人是单位对外提供的财务会计报告的责任主体，必须保证对外提供的财务会计报告的真实、完整。

【例 18-28】根据会计法的相关规定，下列关于单位有关负责人在财务会计报告上签章的做法中正确的是( )。

    A. 签名或盖单位的公章　　　　　　　B. 签名并加盖单位公章

    C. 签名或本人的签章　　　　　　　　D. 签名并加盖本人签章

【例 18-29】关于财务会计报告的编制，下列说法正确的有( )。

    A. 财务会计报告的编制依据必须是经过审核的会计账簿记录和有关资料

    B. 企业必须编制年度、半年度、季度和月度财务会计报告

    C. 企业有时可以根据需要提前或者推迟结账

    D. 企业在编制年度财务会计报告前，应当按照规定，全面结清资产、核实债务

【例 18-30】某外资企业于 2021 年 5 月份对外报送 2020 年度财务会计报告，封面上有单位负责人、主管会计工作的负责人的签名。报送的财务会计报告未附随审计报告。请找出该企业哪些做法不正确？

七、会计档案的管理

(一) 会计档案的范围和种类

(1) 会计凭证类：原始凭证、记账凭证、汇总凭证，其他会计凭证。

(2) 会计账簿类：总账、明细账、日记账、固定资产卡片账，辅助账簿，其他会计账簿。

(3) 财务报告类：月度、季度、年度财务报告，包括会计报表、附表、附注及文字说明，其他财务报告。

(4) 其他类：银行存款余额调节表，银行对账单，应当保存的会计核算专业资料，会计档案移交清册，会计档案保管清册，会计档案销毁清册。

注意:

各单位的财务预算、计划、制度等文件材料属于文书档案,不属于会计档案。

【例18-31】下列各项中,属于会计档案的有( )。

A. 会计档案移交清册　　　　　　B. 决算

C. 领料单　　　　　　　　　　　D. 财务情况说明书

(二) 会计档案管理的要求

各单位每年形成的会计档案,应由单位会计部门按照归档要求负责整理立卷或装订。当年形成的会计档案在会计年度终了后,可暂由本单位会计机构保管一年。单位会计档案不得借出,如有特殊需要,经本单位负责人批准后,在不拆散原卷册的前提下,可以提供查阅或者复制原件,并办理登记手续。查阅和复制会计档案的人员,严禁在会计档案上涂画、拆封和抽换。采用电子计算机进行会计核算的单位应当保存打印出的纸质会计档案。

【例18-32】根据《会计档案管理办法》的规定,当年形成的会计档案在年度终了后,可暂由会计部门保管( )。

A.1 年　　　　B.3 年　　　　C.5 年　　　　D. 10 年

(三) 会计档案的保管期限

根据《会计档案管理办法》的规定,会计档案保管期限分为永久和定期两类。定期保管期限一般分为 10 年和 30 年。如保管期为 30 年的有会计凭证、会计账簿(除固定资产卡片外)、会计档案移交清册;保管期为 10 年的有月度、季度、半年度财务会计报告,银行存款余额调节表,银行对账单,纳税申报表。永久保管的有年度财务会计报告、会计档案保管清册、会计档案销毁清册和会计档案鉴定意见书。

会计档案的保管期限是从会计年度终了后的第一天算起。

【例18-33】会计档案保管期限分为永久和定期两类。永久保管的会计档案有( )。

A. 年度财务会计报告　　　　　　B. 会计档案保管清册

C. 会计档案销毁清册　　　　　　D. 会计档案移交清册

(四) 会计档案的销毁

1. 销毁的基本程序和要求

(1) 档案机构会同财务机构共同编造会计档案销毁清册。

(2) 单位负责人在销毁清册上签署意见。

(3) 派专人负责监销:①一般企业、事业单位和组织——单位档案机构和会计机构共同派人员监销;②国家机关(除财政部门以外的)——档案机构和会计机构派人员,还有同级财政部门、审计部门派人员参加监销;③财政部门——档案机构和会计机构派人员,还有同级审计部门派人员监销。

(4) 会计档案销毁后,监销人员应当在会计档案销毁清册上签名盖章,并及时将监销情况向本单位负责人报告。

2. 不得销毁的会计档案

(1) 对于未结清的债权债务原始凭证。

(2) 涉及其他未了事项的原始凭证。

(3) 正在项目建设期间的建设单位的会计档案。

【例18-34】下列(　　)情况下，不得销毁会计档案。

A. 保管期未满

B. 正在项目建设期间的建设单位，其保管期已满的会计档案

C. 未了事项的原始凭证

D. 未结清的债权债务的原始凭证

第四节　会计核算

会计监督是会计的基本职能之一，也是会计资料质量控制的重要环节。目前我国已形成了三位一体的会计监督体系，包括单位内部监督、以注册会计师为主体的社会监督和以政府财政部门为主体的政府监督。各层次监督之间的相互联系、相互协调形成一个有机整体；同时三种监督相互补充、相互制约、不可代替。

【例18-35】下列各项中，属于会计监督体系的有(　　)。

A. 单位内部会计监督

B. 以财政部门为主体的会计工作的国家监督

C. 社会舆论监督和群众监督

D. 以注册会计师为主体的会计工作的社会监督

一、单位内部会计监督制度

(一) 单位内部监督制度的概念

单位内部会计监督是指一个单位为了保护其资产的安全完整，保证其经营活动符合国家法律、法规和内部规章要求，提高经营管理水平和效率，防止舞弊，控制风险等目的，而在单位内部采取的一系列相互制约、相互监督的制度和方法。这是单位内部为保证会计秩序、防止有关部门人员故意违法、预防单位内部管理失控的重要会计监督制度，其本质是一种内部控制制度。

(二) 单位内部会计监督的主体和对象

根据《会计法》《会计基础工作规范》和《内部会计控制规范(试行)》的规定，各单位的会计机构、会计人员对本单位的经济活动进行会计监督。因此，内部会计监督的主体是各单位会计机构、会计人员，监督对象是各单位的经济活动。同时，单位负责人应积极支持、保障行使职权，负责制度的组织实施，并对本单位内部会计监督制度的建立及有效实施承担最终责任。

【例 18-36】根据《会计基础工作规范》和《内部会计控制规范(试行)》的规定,各单位的内部会计监督的主体是( )。

A. 本单位的会计机构　　　　　　　B. 本单位的会计机构和会计人员

C. 本单位的经济活动　　　　　　　D. 本单位的审计机构和审计人员

(三) 单位内部会计监督制度的基本要求

(1) 记账人员与经济业务事项和会计事项的授权、审批人员、经办人员、财物保管人员要相互分离、制约(相关人员的职责权限应明确)。

(2) 重大投资、资产处置、资金调度和其他重要经济事项的决策和执行的相互监督、相互制约的程序应当明确。

(3) 财产清查的范围、期限和组织程序应当明确。

(4) 对会计资料进行内部审计的办法和程序应当明确。

(5) 会计机构内部应当建立稽核制度。

会计稽核是会计机构本身对于会计核算工作进行的一种自我检查或审核工作,其目的在于防止差错和舞弊。内部稽核制度不同于内部审计制度,前者是会计机构内部的一种工作制度,后者是单位在会计机构之外另行设置的内部审计机构或审计人员对会计工作进行再检查的一种制度,两者不要混为一谈。

《会计法》突出强调,出纳人员不得兼任稽核、会计档案保管和收入、支出、费用、债权债务账目的登记工作(但可以登记现金和银行存款的明细账及固定资产的明细账)。

【例 18-37】下列各项中,属于《会计法》规定的单位内部会计监督制度要求的有( )。

A. 记账人员与会计事项的审批人员相互分离、相互制约

B. 重大对外投资与执行相互监督、相互制约

C. 财产清查的范围、期限和组织程序应当明确

D. 内部会计监督的主体是单位负责人

【例 18-38】《会计法》规定,记账人员与经济业务事项的( )的职责权限应当相互分离、相互制约。

A. 经办人员　　　B. 稽核人员　　　C. 财物保管人员　　　D. 审批人员

(四) 会计机构和会计人员在单位内部会计监督中的职责

(1) 依法开展会计核算和监督,对违反《会计法》和国家统一的会计制度规定的会计事项,有权拒绝办理或者按照职权予以纠正。

(2) 有权对单位内部的会计资料和财产物资实施监督。

会计机构、会计人员发现会计账簿与实物、款项及有关资料不相符的,按照国家统一的会计制度的规定有权自行处理的,应当及时处理;无权处理的,应当立即向单位负责人报告,请求查明原因,做出处理。

二、会计工作的政府监督

(一) 会计工作的政府监督的概念

会计工作的政府监督是一种外部监督，也称之为国家监督，主要是指财政部门代表国家对各单位和单位中相关人员的会计行为实施的监督检查，以及对发现的违法会计行为实施的行政处罚。

(二) 会计工作的政府监督的主体

《会计法》规定，国务院财政部门主管全国的会计工作。县级以上地方各级人民政府财政部门管理本行政区域内的会计工作。在对会计工作的国家监督中，财政部门的监督，是面向各单位的监督。除财政部门外，审计、税务、人民银行、银行监管、证券监管、保险监管等部门依照有关法律、行政法规规定的职责和权限，可以对有关单位(并不是面向所有单位)的会计资料实施监督检查。监督检查部门和个人对被检查单位负有保密义务。

【例18-39】下列属于实施会计工作政府监督的部门有(   )。
A. 财政部门　　　B. 中国银行　　　C. 税务部门　　　D. 审计部门

(三) 财政部门实施会计监督的对象和范围

财政部门实施会计监督检查的对象是会计行为，并对发现的有违法会计行为的单位和个人实施行政处罚。违法会计行为是指公民、法人和其他组织违反《会计法》和其他有关法律、行政法规、国家统一的会计制度的行为。

财政部门实施会计监督的范围如下：
(1) 监督各单位是否依法设置会计账簿；
(2) 监督各单位的会计凭证、会计账簿、财务会计报告和其他会计资料是否真实、完整；
(3) 监督各单位的会计核算是否符合《会计法》和国家统一的会计制度的规定；
(4) 监督各单位从事会计工作的人员是否具备会计从业资格；
(5) 对会计师事务所出具的审计报告的程序和内容的检查。

【例18-40】根据《会计法》的规定，下列各项中，属于财政部门实施会计监督检查的内容有(   )。
A. 是否依法设置会计账簿
B. 是否按时进行纳税申报
C. 从事会计工作的人员是否具备会计从业资格
D. 是否按照实际发生的经济业务进行会计核算

三、会计工作的社会监督

(一) 会计工作的社会监督的概念

会计工作的社会监督是一种外部监督，主要是指由注册会计师及其所在的会计师事务所依法对委托单位的经济活动进行的审计、鉴证的一种监督制度。社会监督是以其特有的中介性和公正性而得到法律的认可，具有很强的权威性和公正性。

此外，单位和个人检举违反《会计法》和国家统一的会计制度规定的行为，也属于会计工作社会监督的范畴。

【例18-41】从我国现有的相关法律规定来看，目前从事会计工作的社会监督主体只有注册会计师及其所在的会计师事务所。（　　）

(二) 注册会计师及其所在的会计师事务所业务范围

注册会计师是依法取得注册会计师证书并接受委托从事审计和会计咨询、会计服务业务的执业人员。注册会计师依法承办如下两方面的业务。

1. 审计业务

(1) 审查企业财务会计报告，出具审计报告；

(2) 验证企业资本，出具验资报告；

(3) 办理企业合并、分立、清算事宜中的审计业务，出具有关的报告；

(4) 法律、法规规定的其他审计业务。

2. 承办会计咨询、服务业务

(1) 设计会计制度，担任会计顾问，提供会计、管理咨询；

(2) 代理纳税申报，提供税务咨询；

(3) 代理申请工商登记，拟订合同、章程和其他业务文件；

(4) 办理投资评估、资产评估和项目可行性研究中的有关业务；

(5) 培训会计、审计和财务管理人员；其他会计咨询与服务。

【例18-42】会计监督是会计的基本职能之一，是我国经济监督体系的重要组成部分。以下关于会计监督的正确说法是(　　)。

A. 会计监督可分为单位内部监督、政府监督和社会监督

B. 财政部门是会计工作政府监督的实施主体

C. 注册会计师接受委托对财务会计报告进行审计属于会计工作的社会监督范畴

D. 任何单位和个人对违反《会计法》和国家统一的会计制度规定的行为，有权检举

第五节　会计机构和会计人员

一、会计机构的设置

会计机构是指各单位办理会计事务的职能部门。各单位应当根据会计业务的需要设置会计机构，或者在有关机构中设置会计人员并指定会计主管人员；不具备设置条件的，应当委托经批准设立从事会计代理记账业务的中介机构代理记账。

【例18-43】某企业规模较小，业务简单，由于不具备单独设置会计机构的条件，决定由行政部门兼管各项会计工作，则该企业应在行政部门(　　)。

A. 不配备会计人员　　　　　　　B. 配备专职会计人员

C. 指定会计主管人员　　　　　　D. 可以配备兼职的会计主管人员

(一) 单位会计机构的设置

一个单位是否需要设置会计机构，一般取决于三个因素：一是单位规模的大小；二是经济业务和财务收支的繁简；三是经营管理的要求。

(二) 会计机构负责人(会计主管人员)的任职资格

1. 会计机构负责人(会计主管人员)的概念

会计机构负责人(会计主管人员)，是指在一个单位内具体负责会计工作的中层领导人员。

2. 单位会计机构负责人(会计主管人员)的任职资格

根据《会计法》的规定，担任单位会计机构负责人的，除取得会计从业资格证书外，还应当具备会计师以上专业技术职务资格或者从事会计工作 3 年以上经历。

(三) 会计人员回避制度

国家机关、国有企业、事业单位任用会计人员应当实行回避制度：单位负责人的直系亲属不得担任本单位的会计机构负责人、会计主管人员，会计机构负责人、会计主管人员的直系亲属不得在本单位会计机构中担任出纳工作。

直系亲属包括：夫妻关系、直系血亲关系(如父母、子女、孙子女等)、三代以内旁系血亲(兄弟姐妹等)以及近姻亲(如岳父母、儿女亲家等)关系。

二、代理记账

代理记账是指由社会中介机构(即会计咨询机构、会计服务机构、会计师事务所等)代替独立核算单位办理记账、算账、报账业务。申请设立除会计师事务所以外的代理记账机构，应当经所在地的县城以上人民政府财政部门批准，并领取由财政部统一印制的代理记账许可证书。

(一) 代理记账的业务范围

(1) 根据委托人提供的原始凭证和其他资料，按照国家统一会计制度的规定，进行会计核算，包括审核原始凭证、填制记账凭证、登记会计账簿、编制财务会计报告。

(2) 对外提供财务会计报告(经代理记账机构负责人和委托人签名并盖章)。

(3) 向税务机关提供税务资料。

(4) 委托人委托的其他会计业务。

【例 18-44】根据会计法律制度的规定，下列各项中，代理记账机构可以接受委托，代表委托人办理的业务事项包括(   )。

A. 登记会计账簿   B. 编制财务会计报告

C. 出具审计报告   D. 向税务机关提供纳税资料

(二) 委托代理记账的委托人的义务

(1) 对本单位发生的经济业务事项，应当填制或者取得符合国家统一的会计制度规定的原始凭证。

(2) 应当配备专人负责日常货币收支和保管。

(3) 及时向代理记账机构提供真实、完整的凭证和其他相关资料。

(4) 对于代理记账机构退回的要求按照国家统一会计制度的规定进行更正、补充的原始凭证，应当及时予以更正、补充。

(三) 代理记账机构及其从业人员的义务

(1) 按照委托合同办理代理记账业务，遵守有关法律、行政法规和国家统一的会计制度的规定。

(2) 对在执行业务中知悉的商业秘密应当保密。

(3) 对委托人示意其做出不当的会计处理，提供不实会计资料，以及其他不符合法律、行政法规和国家统一的会计制度规定的要求的，应当拒绝。

(4) 对委托人提出的有关会计处理原则问题应当予以解释。

【例 18-45】下列属于代理记账机构义务的有(　　)。

A. 填制符合国家会计制度规定的原始凭证

B. 对委托人提出的有关会计处理原则问题予以解释

C. 对在执行业务中知悉的商业秘密保密，对委托人示意其做出不当的会计处理的要求予以拒绝

D. 配备专人负责日常货币收支和保管

三、会计从业资格

(一) 取得会计从业资格的范围

在国家机关、社会团体、公司、企业、事业单位和其他组织从事会计工作的人员，必须取得会计从业资格，持有会计从业资格证书，并进行注册登记。

(二) 会计从业资格的取得

1. 会计从业资格的取得实行考试制度

考试科目为：财经法规与会计职业道德、会计基础、初级会计电算化(或者珠算五级)。

会计从业资格考试大纲由财政部统一制定并公布。会计从业资格证书在全国范围内有效。

2. 会计从业资格报名条件

(1) 遵守会计和其他财经法律、法规。

(2) 具备良好的道德品质。

(3) 具备会计专业基础知识和技能，因违法违纪行为被吊销会计从业资格证书的人员，自被吊销从业资格证书之日起 5 年内，不得重新取得会计从业资格证书。因有提供虚假财务会计报告，做假账，隐匿或者故意销毁会计凭证、会计账簿、财务会计报告，贪污、挪用公款，职务侵占等会计职务有关的违法行为被依法追究刑事责任的人员，不得取得或者重新取得会计从业资格证书(终生)。

3. 会计从业资格部分考试科目免试条件

具备国家教育行政主管部门认可的中专以上(含中专)会计类专业学历(或学位)的，自毕业之日起 2 年内(含 2 年)，免试会计基础、初级会计电算化(或者珠算五级)。

会计类专业包括：会计学、会计电算化、注册会计师专门化、审计学、财务管理、理财学。

(三) 会计从业资格证书管理

1. 上岗注册登记

持证人员从事会计工作，应当自从事会计工作之日起90日内，办理注册登记。

2. 离岗备案

持证人员离开会计工作岗位超过6个月的，应向原注册登记的会计从业资格管理机构备案。

3. 调转登记

持证人员调转工作单位，且继续从事会计工作的，应当按规定要求办理调转登记(90日内)。

4. 变更登记

持证人员的学历或学位、会计专业技术职务资格等发生变更的，应向所属会计从业资格管理机构办理从业档案信息变更登记。

【例18-46】取得会计从业资格的人员要从事会计工作，应当自从事会计工作之日起( )日内，填写注册登记表，向单位所在地或所属部门、系统的会计从业资格管理机构办理注册登记。

A. 30 　　　　 B. 60 　　　　 C. 90 　　　　 D. 120

【例18-47】会计资格证书持证人员离开会计工作岗位超过( )个月的，应当填写注册登记表，并持会计从业资格证书，向原注册登记的会计从业资格管理机构备案。

A. 2 　　　　 B. 3 　　　　 C. 6 　　　　 D. 12

(四) 会计人员的继续教育

(1) 会计人员继续教育的对象和特点根据规定，会计人员继续教育的对象是取得并持有会计从业资格证书的人员。会计人员继续教育分为高级、中级、初级三个级别。

(2) 会计人员继续教育的内容。会计理论、政策法规、业务知识、技能训练和职业道德等。

(3) 会计人员继续教育的形式和学时。要求会计人员继续教育的形式包括接受培训和自学两种。以接受培训为主，自学为补充。会计人员应当接受继续教育，每年接受培训(面授)的时间累计不得少于24小时。

【例18-48】根据会计法律制度规定，会计人员继续教育的形式包括接受培训和自学两种，会计人员继续教育每年接受培训的时间累计最少应为( )小时。

A. 20 　　　　 B. 24 　　　　 C. 48 　　　　 D. 68

【例18-49】根据《会计人员继续教育暂行规定》，下列各项中，属于会计人员继续教育内容的有( )。

A. 会计理论　　　　　　　　　　B. 业务知识和技能训练

C. 政策法规　　　　　　　　　　D. 会计职业道德

四、会计专业职务与会计专业技术资格

(一) 会计专业职务——区分会计人员从事业务工作的技术等级

会计专业职务分为高级会计师(高级职务)、会计师(中级职务)、助理会计师、会计员(初级职务)。

(二) 会计专业技术资格

会计专业技术资格分为初级资格、中级资格和高级资格三个级别。初级、中级会计资格的取得实行全国统一考试制度;高级会计师资格实行考试与评审相结合制度。初级资格考试科目包括初级会计实务和经济法基础;中级资格考试科目包括中级会计实务、财务管理和经济法。高级会计师资格的考试科目为:高级会计实务。参加考试并达到国家合格标准的人员,由全国会计专业技术资格考试办公室核发高级会计师资格考试成绩合格证,该证在全国范围内 3 年有效。

【例 18-50】根据《会计专业职务试行条例》的规定,下列各项中,属于会计专业职务的有(   )。

A. 助理会计师　　B. 总会计师　　C. 高级会计师　　D. 注册会计师

五、会计工作岗位设置

(一) 设置会计工作岗位的基本原则

(1) 根据本单位会计业务的需要设置会计工作岗位。

(2) 符合内部牵制制度的要求。根据规定,会计工作岗位可以一人一岗、一人多岗或者一岗多人,但出纳人员不得兼任稽核,会计档案保管和收入、支出费用,债权债务账目的登记工作。

(3) 对会计人员的工作岗位要有计划地进行轮岗。

(4) 要建立岗位责任制。

【例 18-51】根据规定,会计工作岗位可以(   )。

A. 一人一岗　　B. 一人多岗　　C. 一岗多人　　D. 随便设置

【例 18-52】根据《会计法》的规定,下列各项中,出纳员不得兼任的工作有(   )。

A. 登记收入、支出账目　　　　B. 登记债权、债务账目

C. 保管会计档案　　　　　　　D. 保管人事档案

(二) 主要会计工作岗位

会计工作岗位一般分为总会计师(或行使总会计师职权)岗位;会计机构负责人(会计主管人员)岗位;出纳岗位、稽核岗位;资本、基金核算岗位;收入、支出、债权债务核算岗位;工资核算、成本费用核算、财务成果核算岗位;财产物资的收发、增减核算岗位;总账岗位;对外财务会计报告编制岗位;会计电算化岗位;会计档案管理岗位。

【知识链接】

对于会计档案管理岗位，在会计档案正式移交之前，属于会计岗位；正式移交档案管理部门之后，不再属于会计岗位。档案管理部门的人员管理会计档案，不属于会计岗位。医院门诊收费员、住院处收费员、药房收费员、药品库房记账员、商场收款(银)员所从事的工作，均不属于会计岗位。单位内部审计、社会审计、政府审计工作也不属于会计岗位。

总会计师是主管本单位财务会计工作的行政领导。总会计师协助单位主要行政领导人工作，直接对单位主要行政领导人负责。总会计师不是一种专业技术职务，也不是会计机构的负责人或会计主管人员，而是一种行政职务。

【例18-53】 下列各项中，属于会计工作岗位的是(   )。

A. 商场收银员岗位   B. 出纳岗位

C. 稽核岗位   D. 单位内部审计岗位

六、会计人员的工作交接

会计工作交接是指会计人员工作调动、离职或者因病暂时不能工作时，与接替人员办理交接手续的一种工作程序。

(一) 交接的范围

下列情况下需要办理会计工作交接。

(1) 临时离职或因病不能工作、需要接替或代理的，会计机构负责人(会计主管人员)或单位负责人必须指定专人接替或者代理，并办理会计工作交接手续。

(2) 临时离职或因病不能工作的会计人员恢复工作时，应当与接替或代理人员办理交接手续。

(3) 移交人员因病或其他特殊原因不能亲自办理移交手续的，经单位负责人批准，可由移交人委托他人代办交接，但委托人应当对所移交的会计凭证、会计账簿、财务会计报告和其他有关资料的真实性、完整性承担法律责任。

(二) 交接的程序

1. 交接前的准备工作

会计人员在办理会计工作交接前，必须做好以下准备工作：

(1) 已经受理的经济业务尚未填制会计凭证的应当填制完毕；

(2) 尚未登记的账目应当登记完毕，结出余额，并在最后一笔余额后加盖经办人印章；

(3) 整理好应该移交的各项资料，对未了事项和遗留问题要写出书面说明材料；

(4) 编制移交清册，列明应该移交的会计资料和物品；

(5) 会计机构负责人(会计主管人员)移交时，应将财务会计工作、重大财务收支问题和会计人员的情况等向接替人员介绍清楚。

2. 移交点收接管人员应认真按照移交清册逐项点收

(1) 现金、有价证券要根据会计账簿记录余额进行当面点交，不得短缺，接替人员发现不一致或"白条抵库"现象时，移交人员在规定期限内负责查清处理。

(2) 会计凭证、会计账簿、财务会计报告和其他会计资料必须完整无缺，不得遗漏。如有短缺，必须查清原因，并在移交清册中加以说明，由移交人负责。

(3) 银行存款账户余额要与银行对账单核对相符，如有未达账项，应编制银行存款余额调节表调节相符。

(4) 各种财产物资和债权债务的明细账户余额，要与总账有关账户的余额核对相符。

(5) 对重要实物要实地盘点，对余额较大的往来账户要与往来单位、个人核对。

(6) 实行会计电算化的单位，交接双方应在电子计算机上对有关数据进行实际操作，确认有关数字正确无误后，方可交接。

3. 专人负责监交

(1) 一般会计人员办理交接手续，由会计机构负责人(会计主管人员)监交。

(2) 会计机构负责人(会计主管人员)办理交接手续，由单位负责人监交，必要时主管单位可以派人员会同监交。

4. 交接后的有关事宜

(1) 会计工作交接完毕后，交接双方和监交人在移交清册上签名或盖章，移交清册一般应填制一式三份，交接双方各执一份，存档一份。

(2) 接管人员应继续使用移交前的账簿，不得擅自另立账簿，以保证会计记录前后衔接，内容完整。

(三) 交接人员的责任

交接工作完成后，移交人员所移交的会计凭证、会计账簿、财务会计报告和其他会计资料是在其经办会计工作期间内发生的，应当对这些会计资料的真实性、完整性负责，即便接替人员在交接时因疏忽没有发现所接会计资料在合法性、真实性方面的问题，如事后发现仍应由原移交人员负责，原移交人员不应以会计资料已移交来推脱责任。

【例18-54】根据《会计基础工作规范》的规定，会计机构负责人办理会计工作交接手续时，负责监交的人员应当是(   )。

A. 一般会计人员　　　　　　　B. 主管会计工作负责人

C. 单位负责人　　　　　　　　D. 单位负责人指定的人员

第六节　法律责任

一、法律责任概述

法律责任是指违背法律规定的行为应当承担的法律后果。《会计法》主要规定了两种责任形式：一是行政责任(如处分、通报、责令改正、罚款、吊销会计从业资格证书)；二是刑事责任。

二、违反会计制度规定的违法行为及承担的法律责任

(一) 会计违法行为

(1) 不依法设置会计账簿的行为。

(2) 私设会计账簿的行为。

(3) 未按照规定填制、取得原始凭证或者填制、取得的原始凭证不符合规定的行为。

(4) 以未经审核的会计凭证为依据登记会计账簿或者登记会计账簿不符合规定的行为。

(5) 随意变更会计处理方法的行为。

(6) 向不同的会计资料使用者提供的财务会计报告编制依据不一致的行为。

(7) 未按照规定使用会计记录文字或者记账本位币的行为。

(8) 未按照规定保管会计资料，致使会计资料毁损、灭失的行为。

(9) 未按照规定建立并实施单位内部会计监督制度，或者拒绝依法实施的监督，或者不如实提供有关会计资料及有关情况的行为。

(10) 任用会计人员不符合《会计法》规定的行为。

(二) 应承担的法律责任

(1) 责令限期改正。

(2) 罚款。县级以上人民政府财政部门根据上述所列行为的性质、情节及危害程度，在责令限期改正的同时，可以对单位并处 3000 元以上 50 000 元以下的罚款，对其直接负责的主管人员和其他直接责任人员，可以处以 2000 元以上 20 000 元以下的罚款。

(3) 给予行政处分(警告、记过、记大过、降级、降职、撤职、留用察看和开除等)。

(4) 吊销会计从业资格证书(县级以上人民政府财政部门)。

(5) 依法追究刑事责任。

【例 18-55】下列各项中，属于违反《会计法》规定的有(　　)。

A. 以未经审核的会计凭证为依据登记会计账簿的行为

B. 随意变更会计处理方法的行为

C. 未在规定期限办理纳税申报的行为

D. 未按规定建立并实施单位内部会计监督制度的行为

【例 18-56】某企业将出售废料的收入 1 万元不纳入企业统一的会计核算，而另设会计账簿进行核算，以解决行政管理部门的福利问题。请问该企业及相关人员应承担哪些法律责任？

三、伪造、变造会计凭证、会计账簿，编制虚假财务会计报告的法律责任

《会计法》规定：伪造、变造会计凭证、会计账簿，编制虚假财务会计报告，构成犯罪的，依法追究刑事责任。尚不构成犯罪的，由县级以上人民政府财政部门予以通报，可以对单位并处 5000 元以上 100 000 元以下的罚款；对其直接负责的主管人员和其他直接责任人员，可以处 3000 元以上 50 000 元以下的罚款；属于国家工作人员的，还应当由其所在单位或者有关单位依法给予撤职直至开除的行政处分；对其中的会计人员，由县级以上人民政府财政部门吊销会计从业资格证书。

(一)"伪造、变造会计资料，编制虚假财务会计报告"和"隐匿、故意销毁会计资料"的法律责任

(1) 单位：对单位处以 5000~10 000 元的罚款。

(2) 个人：尚未构成犯罪的，对直接负责的人员处以 3000～50 000 元的罚款，对其中的会计人员，由县级以上人民政府财政部门吊销其会计从业资格证书。

(3) 隐匿、故意销毁会计资料构成犯罪的，依法追究刑事责任；情节严重的，处 5 年以下有期徒刑或者拘役，并处或者单处 2 万元以上 200 000 元以下的罚金。

(二)　"授意、指使、强令会计人员伪造、销毁会计资料"的法律责任(其违法主体仅限于个人)

(1) 构成犯罪的，依法追究刑事责任。

(2) 尚未构成犯罪的，对其处以 5000～50 000 元的罚款；属于国家工作人员的，还应当由其所在单位或者有关单位依法给予降级、撤职、开除的行政处分。

(3) 单位负责人对依法履行职责、抵制违反《会计法》规定行为的会计人员实行打击报复，情节恶劣的，处 3 年以下有期徒刑或者拘役。尚不构成犯罪的，由其所在单位或有关单位依法给予行政处分。

【例 18-57】在采购办公用品过程中，办公室主任李某指使会计人员张某伪造购物发票，多报销 1000 元。对该行为，县级以上财政部门可以对张某进行的处罚是什么？

【复习思考题】

1. 简述会计制度的构成。
2. 简述会计信息质量要求。
3. 简述设置会计工作岗位的基本原则。

第六模块

经济纠纷解决法律制度

第十九章

仲 裁 法

学习目标

通过本章的学习，学生可以了解经济纠纷的解决途径和仲裁的程序；掌握仲裁的概念、特征、范围；理解仲裁协议的效力。

案例导入

甲公司与乙研究院签订了一份技术合同，约定双方联合开发研制一种营养口服液。合同中的仲裁条款约定"因履行合同发生的争议，由双方协商解决。协商不成，由仲裁机构进行仲裁"。在履行合同中，双方发生了争议，乙提出在本单位所在地 A 市申请仲裁，甲不同意。后经过双方协商重新达成仲裁协议，约定将合同争议提交甲所在地的 B 市仲裁委员会进行仲裁。事后，乙担心 B 市仲裁委员会实行地方保护主义，又转而向合同履行地的 C 市人民法院起诉，但未向法院说明此前曾有两份仲裁协议。法院受理了乙的起诉，并向甲送达了起诉的副本，甲参加诉讼并进行了答辩。法院经审理后判决甲败诉。甲立即上诉，理由是：甲、乙之间事先有仲裁协议，法院不应受理此案，故法院的判决无效。

请回答下列问题：

(1) 第一份仲裁协议是否有效，为什么？

(2) 第二份仲裁协议是否有效，为什么？

(3) 乙向 C 市人民法院起诉是否合法？

(4) C 市人民法院审理甲、乙之间的合同争议有合法依据吗？为什么？

(5) 甲的理由是否成立？

第一节 仲裁概述

一、经济纠纷的解决途径

在我国，解决经济纠纷的途径和方式主要有仲裁、民事诉讼、行政复议、行政诉讼。

(一) 仲裁和民事诉讼

仲裁与民事诉讼都是适用于横向关系经济纠纷的解决方式。作为平等民事主体的当事人之间发生的经济纠纷，只能在仲裁或者民事诉讼两种方式中选择一种解决争议。

有效的仲裁协议可排除法院的管辖权，只有在没有仲裁协议或者仲裁协议无效，或者当事人放弃仲裁协议的情况下，法院才可以行使管辖权，这在法律上称为或裁或审原则。

(二) 行政复议和行政诉讼

当公民、法人或者其他组织认为行政机关的具体行政行为侵犯其合法权益时，可采取申请行政复议或者提起行政诉讼的方式解决。行政复议与行政诉讼方式都是对纵向关系经济纠纷的解决方式，都由行政管理相对人一方提出申请。

行政复议与行政诉讼方式的选择则与纠纷的性质有关。根据法律的不同规定，有的可以直接向法院起诉，也可以先申请行政复议，对行政复议决定不服时再起诉；有的则只能先申请行政复议，对行政复议决定不服才能提起行政诉讼；还有的则只能通过行政复议的方式解决，由行政机关对纠纷做出最终裁决。

【例 19-1】下列争议解决方式中，适用于解决平等民事主体当事人之间发生的经济纠纷的有( )。

A. 仲裁　　　B. 民事诉讼　　　C. 行政复议　　　D. 行政诉讼

【例 19-2】某县市场监督管理局对甲公司抽逃资金的行为罚款 1 万元，甲公司不服。对此双方可采取的解决方式有哪些？

二、仲裁的概念及特征

(一) 仲裁的概念

仲裁是平等主体的公民、法人和其他组织之间发生合同纠纷和其他财产权益纠纷时，当事人双方自愿达成协议，请求第三方依照法律做出有法律约束力的裁决。

(二) 仲裁的特征

1. 自愿性

发生争议的当事人决定采用仲裁方式解决纠纷，应当出于双方的完全自愿。当事人之间发生的纠纷是否提交仲裁机构、提交给哪个仲裁机构仲裁、仲裁庭怎样产生、适用何种程序，都是在双方自愿的基础上，由当事人协商确定。当事人可以申请和解、可以申请仲裁机构根据和解协议做出裁决书，也可以申请撤回仲裁申请。任何一方都不得采用胁迫手段，迫使对方订立仲裁协议。因此，仲裁可以充分体现当事人的意愿。

2. 灵活性和快捷性

首先，仲裁程序可以由当事人选定的某一种规则来进行，当事人可以在程序上发挥主动性。与诉讼相比，仲裁程序灵活、简便，不像诉讼那样严格。其次，仲裁采取一裁终局制。做出的裁决当事人如果不服，既不能上诉，也不能重裁，没有诉讼中的两审，也没有诉讼中的各种限制。裁决做出后，当事人就同一纠纷再申请仲裁或者向人民法院起诉的，仲裁委员会或者人民法院不予受理。

3. 较强的保密性

与诉讼相比，仲裁一般不公开进行，即程序不公开和案情、裁决结果不公开。仲裁机构在审理案件过程中不接受媒体的采访，《中华人民共和国仲裁法》(以下简称《仲裁法》)和仲裁规则等相关法律法规都规定仲裁员有保密义务。因此，当事人的商业秘密不会因各种仲裁活动而被泄露，采用仲裁的方式解决纠纷可以较好地保护当事人的商业利益和商业秘密，维护当事人的正当利益。

4. 独立性

仲裁机构是民间组织，与行政机关和社会团体没有隶属关系。《仲裁法》第 8 条规定，仲裁依法独立进行，不受行政机关、社会团体和个人的干涉。该法第 14 条还规定，仲裁机构独立于行政机关，与行政机关没有隶属关系。仲裁机构之间也没有隶属关系。这就保证了仲裁机构能够独立裁决案件，保证案件的公正处理。

5. 仲裁裁决具有强制执行的效力

仲裁机构虽不是司法机关，但做出的裁决具有法律效力，对双方当事人都有约束力，当事人应当执行。当事人一方不履行裁决时，另一方当事人可以依据仲裁机构做出的裁决，向有管辖权的人民法院申请强制执行，受申请的人民法院应当执行。因此，从这一点可以看出，仲裁对当事人有很强的约束力。

三、仲裁的适用范围

(1) 根据《仲裁法》的规定，平等主体的公民、法人和其他组织之间发生的合同纠纷和其他财产权益纠纷，可以仲裁。下列纠纷不能提请仲裁，如关于婚姻、收养、监护、扶养、继承关系。

(2) 依法应当由行政机关处理的行政争议。

(3) 下列仲裁不适用于《仲裁法》，不属于《仲裁法》所规定的仲裁范围，由其他法律予以调整：

① 劳动争议的仲裁；

② 农业集体经济组织内部的农业承包合同纠纷的仲裁。

【例 19-3】根据《仲裁法》的规定，下列各项中可以申请仲裁的是( )。
A. 甲某与村民委员会签订的土地承包合同发生的纠纷
B. 甲、乙两企业间的货物买卖合同纠纷
C. 甲、乙两人的继承遗产纠纷

D. 甲、乙两对夫妇间的收养合同纠纷

E. 某公司与某职工因解除劳动合同发生的争议

F. 王某因不服某公安局对其做出的罚款决定而与该公安局发生的争议

【例 19-4】一工程完工，建设单位请某事务所对工程结算进行审计，事务所出具了报告，后主管单位(投资方)在对工程决算进行行业内部审计中发现，事务所报告中的数字本身多处错误，即进行复查，发现有以假变更等增加的工程款和计算错误未查出。最后，主管部门反复征求意见，施工单位和建设单位等拿不出增加工程款的理由，主管部门下了审计结论，比原结论减少价款几十万元。后施工单位和建设单位签协议到某地仲裁委员会仲裁，申请要求建设单位执行事务所的报告，付工程款。后仲裁庭开庭审理此案，发现报告数字表数字有错，报告内容有的计算项目也有错，但仲裁庭认为事务所的报告施工队和建设方已签字认定，是有效的，不管主管部门的是否认可该报告，应执行事务所的报告。

问题：仲裁庭是否有权仲裁此案？仲裁庭意见是否正确？

第二节 仲裁机构

根据我国《仲裁法》的规定，我国的仲裁机构应该是仲裁委员会和仲裁协议。仲裁委员会是我国的常设仲裁机构，组织日常的仲裁事宜。

一、仲裁委员会

(一) 仲裁委员会的性质：民间组织，且具有法人资格

(1) 不实行地域管辖。仲裁委员会可以在直辖市和省、自治区人民政府所在地的市设立，也可以根据需要在其他设区的市设立，不按行政区划层层设立。

(2) 不实行级别管辖。仲裁委员会独立于行政机关，与行政机关没有隶属关系。仲裁委员会之间也没有隶属关系。

(二) 仲裁委员会的组成

仲裁委员会由主任 1 人、副主任 2～4 人和委员 7～11 人组成。仲裁委员会的组成人员中，法律、经济贸易专家不得少于 2/3。仲裁委员会应当从公道正派的人员中聘任仲裁员，聘任仲裁员应当符合下列条件之一：①从事仲裁工作满 8 年的；②从事律师工作满 8 年的；③曾任审判员满 8 年的；④从事法律研究、教学工作并具有高级职称的；⑤具有法律知识、从事经济贸易等专业工作并具有高级职称或者具有同等专业水平的。

(三) 仲裁庭

仲裁委员会并不直接审理案件，而是由仲裁员组成的仲裁庭负责审理案件。仲裁庭是专为审理某一具体案件而设立的临时性组织。因此，案件一结束，仲裁庭就不再存在。

【例 19-5】根据《仲裁法》的规定，下列关于仲裁委员会的表述中，正确的有( )。

A. 仲裁委员会是司法机关　　　　B. 仲裁委员会不按行政区划层层设立

C. 仲裁委员会独立于行政机关　　D. 仲裁委员会之间没有隶属关系

二、仲裁协会

仲裁协会是仲裁机构为共同发展和维护仲裁事业而组建的自我管理、自我教育、自我服务的自律性组织。中国仲裁协会实行会员制。各种仲裁委员会是中国仲裁协会的法定会员，中国仲裁协会的章程由全国会员大会制定。中国仲裁协会设在北京，根据需要也可在其他地区设立分会。

第三节　仲裁协议

一、仲裁协议的概念及形式

仲裁协议是指当事人双方自愿将已发生的或将来可能发生的纠纷提交仲裁机构裁决的协议。仲裁协议必须是书面形式，口头达成仲裁的意思表示无效。具体包括三种形式。

(1) 合同中订立的仲裁条款。

仲裁条款示范："因本合同引起的或与本合同有关的任何争议，均提请北京仲裁委员会按照该会仲裁规则进行仲裁。仲裁裁决是终局的，对双方均有约束力。"

(2) 纠纷发生前订立的仲裁协议。

(3) 纠纷发生后订立的仲裁协议。

仲裁协议示范：

仲裁协议

甲方：×××(姓名或者名称、住址)

乙方：×××(姓名或者名称、住址)

甲乙双方就×××(写明仲裁的事由)达成仲裁协议如下：

如果双方在履行××合同过程中发生纠纷，双方自愿将此纠纷提交×××仲裁委员会仲裁，其仲裁裁决对双方有约束力。

本协议一式三份，甲乙双方各执一份，×××仲裁委员会一份。

本协议自双方签字之日起生效。

甲方：×××(签字、盖章)

乙方：×××(签字、盖章)

年　　月　　日

二、仲裁协议的内容

根据我国《仲裁法》第 16 条的规定，仲裁协议应当包括下列内容。

(一) 请求仲裁的意思表达

请求仲裁的意思表达是仲裁协议的首要内容。当事人在表达请求仲裁的意思表示需要满足以下四个条件。

(1) 仲裁协议中当事人请求仲裁的意思表达要明确。请求仲裁的意思表示不明确的仲裁协议无法判断当事人的真实意思，仲裁机构也无法受理当事人的仲裁申请。申请仲裁的意思表示明确，最主要是要求通过该意思表示，可以得出当事人排除司法管辖而选择仲裁解决争议的结论。根据这个要求，人们平常所看得到的一些约定，比如约定"因本合同引起的争议由双方协商解决，协商不成的，提交某仲裁机构仲裁或者向法院起诉"等，这样一些约定就是请求仲裁的意思表示不明确的约定。

(2) 请求仲裁的意思表达必须是双方当事人共同的意思表示，而不是一方当事人的意思表示。不能证明是双方当事人的意思表示的仲裁协议是无效的。

(3) 请求仲裁的意思表达必须是双方当事人的真实意思表示，即不存在当事人被胁迫、欺诈等而订立仲裁协议的情况，否则仲裁协议无效。

(4) 请求仲裁的意思表达必须是双方当事人自己的意思表示，而不是任何其他人的意思表示。如上级主管部门不能代替当事人订立仲裁协议。

(二) 仲裁事项

仲裁事项即当事人提交仲裁的具体争议事项。它解决的是"仲裁什么"的问题。在仲裁实践中，当事人只有把订立于仲裁协议中的争议事项提交仲裁，仲裁机构才能受理。同时，仲裁事项也是仲裁庭审理和裁决纠纷的范围。即仲裁庭只能在仲裁协议确定的仲裁事项的范围内进行仲裁，超出这一范围进行仲裁，所做出的仲裁裁决，经一方当事人申请，法院可以不予执行或者撤销。

仲裁协议中约定的仲裁事项，应当符合下面两个条件。

1. 争议事项具有可仲裁性

仲裁协议中双方当事人约定提交仲裁的争议事项，超出法律规定的仲裁范围的，仲裁协议无效。由此可以看出，并不是所有的争议都属于可仲裁的事项，下列争议不属于仲裁的范围。

(1) 涉及当事人身份关系的争议不属于仲裁的范围。例如，甲某与乙某就离婚及共同财产的分割问题达成仲裁协议，请求某仲裁委员会仲裁解决，那么这个仲裁协议肯定是无效的，因为该仲裁协议约定的事项超出了法定仲裁范围。又比如，一个老先生去世后留下一栋房子，他的三个子女为继承之事争执不下，最后三个人约定让某仲裁机构来明断是非，这一约定也超出了法定仲裁范围，因而是无效的。

(2) 不平等的主体之间发生的行政争议不属于可仲裁事项范围，而应由行政复议或行政诉讼来解决。行政争议是行政机关行使行政职权过程中与相对人发生的争议，如行政机关行使行政处罚权、行政许可权等与对方当事人发生的争议等，它涉及行政机关行使行政职权是否合法的问题，这需要由有权力的国家机关来判断，而不应由作为民间机构的仲裁机关来裁决。

(3) 依法应由行政机构处理的纠纷不属于仲裁的范围。对民事纠纷应注意区分是财产纠纷还是侵权纠纷，侵权纠纷中属于权属方面的纠纷，一般不能仲裁。例如，土地所有权、使用权纠纷由行政机关专属管辖，不能采用仲裁方式解决。再如专利、商标等知识产权被侵权，按照我国《专利法》和《商标法》的规定，专利权人或者利害关系人只能向专利管理机关或工商行政机关请求处理，或向人民法院起诉，而不能将争议提交仲裁解决。当事人就上述不属于仲裁范围的事项约定提交仲裁的，仲裁协议无效。

2. 仲裁事项具有明确性

即将什么争议提交仲裁解决应该明确，如在供货合同中，是因产品质量问题引起的争议，还是因产品数量问题引起的争议，或是因整个供货合同引起的争议提交仲裁解决，应在仲裁协议中明确。仲裁机构只解决仲裁事项范围内的争议。在具体约定时，对于已经发生的争议事项，其具体范围比较明确和具体，因而较容易约定。对于未来可能性争议事项要提交仲裁，应尽量避免在仲裁协议中作限制性规定，包括争议性质上的限制、金额上的限制以及其他具体事项的限制，采用宽泛的约定，如可以笼统地约定"因本合同引起的争议"。

(三) 选定的仲裁委员会

仲裁委员会是受理仲裁案件的机构。由于仲裁没有法定管辖的规定，因此，仲裁委员会是由当事人自主选定的。如果当事人在仲裁协议中不选定仲裁委员会，仲裁就无法进行。如果当事人约定了两个以上的仲裁委员会，只要这一约定是明确的，也是可以执行的，当事人选择约定的仲裁机构之一即可。

三、仲裁协议的法律效力

仲裁协议的法律效力即仲裁协议所具有的法律约束力。仲裁协议独立存在，合同的变更、解除、终止或者无效，不影响仲裁协议的效力。一项有效的仲裁协议的法律效力包括对双方当事人的约束力、对法院的约束力和对仲裁机构的约束力。

(一) 对双方当事人的法律效力——约束双方当事人对纠纷解决方式的选择权

仲裁协议一经有效成立，即对双方当事人产生法律效力，双方当事人都受到他们所签订的仲裁协议的约束。发生纠纷后，当事人只能通过向仲裁协议中所确定的仲裁机构申请仲裁的方式解决该纠纷，而丧失了就该纠纷向法院提起诉讼的权利。如果一方当事人违背仲裁协议，就仲裁协议规定范围内的争议事项向法院起诉，另一方当事人有权在首次开庭前依据仲裁协议要求法院停止诉讼程序，法院也应当驳回当事人的起诉。

(二) 对法院的法律效力——仲裁协议排除法院的司法管辖权

有效的仲裁协议可以排除法院对订立于仲裁协议中的争议事项的司法管辖权，这是仲裁协议法律效力的重要体现，也是各国仲裁普遍适用的准则。我国《仲裁法》明确规定，当事人达成仲裁协议，一方向人民法院起诉的，人民法院不予受理，但仲裁协议无效的除外。当事人达成仲裁协议，一方向人民法院起诉未声明有仲裁协议的，人民法院受理后，另一方在首次开庭前提交仲裁协议的，人民法院应当驳回起诉，但仲裁协议无效的除外。当然如果另一方在首次开庭前未对人民法院受理该案提出异议的，视为放弃仲裁协议，人民法院应当继续审理。当事人在首次开庭前未对人民法院受理该案提出异议的，推定当事人默示司法管辖。

(三) 对仲裁机构的法律效力——授予仲裁机构仲裁管辖权并限定仲裁的范围

仲裁协议是仲裁委员会受理仲裁案件的基础，是仲裁庭审理和裁决仲裁案件的依据。没有仲裁协议就没有仲裁机构对仲裁案件的仲裁管辖权。我国《仲裁法》第 4 条规定，没有仲裁协议，一方申请仲裁的，仲裁委员会不予受理。同时，仲裁机构的管辖权又受到仲裁协议的严格限制，即仲裁庭只能对当事人在仲裁协议中约定的争议事项进行仲裁，而对仲裁协议约定范围以外的其他争议无权仲裁。

(四) 仲裁协议效力的确认机构

根据我国有关法律的规定，现在有权确认仲裁协议有效与否的机构主要有两个：一个是人民法院；另一个是仲裁机构。《仲裁法》第 20 条规定，当事人对仲裁协议的效力有异议的，可以请求仲裁委员会做出决定或者请求法院做出裁定。一方请求仲裁委员会做出决定，另一方请求法院做出裁定的，由法院裁定。当事人对仲裁协议的效力有异议，应当在仲裁庭首次开庭前提出。

四、仲裁协议无效的情形

根据我国《仲裁法》的规定，仲裁协议在下列情形下无效。

(一) 以口头方式订立的仲裁协议

我国《仲裁法》第 16 条规定了仲裁协议的形式要件，即仲裁协议必须以书面方式订立。因此以口头方式订立的仲裁协议不受法律的保护。

(二) 约定的仲裁事项超出法律规定的仲裁范围

我国《仲裁法》第 2 条和第 3 条规定，平等主体之间的合同纠纷和其他财产权益纠纷可以仲裁，而婚姻、收养、监护、扶养、继承纠纷以及依法应当由行政机关处理的行政争议不能仲裁。

(三) 无民事行为能力人或者限制民事行为能力人订立的仲裁协议

为了维护民商事关系的稳定性及保护未成年人和其他无行为能力人、限制行为能力人的合法权益，法律要求签订仲裁协议的当事人必须具备完全的行为能力，否则，仲裁协议无效。

(四) 一方采取胁迫手段，迫使对方订立仲裁协议

自愿原则是仲裁制度的根本原则，它贯穿于仲裁程序的始终。仲裁协议的订立，也必须是双方当事人在平等协商基础上的真实意思表示。而以胁迫的手段与对方当事人订立仲裁协议，违反了自愿原则，所订立的仲裁协议不是双方当事人的真实意愿，不符合仲裁协议成立的有效要件。

(五) 没有约定或约定不明确

仲裁协议对仲裁事项没有约定或约定不明确，或者仲裁协议对仲裁委员会没有约定或者约定不明确，当事人对此又达不成补充协议的，仲裁协议无效。仲裁协议中要明确规定仲裁事项

和选定的仲裁委员会,这是《仲裁法》对仲裁协议的基本要求。如果仲裁协议中没有对此进行约定或者约定不明确,该仲裁协议则具有瑕疵。对于有瑕疵的仲裁协议,法律规定是可以补救的,即双方当事人可以达成补充协议。如果未能达成补充协议,仲裁协议即为无效。

五、仲裁协议的失效

仲裁协议的失效是指一项有效的仲裁协议因特定事由的发生而丧失其原有的法律效力。仲裁协议的失效不同于仲裁协议的无效,它们的根本区别在于,仲裁协议的失效是原本有效的仲裁协议在特定条件下失去了其效力,而仲裁协议的无效是该仲裁协议自始就没有法律效力。仲裁协议在下列情形下失效。

(一) 争议事项得到解决

基于仲裁协议,仲裁庭做出的仲裁裁决被当事人自觉履行或者被法院强制执行,即仲裁协议约定的提交仲裁的争议事项得到最终解决,该仲裁协议因此而失效。我国《仲裁法》第9条规定,裁决做出后,当事人就同一纠纷再申请仲裁或者向人民法院起诉的,仲裁委员会或者人民法院不予受理。

(二) 当事人放弃仲裁协议

当事人协议放弃已签订的仲裁协议,则该仲裁协议失效。协议放弃已订立的仲裁协议与协议订立仲裁协议一样,都是当事人的权利,仲裁协议一经双方当事人协议放弃,则失去效力。当事人协议放弃仲裁协议的具体表现为以下几种。

(1) 双方当事人通过达成书面协议,明示放弃了原有的仲裁协议。

(2) 双方当事人通过达成书面协议,变更了纠纷解决方式。如当事人一致选择通过诉讼方式解决纠纷,从而使仲裁协议失效。

(3) 当事人通过默示行为变更了纠纷解决方式,使仲裁协议失效。如双方当事人达成了仲裁协议,一方当事人向人民法院起诉而未声明有仲裁协议,人民法院受理后,对方当事人未提出异议并应诉答辩的,视为放弃仲裁协议。

(4) 附期限的仲裁协议因期限届满而失效。如当事人在仲裁协议中约定,该仲裁协议在签订后的6个月内有效,如果超过了6个月的约定期限,已签订的仲裁协议失效。

(5) 基于仲裁协议,仲裁庭做出的仲裁裁决被法院裁定撤销或不予执行,该仲裁协议失效。我国《仲裁法》第9条规定,裁决被人民法院依法裁定撤销或者不予执行的,当事人就该纠纷可以根据双方重新达成的仲裁协议申请仲裁,也可以向人民法院起诉。

第四节　仲裁程序

一、申请和受理

当事人申请仲裁,应当向仲裁委员会递交仲裁协议、仲裁申请书及副本。仲裁委员会收到仲裁申请书之日起5日内,认为符合受理条件的,应当受理,并通知当事人;认为不符合受理条件的,应当书面通知当事人不予受理,并说明理由。

(一) 仲裁申请书应当载明的事项

(1) 当事人的姓名、性别、年龄、职业、工作单位和住所，法人或者其他组织的名称、住所和法定代表人或者主要负责人的姓名、职务。

(2) 仲裁请求和所根据的事实、理由。

(3) 证据和证据来源、证人的姓名和住所。

(二) 当事人申请仲裁应当符合的条件

(1) 有仲裁协议。

(2) 有具体的仲裁请求和事实、理由。

(3) 属于仲裁委员会的受理范围。

仲裁委员会受理仲裁申请后，应当在仲裁规则规定的期限内将仲裁规则和仲裁员名册送达申请人，并将仲裁申请书副本和仲裁规则、仲裁员名册送达被申请人。

被申请人收到仲裁申请书副本后，应当在仲裁规则规定的期限内向仲裁委员会提交答辩书。仲裁委员会收到答辩书后，应当在仲裁规则规定的期限内将答辩书副本送达申请人。被申请人未提交答辩书的，不影响仲裁程序的进行。

二、组成仲裁庭

(一) 仲裁庭的组成

仲裁庭可以由三名仲裁员或者一名仲裁员组成。由三名仲裁员组成的，设首席仲裁员。

1. 独任仲裁庭

当事人约定由一名仲裁员成立仲裁庭的，应当由当事人共同选定或者共同委托仲裁委员会主任指定仲裁员。

2. 合议仲裁庭

当事人约定由三名仲裁员组成仲裁庭的，应当各自选定或者各自委托仲裁委员会主任指定一名仲裁员，第三名仲裁员由当事人共同选定或者共同委托仲裁委员会主任指定。第三名仲裁员是首席仲裁员。

当事人没有在仲裁规则规定的期限内约定仲裁庭的组成方式或者选定仲裁员的，由仲裁委员会主任指定。

(二) 回避制度

仲裁员有下列情形之一的，必须回避，当事人也有权提出回避申请：①本案当事人或者当事人、代理人的近亲属；②与本案有利害关系的；③与本案当事人、代理人有其他关系，可能影响公正仲裁的；④私自会见当事人、代理人，或者接受当事人、代理人的请客送礼的。

当事人提出回避申请，应当说明理由，在首次开庭前提出。回避事由在首次开庭后知道的，可以在最后一次开庭终结前提出。仲裁员是否回避，由仲裁委员会主任决定；仲裁委员会主任担任仲裁员时，由仲裁委员会集体决定。

三、开庭审理

仲裁应当开庭进行，当事人协议不开庭的，仲裁庭可以根据仲裁申请书、答辩书以及其他材料做出裁决。仲裁不公开进行，当事人协议公开的，可以公开进行，但涉及国家秘密的除外。

(一) 通知开庭

组成仲裁庭后，仲裁委员会应当在仲裁规则规定的期限内将开庭日期通知双方当事人。当事人有正当理由的，可以在仲裁规则规定的期限内请求延期开庭。是否延期，由仲裁庭决定。

申请人经书面通知，无正当理由不到庭或者未经仲裁庭许可中途退庭的，可以视为撤回仲裁申请。被申请人经书面通知，无正当理由不到庭或者未经仲裁庭许可中途退庭的，可以缺席裁决。

(二) 举证

当事人应当对自己的主张提供证据。仲裁庭认为有必要收集的证据，可以自行收集。仲裁庭对专门性问题认为需要鉴定的，可以交由当事人约定的鉴定部门鉴定，也可以由仲裁庭指定的鉴定部门鉴定。在证据可能灭失或者以后难以取得的情况下，当事人可以申请证据保全。当事人申请证据保全的，仲裁委员会应当将当事人的申请提交证据所在地的基层人民法院。

(三) 先行和解与调解

当事人申请仲裁后，可以自行和解。达成和解协议的，可以请求仲裁庭根据和解协议做出裁决书，也可以撤回仲裁申请。当事人达成和解协议，撤回仲裁申请后反悔的，可以根据原仲裁协议或重新约定的仲裁协议申请仲裁。做出裁决书的不能反悔。

仲裁庭在做出裁决前，可以先行调解。当事人自愿调解的，仲裁庭应当调解。调解不成的，应当及时做出裁决。调解达成协议的，仲裁庭应当制作调解书或者根据协议的结果制作裁决书。调解书与裁决书具有同等法律效力。调解书经双方当事人签收后，即发生法律效力。在调解书签收前当事人反悔的，仲裁庭应当及时做出裁决。

四、仲裁裁决

裁决应当按照多数仲裁员的意见做出，少数仲裁员的不同意见可以记入笔录。仲裁庭不能形成多数意见时，裁决应当按照首席仲裁员的意见做出。仲裁庭仲裁纠纷时，其中一部分事实已经清楚，可以就该部分先行裁决。

裁决书应当写明仲裁请求、争议事实、裁决理由、裁决结果、仲裁费用的负担和裁决日期。当事人协议不愿写明争议事实和裁决理由的，可以不写。裁决书由仲裁员签名，加盖仲裁委员会印章。对裁决持不同意见的仲裁员，可以签名，也可以不签名。裁决书自做出之日起发生法律效力，因为仲裁原则上不公开审理，所以也没有宣判的问题。

五、仲裁裁决的撤销

(一) 可申请撤销仲裁裁决的理由

(1) 没有仲裁协议的。

(2) 裁决的事项不属于仲裁协议的范围或者仲裁委员会无权仲裁的。

(3) 仲裁庭的组成或者仲裁的程序违反法定程序的。

(4) 裁决所根据的证据是伪造的。

(5) 对方当事人隐瞒了足以影响公正裁决的证据的。

(6) 仲裁员在仲裁该案时有索贿受贿，徇私舞弊，枉法裁决行为的。

人民法院经组成合议庭审查核实裁决有前款规定情形之一的，应当裁定撤销。

(二) 申请(必须是仲裁当事人)撤销仲裁裁决的管辖和期限

当事人提出证据证明裁决有上述六种情形之一的，可以向仲裁委员会所在地的中级人民法院申请撤销裁决。当事人申请撤销裁决的，应当自收到裁决书之日起 6 个月内提出。

(三) 法院对申请撤销仲裁裁决的处理

法院应当在受理撤销裁决申请之日起 2 个月内做出撤销裁决或者驳回申请的裁定；仲裁裁决被法院撤销后，因为原来的仲裁协议或本身并不存在，或无效，或失效，当事人必须重新签订仲裁协议仲裁或向有管辖权的法院起诉；法院做出的驳回当事人申请撤销仲裁裁决的裁定不得上诉，此时仲裁裁决有强制执行力。

法院受理撤销裁决的申请后，认为可以由仲裁庭重新仲裁的，通知仲裁庭在一定期限内重新仲裁(无须重新组成仲裁庭)，并裁定中止撤销程序。仲裁庭拒绝重新仲裁的，法院应当裁定恢复撤销程序。

六、仲裁裁决的执行与不执行

(一) 仲裁裁决的执行

仲裁裁决一经做出就发生法律效力，当事人应当履行裁决。如果一方当事人不履行的，另一方当事人可以依照民事诉讼法的有关规定向人民法院申请执行。受申请的人民法院应当执行。申请执行的期限，双方或一方当事人是公民的为 1 年，双方是法人或其他组织的为 6 个月。执行法院为被执行人住所地或被执行人财产所在地的法院。

(二) 仲裁裁决的不执行

人民法院对当事人的执行申请应当及时执行。但是如果被申请人提出证据证明仲裁裁决有下列情形之一的，经法院组成合议庭审查核实，裁定不予执行。

(1) 当事人在合同中没有订有仲裁条款或者事后没有达成书面仲裁协议的。

(2) 裁决的事项不属于仲裁协议的范围或者仲裁机构无权仲裁的；仲裁机构裁决的事项部分属于仲裁协议的范围，部分超出仲裁协议范围的，对超出部分，法院应当裁定不予执行。

(3) 仲裁庭的组成或者仲裁的程序违反法定程序的。

(4) 认定事实的主要证据不足的。

(5) 适用法律确有错误的。

(6) 仲裁员在仲裁该案时有贪污受贿、徇私舞弊、枉法裁决行为的。

(7) 法院认定执行该裁决违背社会公共利益的，裁定不予执行。

一方当事人申请执行裁决，另一方当事人申请撤销裁决的，人民法院应当裁定中止执行。

人民法院裁定撤销裁决的，应当裁定终结执行。撤销裁决的申请被裁定驳回的，人民法院应当裁定恢复执行。

<h1 style="text-align:center">【复习思考题】</h1>

1. 什么是仲裁？其特征是什么？
2. 仲裁协议无效的情形有哪些？

第二十章

民事诉讼法

▌ 学习目标

通过本章的学习，学生可以了解民事诉讼的概念及特征；掌握民事诉讼的适用范围和审判制度；理解民事案件的管辖权，诉讼时效期间的中止、中断和延长。

▌ 案例导入

甲市某高校8名学生利用假日乘坐甲市运输公司的长途汽车去乙市某风景点旅游，汽车行至丁市，司机称汽车刹车故障，请8名学生下车另搭汽车到目的地，并退还剩余车费。学生认为剩余车费不够他们到达目的地，认为司机应该赔偿耽误他们的时间造成的经济损失，司机不同意，因此产生了分歧，8名学生约定去法院起诉该运输公司。

回答下列问题并说明理由：

(1) 8位学生应向哪里的法院起诉？

(2) 如果8位学生向几个法院都递交了起诉状，如何确定管辖法院？

(3) 若有管辖权的法院之间就本案管辖权问题发生了争议，如何确定管辖法院？

第一节　民事诉讼概述

一、民事诉讼的概念及特征

(一) 民事诉讼的概念

民事诉讼是指人民法院运用诉讼程序，在当事人及其他诉讼参与人的参加下，查明事实、分清是非，正确适用法律，保护当事人合法权益的审判程序和法律制度。民事诉讼制度是我国三大诉讼制度之一，按照有关规定，我国当前在经济活动中涉及的有关诉讼事宜，依照《中华人民共和国民事诉讼法》(以下简称《民事诉讼法》)的规定进行。

(二) 民事诉讼的特征

1. 公权性

民事诉讼是以司法方式解决平等主体之间的纠纷，是由法院代表国家行使审判权解决民事争议。它既不同于群众自治组织性质的人民调解委员会以调解方式解决纠纷，也不同于由民间性质的仲裁委员会以仲裁方式解决纠纷。

2. 强制性

民事诉讼的强制性既表现在案件的受理上，又反映在裁判的执行上。调解、仲裁均建立在当事人自愿的基础上，只要有一方不愿意选择上述方式解决争议，调解、仲裁就无从进行。民事诉讼则不同，只要原告起诉符合《民事诉讼法》规定的条件，无论被告是否愿意，诉讼均会发生。诉讼外调解协议的履行依赖于当事人的自觉，不具有强制力，法院裁判则不同，当事人不自动履行生效裁判所确定的义务，法院可以依法强制执行。

3. 程序性

民事诉讼是依照法定程序进行的诉讼活动，无论是法院还是当事人和其他诉讼参与人，都需要按照民事诉讼法设定的程序实施诉讼行为，违反诉讼程序常常会引起一定的法律后果。调解没有严格的程序规则，仲裁虽然也需要按预先设定的程序进行，但其程序相当灵活，当事人对程序的选择权也较大。

4. 特定性

它解决的争议是有关民事权利义务的争议。不是民事主体之间民事权益发生争议，不能纳入民事诉讼程序处理，如伦理上的冲突、政治上的争议、宗教上的争议或者科学上的争议等不能成为民事诉讼调整的对象。

5. 自由性

民事诉讼中的原告有权依法处分其诉讼权利和实体权利，被告也有权处分其诉讼权利和实体权利。对法院发生法律效力的判决，胜诉的一方当事人可以申请执行，也可以不申请执行。但是，在刑事诉讼和行政诉讼中情况则不同，刑事诉讼中公诉人与被告人不能进行和解或调解，行政诉讼中就行政法律关系的争议，也不适用调解方式解决，作为当事人一方的行政机关胜诉后也无权放弃自己的权利。

二、民事诉讼的适用范围和审判制度

(一) 适用范围

(1) 因民法、婚姻法、收养法、继承法等调整的平等主体之间的财产关系和人身关系发生的民事案件，如合同纠纷、房产纠纷、侵害名誉权纠纷等。

(2) 因经济法、劳动法调整的社会关系发生的争议，法律规定适用民事诉讼程序审理的案件，如企业破产案件、劳动合同纠纷等。

(3) 适用特别程序审理的选民资格案件和宣告公民失踪、死亡等非讼案件。

(4) 按照督促程序解决的债务案件。

(5) 按照公示催告程序解决的宣告票据和有关事项无效的案件。

(二) 审判制度

1. 合议制度

(1) 法院审理第一审民事案件，除适用简易程序审理的民事案件由审判员一人独任审理外，一律由审判员、陪审员共同组成合议庭或者由审判员组成合议庭。

(2) 法院审理第二审民事案件，由审判员组成合议庭。合议庭的成员，应当是 3 人以上的单数。

2. 回避制度

参与某案件民事诉讼活动的审判人员、书记员、翻译人员、鉴定人、勘验人是案件的当事人或者当事人、诉讼代理人的近亲属，或者与案件有利害关系，或者与案件当事人有其他关系、可能影响对案件公正审理的，当事人有权用口头或者书面方式申请他们回避(不包括证人)。

3. 公开审判制度

法院审理民事或行政案件，除涉及国家秘密、个人隐私或者法律另有规定外，应当公开进行。不论案件是否公开审理，一律公开宣告判决。

4. 两审终审制度

一个诉讼案件经过两级法院审判后即终结。根据《人民法院组织法》我国法院分为四级：最高法院、高级法院、中级法院、基层法院。除最高法院外，其他各级法院都有自己的上一级法院。一审审判后，当事人如果不服，有权在法定期限内向上一级法院提起上诉，由该上一级法院进行第二审。

提示：

①适用特别程序、督促程序、公示催告程序和企业法人破产还债程序审理的案件，实行一审终审。②对终审判决、裁定，当事人不得上诉。如果发现终审裁判确有错误，可以通过审判监督程序予以纠正。

【例20-1】下列关于我国审判制度有关内容的表述中，正确的有(   )。
A. 人民法院审理案件依法实行合议制度
B. 合议庭评议案件实行少数服从多数原则
C. 人民法院审理案件一律公开宣告判决
D. 人民法院审理案件依法实行两审终审制度

第二节　民事案件的管辖

一、民事案件管辖的概念

民事案件的管辖是指各级人民法院和同级人民法院之间，受理第一审民事案件的分工和权限。它是在人民法院系统内部划分和确定某级或者同级中的某个人民法院对某一民事案件行使审判权的问题。

二、民事案件管辖的分类

(一) 级别管辖

级别管辖是指划分上下级法院之间受理第一审民事案件的分工和权限。我国有基层人民法院、中级人民法院、高级人民法院和最高人民法院四级法院,它们都可以受理第一审民事案件,但绝大多数仍由基层法院作为第一审法院。中级人民法院管辖下列第一审民事案件:①重大涉外案件;②在本辖区有重大影响的案件;③最高人民法院确定由中级人民法院管辖的案件。高级人民法院管辖在本辖区有重大影响的第一审民事案件。最高人民法院管辖下列第一审民事案件:①在全国有重大影响的案件;②认为应当由本院审理的案件。

(二) 地域管辖

地域管辖是指按地域标准,即人民法院的辖区和公民的隶属关系确定的管辖。它是同级人民法院受理第一审民事案件的分工。地域管辖又分为一般地域管辖、特殊地域管辖和专属管辖等。

1. 一般地域管辖

一般地域管辖又称普通管辖,是指以当事人住所地与法院辖区的关系来确定管辖法院。通常实行“原告就被告”原则,即民事诉讼由被告所在地人民法院管辖。

被告住所地是指公民的户籍所在地,法人的主营业地或主要办事机构所在地。被告住所地与经常居住地不一致的,由经常居住地人民法院管辖。经常居住地是指公民离开住所地至起诉时连续居住一年以上的地方,但公民住院就医的地方除外。如果被告是不具有法人资格的其他组织形式,又没有办事机构,则应由被告注册登记地人民法院管辖。

一般地域管辖的例外,即民事诉讼由原告所在地人民法院管辖:①对不在中华人民共和国领域内居住的人提起的有关身份关系的诉讼;②对下落不明或者宣告失踪的人提起的有关身份关系的诉讼;③对正在被劳动教养的人提起的诉讼;④对正在被监禁的人提起的诉讼。

2. 特殊地域管辖

特殊地域管辖又称特别地域管辖,是指以诉讼标的所在地或者引起民事法律关系发生、变更、消灭的法律事实所在地为标准确定的管辖。《民事诉讼法》规定了以下10种属于特殊地域管辖的诉讼。

(1) 因合同纠纷提起的诉讼,由被告住所地或者合同履行地法院管辖。合同的双方当事人可以在书面合同中协议选择被告住所地、合同履行地、合同签订地、原告住所地、标的物所在地法院管辖,但不得违反《民事诉讼法》对级别管辖和专属管辖的规定。

(2) 因保险合同纠纷提起的诉讼,由被告住所地或者保险标的物所在地法院管辖。

(3) 因票据纠纷提起的诉讼,由票据支付地或者被告住所地法院管辖。

(4) 因公司设立、确立股东资格、分配利润、解散等纠纷提起的诉讼,由运输始发地、目的地或者被告住所地法院管辖。

(5) 因铁路、公路、水上、航空运输和联合运输合同纠纷提起的诉讼,由运输始发地、目的地或者被告住所地法院管辖。

(6) 因侵权行为提起的诉讼,由侵权行为地(包括侵权行为实施地、侵权结果发生地)或者被告住所地法院管辖。

(7) 因铁路、公路、水上和航空事故请求损害赔偿提起的诉讼，由事故发生地或者车辆、船舶最先到达地、航空器最先降落地或者被告住所地法院管辖。

(8) 因船舶碰撞或者其他海事损害事故请求损害赔偿提起的诉讼，由碰撞发生地、碰撞船舶最先到达地、加害船舶被扣留地或者被告住所地法院管辖。

(9) 因海难救助费用提起的诉讼，由救助地或者被救助船舶最先到达地法院管辖。

(10) 因共同海损提起的诉讼，由船舶最先到达地、共同海损理算地或者航程终止地法院管辖。

提示：

海难救助费用、共同海损提起的诉讼，没有被告所在地法院管辖。

【例 20-2】2010 年甲企业得知竞争对手乙企业在 M 地的营销策略将会进行重大调整，于是到乙企业设在 N 地的分部窃取乙企业内部机密文件，随之采取相应对策，给乙企业在 M 地的营销造成重大损失。乙企业经过调查掌握了甲企业的侵权证据，拟向法院提起诉讼。请问其可以选择提起诉讼的法院有哪些？

3. 专属管辖

专属管辖对某些特定类型的案件，法律强制规定只能由特定的人民法院行使管辖权，当事人不能协议变更。主要包括以下几个方面：

(1) 因不动产纠纷提起的诉讼，由不动产所在地法院管辖；

(2) 因港口作业中发生纠纷提起的诉讼，由港口所在地法院管辖；

(3) 因继承遗产纠纷提起的诉讼，由被继承人死亡时住所地或者主要遗产所在地法院管辖。

【例 20-3】孙甲、孙乙二人系兄弟，早先兄弟俩曾共同出资在原籍 A 市修建住宅一幢，共同居住。以后，兄弟二人先后来到 B 市工作。甲的家属亦调到 B 市工作。乙的家属仍在 A 市工作，并住在原房中。1995 年 8 月，甲想退休回 A 市养老，要其弟乙腾出一部分房屋，乙不同意腾房，只愿补偿房屋价款。兄弟二人遂发生争议，甲准备诉请法院解决。请问本案应由哪个法院管辖？

4. 共同管辖

共同管辖指依照法律规定，两个或两个以上的人民法院对同一诉讼案件都有管辖权。原告可以向其中一个法院起诉；原告向两个以上有管辖权的法院起诉的，由"最先立案"的法院管辖。当事人可以选择一个人民法院起诉，称为选择管辖。

5. 协议管辖

协议管辖又称合意管辖或约定管辖，是指双方当事人在民事纠纷发生之前或者发生之后，以书面方式约定管辖法院。协议管辖的效力优于地域管辖，但低于专属管辖。协议管辖的条件包括：①只对第一审民事案件中的合同纠纷适用；②当事人必须在法律规定的范围内进行选择，如被告住所地、合同履行地、合同签订地、原告住所地、标的物所在地等；③协议必须采用书面形式；④当事人必须做出确定的、单一的选择；⑤不得违反《民事诉讼法》关于级别管辖和专属管辖的规定。

(三) 移送管辖和指定管辖

1. 移送管辖

移送管辖指法院受理民事案件之后，发现自己对案件并无管辖权，依法将案件移送有管辖权的法院受理。它是对管辖错误的纠正措施。

2. 指定管辖

指定管辖是指上级人民法院以裁定的方式，指定其辖区内的下级人民法院对某一民事案件行使管辖权。《民事诉讼法》第 37 条规定，有管辖权的人民法院由于特殊原因，不能行使管辖权的，由上级人民法院指定管辖。人民法院之间因管辖权发生争议，由争议双方协商解决；协商解决不了的，报请他们的共同上级人民法院指定管辖。

三、管辖权异议

管辖权异议是指法院受理民事案件以后，当事人向受诉法院提出的不服该法院对本案行使管辖权的意见或者主张。异议成立，裁定将案件移送有管辖权的法院；异议不成立，裁定驳回。当事人对管辖权异议的裁定不服，可以在裁定书送达后 10 日内向上一级人民法院提出上诉，但并不能申请复议。

管辖权异议的条件：①提出管辖权异议的主体，只能是本案的被告；②管辖权异议的客体，是第一审民事案件的管辖权，地域管辖和级别管辖均可提出；③提出管辖权异议的时间，必须在提交答辩状期间；④提出管辖权异议的形式，应以书面形式提出。

【例 20-4】关于管辖权异议的表述，下列选项错误的是(　　　　)。
A. 当事人对一审案件的地域管辖和级别管辖均可提出异议
B. 通常情况下，当事人只能在提交答辩状期间提出管辖异议
C. 管辖权异议成立的，法院应当裁定将案件移送有管辖权的法院；异议不成立的，裁定驳回
D. 对于生效的管辖权异议裁定，当事人可以申请复议一次，但不影响法院对案件的审理

第三节　审判组织和诉讼参与人

一、审判组织

审判组织是指人民法院审理案件的内部组织形式。根据审理案件的性质可分为刑事审判组织、民事审判组织和行政审判组织。人民法院审理案件的组织形式通常有二种：独任制、合议制。民事审判组织是人民法院行使审判权，对民事案件、经济纠纷案件进行审理和裁判的组织形式。根据我国《民事诉讼法》的规定，人民法院审判民事案件、经济纠纷案件的组织形式有以下两种。

(一) 合议制

合议制是由审判员和陪审员共同组成合议庭或者由审判员组成合议庭对具体案件进行审

判的制度。合议庭的成员人数必须是单数，案件的审级不同，合议庭的组成也不同。

1. 第一审合议庭的组成

第一审合议庭有两种情况：一种是由审判员、陪审员共同组成合议庭。陪审员直接从群众中选举产生，或者由人民法院临时邀请参与案件的审理，行使审判权的非专职审判人员。陪审员在执行陪审职务时，与审判员有同等的权利义务。另一种是全部由审判员组成的合议庭。

2. 第二审合议庭的组成

人民法院审判第二审民事案件，合议庭必须全部由审判员组成。这是第二审民事案件的审判组织与第一审民事案件审判组织的重要区别之一。这一特点是由第二审的任务和性质决定的。无论是第一审还是第二审，合议庭的成员都必须是单数。

3. 重审或再审案件合议庭的组成

发回重审的案件，原审人民法院应当按照第一审程序另行组成合议庭。再审案件合议庭的组成，应当按原审案件原来的审级确定，即原来是第一审的，按照第一审程序另行组成合议庭；原来是第二审的或者是上级人民法院提审的，按照第二审程序另行组成合议庭。

不论再审案件原来是由独任审判员审理或由合议庭审理，再审时都必须适用合议庭形式进行审理。上级人民法院提审的再审案件，无论原来是第一审或第二审，均应按照二审程序组成合议庭进行审理。合议庭必须由一人担任审判长，主持合议庭的审判活动。审判长由院长或庭长指定审判员一人担任；院长或庭长参加合议庭的，由院长或庭长担任审判长。合议庭是集体审判组织，合议庭评议案件，实行少数服从多数的原则。评议应当制作笔录，评议中的不同意见必须如实记入笔录。评议笔录对外保密，不得向诉讼参与人泄漏。

(二) 独任制

独任制是由一名审判员负责对案件进行审判的制度。适用简易程序审理的民事案件，适用特别程序的选民资格案件或者重大、疑难的案件以外的其他案件，由审判员一人独任审理。即独任制只适用于基层人民法院依第一审程序审理的简单民事案件或按特别程序审理的一般非诉讼案件。

二、诉讼参与人

(一) 诉讼当事人

当事人有广义与狭义之分。狭义的当事人仅指原告与被告，而广义的当事人除了包括狭义的当事人外，还包括共同诉讼人、诉讼代理人、第三人，特别程序中的申请人和起诉人，执行程序中的申请执行人和被申请执行人。

1. 原告和被告

民事诉讼当事人是以自己的名义请求人民法院保护民事权利或者法律关系，受人民法院裁判约束的起诉方和被诉方。民事诉讼当事人因审级和程序的不同而有不同的称谓：在第一审普通程序和简易程序中，称为原告和被告；在第二审程序中，称为上诉人和被上诉人；在特别程序中，称为申请人、起诉人；在审判监督程序中，若适用第一审程序审理，分别称为原审原告、原审被告、原审第三人；若适用第二审程序审理，则分别称为原审上诉人、原审被上诉人、原审第三人；在执行程序中，则称为申请人和被申请人(或申请执行人和被执行人)。

2. 共同诉讼人

共同诉讼是指当事人一方或双方为两人以上的诉讼，分为必要共同诉讼和普通共同诉讼。当两人或两人以上共同作为一方当事人时，称为共同诉讼人。

必要共同诉讼是指当事人一方或者双方为两人以上，诉讼标的是同一的，法院必须合并审理并合一判决的共同诉讼。必要共同诉讼的一方当事人对诉讼标的有共同权利义务的，其中一人的诉讼行为经其他共同诉讼人承认，对其他共同诉讼人发生效力。

普通共同诉讼又称为非必要共同诉讼，是指当事人一方或者双方为两人或两人以上，其诉讼标的属于同种类，经当事人同意，人民法院将其合并审理而形成的诉讼。普通共同诉讼人虽在同一诉讼中进行诉讼，但其诉讼行为是独立的，其中任何一个共同诉讼人的诉讼行为，对其他共同诉讼人均不发生效力。

3. 诉讼代表人

代表人诉讼也称群体诉讼或集团诉讼，是指当事人一方或者双方人数众多(下限 10 人)，并且诉讼标的相同或者属于同一种类，由其中一人或数人代表全体进行诉讼，全体当事人承受由此而产生的诉讼结果的诉讼制度。

诉讼代表人是指代表人诉讼中的人数众多一方当事人从本方当事人中推选出的、为维护本方利益进行诉讼的人。由全体当事人推选 2~5 人作为诉讼代表人代表全体进行诉讼，每位代表人可以委托 1~2 人作为诉讼代理人。

4. 诉讼第三人

民事诉讼中的第三人是指对他人之间的诉讼标的具有独立的请求权，或者虽无独立请求权，但案件的处理结果同他有法律上的利害关系，而参加诉讼的人。诉讼第三人分为有独立请求权的第三人和无独立请求权的第三人。前者是指对原被告双方争议的诉讼标的主张全部或部分权利，而参加到诉讼中的人；后者是指对争议的诉讼标的不主张自己有独立的权利，但因案件处理结果与自己有法律上的利害关系，为了保护自己的利益而申请参加或者法院通知其参加到已开始的诉讼中去的人。

(二) 诉讼代理人

诉讼代理人是指以当事人的名义，在法律规定或者当事人授权的范围内，代理当事人一方进行诉讼活动的人。它具有以下特征：有诉讼行为能力；以被代理人的名义，为了维护被代理人的利益进行诉讼活动；在代理权限范围内实施诉讼行为；诉讼代理的法律后果由被代理人承担；在同一案件中只能代理一方当事人进行诉讼。

诉讼代理人分为法定代理人和委托代理人。前者指根据法律的直接规定，代理无诉讼行为能力的当事人进行诉讼的人。无诉讼行为能力人由他的监护人作为法定代理人代为诉讼。后者指接受被代理人的授权委托代为进行诉讼活动的人。

(三) 其他诉讼参与人

其他诉讼参与人主要是指与案件审理有重要关系的人，如证人、鉴定人、勘验人员和翻译人员等。

第四节 诉讼时效和判决与执行

一、诉讼时效

(一) 诉讼时效的概念

诉讼时效是指权利人在法定期间内不行使权利而失去诉讼保护的制度。

提示:

诉讼时效的作用是: 督促权利人及时行使权利; 维护既定的法律秩序的稳定; 有利于证据的收集和判断。

诉讼时效期间届满, 权利人丧失的是胜诉权, 即丧失依诉讼程序强制义务人履行义务的权利; 权利人的实体权利并不消灭, 债务人自愿履行的, 不受诉讼时效限制。

(二) 诉讼时效期间

诉讼时效期间包括普通诉讼时效期间和最长诉讼时效期间, 具体区别参照表20-1。

1. 普通诉讼时效期间

向人民法院请求保护民事权利的诉讼时效期间为 3 年, 法律另有规定的, 依照其规定。

诉讼时效期间自权利人知道或者应当知道权利受到损害以及义务人之日起计算。法律另有规定的, 依照其规定。

提示:

既知道权利受到侵害, 又知道义务人时, 诉讼时效期间才起算; 只知道权利受到侵害, 而不知道义务人时, 诉讼时效期间不起算。

2. 最长诉讼时效期间(也称绝对时效期间)

最长诉讼时效期间为 20 年。自权利受到损害之日起超过 20 年的, 人民法院不予保护, 即对在 20 年内始终不知道或者不可能知道自己权利受侵害的当事人, 法律也不再予以诉讼保护。有特殊情况的, 人民法院可以根据权利人的申请决定延长。

表20-1 普通诉讼时效期间和最长诉讼时效期间的区别表

类型	起算点	长度
普通诉讼时效期间	知道或者应当知道权利受到损害以及义务人时起算	3 年
最长诉讼时效期间	权利受到损害之日起算	20 年

(三) 诉讼时效期间的中止、中断和延长

诉讼时效期间的中止是指在诉讼时效期间的最后 6 个月内, 因下列障碍, 不能行使请求权的, 诉讼时效中止: ①不可抗力; ②权利被侵害的无民事行为能力人、限制民事行为能力人没有法定代理人, 或者法定代理人死亡、丧失民事行为能力、丧失代理权; ③继承开始后未确定继承人或遗产管理人; ④权利人被义务人或其他人控制; ⑤其他导致权利人不能行使请求权的障碍。

提示：

自中止的原因消除之日起满 6 个月，诉讼时效期间届满。

诉讼时效期间的中断是指有下列情形之一的，诉讼时效中断，从中断、有关程序终结时起，诉讼时效期间重新计算：①权利人向义务人提出履行请求；②义务人同意履行义务；③权利人提起诉讼或者申请仲裁；④与提起诉讼或者申请仲裁具有同等效力的其他情形。

诉讼时效期间的延长是指在诉讼时效期间届满后，权利人基于某种正当理由要求法院根据具体情况延长时效期间，经法院审查确认后决定延长的制度。

诉讼时效的期间、计算方法以及中止、中断的事由由法律规定，当事人约定无效。

【例 20-5】根据民事法律制度的规定，下列各项中，可导致诉讼时效中断的情形有(　　)。

A. 当事人提起诉讼　　　　　　B. 当事人一方提出要求

C. 当事人同意履行义务　　　　D. 发生不可抗力致使权利人不能行使请求权

【例 20-6】2010 年 5 月 5 日，甲拒绝向乙支付到期租金，乙忙于事务一直未向甲主张权利。2010 年 8 月，乙因出差遇险无法行使请求权的时间为 20 天。根据《民法典》的有关规定，乙请求人民法院保护其权利的诉讼时效期间是什么时候？

【例 20-7】在诉讼时效期间的最后 6 个月内，因不可抗力或者其他障碍致使权利人不能行使请求权的，则诉讼时效期间计算适用的情形是(　　)。

A. 诉讼时效期间的计算不受影响，继续计算

B. 诉讼时效期间暂停计算，待障碍消除之日起满 6 个月，诉讼时效期间届满

C. 已经过的诉讼时效期间归于无效，待障碍消除后重新计算

D. 权利人可请求法院延长诉讼时效期间

【例 20-8】甲公司与乙银行订立一份借款合同，甲公司到期未还本付息。乙银行于还本付息期届满后 1 年零 6 个月时向有管辖权的人民法院起诉，要求甲公司偿还本金、支付利息并承担违约责任。乙银行的行为引起诉讼时效中断。

问题：此种说法是否正确？

二、判决和执行

(一) 判决

(1) 法院审理案件：开庭并公开。除涉及国家秘密、个人隐私或者法律另有规定的以外，应当公开进行。公开审判包括审判过程公开和审判结果公开两项内容。不论案件是否公开审理，一律公开宣告判决。

(2) 法院审理民事案件，可以根据当事人的意愿进行调解。但是，法院审理行政案件，不适用调解。

(3) 当事人不服法院第一审判决的，有权在判决书送达之日起 15 日内向上一级法院提起上诉。如果在上诉期限内当事人不上诉，第一审判决就是发生法律效力的判决。

提示：

第二审法院的判决以及最高法院审判的第一审案件的判决，都是终审的判决，也就是发生法律效力的判决。

【例 20-9】当事人不服人民法院第一审判决的，有权在法定期限内向上一级人民法院提起上诉，该法定期限是指什么时间？

(二) 执行

1. 执行的管辖

当事人拒绝履行已经发生法律效力的判决、裁定、调解书和其他应当履行的法律文书时，对方当事人可以向人民法院的执行组织申请执行，强制义务人履行义务。

(1) 对于发生法律效力的判决、裁定，由第一审法院执行。

(2) 对于调解书、仲裁机构的生效裁决、公证机关依法赋予强制执行效力的债权文书等，则由被执行人住所地或者被执行的财产所在地法院执行。

2. 强制执行的措施

(1) 查询、冻结、划拨被执行人的存款。

(2) 扣留、提取被执行人的收入。

(3) 查封、扣押、冻结、拍卖、变卖被执行人的财产。

(4) 搜查被执行人的财产。

(5) 强制被执行人交付法律文书指定的财物或票证。

(6) 强制被执行人迁出房屋或强制退出土地。

(7) 强制被执行人履行法律文书指定的行为。

(8) 要求有关单位办理财产权证照转移手续。

(9) 强制被执行人支付迟延履行期间的债务利息及迟延履行金。

【复习思考题】

1. 简述民事诉讼的适用范围。

2. 简述民事案件管辖的分类。

3. 简述诉讼时效期间的中止、中断和延长。

第二十一章

行政复议与行政诉讼

学习目标

通过本章的学习，学生可以了解行政复议和行政诉讼的概念；掌握行政复议和行政诉讼的范围。

案例导入

某市建委做出关于对某公司等单位违反建设程序，不规范经营等问题的处理决定，对某公司罚款 20 万元，延缓一年转为正式资质等级，并要求该公司写出书面检查，通报批评。该《处理决定》未直接送达给某公司，而是在其参加一次会议上作为会议材料下发，被该公司发现。该公司对该决定不服，申请复议。

请回答下列问题：

(1) 某公司能否对处理决定申请复议？

(2) 如果可以申请复议，被申请人、行政复议机关分别是谁？

(3) 如果复议机关受理了本案，应当如何做出处理？为什么？

第一节　行政复议概述

一、行政复议的概念及其特征

(一) 行政复议的概念

行政复议是指公民、法人或者其他组织认为行政主体的具体行政行为侵犯了其合法权益，向其同级或其上级行政机关提出申请，由受理该申请的行政机关对原具体行政行为依法进行审查并做出行政复议裁决的活动。它是行政机关内部自我纠正错误的一种监督制度。

(二) 行政复议的特征

行政复议作为行政机关内部自我纠正错误的一种监督制度，在性质上具有如下两个特点。

1. 行政复议是行政机关内部的层级监督

层级监督是行政机关依据领导和被领导、指导和被指导关系所形成的监督形式。行政机关内部的层级监督依据启动条件的不同可分为主动的层级监督和被动的层级监督。主动的层级监督是指行政机关依据职权主动地对下级机关实施的监督；被动的层级监督是指这种监督需要依据公民、法人和其他组织的申请才能启动、才能发挥作用。行政复议就是一种被动的层级监督形式。

2. 行政复议是一种事后的救济措施

对行政管理相对人来说，如果其合法权益已经受到行政机关违法或不当的具体行政行为的侵害，可以通过行政复议对其予以补救；对行政机关来说，这种补救的过程也是挽回自身影响的过程。

二、行政复议的原则

行政复议法规定的基本原则是一种义务性规则，它规定了行政机关复议活动必须履行的基本法律义务，包括合法、公正、公开、及时和便民五个方面。

(一) 合法原则

合法原则是指行政复议机关必须严格按照宪法和法律规定的职责权限，依照法定程序受理行政复议申请，对申请行政复议的具体行政行为进行审查并做出行政复议决定。合法性是克服行政复议中可能的袒护和取得公众信任的根本保证，也是其他基本原则的基础。没有合法原则，公开、公正、及时、便民等原则就失去了根据。

(二) 公开原则

所谓公开，就是指不加隐蔽。公开原则是对行政复议方式的基本规定，它从原则上否定了行政秘密，是行政复议机关的基本义务。因此，行政复议机关应当满足和保障当事人及公众的了解权、监督权，行政复议活动应当为公众所了解，接受当事人和公众的监督。

(三) 公正原则

所谓公正，就其词义来说，是指公平正直、没有偏私。公正原则是对行政复议活动过程和结果的基本要求，是评价行政复议正当性的重要准则。它要求无论是在程序权利上还是在对实体权利的处理上，禁止对任何一方当事人的偏私袒护，平等对待申请人和被申请人。它是一种实质意义上的合法性要求，覆盖面大，应用灵活。行政复议中的公正原则，是一个复杂的问题，它既涉及行政复议本身的公正问题，又涉及对原具体行政行为是否公正地评判、认定的问题，但最关键的是，要保证行政复议过程的公正，保证行政复议结果的公正。

(四) 及时原则

及时原则是处理行政复议与行政效率相互关系的基本准则，其基本含义是指行政复议机关处理案件应当尽量程序简单、时间短暂，以使行政争议较快得到解决，行政关系得到较快确定，行政秩序得到较快恢复。及时原则是行政复议程序简单化的基本根据。及时原则就是效率原则，是对公正原则的必要补充。出于对公正与效率平衡的需要，公正原则的运用应当与及时原则有机结合起来。

(五) 便民原则

便民原则是指行政复议应当将减少当事人的讼累和支出作为基本活动准则。行政复议应当尽量使当事人在复议中以最少的付出获得最有效的权利救济。例如，不收费、当事人选择复议机关、结案时间比较短等，都是这一原则的体现。

三、行政复议的范围

行政复议的范围是指允许公民、法人或其他组织申请行政复议的事项范围。行政复议范围的大小，直接关系到对行政机关进行监督以及对行政管理相对人进行救济的深度和广度，它是行政复议制度的核心问题之一。只有列入行政复议范围的事项，公民、法人或其他组织才能要求行政复议，行政复议机关也才能进行行政复议。相反，没有列入行政复议范围的事项，公民、法人或其他组织就不能求之于行政复议渠道。从我国行政复议制度的发展看，行政复议的范围是不断扩大的。

(一) 可以申请行政复议的事项

(1) 对行政机关做出的警告、罚款、没收违法所得、没收非法财物、责令停产停业、暂扣或者吊销许可证、暂扣或者吊销执照、行政拘留等行政处罚决定不服的。

(2) 对行政机关做出的限制人身自由或者查封、扣押、冻结财产等行政强制措施决定不服的。

(3) 对行政机关做出的有关许可证、执照、资质证、资格证等证书变更、中止、撤销的决定不服的。

(4) 对行政机关做出的关于确认土地、矿藏、水流、森林、山岭、草原、荒地、滩涂、海域等自然资源的所有权或者使用权的决定不服的。

(5) 认为行政机关侵犯合法的经营自主权的。

(6) 认为行政机关变更或者废止农业承包合同，侵犯其合法权益的。

(7) 认为行政机关违法集资、征收财物、摊派费用或者违法要求履行其他义务的。

(8) 认为符合法定条件，申请行政机关颁发许可证、执照、资质证、资格证等证书，或者申请行政机关审批、登记有关事项，行政机关没有依法办理的。

(9) 申请行政机关履行保护人身权利、财产权利、受教育权利的法定职责，行政机关没有依法履行的。

(10) 申请行政机关依法发放抚恤金、社会保险金或者最低生活保障费，行政机关没有依法发放的。

(11) 认为行政机关的其他具体行政行为侵犯其合法权益的。

(二) 行政复议的排除事项

1. 行政机关的行政处分或者其他人事处理决定

对这些决定引起的争议，按照法律、行政法规的规定提出申诉。这里所说的法律法规，主要是指公务员法等。

2. 行政机关对民事纠纷做出的调解或者其他处理

对这些处理引起的争议，当事人可以依法申请仲裁或者向人民法院提起诉讼。行政机关处理的民事纠纷，包括乡政府和城镇街道办事处的司法助理员、民政助理员主持的调解，劳动部门对劳动争议的调解，公安部门对治安争议的调解等。

【例21-1】根据《行政复议法》的规定，下列各项中，属于行政复议范围的有( )。
A. 公民对行政机关做出限制其人身自由的行政强制措施决定不服的
B. 企业对行政机关做出责令其停产停业的行政处罚决定不服的
C. 社会团体对行政机关做出其有关资质证书中止的决定不服的
D. 行政机关工作人员对本单位给予其行政处分的决定不服的

四、行政复议机关

公民、法人或者其他组织认为具体行政行为侵犯其合法权益的，可以自知道该具体行政行为之日起60日内提出行政复议申请。具体的行政复议机关如下。

(1) 对县级以上地方各级人民政府工作部门的具体行政行为不服的，由申请人选择，可以向该部门的本级人民政府申请行政复议，也可以向上一级主管部门申请行政复议。

(2) 对海关、金融、国税、外汇管理等实行垂直领导的行政机关和国家安全机关的具体行政行为不服的，向上一级主管部门申请行政复议。

(3) 对地方各级人民政府的具体行政行为不服的，向上一级地方人民政府申请行政复议。

(4) 对国务院部门或者省、自治区、直辖市人民政府的具体行政行为不服的，向做出该具体行政行为的国务院部门或者省、自治区、直辖市人民政府申请行政复议。

对行政复议决定不服的，可以向人民法院提起行政诉讼；也可以向国务院申请裁决，国务院依照本法的规定做出最终裁决。

【例21-2】某企业对甲省乙市国税部门给予其行政处罚的决定不服，申请行政复议。下列各项中，应当受理该企业行政复议申请的机关是( )。
A. 乙市国税部门　　　　　　　　B. 乙市人民政府
C. 甲省国税部门　　　　　　　　D. 甲省人民政府

第二节　行政诉讼概述

一、行政诉讼的概念

行政诉讼是指公民、法人或者其他组织认为行政主体的具体行政行为侵犯其合法权益时，依法向人民法院提起诉讼，由人民法院进行审理并做出裁判的活动。行政诉讼具有以下主要特征：第一，是因为行政法律关系引起的行政争议；第二，诉讼标的是具体行政行为；第三，是由人民法院主持审查具体行政行为合法性的司法活动；第四，在行政诉讼过程中，原告与被告的地位是平等的。

二、行政诉讼的范围

(一) 行政诉讼的受理

法院受理公民、法人和其他组织对下列具体行政行为不服提起的行政诉讼：

(1) 对拘留、罚款、吊销许可证和执照、责令停产停业、没收财物等行政处罚不服的；

(2) 对限制人身自由或者对财产的查封、扣押、冻结等行政强制措施不服的；

(3) 认为行政机关侵犯法律规定的经营自主权的；

(4) 认为符合法定条件申请行政机关颁发许可证和执照，行政机关拒绝颁发或者不予答复的；

(5) 申请行政机关履行保护人身权、财产权的法定职责，行政机关拒绝履行或者不予答复的；

(6) 认为行政机关没有依法发给抚恤金的；

(7) 认为行政机关违法要求履行义务的；

(8) 认为行政机关侵犯其他人身权、财产权的。

(二) 法院不受理的诉讼

法院不受理公民、法人或者其他组织对下列事项提起的诉讼：

(1) 国防、外交等国家行为；

(2) 行政法规、规章或者行政机关制定、发布的具有普遍约束力的决定、命令；

(3) 行政机关对行政机关工作人员的奖惩、任免等决定；

(4) 法律规定由行政机关最终裁决的具体行政行为。

【例21-3】根据《行政诉讼法》的规定，下列各项中，不应当提起行政诉讼的有(　　　)。

A. ××直辖市部分市民认为市政府新颁布的《道路交通管理办法》侵犯了他们的合法权益

B. 某税务局工作人员吴某认为税务局对其做出的记过处分违法

C. 李某认为某公安局对其罚款的处罚决定违法

D. 某商场认为某教育局应当偿还所欠的购货款

三、行政诉讼的管辖

(一) 级别管辖

1. 基层人民法院管辖的第一审行政案件

除由上级人民法院管辖的第一审行政案件外，其余第一审行政案件都由基层法院管辖。

2. 中级人民法院管辖的第一审行政案件

(1) 确认发明专利权的案件、海关处理的案件。

(2) 对国务院各部门或者省、自治区、直辖市人民政府所做的具体行政行为提起诉讼的案件。

(3) 本辖区内重大复杂的案件。

3. 高级法院

本辖区内重大复杂的案件；部分反倾销、反补贴案件。

4. 最高法院

全国范围内重大复杂案件。

(二) 地域管辖

1. 一般规则

行政案件由最初做出具体行政行为的行政机关所在地人民法院管辖。

2. 具体规定

(1) 对限制人身自由的行政强制措施不服提起的诉讼，由被告所在地或者原告所在地人民法院管辖。

(2) 因不动产提起的行政诉讼，由不动产所在地人民法院管辖。

(3) 经复议的案件，复议机关改变原具体行政行为的，也可以由复议机关所在地人民法院管辖。

四、行政诉讼的起诉和受理

(一) 起诉

对属于人民法院受案范围的行政案件，公民、法人或者其他组织可以先向上一级行政机关或者法律、法规规定的行政机关申请复议，对复议不服的，再向人民法院提起诉讼；也可以直接向人民法院提起诉讼。

(1) 公民、法人或者其他组织先申请行政复议，不服行政复议决定的，可以在收到复议决定书之日起 15 日内向人民法院提起诉讼。

(2) 复议机关逾期不做决定的，申请人可以在复议期满之日起 15 日内向人民法院提起诉讼。法律另有规定的除外。

(3) 公民、法人或者其他组织直接向人民法院提起诉讼的，应当在知道做出具体行政行为之日起 3 个月内提出。法律另有规定的除外。

(4) 公民、法人或者其他组织因不可抗力或者其他特殊情况耽误法定期限的，在障碍消除后的 10 日内，可以申请延长期限，由人民法院决定。

(二) 受理

人民法院接到起诉状，经审查后，应当在 7 日内决定立案或者裁定不予受理。原告对裁定不服的，可以提起上诉。

五、行政诉讼的审理和判决

行政案件的审理和判决是行政诉讼的核心内容，审理是对案件争议的内容进行实质审查，判决是对案件争议所下的结论，是审理的结果。

(一) 审理

1. 公开审理制度
人民法院公开审理行政案件，但涉及国家秘密、个人隐私和法律另有规定的除外。

2. 合议审理制度
人民法院审理行政案件，由审判员组成合议庭，或者由审判员、陪审员组成合议庭。合议庭的成员，应当是 3 人以上的单数。

3. 回避审理制度
当事人认为审判人员、书记员、翻译人员、鉴定人、勘验人与本案有利害关系或者有其他关系可能影响公正审判的，有权申请上述人员回避。上述人员认为自己与本案有利害关系或者有其他关系的，应当申请回避。

4. 制度
审理行政案件不适用调解，这与法院审理民事案件可以根据当事人的意愿进行调解的情况不同。

(二) 判决

人民法院应当在立案之日起 3 个月内做出第一审判决。有特殊情况需要延长的，报经批准程序。当事人不服人民法院第一审判决的，有权在判决书送达之日起 15 日内向上一级人民法院提起上诉。当事人不服人民法院第一审裁定的，有权在裁定书送达之日起 10 日内向上一级人民法院提起上诉。人民法院对上诉案件，认为事实清楚的，可以实行书面审理。审理上诉案件，应当在收到上诉状之日起 2 个月内做出终审判决。

【复习思考题】

1. 简述行政复议的原则。
2. 简述可以申请行政复议的事项。
3. 简述行政诉讼的范围。

参考文献

[1] 刘泽海. 经济法教程[M]. 第五版. 北京：清华大学出版社，2020.

[2] 陶广峰. 金融法[M]. 北京：中国人民大学出版社，2020.

[3] 财政部会计资格评价中心. 经济法基础[M]. 北京：科学出版社，2019.

[4] 东奥会计在线. 经济法基础[M]. 北京：北京科学技术出版社，2019.

[5] 财政部会计资格评价中心. 经济法基础[M]. 北京：科学出版社，2019.

[6] 黄少彬. 经济法概论[M]. 第三版. 北京：科学出版社，2019.

[7] 刘文华. 经济法[M]. 第六版. 北京：中国人民大学出版社 2019.

[8] 柳国华. 新编经济法实用教程[M]. 北京：中国轻工业出版社，2016.

[9] 王利明. 物权法研究[M]. 第四版. 北京：中国人民大学出版社，2016.

[10] 谢怀栻. 票据法概论[M]. 第二版. 北京：法律出版社，2017.

[11] 刘心稳. 票据法[M]. 北京：中国政法大学出版社，2018.

[12] 李东方. 证券法[M]. 北京：中国政法大学出版社，2017.

[13] 施天涛. 公司法论[M]. 北京：法律出版社，2018.

[14] 李贺，李春玲. 经济法[M]. 上海：上海财经大学出版社，2019.

[15] 施天涛. 商法学[M]. 第六版. 北京：法律出版社，2020.

[16] 方艳，黄国文. 财经法规与会计职业道德[M]. 上海：上海财经大学出版社，2019.

[17] 范健. 公司法[M]. 北京：法律出版社，2018.

[18] 石光乾，寇娅雯. 经济法[M]. 北京：清华大学出版社，2014.

[19] 刘泽海. 新编经济法教程[M]. 第三版. 北京：清华大学出版社，2014.

[20] 吴汉东. 知识产权法学[M]. 北京：北京大学出版社，2019.

[21] 张宽胜. 新编经济法基础[M]. 合肥：安徽教育出版社，2014.

[22] 朱锦清. 公司法前沿问题研究[M]. 杭州：浙江大学出版社，2014.

[23] 王全兴. 劳动法[M]. 北京：法律出版社，2017.